孟荀思想
比较与反思

东方朔 张子立 主编

复旦哲学・中国哲学丛书

本书获评"复旦大学哲学学院源恺优秀著作奖"
由上海易顺公益基金会资助出版

目 录

序　　东方朔（复旦大学）　1

从丁茶山对孟子心性论的诠释看其四端七情论
　　　　李明辉（台北"中央研究院"）　1

古希腊灵魂观与荀子之"道"：一个比较考察
　　　　孙　伟（北京市社会科学院）　20

早期中国的类、类比与行动
　　　　——以名墨孟荀为线索　　李　巍（中山大学）　35

天学视野中的荀子
　　　　——利玛窦对《王制篇》分类说的转写
　　　　方旭东（华东师范大学）　55

早期儒家的名辩思想
　　　　——孔子与荀子之间　邓秉元（复旦大学）　78

墨子挑战与孟荀的回应
　　　　——诸子时代的论辩主题（之一）
　　　　刘思禾（东北师范大学）　122

道-理-名-法：荀子"德性的法治"之思想逻辑
　　　　荆　雨（东北师范大学）　155

再论荀子的元伦理学　　魏犇群（中国人民大学）　171

从博弈视角看荀子政治设计的初衷与意义　　蓝法典（山东师范大学）　193

"性朴说"商议
　　——儒家生生伦理学对荀子研究中一个流行观点的批评
　　　杨泽波（复旦大学）　217

"荀子入秦"何以成为一个文化事件：儒者直面法家治理的
　　精神体验与思想评判　　余治平（上海交通大学）　232

解蔽·治心·圣王
　　——《荀子·解蔽》的哲学论旨　　宋金明（复旦大学）　256

荀子伦理学的理论特色
　　——从"国家理由"的视角说起　　东方朔（复旦大学）　270

《孟子》"天下之言性也"章研究与检讨
　　——从朱陆异解到《性自命出》"实性者故也"
　　　丁四新（清华大学）　305

孟子"能"之哲学初论　　胡发贵（江苏省社会科学院）　328

孟子心性论的天道理路　　林桂榛（曲阜师范大学）　341

孟子以"水"喻性善的理论张力　　徐　波（复旦大学）　360

从"故而已矣"到"乃若其情"
　　——《孟子》"天下之言性也"章的诠释及其衍生问题
　　　何益鑫（复旦大学）　382

孟子对人性恶端的认识　　强中华（西华师范大学）　405

内圣外王的四种诠释
　　——兼论孟荀之异　　张子立（复旦大学）　420

荀子《性恶篇》的"可以"与"能"区别的分析
　　　庄锦章（香港科技大学）　446

王霸之辩与儒家公共性思想的限度　朱　承（华东师范大学）454
重思先秦儒家的天人之辨　王　正（中国社会科学院）476
治教分离视域下人性善恶问题之勘定　陈　赟（华东师范大学）494
先秦孟、荀"性论"差异及文献例证　方　达（华东师范大学）508

跋　532

序

东方朔（复旦大学）

2019年11月，复旦大学哲学学院举办了"孟荀伦理学暨两岸儒学工作坊"，这本论文集即是此次会议文章的结集。

算来这是复旦大学哲学学院第三次主办以荀子思想为中心的学术研讨会了，前两次分别在2015年11月和2018年7月举行。不过，这次会议的筹办过程需稍作说明。按照原先的计划，这次会议的主题是"孟、荀伦理学的比较研究"，目的在于通过学者间的商讨进一步呈现孟、荀伦理学各自的特色。非常巧合的是，当我们举办会议的时间大体确定以后，张子立教授也在大体相同的时间段有一个"两岸儒学工作坊"，我们经过协商，决定将两个会议合并在一起举行，于是便有了这次会议的名目。

孟、荀无疑是儒学思想史上影响甚深的两位大儒。早在汉代，赵岐在《孟子题辞》一文中，就称孟子为"命世亚圣之大才者也"，而荀子则被认为是孟子之后使"儒家壁垒始又一新"的学者，他们两人的思想同中有异，各具特色。梁启超曾云："读《孟子》之益处在发扬志气，读《荀子》之益处在锻炼心能，二者不可偏废。"以"志气"和"心能"概述孟、荀思想的特色乃梁氏所见孟、荀两人之异，而"二者不可偏废"却是指点语、重点语。或许，站在今天的立场看，相对于秩序重建的时代课题而言，假如用康德的话来说，孟子似乎是一个"道德的政治家"，而荀子更像是一个"政治的道德家"。作为道德的政治家，孟子以其道德的纯粹而显出庄严和高致，以至为历代政治、社会和人生的道德批判撑开了一个坚实的平台；但作为政治的道德家，荀子却致力于"国家体制"和法则规范的论证，其优点亦自有其不可掩处，此诚如康德所言，"良好的国家体制并不能期待于道德，倒是相反地一个民族良好道德的形成首先就要期待于良好的国家体制"。顺此逻辑，我们也可以说，孟子的思想偏重于终极关怀，而荀子的思想则偏重于现实关心。显然，对于一个民族的文化生命而言，终极关怀必当在现实关心中显现，而现实关心亦必当有终极关怀作为根据，两者相资，不可偏废。

此次会议得益于中国港台地区和中国大陆学者的大力支持，呈现了内容丰富的不同论述。大体而言，学者围绕孟子、荀子及其相关的比较研究，提出了许多新的见解，读者遍读文集，自可得见。一如我此前所主张的，作为编者，我坚持两条原则：一是不对收入本文集的各篇论文的内容进行概述，以免落得遗珠之憾，而是一并交由读者去阅读思考；二是本着尊重作者和文责自负的原则，我们没有对各论文的观点和文字进行修改，而是在出版前告知学者相关的要求。需要说明的是，考虑到出版社的排版字数要求，本次收录进论文集的仅为线下参与会议的各位老师的文章。同时需要指出的是，与各学者的沟通接洽，文章收集，前期由博士生姚勇同学负责，后则交由博士生宋金明同学处理，两位同学颇为尽力。会议举办期间，也烦劳了许多研究生帮忙打理各种杂务，作为编者，在此一并致谢。

最后，本文集的出版，得到哲学学院孙向晨、张双利和林晖等领导的大力支持，张双利教授还在会议开幕式上作了热情洋溢的致辞，对此我们深表感谢。

从丁茶山对孟子心性论的诠释看其四端七情论

李明辉（台北"中央研究院"）

"四端七情之辩"可以说是朝鲜儒学史中最重要的一场辩论。这场辩论从高丽末期的权近（号阳村，1352—1409）发其端，到朝鲜末期，延续了五百年之久。在这段时期内，重要的韩国儒者几乎都会探讨这个问题，或至少发表见解。身为朝鲜末期实学派的代表人物，丁茶山（名若镛，1762—1836）自然也不例外。但是在丁茶山的思想中，"四端七情"的问题并不占有核心的位置。相较于他所私淑的前辈李瀷（号星湖，1681—1763）有《四七新编》之作，丁茶山只有两篇题为《理发气发辨》的短文直接涉及这个问题。这两篇短文撰于1801年（朝鲜纯祖元年，辛酉）他40岁之时。当时他受到三哥若钟信奉天主教之牵连，被流放到庆尚道长鬐（今迎日郡只杏面）[1]。丁茶山对"四端七情"问题的见解有一个发展的过程，这两篇短文代表他最终的见解。

众所周知，"四端"之说出自《孟子·公孙丑上》第六章，其文曰：

> 恻隐之心，仁之端也；羞恶之心，义之端也；辞让之心，

---

[1] 丁茶山在其《中庸讲义补·朱子序》中云："嘉庆辛酉夏，余在长鬐谪中，作《理发气发辨》。"见丁若镛：《中庸讲义补》，收入《定本与犹堂全书》，财团法人茶山学术文化财团，2012年，第6册，第396页。

礼之端也；是非之心，智之端也。人之有是四端也，犹其有四体也。

此外，《孟子·告子上》第六章还有一段类似的文本：

恻隐之心，人皆有之；羞恶之心，人皆有之；恭敬之心，人皆有之；是非之心，人皆有之。恻隐之心，仁也；羞恶之心，义也；恭敬之心，礼也；是非之心，智也。仁、义、礼、智，非由外铄我也，我固有之也，弗思耳矣。

然而，这两段文本有一项重要的区别，即是：《告子上》的文本并未出现"端"字。这种不一致是《孟子》的诠释者必须特别面对的问题。但赵岐的《孟子注》并未将这种不一致当成问题，而只是将它视为文本的繁简不同而已。对于《公孙丑上》的文本，赵岐只是简要地解释说："端，首也。人皆有仁、义、礼、智之首，可引用之。"[1] 而对于《告子上》的文本，他则是说："仁、义、礼、智，人皆有其端，怀之于内，非从外销铄我也。"[2] 显然他认为：孟子在《告子上》的文本中未提到"端"字，只是省略的说法而已，并非在实质意涵方面有所不同。

对于这种文本上的不一致，朱熹倒是将它当作一个需要特别解释的问题。他在其《孟子集注》中将《公孙丑上》的这段文本解释为：

恻隐、羞恶、辞让、是非，情也。仁、义、礼、智，性也。心，统性情者也。端，绪也。因其情之发，而性之本然可得而

---

[1] 赵岐注、孙奭疏：《孟子注疏》（《四部备要》本），台湾中华书局，1966年，卷3下，第4页上。

[2] 赵岐注、孙奭疏：《孟子注疏》（《四部备要》本），台湾中华书局，1966年，卷11上，第4页下。

见，犹有物在中，而绪见于外也。¹

在此，他将"恻隐之心，仁之端也"等四句的每一句均拆为三部分，分别配属于"情"、"心"、"性"三个概念，界限分明。以"恻隐之心，仁之端也"这句话来说，恻隐是情，仁是性。恻隐不是仁，而是"仁之端"，是仁之性显现于外的端绪。心则统合仁与恻隐二者。这种解释预设了一个理/气二分，心/性/情三分的间架。在朱熹的义理间架中，性/情关系是理/气关系之特殊化，故仁之于恻隐，是形而上之理与形而下之气的关系。义、礼、智之于其余三端亦然。

然而，在《告子上》的文本中，孟子却径直说"恻隐之心，仁也"云云，与朱熹的间架显然不合。针对这种不一致，朱熹解释说：

> 前篇言是四者为仁、义、礼、智之端，而此不言端者，彼欲其扩而充之，此直因用以著其本体，故言有不同耳。²

朱熹在此强调仁、义、礼、智与四端之间是体用关系，故扩充四端之用，以显仁、义、礼、智之体。但是这项解释其实很牵强。因为朱熹在《公孙丑上》的注释中明明将"端"字解释为"端绪"之"端"，现在却将它解释为扩充之端，即"开端"之"端"，其中有一种语义上的滑动。

丁茶山亦有《孟子要义》之作。此书撰于1814年（朝鲜纯祖14年，甲戌）他53岁之时。此书挑选《孟子》书中的部分章节，阐述其要义。在疏解每一章节时，丁茶山通常先引述赵岐的《孟子

---

1 朱熹集注：《四书集注》(《四部备要》本)，台湾中华书局，1966年，《孟子集注》，卷2，第12页上。
2 朱熹集注：《四书集注》(《四部备要》本)，台湾中华书局，1966年，《孟子集注》，卷6，第4页下。

注》及朱熹的《孟子集注》，偶尔也引述孙奭的《孟子疏》及其他人的批注，最后再加上自己的按语。在关于这两段文本的批注中，丁茶山也特别处理了上述的不一致之处。关于"端"字之义，他赞同赵岐"端，首也"之说，以及孙奭"恻隐四者，是为仁义四者之端本也"之说，而反对朱熹将"端"字解释为"端绪"。他引述朱熹门人蔡元定（字季通，1135—1198）的说法："端乃是尾。"[1] 又引述朱熹另一门人陈埴（字器之，号潜室先生）的说法："比（譬）之茧丝，外有一条绪，便得知内有一团丝。"[2]

针对朱熹对"端"字的诠释，丁茶山在《孟子要义》中诠释《公孙丑上》的文本时评论道：

> 仁、义、礼、智之名，成于行事之后。故爱人而后谓之仁，爱人之先，仁之名未立也。善我而后谓之义，善我之先，义之名未立也。宾主拜揖而后礼之名立焉。事物辨明而后智之名立焉。岂有仁、义、礼、智四颗，磊磊落落，如桃仁、杏仁，伏于人心之中者乎？[3]

> 四端之义，孟子亲自注之曰："若火之始然，泉之始达。"两个"始"字，磊磊落落，端之为始，亦既明矣。四端为四事之本，故圣人教人，自此起功，自此肇基，使之扩而充之。若于四端里面，又有所谓仁、义、礼、智者，隐然潜伏，为之奥主，则是孟子扩充之功，舍其本而操其末，放其头而捉其尾，遮断了一

---

[1] 丁若镛：《孟子要义》，卷1，收入《定本与犹堂全书》，第7册，第68页。这句话出自《朱子语类》卷95："旧闻蔡季通问康叔临云：'凡物有两端。恻隐为仁之端，是头端？是尾端？'叔临以为尾端。"（黎靖德编：《朱子语类》，中华书局，1986年，第6册，第2428页）可见这是康叔临（名渊）而非蔡元定的说法。康叔临亦是朱熹门人。

[2] 丁若镛：《孟子要义》，卷1，第68页。语见胡广等编：《孟子集注大全》，卷3，第52页上，收入《景印文渊阁四库全书》，台湾商务印书馆，1983—1986年，第205册，第603页。

[3] 丁若镛：《孟子要义》，卷1，第68页。

重真境，原不能直穷到底。所谓隔靴而爬痒，凿井而未泉，岂可曰知本之学乎？且此四端，可曰心，不可曰性；可曰心，不可曰理；可曰心，不可曰德。名不可不正也。[1]

根据以上的引文，丁茶山反对朱熹将"端"字解释为"端绪"。因为丁茶山将四端视为扩充之本、之始；至于仁、义、礼、智四德，只是扩充工夫之结果。由此可见，丁茶山与朱熹对"四端"的诠释有根本的差异。对朱熹而言，仁、义、礼、智四德与四端的关系是性与情的关系，亦是体用关系——四德是体，四端是用。此外，朱熹也说："仁、义、礼、智，是未发底道理；恻隐、羞恶、辞逊、是非，是已发底端倪。"[2] 则是以四德为体、为本，以四端为用、为末。这与丁茶山以四端为本，以四德为末，刚好相反。

丁茶山的上述观点显然是脱胎于天主教传教士利玛窦（Matteo Ricci，1552—1610）的《天主实义》[3]。丁茶山22岁时透过其长兄若铉的妻舅李檗（字德操，号旷庵，1754—1785），开始接触到天主教教理书，其中即包括《天主实义》[4]。利玛窦在《天主实义》下卷第七篇《论人性本善而述天主门人正学》借"西士"之口批评孟子的"性善"说，其中有如下的一段文字：

> 人也者，以其前推明其后，以其显验其隐，以其既晓及其所未晓也，故曰能推论理者。立人于本类，而别其体于他物，乃

---

1 丁若镛：《孟子要义》，卷1，第71页。
2 黎靖德编：《朱子语类》，第4册，第1287页。
3 这点承蒙林月惠女士之提示，特表谢忱。
4 丁茶山在他为其二哥若铨所撰的墓志铭中写道："甲辰（1784年）四月之望，既祭丘嫂之忌，余兄弟与李德操，同舟顺流。舟中闻天地造化之始，形神生死之理，惝怳惊疑，若河汉之无极。入京，又从德操见《实义》《七克》等数卷，始欣然倾向，而此时无废祭之说。"见《文集》，卷15，《先仲氏墓志铭》，收入《定本与犹堂全书》，第3册，第247页。

> 所谓人性也。仁、义、礼、智，在推理之后也，理也，乃依赖之品，不得为人性也。[1]

利玛窦在此根据亚里士多德（Aristotle，384/3-322/1 BCE）所谓的"自立者"与"依赖者"——即"实体"（substance）与"附质"（accident）——之说，来批评孟子所说的"仁、义、礼、智，非由外铄我也，我固有之也"。根据朱熹的观点，仁、义、礼、智是理。利玛窦则强调：理非"自立者"，而是"依赖者"；因此，仁、义、礼、智不属于人性。

接着，《天主实义》又借"西士"之口云：

> 性之善，为良善；德之善，为习善。夫良善者，天主原化性命之德，而我无功焉；我所谓功，止在自习积德之善也。孩提之童爱亲，鸟兽亦爱之。常人不论仁与不仁，乍见孺子将入于井，即皆怵惕。此皆良善耳。鸟兽与不仁者，何德之有乎？见义而即行之，乃为德耳。[2]

这里所谓"性之善"与"德之善"的区别可追溯至亚里士多德的"德行"（aretē）理论。亚氏在其《尼各马可伦理学》第二卷开头就提到："德行有两类：理智德行与伦理德行。前者主要是借由教导而形成与成长，且因此需要经验与时间。反之，后者是借由习惯而为我们所取得。"[3] 亚氏所谓的"理智德行"（dianoëthische oder Verstandestugend）是指与理性能力相关的德行，如智慧、理智、明智；"伦理德行"（ethische oder sittliche

---

1 见李之藻等编：《天学初函》，台湾学生书局，1965年，第1册，第564-565页。
2 李之藻等编：《天学初函》，第569页。
3 Aristoteles: *Nikomachische Ethik*（nach der Übersetzung von Eugen Rolfes），1103a; in: Aristoteles: *Philosophische Schriften*（Darmstadt: Wissenschaftliche Buchgesellschaft, 1995），Band. 3, S. 26.

Tugend）是指与欲求能力相关的德行，如慷慨、节制¹。此处所谓的"德之善，为习善"显然对应于亚氏所谓的"伦理德行"。根据亚氏的"德行"理论，孟子所谓的"怵惕恻隐"之心应当属于天性，为"性之善"，而非德行，而借由扩充四端而得的仁、义、礼、智才是"自习积德之善"，即"伦理德行"。丁茶山即据此将四端视为扩充之本、之始，而将仁、义、礼、智四德视为扩充工夫之结果。

然而，《孟子·告子上》第六章明明说："仁、义、礼、智，非由外铄我也，我固有之也，弗思耳矣。"显然与丁茶山将四德视为扩充工夫之结果，有明显的出入。但是丁茶山在诠释《孟子·告子上》第六章时却写道：

> "非由外铄我"者，谓推我在内之四心，以成在外之四德，非挽在外之四德，以发在内之四心也。即此恻隐之心，便可得仁；即此羞恶之心，便可得义。此人性本善之明验也。故特去"端"字，使之即此心而求仁，即此心而求义。其言更加直截，更加径快。若其仁、义、礼、智之名，必成于行事之后。……是知四心者，人性之所固有也；四德者，四心之所扩充也。未及扩充，则仁、义、礼、智之名终不可立矣。然而孟子于此章，直以四心为四德者，恻隐之心既发，未有不往救也；羞恶之心既发，未有不弃去也；恭敬之心既发，未有不迎拜也；是非之心既发，未有不辨明也。此人性本善之明验。故孟子以四德黏着于四心，与前篇不同。虽然，仁、义、礼、智竟成于行事之后，若以为在心之理，则又非本旨。²

丁茶山与朱熹一样，都注意到《告子上》第六章并未像《公

1　Aristoteles: *Nikomachische Ethik*, 1103a; in: Aristoteles: *Philosophische Schriften*, Band. 3, S. 25.
2　丁若镛：《孟子要义》，卷2，第196-197页。

孙丑上》第六章一样,出现"端"字,而特别提出解释。朱熹强调:孟子在《告子上》是"直因用以著其本体",即是在扩充之中直接以恻隐等四者来彰显四德。丁茶山的解释与此有异曲同工之处,因为他也是强调扩充之直接性,即"直以四心为四德"。但是丁茶山立刻又强调四德是扩充之结果,是"成于行事之后"。其实,他在1795年所撰的《西岩讲学记》中已明确地表达了这种看法:"恻隐之心,行之则为仁;羞恶之心,行之则为义;辞让之心,行之则为礼;是非之心,行之则为智。今云仁、义、礼、智伏于人心之中,可疑也。"[1]可是这种解释与孟子所说的"仁、义、礼、智,非由外铄我也,我固有之也"直接相抵牾。因为按照丁茶山的解释,孟子应当说:"恻隐、羞恶、辞让、是非,非由外铄我也,我固有之也。"丁茶山显然将仁、义、礼、智向外推,而与孟子的"仁义内在"说相抵牾[2]。朱熹虽然主张四德与四端分属形而上之性与形而下之情,但因他视两者为体用关系,反而可以坚持作为本体的四德是"我固有之"。这是朱熹与丁茶山对这两段文本的诠释之根本差异[3]。

接着,笔者要讨论丁茶山对四端与七情的诠释。上文已提过,其四端七情论有一个发展的过程。丁茶山的四端七情论主要并非针对《孟子》的文本,亦非针对朱熹的性理学观点,而是直接针对李退溪(名滉,1501—1571)与李栗谷(名珥,1536—1584)的四端七情论。李退溪的结论是:"四则理发而气随之,

---

[1] 丁若镛:《文集》,卷21,第298页。
[2] 其实,与丁茶山同时的儒者李载毅(字汝弘,号文山,1772—1839)也曾质疑丁茶山对孟子"四端"说的诠释,而与他往复辩论。相关的辩论,参阅丁茶山《答李汝弘》二书及《与李汝弘》一书,见丁若镛:《文集》,卷19,第143-160页。
[3] 邢丽菊也注意到丁茶山对孟子"四端"说的诠释与朱熹的诠释正好相反,参阅其《朝鲜时期儒学者对孟子"四端说"的阐释》,刊于《社会科学战线》,2006年第6期,第254-257页。

七则气发而理乘之耳。"[1] 李栗谷只同意这个命题的后半部，而反对前半部，故称为"气发理乘一途"之说[2]。李退溪的主张预设"理能活动"之义，李栗谷则坚守朱熹"理不活动"（"理无为"）之义。

丁茶山最初赞同李栗谷的观点。1784年（朝鲜正祖8年，甲辰）丁茶山23岁时，正祖提出《中庸》疑问七十条，令太学生条对。丁茶山献上《中庸讲义》，其中写道：

> 臣于"四端属理发，七情属气发"之说，有宿疑焉。若不汩没于纷纭之说，超坐而公观之，则或易辨破。盖气是自有之物，理是依附之品，而依附者必依于自有者。故才有气发，便有是理。然则谓之"气发而理乘之"，可；谓之"理发而气随之"，不可。何者？理非自植者，故无先发之道也。未发之前，虽先有理，方其发也，气必先之。东儒所云"发之者，气也；所以发者，理也"之说，真真确确，谁得以易之乎？臣妄以谓：四端、七情，一言以蔽之曰"气发而理乘之"，不必分属于理气也。不但四七，即一草一木之荣瘁，一乌〔当作"鸟"〕一兽之飞走，莫非气发而理乘之也。[3]

这段话显示：丁茶山当时完全赞同李栗谷的"气发理乘一途"之说。文中所说的"东儒"就是指李栗谷。李栗谷"发之者，气也；所以发者，理也"之说乃是本于程颐与朱熹的理气

---

1 《退溪先生文集》，卷16，第31页下至第32页上，《韩国文集丛刊》，首尔民族文化推进会，1996年，第29辑，第419页。亦见《两先生四七理气往复书》，上篇，第40页；《高峰集》，首尔民族文化推进会，1988/1989年，第3辑，第121页。

2 《栗谷全书》，首尔成均馆大学大东文化研究所，1986年，第1册，卷10，第27页（总第209页）；亦见《牛溪集》，《韩国文集丛刊》，第43辑，卷4，第29页上（总第103页）。

3 丁若镛：《中庸讲义补》，卷2，收入《定本与犹堂全书》，第6册，第395-396页。

论[1]。然而，丁茶山反对"理发气随"的理由却与李栗谷所提出者有所不同。丁茶山的理由是："气是自有之物，理是依附之品，而依附者必依于自有者。故才有气发，便有是理。"

利玛窦在《天主实义》上卷第二篇《解释世人错认天主》反驳理学家的"太极"之说云：

> 凡自立者，先也，贵也；依赖者，后也，贱也。……若太极者，止解之以所谓理，则不能为天地万物之原矣。盖理亦依赖之类，自不能立，曷立他物哉？中国文人学士讲论理者，只谓有二端：或在人心，或在事物。事物之情，合乎人心之理，则事物方谓真实焉；人心能穷彼在物之理，而尽其知，则谓之格物焉。据此两端，则理固依赖，奚得为物原乎？二者皆在物后，而后岂先者之原？且其初无一物之先，渠言必有理存焉，夫理在何处？依属何物乎？[2]

上文提过，这里所谓的"自立者"与"依赖者"即是亚里士多德所谓的"实体"（substance）与"附质"（accident）。就丁茶山否定理有独立的存在而言，其观点类乎西方的"唯名论"（nominalism）。但这并不符合李栗谷的观点，因为李栗谷坚持朱熹"理先气后"的观点，而肯定理对于气的主宰性。

1814年（朝鲜纯祖14年，甲戌）丁茶山修订《中庸讲义》，成为《中庸讲义补》。他在前引《中庸讲义》的文字之后补记以下的文字：

> 李德操曰："若就'理'字、'气'字之原义而公论之，则此

---

[1] 例如，程颐说："'一阴一阳之谓道'，道非阴阳也。所以一阴一阳，道也。"（《河南程氏遗书》，卷3，见《二程集》，中华书局，1981年，第1册，第67页）又说："离了阴阳更无道，所以阴阳者道也。阴阳，气也。气是形而下者，道是形而上者。"（《河南程氏遗书》，卷15，见《二程集》，第1册，第162页）这个思考模式为朱熹所继承。
[2] 见《天学初函》，第1册，第406-408页。

说固近之；若就性理家所言之例而剖论之，则理只是道心，气只是人心。心之自性灵而发者为理发，心之自形躯而发者为气发。由是言之，退溪之说甚精微，栗谷之说不可从。"谓余错主此论，此乾隆甲辰事也。嘉庆辛酉夏，余在长鬐谪中，作《理发气发辨》，以辩斯义。[1]

乾隆甲辰即是1784年。由此可见，李檗同意李退溪的"理气互发"之说，而反对李栗谷的"气发理乘一途"之说。由于李檗的影响，丁茶山开始转向李退溪的观点，如他于1790年（朝鲜正祖14年，庚戌）上呈的对策《中庸策》中所云："一个人性，以理义则谓之理发，以形气则谓之气发。"[2]1795年（朝鲜正祖19年，乙卯）丁茶山作《陶山私淑录》。当时他每天晨起，读李退溪的书简一封，然后撰写心得，而得此编。由此可见他对李退溪的推崇。

然而，丁茶山并非一边倒地转向李退溪的观点，而是试图调停李退溪与李栗谷的观点。这明确地见诸丁茶山于1795年所撰的《西岩讲学记》。是年十月，李漤的从孙李森焕（字子木，号木斋，1729—1814）在温阳（在今忠清南道牙山市）西岩之凤谷寺与诸亲友共同校订李漤的遗稿《家礼疾书》。他们白天进行校订，晚上则讲学论道[3]。丁茶山也参与其中。《西岩讲学记》即是他们论道讲学之记录。其中有如下的一段对话：

> 国镇问："先生所著《四七新编》，其于四七之论，无复余韵。然近闻岭南亦或有未解退溪本旨者云，奈何？"
>
> 木斋曰："从祖四七之论，专主退溪之训，而深合朱子之旨。栗谷'气发'之说，见得太偏。四端亦谓气发，则理、气之主客互换，而心不能兼统性、情。非以退溪之优入大贤，而有些阿好

1　丁若镛：《中庸讲义补》，卷2，第396页。
2　丁若镛：《文集》，卷8，第72页。
3　丁若镛：《文集》，卷21，第279页。

于其间也。"

　　镛曰:"退溪、栗谷以后,四七已成大讼,固非后生末学所敢置喙。然尝取两家文字反复参验,则其云'理'字、'气'字,字形虽同,字义判异。盖退溪所论理气,专就吾人性情上立说。理者,道心也,天理分上也,性灵边的也;气者,人心也,人欲分上也,血气边的也。故曰:'四端,理发而气随;七情,气发而理乘。'盖心之所发,有从天理性灵边来者,此本然之性有感也;有从人欲血气边来者,此气质之性有触也。栗谷所论理气,总括天地万物而立说。理者,无形的也,物之所由然也;气者,有形的也,物之体质也。故曰:'四端七情,以至天下万物,无非气发而理乘之。'盖物之能发动,以其有形质也。无是形质,虽有理乎,安见发动?故未发之前,虽先有理,方其发也,气必先之。栗谷之言,其以是也。然则退溪、栗谷,虽同论四七,共谈理气,即其'理气'二字,注脚判异。《栗谷集》中,虽无如是揭开处,其本意所执必如是也。'理气'字义既异,则彼自一部说,此自一部说,恐无是非得失之可以归一者,未知如何?"

　　木斋曰:"此说似好,然原因论四七,说起许多'理气'字来。恐天地万物之理、之气,却着不得。"[1]

"国镇"是吴国镇,字孟华,生于1763年(朝鲜英祖39年,癸未)。

李瀷的《四七新编》基本上追随李退溪的观点,而反对李栗谷的"气发理乘一途"之说,并且将李退溪的观点更推进一步,而提出"理发气随一途"之说[2]。李森焕根据李瀷的观点,对李栗谷的"气发理乘一途"之说提出两点批评:第一、此说违背朱熹"理先气后"之

---

[1] 丁若镛:《文集》,卷21,第282–283页。
[2] 参阅拙作:《从朱子学看李星湖的四端七情论》,2016年于"中央研究院"中国文哲研究所主办的"文化交流与观照想象:中国文哲研究的多元视角"学术研讨会中宣读。

说，否定了理对于气的主宰性（"理、气之主客互换"）[1]；第二、此说将四端与七情同归于气，违背了朱熹的"心统性情"之说[2]。

然而，丁茶山指出：在讨论四七问题时，李退溪与李栗谷是从不同的角度谈论理气：李退溪从心性论的角度（"专就吾人性情上立说"），李栗谷则从存有论（ontology）的角度（"总括天地万物而立说"）谈论理气。就心性论而言，丁茶山强调：李退溪将四端与七情的关系视为"道心"与"人心"的关系，即"天理"与"人欲"的关系，亦即"本然之性"与"气质之性"的关系。就存有论而言，丁茶山强调：李栗谷继承朱熹"理不活动，唯气能活动"（"理无为而气有为"）之义，而主张："天地之化，吾心之发，无非气发而理乘之也。所谓'气发理乘'者，非气先于理也。气有为，而理无为，则其言不得不尔也。"[3]丁茶山希望借此调停李退溪与李栗谷的观点，但李森焕似乎不认同其调停之论。

丁茶山的这种调停之论进一步见于其《理发气发辨一》。其全文如下：

> 退溪曰："四端，理发而气随之；七情，气发而理乘之。"栗谷曰："四端、七情，皆气发而理乘之。"后之学者，各尊所闻，聚讼纷然，燕越以邈，莫可归一。余尝取二子之书而读之，密求其见解之所由分。乃二子之曰理、曰气，其字虽同，而其所指，有专有总。即退溪自论一理气，栗谷自论一理气，非栗谷取退溪之理气而汨乱之尔。盖退溪专就人心上八字打开。其云理者，是本然之性，是道心，是天理之公；其云气者，是气质之性，是人心，是人欲之私。故谓四端、七情之发，有公私之分，而四为理

---

[1] 其实，李栗谷只是否定理之活动性，而未否定理对于气的主宰性。
[2] 李森焕的逻辑似乎是这样的：李退溪将四端与七情分别归属于理与气，亦即视之为性与情的关系，而以心统之。
[3] 李珥：《答成浩原》，收入《栗谷全书》，第1册，卷10，第27页上（总第209页）。

发,而七为气发也。栗谷总执太极以来理气而公论之,谓凡天下之物,未发之前,虽先有理,方其发也,气必先之。虽四端、七情,亦唯以公例例之,故曰四七皆气发也。其云理者,是形而上,是物之本则;其云气者,是形而下,是物之形质,非故切切以心、性、情言之也。退溪之言,较密较细;栗谷之言,较阔较简。然其所主意而指谓之者各异,即二子何尝有一非耶?未尝有一非,而强欲非其一以独是,所以纷纷而莫之有定也。求之有要,曰专曰总。[1]

这段文字的意涵基本上并未超出丁茶山在《西岩讲学记》中之所言。丁茶山在此特别强调:李退溪与李栗谷所采取的角度有"专"与"总"之不同,即"退溪专就人心上八字打开"与"栗谷总执太极以来理气而公论之"之不同。在朱熹的系统中,性与情的关系是理与气的关系之特殊化:前者为"专",后者为"总"。因此,丁茶山总结说:"退溪之言,较密较细;栗谷之言,较阔较简。"既然两人所采取的角度不同,自然不构成矛盾。

在《理发气发辨二》中,丁茶山对李退溪的观点有进一步的发挥。其全文如下:

> 四端大体是理发谓发于本然之性。虽然,明皇于马嵬,引贵妃而发恻隐之心此先儒之言,汉高祖自白登还,而发羞愧之心,曹操让帝号而不为,荀卿非十二子,若此类,谓其发于天理之公,不可得也。七情大体是气发谓发于气质之性。虽然,子路喜闻过,文王一怒而安天下之民,《关雎》之哀,《中庸》之恐惧,孩提之爱其亲,禹之恶旨酒,《大学》之欲诚其意、欲正其心,若此类,谓其发于形气之私,不可得也。
>
> 四端由吾心,七情由吾心,非其心有理、气二窦,而各出

---

[1] 丁若镛:《文集》,卷12,第357–358页。

之使去也。君子之静存而动察也，凡有一念之发，即已惕然猛省曰：是念发于天理之公乎？发于人欲之私乎？是道心乎？是人心乎？密切推究，是果天理之公，则培之养之，扩而充之。而或出于人欲之私，则遏之折之，克而复之。君子之焦唇敝舌，而慥慥乎理发、气发之辩者，正为是也。苟知其所由发而已，则辩之何为哉？退溪一生用力于治心养性之功，故分言其理发、气发，而唯恐其不明。学者察此意而深体之，则斯退溪之忠徒也。[1]

这段文字可分为前后两段：在前段，丁茶山对李退溪的"四端为理之发，七情为气之发"之说加以修正；在后段，丁茶山进一步阐释了李退溪的"理发"、"气发"说之实践意涵。

先看前段文字。李退溪主张："四端是理之发，七情是气之发。"丁茶山则将它修订为："四端大体是理发，七情大体是气发。"并列举两者之例外。唐明皇、汉高祖、曹操、荀子所表现的恻隐、羞恶、辞让、是非之心，虽属四端，但非理之发，而是气之发。反之，《论语》"子路闻过则喜"之"喜"、《孟子》"文王一怒而安天下之民"之"怒"、《论语》《关雎》乐而不淫，哀而不伤"之"哀"、《中庸》"恐惧乎其所不闻"之"惧"、《孟子》"孩提之童无不知爱其亲"之"爱"、《孟子》"禹恶旨酒"之"恶"、《大学》"欲诚其意""欲正其心"之"欲"，虽属七情，但非气之发，而是理之发。前者之例正印证朱熹所谓"四端亦有不中节者"之义。反过来说，后者之例可说是"七情亦有中节者"之义（但朱熹并无此说）。奇高峰（名大升，1527—1572）亦主张"四端亦有不中节者"，而李退溪认为这违背孟子之意[2]。然而，"四端亦有不中节者"与"七情

---

[1] 丁若镛：《文集》，卷12，第358-359页。

[2] 关于朱熹"四端亦有不中节者"之说，以及李退溪与奇高峰的辩论，参阅拙著：《四端与七情——关于道德情感的比较哲学探讨》，台湾大学出版中心，2005年，第246-250页；或其简体字版，华东师范大学出版社，2008年，第184-187页。

亦有中节者"之义更可能直接承自李瀷。其《四七新编》第三节便是《四端有不中节》，而且一开头便引述朱熹之说[1]。至于"七情亦有中节者"之义，则本于该书第十一节《七情亦有因道心发》。该节一开头便说："七情亦有因道心发者，见赤子入井，则必有怵惕恻隐之心，恻隐之甚则哀生焉。"[2]

在后段文字中，丁茶山从修养功夫的角度来诠释李退溪的"理发"、"气发"说。丁茶山的诠释令人想起朱熹在《中庸章句序》中所言："心之虚灵知觉，一而已矣，而以为有人心、道心之异者，则以其或生于形气之私，或原于性命之正。"丁茶山也同李退溪一样，将四端与七情之关系等同于道心与人心之关系[3]。依丁茶山的诠释，四端与七情皆由心发，或发于天理之公而为道心，或发于人欲之私而为人心；修养功夫在于扩充道心，克制人心。借此，他赋予李退溪的"理发"、"气发"说以实践的意涵。

现在我们可以将丁茶山对孟子"四端"说的诠释与他对"四端"与"七情"的关系之诠释结合起来思考。如上文所述，丁茶山将仁、义、礼、智四德理解为四端扩充之结果，并不合乎孟子的"仁义内在"说及朱熹以四德为体，以四端为用的观点。此说也不合乎李退溪的观点，因为李退溪认为："恻隐、羞恶、辞让、是非，何从而发乎？发于仁、义、礼、智之性焉尔。"[4] 换言之，李退溪主张"四端是理之发"，是以四端为仁、义、礼、智之理本身的活动，而与丁茶山以仁、义、礼、智为四端扩充之结果大异

---

1 李瀷原著、李相益译注：《译注四七新编》，다운샘，1999年，第18-20页。
2 李瀷原著、李相益译注：《译注四七新编》，다운샘，1999年，第50-51页。
3 李退溪《答李宏仲问目》曰："人心，七情是也；道心，四端是也，非有两个道理也。"语见《退溪先生文集》，第2册，卷36，第2页上，见《韩国文集丛刊》，第30辑，第310页。
4 《退溪先生文集》，卷16，第9页下至第10页上，见《韩国文集丛刊》，第29辑，第408页。

其趣。再者，李栗谷虽然否认理的活动性，但并未否认理对气的主宰性（理先气后）。因此，他也不会赞同丁茶山以四端为本、以四德为末的观点。

丁茶山最初服膺李栗谷对"四端七情"的诠释，后来受到李檗的影响，转向李退溪的观点。但他仍试图调停李退溪与李栗谷的观点，其结论呈现于两篇《理发气发辨》。表面看来，丁茶山在李退溪与李栗谷之间似乎各有所取，但从他对孟子"四端"说的诠释看来，他的观点不但与李退溪、李栗谷的观点不同，也与孟子、朱熹的看法有分歧，可说是自成一说。

【附论】

本文之初稿在接受韩国期刊《茶山学》的评审时，一位评审人提出如下的评论：

> 本论文并未阐明茶山在说明孟子的心性论和四七论时的立场并非是始终一贯的。所以，乍一看来，会引起误会，使人认为《孟子要义》和《理发气发辨》中茶山的立场似乎是相应的。但仔细看来，《孟子要义》批判了朱子以理气说明仁义礼智的方式，而《理发气发辨》则从人心、道心的观点肯定了四七论的实践意义。当试图说明茶山的学问立场具有整合性时，研究者有必要对这种不一致加以说明。

显然评审人认为：丁茶山在《孟子要义》和两篇《理发气发辨》中对孟子心性论的诠释并不一致。此一评论指出了笔者原先忽略的一个重要问题，值得响应与补充。

笔者与林月惠女士花了将近二十年的时间，将尹丝淳教授主导、韩国民族与思想研究会主编的韩文论文集《四端七情论》（首尔：서광사，1992年）编辑成中译本，于2019年由"中央研究院"中国文哲研究所出版。此书包括韩国柳初夏教授的《丁若镛的

四端七情观》一文。笔者在前面已提到："四端"概念在文献上的直接来源是《孟子》，特别是《公孙丑上》与《告子上》的两段文本。但奇怪的是，柳教授在文中并未提到丁茶山在《孟子要义》中对这两段文本的诠释。正是这种疑惑促使笔者撰写本文。

上述评审人所谓的"不一致"究竟是何意思？是指不兼容甚至矛盾？还是指意义的不连贯？依笔者之见，丁茶山在《孟子要义》和两篇《理发气发辨》中对孟子心性论的诠释的确不连贯，却未达到不兼容或矛盾的地步。

我们从相关文献的撰述年代可以得到此项论断的佐证。如上文所述，《孟子要义》撰于1814年丁茶山53岁之时。至于他对"四端七情"问题的看法，则有一个发展的过程。在其1784年所撰的《中庸讲义》中，丁茶山明确地赞同李栗谷的"气发理乘一途"之说，而反对李退溪的"理气互发"之说。其后丁茶山开始转向李退溪的观点。他在其1814年修订的《中庸讲义补》中追述这个转向系由于李檗之影响。然而，丁茶山并非一边倒地转向李退溪的观点，而是试图调停李退溪与李栗谷的观点，此点明确地见诸他于1795年所撰的《西岩讲学记》及1801年所撰的两篇《理发气发辨》。

在关于丁茶山思想发展的以上回顾中，1814年具有关键性。因为在这一年，丁茶山撰《孟子要义》。也就在这一年，他将《中庸讲义》修订为《中庸讲义补》。他在《中庸讲义补》中回溯其在"四端七情"问题上的立场转变时明白地表示："嘉庆辛酉夏，余在长鬐谪中，作《理发气发辨》，以辩斯义。"换言之，丁茶山于1814年撰《孟子要义》时，并未放弃他在嘉庆辛酉年（1801年）所撰的两篇《理发气发辨》中所表达之观点。

一个人的不同思想之间的差异或矛盾可能是因为它们出自前后不同的时期，例如朱熹对"道心"、"人心"的理解就有前后期之差异[1]。如果说丁茶山在《孟子要义》和两篇《理发气发辨》中对孟子心性论的诠释是不兼容或矛盾的，我们实在很难想象，他自己在1814年完全未意识到这点。况且从本文的讨论，笔者也很难看出其间存在明显的不兼容或矛盾。但是笔者承认：两者之间并不连贯。

笔者揣测：这种不连贯的原因可能是由于两者的发展脉络之不同。严格而论，"四端七情"的问题在丁茶山的整个思想系统中只占有一个相当边缘的位置，而他的两篇《理发气发辨》只是对李退溪与李栗谷的观点之回应。然而，丁茶山在《孟子要义》中对孟子心性论的诠释则反映利玛窦对他的影响，具有更根本的意义。尽管这两部分的思想之间欠缺意义上的连贯性，但如果我们忽略了丁茶山在《孟子要义》中的相关讨论，我们对其四端七情论的理解就不完整。本文之作当有助于这种理解上的完整性。

（本文最初在2019年4月于韩国首尔第27届茶山学国际学术会议中宣读，此次出版有增补修订。）

---

[1] 参阅拙作：《朱子对"道心"、"人心"的诠释》，收入蔡振丰编：《东亚朱子学的诠释与发展》，台湾大学出版中心，2009年7月，第75-110页。

古希腊灵魂观与荀子之"道":一个比较考察[*]

孙　伟(北京市社会科学院)

无论是在中国先秦哲学,还是古希腊哲学中,人以及围绕人本身提出的哲学问题始终是核心问题。人的灵魂和肉体的关系是怎样的?人的肉体消逝之后,灵魂是否仍然存在?人的灵魂能否摆脱自我的束缚,实现永恒不朽?如果能够的话,又是通过何种方式和途径呢?这些问题都是人在思考人本身以及人和宇宙自然之间的关系时自然发生的,而对这些问题的解答就体现了人类对于永恒理性乃至于神性的不懈追求。

一、柏拉图的"宇宙灵魂"和"人类灵魂"

柏拉图的回忆说提出,认识乃是出于回忆。人心中原有关于各种事物的理念(Ideen),但在出生以后就消失了,因此必须通过后天的学习和对事物的感觉,来恢复我们以前的知识,也就是Ideen。在《蒂迈欧篇》35a中,柏拉图提到了"宇宙灵魂"(world's soul)的概念。柏拉图认为,"宇宙灵魂"由三种不同的元素构成,这就是:同、异和第三种存在(实在)。

---

[*] 本文系国家社会科学基金一般项目"早期中国与古希腊宇宙观比较研究"(编号19BZX055)以及北京市社会科学院一般项目"早期儒家心学思想的精神内涵及其当代诠释"(编号2019C5524)的阶段性成果。

> 在不可分且永恒不变的存在和可分的、转瞬即逝的存在之间，他还混合了二者，产生了第三种存在形式。[1]（35a1-5）

产生了第三种存在形式之后，造物神又将不可分的永恒存在、可分的有形事物以及第三种存在加以混合，产生出一种形式。然后，他将这一形式分割成许多部分，而每一部分都是同、异和第三种存在的混合体。这样，"宇宙灵魂"就产生了。在柏拉图看来，"宇宙灵魂"是永恒存在的，它自身周而复始地运动。"宇宙灵魂"所包含的存在、同和异就是最高的宇宙法则和条理。当它接触到生灭的或永恒的事物时，它便与它自身之内的元素作比较。它如果遇到现实可感的对象，就会获得"坚定和真实的意见"，而如果遇到理智的事物，就会产生"理智与知识"。[2]（37a-c）

在《蒂迈欧》41d4-42b1中，柏拉图又谈到了"人类灵魂"。人类灵魂同样是存在、同、异的混合，但这种混合不如"宇宙灵魂"完全，因而属于次一等的类别。

> 他（指造物神——引者注）把剩余的元素又一次倒进原先用来调制宇宙灵魂的钵里，以同样的方式调制，但不再是那样统一、不变的纯净，而是只有第二等或第三等的纯净。[3]（41d）

人类灵魂存在于有限的生命个体内，而这个生命个体有着会消歇与增长变动的身体，身体之中还存在着情欲和各种感觉，因此破坏了人类灵魂中同和异的运行及其平衡，使之无法认知到与其类似的"宇宙灵魂"。陈康先生认为，柏拉图在这里提到的"人类灵魂"，

---

1 Plato, *Timaeus, Critias, Cleitophon, Menexenus, Epistles*（Cambridge: Harvard University Press, 1929）, p.65.

2 Plato, *Timaeus, Critias, Cleitophon, Menexenus, Epistles*（Cambridge: Harvard University Press, 1929）, p.75.

3 Plato, *Timaeus, Critias, Cleitophon, Menexenus, Epistles*（Cambridge: Harvard University Press, 1929）, p.91.

其实只是理性或努斯（nus），不包括感觉和欲望。这种"人类灵魂"与"宇宙灵魂"之间本来只有纯净度上的差别，而在本质上都是一致的。但人的情感和欲望使得这种"人类灵魂"被蒙蔽，运行失常，从而无法认识到"宇宙灵魂"。而如果"人类灵魂"通过教育等方式去除了遮蔽，恢复了内部同和异的正常运行，那就和"宇宙灵魂"实现了同一，从而能够认识到"宇宙灵魂"，即宇宙的最高原理和法则。[1]

从陈康先生对《蒂迈欧》的分析来看，柏拉图提到的"宇宙灵魂"乃是宇宙的最高存在和法则。普通的人只有去除身体带来的情欲的遮蔽，才能使自己的"人类灵魂"（陈康先生所言的"个别心"）得以呈现，从而与"宇宙灵魂"保持一致。

对于柏拉图来说，人需要追求的就是使灵魂的不朽部分（理性）摆脱可朽部分（比如情感和欲望）的影响，上升成为不朽的灵魂乃至"宇宙灵魂"。

> 热忱地喜爱学习与真正思想的人，并且使用这些品质超出使用身体其他部分的人，必定认为思想是不朽和神圣的。如果是这样，他就能掌握真理，并且就人性能够分有不朽的可能范围内，他必然不会缺少；假如他要将自己的神性部分延伸并且扩大自己身上带有的灵性，他必须要得到至高的祝福。每个人照料自己身体每一部分的方式都是一致的——这就是，用适宜的食物和运动来供给所需，并且对于内在于我们的神性部分而言，运动就是宇宙的智力活动和旋转。我们每个人都应该通过学习宇宙的和谐和旋转运动来矫正我们头脑的运动过程，这个过程在我们出生时就遭到歪曲，我们要使思想与思想的对象在原初本质的意义上保持同一，在实现这种同一后最终达到人类生活的目标，这一目标就是诸神摆在人类面前的最好的生活，既为人类的当前，也为人类

---

[1] 陈康：《论希腊哲学》，汪子嵩、王太庆编，商务印书馆，2011年，第46-55页。

的未来。[1]（90c–d）

在这里，柏拉图提出人内在就有神性，但在出生的时候遭到歪曲，所以需要通过学习宇宙的和谐运动来重新实现这种神性。那么，什么是宇宙的和谐运动？柏拉图在之前说过：

> 神发明了视觉并且将它赐予我们，其目的在于让我们能够看到天上的理智运动，并把它应用到我们自身的理智运动上来。这两种运动的性质是相似的，不过前者稳定有序而后者则易受干扰。我们通过学习和共享本质上正确的计算，可以模仿神的绝对无误的运动，对我们自身变化多端的运动进行规范。[2]（47c）

事实上，柏拉图并没有明确地说明什么是宇宙的和谐运动，但这种运动一定是由理智支配的，是一种理智的运动。人所要做的就是将这种天上的理智运动转化为人的理智运动。这不禁让人联想到《中庸》里所说的"诚者"和"诚之者"的关系。《中庸》中说："诚者，天之道也。诚之者，人之道也。诚者，不勉而中，不思而得，从容中道，圣人也。诚之者，择善而固执之者也。"朱熹在《中庸章句》中说：

> 诚者，真实无妄之谓，天理之本然也。诚之者，未能真实无妄，而欲其真实无妄之谓，人事之当然也。圣人之德，浑然天理，真实无妄，不待思勉而从容中道，则亦天之道也。未至于圣，则不能无人欲之私，而其为德不能皆实。故未能不思而得，则必择善，然后可以明善；未能不勉而中，则必固执，然后可以诚身，此则所谓人之道也。（《四书章句集注》）

1　Plato, *Timaeus, Critias, Cleitophon, Menexenus, Epistles*（Cambridge: Harvard University Press, 1929）, p.247.
2　Plato, *Timaeus, Critias, Cleitophon, Menexenus, Epistles*（Cambridge: Harvard University Press, 1929）, pp.107–109.

这其实就是说，天道的本然状态就是"诚"，是"真实无妄"、自然而然，不依赖于任何人和事物。圣人生来就处于这种最高的"诚"之境界，而普通人则必须要通过自己的"择善"而为，逐渐修身而达到这一境界。这一过程其实就是"诚之者"的成长过程，是一个不断破除妄见、接近真实的过程。这非常类似于柏拉图所说的通过学习天上的理智运动，从而破除人的情感和欲望的遮蔽，进而形成人的理智运动的意思。

二、亚里士多德的"实践心识"与"理论心识"

对于亚里士多德来说，灵魂分成了三个部分，即情感、潜能和品质。

> 下面我们必须要考虑一下品德是什么了。由于在灵魂中有三种类型的东西——情感，潜能和品质（State of Character），品德就必然是这三者之一。对于情感，我认为是欲望、愤怒、恐惧、自信、嫉妒、喜悦、友好、憎恨、想念、仿效（emulation）、同情，而一般来说是伴随着快乐或痛苦的感觉；对于潜能，是那些我们能够借以感受这些，即变得愤怒或痛苦和同情的那种东西；对于品质，是指我们借以对情感处理得好坏的东西，比方说对于愤怒，如果我们强烈地或太微弱地感受它，那就处理得比较坏，这对其他的情感也是如此。无论是品德还是邪恶都不是情感，因为我们并不会由于我们的情感而被称为善的或恶的……我们在感觉愤怒和恐惧时并没有选择，但是品德是选择或者包含了选择的模式。[1]

---

1 Aristotle, *Ethica Nicomachea*, trans. W. D. Ross, *The Basic Works of Aristotle*, ed. Richard McKeon (New York: The Modern Library, 2001), pp.956–957.

亚里士多德认为情感就是愤怒、恐惧、自信、嫉妒、喜悦、友爱等，情感本身并没有善恶之分，我们不能认为一个愤怒的人是不道德的，或者一个喜悦的人是道德的。而潜能则是那种能够让人产生愤怒、恐惧、喜悦等情感的能力，这种能力本身也并无善恶之分，也不能使我们变成善或恶。这样，剩下的品质才是品德。也就是说，品德既不是情感，也不是潜能，而是一种品质。那么，这种品德究竟是什么呢？它从何而来呢？

亚里士多德认为，人的伦理品德是通过实践和培养内化到人的本性之中的，因此，社会的习俗影响了一个人的道德化进程。亚里士多德说：

> 理智的品德是由于教导而生成和培养起来的，所以需要时间和经验。伦理品德则由风俗习惯沿袭而成，所以"伦理"这个名称是由"习惯"这个词略加改动而产生的。……所以我们的伦理品德既不是出于自然本性的，也不是违反自然本性的，而是我们自然地接受了它们，又通过习惯使它们完善的。[1]

因此，人的伦理品德是通过个体不断的实践和培养形成的，日久天长的习惯导致了最终品德的形成和完善。这也就是说，品德本身并不是天赋的，而是通过外在的教导和习俗培养而成的。既然人的品德并不是天赋的，那为什么人能够接受那种外在的教导和习俗养成呢？人为什么愿意"选择"品德呢？亚里士多德说：

> 那么这种（人类）功能究竟是什么？生命活动也为植物所有，而我们所探究的是人的特殊功能。所以我们必须把生命的营养和生长功能放在一边。下一个是感受的功能。但是这似乎也为

---

1 Aristotle, *Ethica Nicomachea*, trans. W. D. Ross, *The Basic Works of Aristotle*, ed. Richard McKeon (New York: The Modern Library, 2001)，pp.956–957.

马、牛和一般动物所共有。剩下的是那个有理性部分的生命。[1]

对亚里士多德来说，人所独具的理性决定了人具有接受外在教导和习俗养成的能力和意愿。人的理性使得人意识到，人必须要采用某种社会组织形式和交往形式才能正常地生活，否则社会就会变得无序和混乱。在这种情况下，人就愿意去接受外在的礼仪教导和习俗养成。

亚里士多德认为，人的理性本身也分为实践理性和理论理性。实践理性最终的目的是要发展成为实践智慧，而这一过程是与伦理德性的内在化过程密切相关的。伦理德性是由外在习俗和规范内在化而形成的，是通过学习和教育不断获得的。亚里士多德说：

> 希望自己有能力学习高尚与公正即学习政治学的人，必须有一个良好的道德德性。因为，一个人对"是什么"的性质的感受本身就是一个始点。如果它对于一个人是足够明白的，他就不需再问"为什么"。而受过良好道德教育的人就已经具有或很容易获得这些始点。[2]

实践智慧则是实践理性与这种伦理德性逐渐结合在一起的最后结果。实践理性表现为人的一种能够接受伦理德性的倾向或意愿，通过这种倾向或意愿，人们才会去主动学习，将伦理德性纳为自身的一种品质。这就是说，实践智慧本身并不是一种德性，没有道德

---

[1] 英译文参照：*Ethica Nicomachea*, 1097b33–98a3, trans. W. D. Ross, in *The Basic Works of Aristotle*, ed. Richard McKeon, New York: The Modern Library, p.942. 中文译文沿用余纪元先生译法，见余纪元：《德性之镜：孔子与亚里士多德的伦理学》，中国人民大学出版社，2009年，第101页。

[2] 英译文参照：*Ethica Nicomachea*, 1095b2–8, trans. W. D. Ross, in *The Basic Works of Aristotle*, ed. Richard McKeon, New York: The Modern Library, p.942. 中文译文见余纪元：《德性之镜：孔子与亚里士多德的伦理学》，中国人民大学出版社，2009年，第233页。

的具体内容,而只是一种能够接纳伦理德性并内化提升其为自身品质的能力。但是,如果缺乏了实践智慧,那么伦理德性也无法内化并提升为人的一种品质,无法成就"完全的德性"或"严格意义的德性"。所以,亚里士多德说:"离开了实践智慧就没有严格意义的善,离开了伦理德性也不可能有实践智慧。"[1]

我们可以发现,无论是实践智慧还是伦理德性,亚里士多德所要探讨的中心是围绕人的现实生活而展开的,都是围绕人应该怎样过一种"好的生活"而展开的。这就是说,人的灵魂中所拥有的理性和在此基础上形成的实践智慧和伦理德性是人在现实层面所能做出的最完美的展现。然而,在此之上,在人的实践智慧和现实生活之上,还有一个更高的、需要用理论理性和沉思(contemplation)来把握的世界。对于前者来说,所有围绕实践智慧的过程都有特定的外在目标,如一个符合德性的生活等等。而对于后者来说,人的沉思则超越了主客之间的对立,是对世界本体和人自身最终目的的终极追问。这一区别充分地反映在亚里士多德对"实践心识"和"理想心识"的论述中。

在亚里士多德《灵魂论》的第三卷第1—10章(3.1—10)中,亚里士多德说:

> 这里所说的心识,须是备有计算功能的"实用(实践)心识(practical thought)"。实用心识所顾虑的,专在如何获致所企求的客体(目标,或终极)。"理想心识(speculative thought)"则没有自己的终极(无所企求)。[2]

从这里我们可以看出,"理想心识"和"实践心识"在最终目的上

---

1 英译文参照:*Ethica Nicomachea*, 1095b2-8, trans. W. D. Ross, in *The Basic Works of Aristotle*, ed. Richard McKeon, New York: The Modern Library, p.942. 中文译文见余纪元:《德性之镜:孔子与亚里士多德的伦理学》,中国人民大学出版社,2009年,第235页。
2 亚里士多德:《灵魂论及其他》,吴寿彭译,商务印书馆,2009年,第171页。

是不同的。因而，亚里士多德将灵魂中的心识（理性）分成了两个部分，实践心识是与肉体的各种需要结合在一起，而理想心识则是与肉体需要分开的。前者显然是柏拉图所指的寻求事物必然性原因的心识，而后者则是探求事物所蕴含的神圣性原因的心识。

在《灵魂论》第三卷第 5 章中，亚里士多德提到：

> 心识，可是，只有在它"分离了"以后，才显见其真实的存在。只有在这情况，它才是'不死灭的，永恒的'。既然它不是被动体（而是主动体），所以它不作记忆（于以前的活动无所回想），作为被动体的心识，是要死灭的，而灵魂（理知灵魂）失去了被动心识就再不能思想（理解）任何事物（任何实用思想的外感客体）了。[1]

对于亚里士多德来说，"理想心识"具有永恒性，并且是可以与人的肉体乃至人的"实践心识"相分离的。当然，这种分离只是暂时的，因为现实世界中生活的人总会需要物质资料的供养。

作为一个人，思辨总要求有外部条件，进行思辨的本性本不是自足的。它要求身体的健康、食物以及物品的供给。[2] 尽管如此，亚里士多德认为，即便我们只是掌握一点点关于永恒的理想心识，我们也能够得到比其他事物所能给我们带来的更大快乐，而只是对这些神性知识的匆匆一瞥也会比对其他事物的准确认知更能带给我们欢乐。[3]

对亚里士多德来说，从伦理德性到实践理性的上升过程也就是人不断获得实践智慧、积累德行的过程。然而，人如果只停留在

---

1 亚里士多德：《灵魂论及其他》，吴寿彭译，商务印书馆，2009 年，第 158 页。
2 亚里士多德：《尼各马可伦理学》，苗力田译，中国人民大学出版社，2003 年，第 227-228 页。
3 亚里士多德：《论动物部分》，见苗力田编《亚里士多德全集》（第五卷），中国人民大学出版社，1997 年，第 20-21 页。

这一实践的层面上而不继续向上探寻永恒普遍的真理，那就永远无法获得最高的幸福。在实践之上的层面，就是理论理性的王国。通过思辨的过程，人得以明了宇宙的真理，从而人与宇宙之间达到了类似于中国古代哲学中的"天人合一"的境界。无论是柏拉图还是亚里士多德，他们的伦理学最终追寻的都是普遍、永恒的真理，是作为偶然的、短暂的可朽个体去追寻必然的、永恒的不朽全体的过程。

虽然亚里士多德和柏拉图对于实践心识和理想心识的关系看法不尽一致，但二者都对人类灵魂的永恒不朽确定无疑。正是因为人类灵魂的永恒不朽，才会有建立在此基础上的对永恒理性的不懈追求乃至于逐渐趋近于神性。对于神性的实现方式，柏拉图和亚里士多德都主张通过观照或沉思（contemplation）[1]的方式，但关于这种观照的具体的步骤和环节，二者都没有做出详细的说明。基于此，应当如何理解这种观照或沉思呢？我们不妨先转向东方儒家荀子的相关观念，或许我们可以从另外一个角度来理解这个概念。

三、荀子的"虚壹而静"

在《荀子》的文本中，我们很难寻找到与古希腊哲学话语体系中的"灵魂"（soul）完全对应一致的术语。但《荀子》文本中，还是能够找到与之相类似的概念——"神"或"神明"。荀子说：

> 列星随旋，日月递照，四时代御，阴阳大化，风雨博施，万物各得其和以生，各得其养以成，不见其事而见其功，夫是之谓神。（《荀子·天论》）

---

[1] 关于亚里士多德之 contemplation 的具体研究，可参孙伟：《"道"与"幸福"：亚里士多德与荀子伦理学之间的另一种对话》，《复旦学报》（社会科学版），2015年第6期。

在这里,"神"似乎是宇宙天地运行的规则,隐藏在世间万物的背后。虽然我们看不到它的存在,但它却主宰着天地万物的运行。这和柏拉图所说的"宇宙灵魂"颇有相似之处,它们都是宇宙天地万物的主宰。但荀子在描述通过"虚壹而静"的方法最终实现"道"的境界时,又说:

> 万物莫形而不见,莫见而不论,莫论而失位。坐于室而见四海,处于今而论久远。疏观万物而知其情,参稽治乱而通其度,经纬天地而材官万物,制割大理而宇宙里矣。恢恢广广,孰知其极?睾睾广广,孰知其德?涫涫纷纷,孰知其形?明参日月,大满八极,夫是之谓大人。(《荀子·解蔽》)

这样的一种境界是人实现了"道"之后的境界,能够经纬天地而裁量万物,不拘泥于外在的具体形式而能够主宰宇宙万物的运行。从这个角度上来看,"道"和天地万物背后的"神"似乎是基本一致的,只不过前者更强调最高的境界,而后者可能更强调"道"本身运转的过程。无论如何,"道"或者"神"都应该是宇宙万物的最高条理和形而上规则,是不会受到具象约束的存在。

正如柏拉图要将宇宙灵魂和人类灵魂联系起来一样,荀子也需要将"道"或"神"与人类之中的对应者联系起来。

> 此其道出乎一。曷谓一?曰:执神而固。曷谓神?曰:尽善挟治之谓神,万物莫足以倾之之谓固。神固之谓圣人。圣人也者,道之管也:天下之道管是矣,百王之道一是矣。故诗书礼乐之道归是矣。……习俗移志,安久移质。并一而不二,则通于神明,参于天地矣。(《荀子·儒效》)

在这段话里,荀子认为,"道"就是能"执神而固",而"神"就是"尽善挟治","固"就是"万物莫足以倾之"。因此,能够将尽善的原则贯彻始终,不为外物所改变或影响,这就是"道",也就是圣人。圣人因此也就具备了"通于神明"、"参于天地"的能力。在这里,我们可以发现荀子所说的"圣人"非常类似于柏拉图所说的去除了情感和欲望对"人类灵魂"的遮蔽、实现了"宇宙灵魂"的人。那么,在荀子看来,人是怎样去除这种情感和欲望对"人类灵魂"的遮蔽,进而实现"宇宙灵魂"的呢?

荀子首先将"心"确定为一个人"神明"或灵魂的主人:"心者,形之君也,而神明之主也,出令而无所受令。"(《荀子·解蔽》)对于荀子来说,"心"首先是一种理性的认知能力,也就是说,荀子所说的人心具有"征知"的能力。荀子说:

> 然则何缘而以同异?曰:缘天官。凡同类同情者,其天官之意物也同。故比方之疑似而通,是所以共其约名以相期也。形体、色理以目异;声音清浊、调竽、奇声以耳异;甘、苦、咸、淡、辛、酸、奇味以口异;……说、故、喜、怒、哀、乐、爱、恶、欲以心异。心有征知。征知,则缘耳而知声可也,缘目而知形可也。然而征知必将待天官之当簿其类,然后可也。五官簿之而不知,心征之而无说,则人莫不然谓之不知。此所缘而以同异也。(《荀子·正名》)

这就是说人通过感官来认识各种具体事物的特征,从而对它们进行分类、命名。

荀子对心在认知过程中的作用之论述的确与上述的亚里士多德的"实践心识"和柏拉图的"必要的原因"颇为类似,都是认知客观现实世界一般规律的理性能力。但荀子并没有满足于单纯认知这种现实世界的一般性规律,而是对认识有着更高的追求,这种更高的追求就是"道"。荀子在《解蔽》篇言道:

> 人何以知道?曰:心。心何以知?曰:虚壹而静。心未尝不臧也,然而有所谓虚;心未尝不两也,然而有所谓壹;心未尝不

动也,然而有所谓静。人生而有知,知而有志;志也者,臧也;然而有所谓虚;不以所已臧害所将受谓之虚。心生而有知,知而有异;异也者,同时兼知之;同时兼知之,两也;然而有所谓一;不以夫一害此一谓之壹。心卧则梦,偷则自行,使之则谋;故心未尝不动也;然而有所谓静;不以梦剧乱知谓之静。未得道而求道者,谓之虚壹而静。作之:则将须道者之虚则人,将事道者之壹则尽,尽将思道者静则察。知道察,知道行,体道者也。虚壹而静,谓之大清明。万物莫形而不见,莫见而不论,莫论而失位。坐于室而见四海,处于今而论久远。疏观万物而知其情,参稽治乱而通其度,经纬天地而材官万物,制割大理而宇宙里矣。恢恢广广,孰知其极?睾睾广广,孰知其德?涫涫纷纷,孰知其形?明参日月,大满八极,夫是之谓大人。夫恶有蔽矣哉!
(《荀子·解蔽》)

这段话提到了"虚壹而静"的概念。在荀子看来,人是通过"虚壹而静"的方式来认知"道"的。荀子的这一提法在先秦儒家中是很特别的。我们知道,从孔子到孟子都没有如此明确地提出如何实现"道"的问题。对于孔子和孟子而言,虽然"道不远人",但怎样实现"道",通过怎样的现实途径来实现"道",仍然是一个没有被明确提及的问题。荀子的"虚壹而静"则是在描述人的心应如何运作才能实现"道",这就明确将"道"的实现与"心"紧密联系了起来。荀子所认为的"虚"当然不是绝对的虚空,不是人在认识外物时完全没有知识储备的空洞状态。荀子说的"不以所已臧害所将受谓之虚"是说,人不应该让自己已有的知识阻碍自己进一步的认知,这就是"虚"。这就是说,各人已有的知识虽然是人认识外界事物的基础和前提,但同时也会成为人的成见和偏见的来源。既有的知识体系会限制一个人的知识视野和认识外物的框架,如果这种框架不被摒弃,人的认识就会受到既有成见的束缚,从而演化为偏见。《论语·子罕》篇中言道:"子绝四:毋意,毋必,毋固,毋我。""毋必"其实就是不要过于执着于必然性。一个事物在某时某地可能是对的,但随着时间和空间的转换,可能就会转换为错的,或者会有更多的可能性选择。对于一个人来说,就是不要执着于某种必然的结果,而是要认识到有多种发展的可能性。如果只是执着于一种结果,就必然会忽略其他结果的可能性,而这些丰富多样的可能性恰恰构成了事物可能的多重面向。这其实也就是荀子所说的"虚壹而静"中的"虚"。有了"虚",就不会执着于一种结果或答案,而是会在敞开的心灵中寻找更多可能的回答方式和解决方案。

人通过"虚"获得了没有成见和偏见的心灵,从而能包容事物发展的更多可能性。然而,这绝不意味着人就可以随波逐流,只是去追逐外在的各种意见而没有任何内在的判断原则。荀子说的"不以夫一害此一谓之壹",就是说不能让外在的事物阻碍自己内心对一贯原则的坚持。实际上,人应该将"真正应怎样做"的信念潜藏于心中,随着环境的变换而不断调整外在的行为,只要这种行为符合自己内心的信念,就是正确的。正如钱穆先生所言:"惟义所在,无可无不可。"即便某种行为在表面上并不符合某种原则或主张,但若其符合"义"之内在精髓,那就可以是正确的行为。荀子所说的"虚壹而静"中的"壹",就是要将万事万物的一贯之道作为最终原则,而不是随波逐流,只是在表面上遵循某种道理。

至于"虚壹而静"的"静",就是要在认知过程中保持内心的平静,不要为"梦剧乱知"。孔子所言"毋意"也有此意。"毋意"也就是不要妄自揣测、猜疑。在认知一个事物时,不要毫无根据地妄加揣测,否则只能带来犹豫和不安。所以,认知事物就要充分地根据自己的观察和思考来得出结论,不能毫无根据地猜测。这就像荀子"虚壹而静"中的"静"一样,不能胡思乱想,将外界的幻相当做真实的事情。如果在认知的过程中真的有怀疑,那就要去寻找更多的证据去求证,而不能凭自己的主观臆断来行事。所谓"知行合一",当"知"有所惑时,就要用"行"去验证,而不能只停留在内心世界之中。

我们可以看到,荀子所说的"虚壹而静"的过程其实就是一种逐渐摆脱主观成见,消弭自我意识,逐渐实现天地万物为一体的过程。以敞开无蔽的心来认知事物,就是"虚";坚持将一贯之道应用于万事万物之中,人就摆脱了自我偏见和私欲的束缚,就逐渐将自我消融于万事万物之中,从而以内心之一贯之道和天地万物之道来"格物致知",天人合一的境界由此才能完成,这就是"壹",也就是孔子所言的"毋我"。荀子认为,当实现了"虚壹而静"的状态时,人就能够达到"道"的境界,也就是"大清明"的境界。荀子说的"恢恢广广,孰知其极?翠翠广广,孰知其德?涽涽纷纷,孰知其形?"其实就是在描述这种摆脱了时间和空间的限制,实现了天地万物之道的状态。

我们可以看到,荀子所谓以"虚壹而静"的方式来实现"道"的过程其实就是人不断突破自我有限性,走向无蔽无碍,实现灵魂永恒不朽的过程。通过这样一种过程,人其实就冲破了柏拉图所说的在神造人之初时所设定的有限、可朽的界限,从而有实现永恒不朽的"宇宙灵魂"的可能。突破自我和他人乃至万事万物之间的差别和不同,或许正是实现永恒灵魂的唯一途径。在这个意义上,荀子的"虚壹而静"或许能够成为我们理解柏拉图和亚里士多德宇宙论和灵魂论的一个重要工具。

早期中国的类、类比与行动
——以名墨孟荀为线索
李 巍（中山大学）

如果说名为"中国哲学史"的研究，其作为"史"的实质是要从中国古代文本中寻找并系统呈现能被称为"哲学"的素材；那么也能说，这种诉求在被称为"中国逻辑史"的研究中同样存在，就是要从古代文本中寻找并系统呈现能被称为"逻辑"的素材。显然的，因为以"哲学"或"逻辑"为名的东西最先来自西方，则中国文本中找到的素材是否具有冠名资格，就会引起质疑，也才会有中国哲学合法性或中国有无逻辑的漫长争论。但实际上，即便这种以"找哲学"或"找逻辑"为诉求的"史"的研究没有遭遇冠名权的质疑，也很难说是一种谈论中国思想的有效方式。因为思想的骨骼是概念，但如果中国思想中哪些概念是初始的，哪些是次级的，是按"找哲学"或"找逻辑"的需要编织谱系，就意味着对概念的理解不是依赖文本，而是由对哲学或逻辑的理解决定的。比如"哲学史"的一般叙述中，"道"概念被视为是重要的，正是因为相比其他概念来说它更适合充当中国古人进行哲学思考的标志；"逻辑史"的一般叙述中，"类"概念被视为是重要的，同样是因为相比其他概念来说它更适合充当中国古人具有逻辑自觉的标志。问题是，如果此类"哲学史"或"逻辑史"的概念研究取决于对哲学或逻辑本身的理解，那必定会陷入恶性循环。因为，中国古人对某一概念的谈论，无论"道"还是"类",有待说明的正是其能否充当哲学或逻辑的素材;可当这些概念首先是作为中国古代有哲学或有逻辑的识别标志被谈及时,显然已经预设了答案。因此严格说来,这样一种以"史"为名、以"找素材"为实的研究,至少在概念层面并不能为中国思想提供有意义的说明。因为无论"道"成为哲学史研究优先对待的概念,还是"类"成为逻辑史研究优先对待的概念,这至多表明中国古代可能有某种哲学或逻辑的概念,却不能表明这些概念到底意谓什么。

这一点,我在关于道概念的专门研究中已有阐述,但主要是针对"找哲学"的诉求;[1] 现在,为表明在中国文本中"找逻辑"的诉求面临同样的问题,有必要将注意力再转到类的概念。如后所见,在中国逻辑史的研究中,人们把类看成中国古代逻辑意识的萌芽,主要是以西方传统逻辑尤其是亚里士多德的种属理论作为参照;而其动机,就是想以借此观察中国思想中有无对应于西方逻辑的成分。因此,比照逻辑上的类概念(主要是种属概念)来谈论中国古人的理解,正可说是"找逻辑"的代表性实践。但我认为,这非但不能澄清,反而还会遮蔽类概念在中国思想中扮演的基本角色,那就是:类首先是一个指导行动的规范概念。

一、类的涵义:种属与相似

揭示上述角色前,先要考虑类概念在中国思想中的涵义。就研究者通常视为参照的传统逻辑,尤其是亚里士多德的理论来说,类主要是种和属(*specie/genus*)。要理解这样的类概念,至少要考虑两个层面:一是本体论上,种属是逻辑上的抽象对象;另一是知识

---

[1] 参见李巍:《道家之道:基于类比的概念研究》,《深圳大学学报》(人文社会科学版),2020年第5期。

论中，种属构成了下定义的基础。但无论怎么说，作为逻辑种属的类不是无需说明就能理解的。相比之下，中国古人对类的认识却简单得令人诧异，因为它通常仅被看成事物特征的相似，如《孟子·告子上》说的"同类者，举相似也"，代表的就是早期中国的普遍看法：

> 夫唯善，故能举其类。《诗》云："惟其有之，是以似之。"（《左传·襄公三年》）
>
> 同音者相和兮，同类者相似。（《楚辞·谬谏》）
>
> 夫物多相类而非也……此皆似之而非者也。（《战国策·魏策》）
>
> 类，种类相似，唯犬为甚。（《说文·犬部》）

如上，类仅被说成"似"或"相似"，表明作为抽象事物的逻辑种属观念在中国思想中并不显著。不仅如此，中国古人对类的确认也往往不受种属包含关系的限定，比如：

> 施薪若一，火就燥也。平地若一，水就湿也。……物各从其类也。（《荀子·劝学》）
>
> 水流湿，火就燥，云从龙，风从虎，圣人作而万物睹。本乎天者亲上，本乎地者亲下，各从其类也。（《易·乾·文言》）
>
> 火上荨，水下流……物类相动，本标相应，故阳燧见日则燃而为火，方诸见月则津而为水；虎啸而谷风至，龙举而景云属。（《淮南子·天文》）
>
> 火上炎，水下流，圣人之道，以类相求。（《文子·上德》）

以上所见的类，如（1）火／干燥／向上／阳燧／日、（2）水／湿润／向下／方诸／月、（3）云／龙／天、（4）风／虎／地，仅是以某种特征相似建立的松散关联；若依严格的种属关系，显然不是同类。因此从比较的观点看，中国式的类似乎既不够抽象（缺乏种属概念），也不够确定（不受种属限定）。

不过，人们认为，从中国古代语言与逻辑的特殊性着眼，这种非抽象、非确定的理解未必就不合理。[1] 并且除了类的问题，不难发现，只要对中国思想的言说涉及中西比较，就总有基于特殊性的辩护。然而，在我看来，此类辩护价值不大，仅是研究者受迫于比较的表现。所以说"受迫"，是因为比较不可避免，并非学术规范的要求，而是语言贫乏使然，即由于谈论中国思想的学术语言尚不完备，人们不得不从来自西方的特定词汇库中有所借用。比如谈论中国古代的有/无概念时，有时不得不引入"本体论"（ontology）这个术语。因为看起来，（1）"有/无的概念是什么？"对该问题的解答要能被当成关于"哲学概念"的说明，似乎只能是去说明（2）"有/无是怎样的本体论概念？"而这必定会引出中西比较的问题，因为"本体论"既是迻译西方的术语，则它在问题（2）中的运用就必须包含对原生用法与引进用法的关系说明，如（3）"有/无作为中国古代的本体论概念，与西方哲学的本体论概念有何异同？"以及（4）"为什么在西方哲学语境之外，将有/无概念视为本体论

---

1 从古汉语句法和语义的特殊性说明中国古人满足于对类的非抽象理解，典型的例子如陈汉生及其追随者基于物质名词假设（Mass Nouns Hypothesis）宣称类的抽象概念之于中国古人并非必要。今天不再有人严肃对待这个观点，但其曾经轰动一时，参见 C.D. Hansen, *Language and Logic in Ancient China*, The University of Michigan Press, 1983, pp.112–113; D.J. Moser, *Abstract Thinking and Thought in Ancient Chinese and Early Greek*, a dissertation submitted in partial fulfillment of the requirement for the degree of PHD, The University of Michigan, 1996, p.171。此外，Chmielewski 指出中国古人通常不关心类的包含与属于关系，大概最早涉及中国逻辑的特殊性，参见 J. Chmielewski, *Language and Logic in Ancient China: Collected Papers on the Chinese Language and Logic*, Warszawa: Komitet Nauk Orientalistycznych PAN, 2009, pp.181–182；后来，Lucas 以墨家为例，引入一阶逻辑的扩展系统，将中国的类概念描述为数学上的笛卡尔积，这是对中国逻辑特殊性的进一步刻画，参见 T. Lucas, *Later Mohist Logic, LEI, Classes and Sorts*. Journal of Chinese Philosophy, 2005（9），pp.349–365；此外，关于中国逻辑特殊性的有影响力的观点，亦见崔清田等人对"推类"问题的专门研究，参见崔清田：《"推类"：中国逻辑的主导推理类型》，《中州学刊》，2004年第3期。

的概念是正当的？"很明显，问题（3）(4）的出现，仅仅是因为问题（1）被表述为问题（2）——也就是说，中西比较成为问题，不在于比较本身不可或缺，而是因为研究者离开"本体论"之类的术语，就无法为概念提供一种哲学上的说明。

所以，若说关于中国思想特殊性的辩护本质上是由比较引发的，就能确认，其根源就在谈论中国思想的学术语言还很贫乏。相反，如果语言完备，即研究者无需引入"本体论"之类的术语，即能对有/无概念提供一种"哲学味儿"的说明，讨论可能就仅限于问题（1），而不涉及（2)(4），至少不是逻辑地关联于后面一系列问题。可是，"语言问题"往往伪装成"中西问题"来迷惑人，让人把比较视为思想研究的题中之义。而当描述中国事情的初始语汇中舶来词的占比越来越大时，人们就会去比较语词的原生用法与引入用法，还可能把前者视为标准。因之，为中国思想做辩护，就成了为非标准的东西争地位。比如，通常关于中国古代思维方式的辩护，说的就是相对西方的分析思维，中国思维作为某种**非分析**思维的合理性；类的问题也一样，为中国的情况做辩护，也是相比于西方逻辑中抽象、确定的类概念，说明中国古人对类抱有一种**非抽象**、**非确定**的理解的合理性。但无论如何辩护，只要中国思想的特殊性被表述为非 **A**，就已经是将之视为**非标准**的，从而默认了西方的观点就是标准，即便人们的目的是要挑战这个标准。是故，这种辩护的价值不大，就在于"中西问题"只是"语言问题"的表象，因此语言建设而非中西比较才是学术规范的要求。不过，这一要求还需得到更细致的阐述，这里只是强调，既然比较并非学理的必然，则由之引出的对中国思想的特殊性辩护就不仅限于类，对理解其他概念也一样，并不产生实质性的帮助。

当然，仅就类的概念来说，不可否认中国式的理解有其特殊之处，问题是，如果把这种特殊性默认为相对西方来说的非标准形态，那由此出发的推论一定有问题。比如，前引文所见的两种特殊性，即（1）"中国思想中种属概念并不显著"和（2）"中国古人对类的把握超出了种属关系的限定"，这的确是事实，但却推不出（3）"中国古人对类抱有'非抽象'和'非确定'的理解"。因为不是只有逻辑种属才是抽象的类概念，也非只有种属关系才是确定的类关系（详见后文）。所以，如果要从（1）（2）推出（3），只能基于一点，就是种属理论代表了什么是类的标准观点。但若果真如此，则可断言被视为特殊的（实际是非标准的）中国式理解并无被辩护的空间。因为，回到亚里士多德那里，种属理论不仅是划分的理论（*1037b29*），更是定义的理论（*1038a30*），是把分类视为说明本质（essence）或一事物精确地是什么（*1030a3*）的手段。基于此，从种属的角度思考类的问题就是正当的。因为，属作为类，正如亚里士多德所说，是在本质范畴描述事物（*102b31*）；种则是一个属之下不可再分的最小类（*123a30*），并且是唯一代表事物本质的东西（*1030a5-13*）。因此分类用于定义就只能是从属到种的纵向划分，即给定作为大类的属，通过指出其下事物能被区别开的差，直到指出"最后的差"（*1038b25-30*），就得到了不可再分的种，也就指出了事物的本质（精确地是什么）。现在，若以此为标准，不难看出，中国古人对类的理解与其说是特殊的，不如说是没用的，因为"相似"不能准确说明一事物是什么（本质），"举相似"更不足以刻画大类小类的逻辑包含关系（种属关系）。

然而，一种类理论是否能被视为标准观点，取决于类概念的应用场合（语境）。比如，在下定义尤其是给出本质定义的场合，将种属理论视为标准或许没有问题。问题是，这并非类概念得到应用的唯一场合，因为下定义不是人们谈论事物的唯一方式。所以，考虑到类的其他用途，对定义负责的种属理论就很难被视为标准，甚至没有参照价值。回到早期中国的文本看，情况就是这样，因为类概念的主要用途不是定义事物，而是指导行动，尤其是为跨场合行动的一致性提供说明。比如，（1）鲁班反对杀人，又为楚国制造战争器械，这被墨子评价为"义不杀少而杀众，不可谓知类"；（2）有人不远千里去医治弯曲的手指，却对"心"或道德禀赋的缺陷不以为然，这被孟子评价为"不知类"；（3）在商业活动中使用尺子和秤作为衡量标准，却在治理实践中舍弃法度，这被战国的法术之士评价为"不知类"。[1] 凡此，"类"所描述的都是行动，"不知类"则是指行动者没能从类的角度理解跨场合行动的一致性。那么从这些案例看，既然中国式的类概念不是服务于定义或精确地言说事物，其不同于逻辑上的种属概念就不值得诧异。至于说中国古人对类的把握超出了种属限定，这同样无需辩护，因为对指导行动而非定义事物来说，首先要考虑的并不是一类行动与另一类的种属关系，而是一类行动如何以相似关系为纽带，从一个场合被应用到其他场合。

回到上举案例，质言之，这一应用的实质正是行动基于相似性从初始场合到目标场合的类比，如（1）在某一场合拒绝杀戮（不杀少数人），也应类比于此，在另一场合拒绝杀戮（不杀多数人）；（2）在某一场合完善自身（矫正生理缺陷），也应类比于此，在另一场合完善自身（矫正道德缺陷）；（3）在某一场合遵循标准（商业交易中使用量具），也应类比于此，在另一场合遵循标准（政治治理中使用法度）。因此，如果**下定义**并非类概念的唯一用途，中国式的"举相似"也是一种用途，就应指出其核心是**做类比**；而中国古人将类理解为"相似"，虽缺乏种属概念的严格性，却很适合类比的需要，因为相当程度上，类比就能理解为相似性的跨场合扩展。而这种为类比而非定义服务的类概念，应当说有更为广泛的用途，因为不仅在琐碎的日常生活中，更在严格的科学探索中，跨场合类比正是基本的行动机制。[2] 而本文旨在刻画的，也正是类概念

---

[1] 参见《墨子·公输》《孟子·尽心上》《商君书·修权》。

[2] 科学实践中的类比，参见 *Metaphor and Analogy in the Sciences*, edited by Fernand Hallyn, Springer, 2000。

在早期中国用于建立行动类比的特征。为此,以下将逐步探讨以下问题,首先,早期中国与逻辑种属不同的类概念经由怎样的方式得到?进而,这样的类概念如何在跨场合类比中为行动者提供指导?

二、类的确认:划分与拣选

质言之,相比从属到种的划分,中国式的类概念主要来自相似特征的拣选,即仍是孟子说的"同类者,举相似也"。但在解释这种拣选之前,先要指出,相似的概念恐怕并不像表面看来那么简单,尤其是如之前提及的,类作为相似并不像逻辑种属那样抽象和确定,只是一种表面的印象。实际上,两种意义的类的差别并不在抽象性与确定性,而是类作为对象概念与作为关系概念之分。种属显然是逻辑上的对象,此外如 *sets*、*classes*、*sorts*、*natural kinds* 等意义的类则是数学或哲学上的抽象对象;至于相似,则应理解为事物间的一种关系。当然,在中国古人看来,尤其是按《墨经》的以下论述(*A86*,*NO6*),[1] 相似代表的事物关系仅是被称为"同"的关系中的一种,后者包括:(1)重合或等同("重同""同名之同")、(2)部分构成的整体相同("体同""连同""鲋(附)同")、(3)对象所处的位置相同("合同""具同""丘同")、(4)事物表现的特征相同("有以同")。只有(4)才是类所代表的相似关系,墨家也称之为"若"(*A78*)。但要点是,没理由因为中国古人把类视为关系概念,就认为他们抱有一种非抽象、非确定的理解。因为本体论上,不是所有场合都需要给出类是对象的承诺,[2] 而将类视为"……

---

1 本文引用《墨经》文献基于葛瑞汉对《道藏》本的校订,参见 A.C. Graham, *Later Mohist Logic, Ethics and Science*, Chinese University Press, 2003。

2 按照现代观点,人们更倾向消除类的对象性,最多将之视为出于便利的准对象(quasi objects)。参见 R. Carnap, *The Logical Structure of the World: and Pseudoproblems in Philosophy*, translated by R.A. George, Open Court, 2003/2005, pp.57-58。

相似于……"的关系,因为哪些事物在哪种特征上相似并不是被限定的,而不同或可变的关系项则存在这样一种关系,那当然既是抽象的、也是确定的。而回到墨家的论述看,这种关系的抽象性与确定性又表现为,事物的相似作为一种**特征关系**,是区别于**等同关系**、**构成关系**、**处所关系**等事物关系的独立范畴。

因此,谈论中国式的类概念时,我认为,要知道的第一件事就是由"举相似"所得的类是一个关系概念而非对象概念。也正因此,人们以种属理论作为参照,这个出发点就有问题。因为种属关系正是充当"关系项"的种和属的"关系",也就是说,在谈论这种关系时只有将类预设为对象,才能谈论二者的关系。但在中国古代,人们不大可能这样谈论问题,因为类本身就是关系。[1]而这就决定了对类的把握很难从种属划分的角度得到解释,因为从大类分出不可再分的小类,正是发现某一逻辑对象的过程;但在中国古代,对类的把握并非发现某个对象,而是确认一种关系。又因为类作为关系主要是就事物的特征来说,则确认一个类的基本手段就是做拣选,即举出某一特征来判断事物是否同类(相似)。当然,这似乎存在任意性的风险,如《庄子·德充符》谈及的,仅仅拣选不同点,能说肝胆之别如楚越之远;仅仅拣选相同点,又能说万物是一样的。因此,如果分类取决于拣选,就可能因为不同的拣选得出万物既同类又不同类的结论,如名家所说的"万物毕同毕异"(《庄子·天下》)。实际上,将"万物毕同毕异"视为任意的分类,就像认为中国古人把火/干燥/向上或水/湿润/向下归为同类具有任意性的理由一样,是以种属关系的限定作为标准。既然种属理论并

---

1 Chmielewski 注意到中国古人并不重视类的包含关系,但因为他恰是从对象类的角度来解释中国的类概念,所以不能解释为何如此,只能视之为中国古代的逻辑尚不成熟的表现。参见 J. Chmielewski, *Language and Logic in Ancient China: Collected Papers on the Chinese Language and Logic*, Warszawa: Komitet Nauk Orientalistycznych PAN, 2009, pp.181–182。

不适合作为参照，则中国古人对类的把握是否任意，就要依据其他标准来看，尤其是，有没有克服任意性的拣选规则。我认为，这是谈论中国式的类概念时要知道的第二件事。所幸的是，早期文本尤其是与名辩思潮相关的部分，对此提供了相当充分的论述。

从中所见，拣选规则的运用涉及两种情况：（1）析取拣选，指要么拣选不同点，要么拣选相同点。（2）合取拣选，指既要拣选不同点，也要拣选共同点。关于（1），《荀子·正名》谈论命名作为拣选手段时说的"同则同之，异则异之……不可乱也"，就是对析取式拣选的规则表述，即要么取其同、要么取其异，两者"不可"混淆。由此再看《墨经》中的牛马比较（B66），同异有别作为规则，也是针对任意为之的"狂举"。比如，墨家认为，举出牛有齿、马有尾来区别牛马是"狂举"，因为有尾、有齿是牛马的共同点（"俱有"），而非一方有一方没有（"偏有偏无有"）的不同点。因此"牛马虽异"，也不能任意举出某一特征来区分二者，因为这很可能是把相同点混淆于不同点，所以同异有别正是克服任意拣选的规则。再看（2），其涉及克服"狂举"的另一规则。再回到牛马比较，墨家接着指出，牛有角、马无角虽然代表了二者的"类不同"（A），但若"以是为类之不同"（B），仍然是"狂举"。要理解这个说法，就要注意（A）（B）的差别并不在"类不同"与"类之不同"，而在表断定的"以是"，[1] 它意味着"狂举"是仅以某个差别断定牛马不同类，而未顾及其他情况，也即以局部拣选得出了绝对的结论。那么，关于牛马乃至一般事物的比较，墨家期待的结论就是双方既在某个方面同类（相似），又在某个方面不同类（不相似）——至于绝对不同类的情况，如木头的"长"与夜晚的"长"、智慧的"多"与粟米的"多"、爵位的"贵"与商品的"贵"等，

---

[1] "以是"表断定，如"以是为不恭"（《孟子·万章下》）、"以是为隆正"（《荀子·王霸》）、"以是为差"（《礼记·王制》）、"圣人以是为未足也"（《礼记·祭义》）。

则被说成"异类不吡"(*B6*),即特征截然相异的东西没有可比性。那么,可比者就总是有同有异。因之,能被视为拣选规则的除了同异有别,还应有同异兼顾,前者是来自析取拣选的要求,后者则是来自合取拣选的要求;前者确保了拣选的一致性,后者则克服了拣选的局部性。

以上规则,名家代表公孙龙在其《通变论》中也有讨论,只是方式有点怪,不是以特征拣选来确认两个事物是否同类,而是将两方构成的组合与第三方作比,并涉及两种情况:(1)第三方也是组合成分之一,(2)第三方不在组合成分中。先看方式(1),其例子是牛羊组合与单独的牛或羊作比较。公孙龙认为,举出牛与羊的不同点,不意味牛羊组合非牛或非羊,因为独羊的某个特征不同于组合中的牛成分("不俱有"),却同于羊成分("或类焉"),独牛亦然,所以只能说牛羊组合与单独的牛或羊在特征上既非全同、也非全异,而由此肯定的,不过就是牛羊组合有牛有羊。但紧接着,公孙龙主张,举出牛与羊的共同点,也不意味牛羊组合是牛或是羊,因为牛羊除了存在共同点("俱有"),也有不同点("类之不同"),所以结论就是牛羊组合中的牛不是羊,即构成组合的两个成分并不相同。所以不难看出,以上论述正是遵循同异兼顾的规则,将组合关系界定为 ab 组合有 a 有 b 且 a 不是 b。不过,这还只是关于一个组合中有什么的内部界定,转向比较方式(2),即组合相比于非其成分的第三方,又能给出组合中没有什么的外部界定,可表示为 ab 组合没有 c,即《通变论》所谓"羊合牛非马也。非马者,无马也"。具体来说,公孙龙认为,只有拣选牛羊组合与马不相交的特征,如犄角是牛羊都有但马没有的,长尾是马有但牛羊都没有的,才能从组合成分中排除马。但方式上,仍然要遵循同异兼顾的规则,因为拣选不相交特征的实质就是划出组合成分区别于第三方的共同界线。因此被拣选的满足划界需要的特征,就既是马与牛羊组合的不同点,也是组合成分的共同点(当然,共同点可以是牛羊都有某一特征，也可以是牛羊都无某一特征）。可见，同异兼顾的规则既能用于说明一个组合中有什么，也能用于说明一个组合中没有什么。

《通变论》进一步表明，如忽视同异有别的规则，描述组合关系的特征拣选也会陷入"狂举"，例子是从牛羊组合中排除鸡。公孙龙的观点是，如果举出牛羊有毛鸡无毛，或者鸡有羽牛羊无羽，则可确认牛羊组合与鸡的特征没有交集，所以是可行的排除方式。但若举出"牛羊足五"和"鸡足三"则不可行，因为"牛羊足五"实际是将牛羊四足与概念上的牛羊有足（"牛羊足一"）相加得到，"鸡足三"则是将鸡两足与概念上的鸡有足（"鸡足一"）相加得到——这意味着，"牛羊足五"与"鸡足三"并非不相交的特征，因为有足（"足一"）正是牛羊组合与鸡的共同点。所以，这种拣选式分类不能从牛羊组合中排除鸡，因为它违背了同异有别的规则，把组合成分与第三方的相同点当成了不同点。故公孙龙称此为"狂举"，并强调"材不材，其无以类"，就是指出混淆同异不可以把握类。

因此，以荀子、墨家和公孙龙为例，可见对类的确认诉诸拣选，绝非任意为之。但公孙龙为何采用将组合与单独事物作比较的怪异方式，仍是个问题。我想，这可能是出于做类比的意图，如他论"羊合牛非马"时说的：

1. 举而以是犹类之不同
2. 若左右犹是举

就是两个类比。其中的"犹""若"，以及古汉语中经常出现的"譬"，还有合成词"譬犹""譬若"，正是表达类比的句法装置，可直译为"犹如"。不过，第二个类比服务于《通变论》自身的主题，这里仅来谈论与类相关的第一个类比，其说的是举出牛羊组合与马的不同点，犹如举出牛和羊的"类之不同"，或者更一般地说，就是：判断 *ab* 组合与 *c* 不同类，〈犹如〉判断 *a* 与 *b* 不同类。

因此，这一类比的实质就是将确认事物是否同类的方式从二元扩展到多元范畴，即除了能够谈论 *a*、*b* 是否同类的关系问题，也能类比于此，进一步谈论 *a*、*b*、*c* 是否同类的关系问题，并能不断扩展下去。而这已经暗示了类作为特征拣选的产物，其价值可能主要体现在做类比的领域。因此，让我们把注意力从拣选再推进到类比，并正面处理前文提出的第二个问题，即类的概念用于类比，这对于解决行动问题具有怎样的意义？

三、类的运用：类比与行动

单就"举相似"这个说法本身来看，回到《孟子·告子上》的著名阐述，就能肯定类作为特征拣选的产物，乃服务于做类比的目的，这包括：（1）通常情况下，同类事物能被"举相似"；则类比于此，人之为类也能被"举相似"（"何独至于人而疑之？圣人与我同类者"）。（2）除了能对人的生理本能"举相似"（"口之于味也，有同耆焉；耳之于声也，有同听焉；目之于色也，有同美焉"），也能类比于此，对道德本能"举相似"（"心之所同然"）。（3）正如有人擅长驾驭生理本能（厨师易牙、美人子都），也能类比于此，肯定有人擅长驾驭道德本能（"圣人先得我心之同然"）。于是，基于类比（1）—（3），结论就是凡人皆有道德本能，并应向善于驾驭这一本能的圣人学习。不难看出，这些类比正是"孟子道性善，言必称尧舜"（《孟子·滕文公上》）的核心，但通常更受人关注的却是他关于人性与树木、水流、颜色等的类比。[1] 我想，问题不仅涉及对孟子的理解，更涉及"举相似"所得的类在早期中国的基本用

---

1 这些类比参见 Lucas 的最新研究，但他仍然没有认真对待"举相似"的类比，参见 T. Lucas, *Analogies and Analogical Reasoning in the Mencius*,《逻辑学研究》，2019 年第 6 期。

途，质言之，就是类作为拣选的产物主要服务于类比的目的。

这个特征，回到文本来看，在"举"和"推"这两个术语关联出现的地方已见端倪。比如，孟子设想的将道德本能在某一场合的呈现应用到其他场合，这个过程在《梁惠王》篇既被称为"举斯心加诸彼"，也叫"推恩"。"推"即"举……加诸……"的概括表达，是把一事物从被举出的场合推广到其他场合，而其实质就是类比——如孟子的名言"老吾老以及人之老，幼吾幼以及人之幼"（《梁惠王》），就是把爱人作为道德本能的实现分为两个步骤：（1）拣选此道德本能最易显露的场合，即举出面对自己亲人的情况；（2）类比于此，将这种道德本能应用到面对他人亲人的情况，也即推及到尚未显露的场合——这个从"举"到"推"的过程，如说是孟子眼中道德行动如何可能的基本方案，核心就是从做拣选到做类比。

再看荀子，从"举"到"推"的过程则用于说明语词的运用。按《正名》篇，"举"是将命名描述为用语词拣选事物，包括：（1）没有特征限定的"举"，如语词"物"能无差别地拣选一切对象（"大共名"）；（2）有特征限定的"举"，如语词"鸟""兽"只拣选有差别的对象（"大别名"）。但无论哪种拣选，荀子强调的是这些语词不仅"举"出了对象，且能在所有适合的场合"举"出对象（"遍举"），那么，这种拣选式的命名就只能诉诸"推"，即以类比的方式将语词从一个场合扩展到其他场合。比如，（1）'语词"物"不限定对象，则当下场合的对象被共同命名为"物"时，也能类比于此，将这种共同命名的方式推及其他场合（"推而共之"），直到穷尽一切对象（"无共而后止"）；（2）'因为"鸟"或"兽"限定了对象，则当下场合的对象被分别命名为"鸟""兽"时，也能类比于此，将这种分别命名的方式推及其他场合（"推而别之"），直至穷尽一切对象（"无别而后止"）。

此外，墨家也以"举"和"推"说明语词的运用。如《墨经》

中，命名被界定为"以名举实"（*NO11*），并分为"达、类、私"三种形式的"举"（*A78*），正是指语词可用于：（1）拣选一切对象、（2）拣选一类对象、（3）拣选一个对象。在墨家，这种拣选也是服务于命名方式的类推，但最受关注的是类名的"举"如何应用于"推"（*B1-3*）。当然，墨家所谓"推"不仅是命名的方法，更是论辩的方法，即当人们赞同 p 而反对 q 时，可类比于 p 被接受的情况来推广 q（*NO11*）。比如，为鼓吹"杀盗非杀人"，墨家专门论述了这个观点与人们通常接受的"爱盗非爱人"出于同样的构造（"同类"）；那么，就能类比于得到"爱盗非爱人"的方式，同样得到"杀盗非杀人"的结论（*NO15*）。

由上，从"举"到"推"几乎能被视为一种说理策略，即为了说明某个主题，需要（1）拣选或举出有待谈论的主题在某一场合的状况，（2）类比于该主题在初始场合的状况，推及说明它在目标场合的状况。比如，举出（a）张三爱亲人是道德本能，再类比于（a），推及说明（a）′张三爱陌生人也是道德本能；举出（b）这些东西都名为"物"，但名为"鸟"的不是"兽"；再类比于（b），推及说明（b）′那些东西也名为"物"，但名为"鸟"的仍不是"兽"；以及，举出（c）以某种方式得出"爱盗非爱人"的主张，再类比于（c），推及说明（c）′也能以相同的方式得出"杀盗非杀人"的主张。因此，无论这种说理策略被用于谈论什么，可知拣选式的"举"正服务于类比式的"推"。也正因此，当主题被设定为类时，就能说对类的"举"同样服务于"推"，即除了在某一场合的"举相似"，还要类比于此，推及另一场合中的"举相似"。例如，孟子说的"口之于味也，有同耆焉；耳之于声也，有同听焉；目之于色也，有同美焉。至于心，独无所同然乎？心之所同然者何也？谓理也，义也"（《告子上》），就是说如果能在一个场合举出人有相似之处，则能类比于此，推及于另一场合，也举出人有相似之处。因此，只要初始场合 I 中的 a、b 都有特征 θ，目标场合 T 中

的 c、d 也有 θ，就能建立一个类比：

（1）*T* 中举出 *c* 相似于 *d*，〈犹如〉*I* 中举出 *a* 相似于 *b*。

鉴于相似关系正是中国式的类，以上类比也能表示为：

（2）*T* 中举出 *c* 与 *d* 同类，〈犹如〉*I* 中举出 *a* 与 *b* 同类

由此，就能看出类概念在中国思想中的基本用法是做类比。

但是，这种以类或相似关系为核心的类比，并不是唯一形式的类比。因为类比虽然仰赖相似，却不是类比项成员在特征上的低阶相似，而是类比项的结构（structure）和做类比的目的（purpose）决定的高阶相似，[1] 尤其是场合间的关系对应。[2] 比如，T 中的事物存在关系 R，I 中事物也存在关系 R，就能以 R 为中心在两个场合的事物之间建立类比：

（3）*T* 中的 *c*、*d* 具有 *R*，〈犹如〉*I* 中的 *a*、*b* 具有 *R*

其实，连接词"犹如"表达的就是高阶的相似，即 T 中存在关系 R，**这一状况**相似于 I 中存在关系 R。但关系 R 不必定是相似关系，即低阶的事物的相似。比如，孟子说的"理义之悦我心，犹刍豢之悦我口"，仅是将"理义"之于"心"的关系（T 中的 c 取悦了 d）类比于"刍豢"之于"口"的关系（I 中的 a 取悦了 b），却并不意味"理义"与"心"或"刍豢"与"口"是相似的，因为二者的特征完全不同。再比如，汉儒董仲舒说的"性比于禾，善比于米。米出禾中，而禾未可全为米也。善出性中，而性未可全为善也"（《春秋繁露·深察名号》），同样不是说性与禾或善与米相似，而是说，善之于性的关系（T 中的 c 出自 d）相似于米与禾的关系（I 中的 a 出自 b）。所以，类比项的相似或同类不是做类比的前提。

相反，若只有相似的东西才能类比，这将是非常严格的类比，

---

[1] 参见 Keith J. Holyoak and Paul Thagard, *Mental Leaps: Analogy in Creative Thoughts*, MIT, 1996, p.137。

[2] 参见斯坦哈特：《隐喻的逻辑：可能世界之可类比部分》，兰忠平译，商务印书馆，2019年，第 136 页。

即类比项始终要遵循相似关系或类的限定，否则就会导致墨家所说的"推类之难"（*B2*）。其例子是对某物"谓四足"（*B3*），这个主张要能被类推到不同场合，要明确它说的是（1）牛四足、（2）马四足还是（3）兽四足。因为，如果初始场合的"谓四足"说的是（1），目标场合说的却是（2）或（3），就并非同类主张的类比推广（"推类"），而是在不同场合提出了不同的主张。反之，如果初始场合的（1）可被类推为目标场合的（2）或（3），则意谓它们是相同的主张，谈论着相同的东西。但这显然是荒谬的，因为任何"谓四足"的主张没差别，墨家认为，就相当于说所有四足的东西都是麋鹿（"俱为麋"）。可见超出类，任何主张都难以推广（"推类之难"）。于是，墨家又提出"止类以行，说在同"（*B1*）的原则，正是指：肯定事物如此，便始终做出断言；否定事物如此，则始终表示质疑，类推到各个场合的只是相同的主张（"说在同"），所以要以类为限（"止类"）。很明显，这里说的还是"类"的范围决定了"推"的可行，因此"推类"区别于一般类比的首要特征就是它的严格性，即所"推"的仅只是"类"，即仅只是相似关系的跨场合类比。

  问题是，中国古人为何设想这种特殊的，实质是相当严格的类比呢？我认为，根源就在解释行动问题。之前谈论早期中国的"知类"主张时，已经指出，对类的洞见本质上是对行动具有跨场合一致性的洞见。现在看来，这一洞见正来自以类为中心的类比（"推类"）。因为没有这种类比，类仅是描述事物特征的概念，即"知类"仅是知道事物是否相似，而与对行动规范的认知关系不大；但当类概念同时构成跨场合类比的限定（类比项必须同类）时，就不仅意谓了相似性，更代表了一致性，如荀子说的"类不悖，虽久同理"（《荀子·非相》）或"推类而不悖"（《荀子·正名》），"不悖"就是对一致性的要求。而要点是，这种除了意谓相似性，也含有表象一致性的类概念，正适合从描述事物的领域应用到指导行动的领域。比如,参照荀子关于行动准则的递归式论述(《非相》《天论》),可知他所谓"类不悖"主要就是对跨场合行动的要求,即:(1)"道"能贯通一切场合("道贯"),是它所代表的行动准则或"理"能贯通一切场合("理贯");(2)"理"能贯通一切场合,则是它所规定的行动在一切场合都"类不悖"。那么在递归的意义上,行动者遵循"道"或"理"的指导,就是遵循"类"的指导;而这种指导行动的类概念显然不仅是事物相似的标志,更在"以人度人、以情度情、以类度类"(《非相》)的跨场合类比中表达了对行动者必须一致行动的要求。

所以在早期中国,类概念本身被用于类比,就能归结为对不同场合如何行动的关切,决定了人们需要一个能用来描述行动一致性的概念——而这个概念所以是类,就在于行动者决定某些场合接下来该怎么做时,最易设想的保持一致行动的方式,就是让类比项的成员(即初始场合与目标场合中的行动)保持同类。是故,对类的把握就构成了以类比指导行动的关键,正如荀子指出的:

> 倚物怪变,所未尝闻也,所未尝见也,卒然起一方,则举统类而应之。(《荀子·儒效》)
> 有法者以法行,无法者以类举。(《荀子·王制》)
> 应卒遇变,齐给如响,推类接誉,以待无方。(《荀子·臣道》)

以上所见,就是同类行动的跨场合类比构成了应对陌生情况的行动机制。并且,因为应变的诉求得到了突出的强调,这种类比就呈现出显著的技术意义,可说是每个追求正当行动的人都应掌握的行动方法,荀子称之为"操术":

> 所听视者近,而所闻见者远。是何邪?则操术然也。……推礼义之统,分是非之分,总天下之要,治海内之众,若使一人。

故操弥约而事弥大，五寸之矩尽天下之方也。故君子不下室堂，而海内之情举积此者，则操术然也。(《荀子·不苟》)

很清楚，"操术"正是以近知远、以小见大、以少治多的类比技术。但能被视为君子之道的核心，就在于"操术"的运用，也即"推礼义之统"，始终基于对类的把握——因为在荀子看来，礼义正是统领每一类行动即"统类"的原则，"知通统类"则是成为大儒的标志（《荀子·儒效》）。因此，礼义的价值就表现为它所统领的每一类行动皆能被进行跨场合的"推类"，而类作为行动规范的意义也正是在"推礼义之统"的类比中呈现出来的。

四、小结

论述至此，我的观点可概括为：(1) 中国古人眼中的类不是种属划分的产物，而是特征拣选（"举相似"）的产物。(2) 拣选不能任意为之（"狂举"），要遵循同异有别和同异兼顾的规则。(3) 这种拣选式分类主要服务于类比（"推类"），目的则是确保跨场合行动的一致性。(4) 类概念在中国思想中扮演的基本角色就是为正当行动提供指导。现在，基于(1)—(4)，有理由相信将类概念的确立解释为中国古代逻辑的萌芽，并不能为我们理解这个概念提供实质帮助，也就无助于达成在中国思想中"找逻辑"的目的。

不过，鉴于"逻辑"一词的不同涵义，也可说中国古人对类的认知代表了另一种逻辑（如行动逻辑）。但提出这个新主张的代价是，名为"中国逻辑史"的研究必须暂停其常规实践，即不再从中国古代文本中寻找逻辑的素材，而要退回去辨析"逻辑"的涵义。同样，若名为"中国哲学史"的研究要尝试说明中国思想有另一种哲学，也必须暂停其找素材的实践，而要退回去辨析"哲学"的涵义。表面看来，这似乎是研究者校准其出发点的积极尝试。但此项工作恐怕永远无法完成，这不仅因为哲学或逻辑很难有一个通行的定义，更因为这本身就不是"中国哲学史"或"中国逻辑史"被设置为一个学科的任务。所以，上述"倒退"一旦发生（已然发生），与其说是一种研究再出发的积极尝试，不如说是对既有研究范式的事实否定——因为在给出何为哲学、何为逻辑的通行界定前，这种以"史"为名、以"找素材"为实的研究并不能有任何推进。不过，旧范式的弱化也是学术进步的契机，使我们有动力去探索谈论中国思想的新范式。本文聚焦于类概念的讨论，正是这样一种努力。

天学视野中的荀子
——利玛窦对《王制篇》分类说的转写[*]

方旭东(华东师范大学)

引 言

《荀子·王制》关于物种分类的一段话广为人知,其言曰:

> 水火有气而无生,草木有生而无知,禽兽有知而无义,人有气、有生、有知,亦且有义,故最为天下贵也。(《荀子·王制》)

不过,吸引一般论者注意力的是这段话后面的"明分使群"之说。然而,明代来华传教士对《荀子》这段话情有独钟,特别加以引述发挥。来自意大利的耶稣会士利玛窦(Matteo Ricci,1552—1610)在其《天主实义》一书中这样写道:

> 分物之类,贵邦士者曰:或得其形,如金石是也。或另得生气而长大,如草木是也;或更得知觉,如禽兽是也;或益精而得灵才,如人类是也。[1]

这里的"贵邦士者",利玛窦没有指名道姓,但熟悉《荀子》

---

[*] 原文已刊发于《哲学研究》2020年第2期,此次收入本书,有所修订。
[1] 梅谦立:《天主实义今注》,商务印书馆,2014年,第126页。

的读者自然能够心领神会。梅谦立的注摘录了《荀子·王制》这段话，表明他对利玛窦援引的这位中国古代思想家是荀子这一点没有任何怀疑。

利玛窦引述《荀子》，是为了配合他对宋明理学万物一体论的批判，以服务于其上帝（天主/造物者）信仰的需要。[1]这是完全可以理解的。值得研究的是，利玛窦对《荀子》的称引实际上是一种转写。

不用特别留意，就会发现，利玛窦所转述的无名中国思想家的观点与《荀子·王制》原文在用字上存在不少差异：

（1）《荀子》：有→《天主实义》：得

（2）《荀子》：气→《天主实义》：形

（3）《荀子》：水火→《天主实义》：金石

（4）《荀子》：生→《天主实义》：生气

（5）《荀子》：义→《天主实义》：灵才

用字上的这些差异是否带来意义上的实质不同？利玛窦这样措辞，究竟是无心还是有意？如果是有意，其背后的考量又是什么？

无论如何，由于这些差异的存在，利玛窦对《荀子》的引述实际是一种转写（conversion）。这种转写典型地反映了中西思维的差异，为我们了解《荀子》在西学尤其是天主教神学（即所谓"天学"）视野中的镜像提供了一个极佳的范本（sample），对于《荀子》研究乃至整个中国哲学研究，都是富有意义的。

---

[1] 梅谦立指出，对利玛窦而言，泛神论让创造主与创造物之间的区分消失，使人成为神，这是对天主最大的亵渎。（《天主实义今注》，第18页）这就解释了何以利玛窦要不遗余力地批判泛神论。利玛窦提到了三种泛神论："夫曰天主与物同：或天主即是其物，而外无他物；或谓其在物，而为内分之一；或谓物为天主所使用，如械器为匠之所使用。"（《天主实义今注》，第137页）第一种泛神论的理论后果是所有事物都有同样的本性，上帝也不例外："其云天主即是各物，则宇宙之间虽有万物，当无二性；既无二性，是无万物，岂不混淆物理？"（《天主实义今注》，第137页）这种泛神论在宋明理学的万物一体观中得到体现。

一、"有"与"得"

"有"是一种存在论叙述。"得"字则暗示了一种施——受关系的存在。对于"得",我们很自然地会问:是从哪里得来的?联系到天主教对天主(上帝)的信仰,《天主实义》用"得"字,不用"有"字,很难说不是出于其潜在的天主信仰,因为,对天主教的信徒而言,任何东西都是来自天主(上帝)的赐予。不过,有理由认为,荀子应该不会反对用"得"字来改造"有"字句,因为,儒家相信,无论是人还是物,它所拥有的,都是从上天那里得来的。事实上,周敦颐关于人类的特殊性就有这样的说法:"惟人也,得其秀而最灵"(《太极图说》)(着重号为引者所加,下同,不再一一说明),朱熹对这句话的解释则显示,这种意义上的"得"字句与"有"字句可以互换:"盖人物之生,莫不有太极之道焉。然阴阳五行,气质交运,而人之所禀独得其秀,故其心为最灵。"(《太极图说解》)

二、"气"与"形"

如果说"得"字并没有在实质上改变《荀子》原文"有"字的涵义,那么,《天主实义》用"形"字而不用"气"字,对于《荀子》原意,不能不说,已造成滑转。因为,中国哲学的研究者很容易从《荀子》这段话读出"气"作为万物基础的意味。比如,日本学者泽田多喜男(1932—)就认为,在这里,荀子是把"气"作为无生物、植物、动物、人类共同的基本之物。可以明显地看到,这里是把气体作为万物的基本要素。[1]

也许,可以为利玛窦做一点辩护的是,在中国哲学当中,"形"未尝不与"气"相关。比如,在朱熹那里,"形"跟"气"就密不

---

[1] (日)泽田多喜男:《气的思想——中国自然观和人的观念的发展》,上海人民出版社,1990年,第78页。

可分:"人物之生,必禀此理然后有性,必禀此气然后有形。"(《答黄道夫》,见《朱文公文集》卷五十八)

在利玛窦那里,"形"也跟"气"相关,所谓"且夫气者,和水火土三行而为万物之形者也"[1]。"水火土气"被利玛窦称为"四行"[2]。

不过,无论是"形"还是"气",在利玛窦的哲学体系中都是低品级之物。利玛窦以"形"为标准将事物分为两类:"有形者为一类,则无形者异类也。"[3] 与此相应,在他那里,"魂"分有形之魂与有无形之魂[4];"性"分有形之性(又称着形之性,简称形性)与无形之性(又称超形之性,亦即神性)。[5] 无形之魂比有形之魂高级,无形之性比有形之性高级。

中国哲学也区分形而上与形而下,所谓"形而上者谓之道,形而下者谓之器"(《周易·系辞上》)。但中国古代哲人认为万物皆有形,事实上,"形"在中文里,本义就是事物可见的部分。[6]

利玛窦完全了解"气"在中国哲学当中被当作存在基础的涵

---

1 梅谦立:《天主实义今注》,第131页。
2 他说:"凡天下之物,莫不以火气水土四行相结以成"。见梅谦立:《天主实义今注》,第111页。
3 利玛窦之后的艾儒略(Giulio Aleni, 或 Jules Alenio, 1582—1649)继承了这种有形无形的分类法,同时更详细地说明,在有形之下又分三种,即天地金石四行、谷实草木、羽毛鳞介。无形(超形)者主要指天神,而人类一身兼有有形与无形两种成分:"万有统归四品:有具体质而无生长者,天地金石四行属是;有具体质生长而无触觉者,谷实草木属是;有具体质生长触觉而无灵明者,羽毛鳞介汇是。三者咸囿有形。复有超形而纯灵者,天神是也。维人则既该体质、生长、触觉三美,兼含灵明,括众品之攸具,亚天神而君万物,且居有始无始之界(原注:有始指万物,无始指天主),有形无形之联,为乾坤万化之统宗也。"(《性学觕述》)
4 "有形之魂,不能为身之主,而恒为身之所役,以就堕落","独人之魂能为身主""属于神者也,与有形者异也。"梅谦立:《天主实义今注》,第111-112页。
5 《天主实义》从141段到150段,都在讨论有形与无形的问题。见梅谦立:《天主实义今注》,第111-114页。
6 《说文解字》云:"形,象形也。从彡,开声。""彡"即"毛饰画文也"。"开,平也,象二干对构,上平也。""开"音同"见",与"彡"合义,即指与"质""生""体""神"相对的、平列的毛饰画文,即事物外露、可见的装饰部分。《广雅》云:"形,见也。"《庄子·天地》言:"物成生理谓之形。"

义,但他无法接受这样一种"气"的观念。他质疑"气本论"[1]说:

> 若以气为神,以为生活之本,则生者何由得死乎?物死之后,气在内外犹然充满,何适而能离气?何患其无气而死?故气非生活之本也。[2]

这是用归谬法来反驳气为生命本质要素"生活之本"之说。利玛窦提出,既然气不会消失,身体内外都被气充满,那么,也就无所谓死还是不死,但死亡的确是存在的,因此,气不能被看作生命的本质要素。

其实,从气论来看,死亡并非不能解释:死亡就是气散形溃。反过来,生就是气聚成形。[3]

对于气之聚散说,利玛窦亦有回应:"吾试问之:夫气,何时散尽?何病疾使之散?鸟兽常不得其死,其气速散乎?渐散乎?何其不回世乎?则死后之事,皆未必知之审者,孚用妄论之哉?"[4]

利玛窦问的这些问题,反映出他不能理解中国哲学的"气"是一个接近于"能"(energy)的范畴。对他来说,只有一种实体化的"气"才是可以想象的,那就是"空气"。初到中国时,利玛窦曾感慨中国学者只知道"五行"却不知道有空气:

> 他们(引者按:指中国学者)一点也不知道有空气,因为他们看不到它。对他们来说,空气所占的空间只是虚空而已。[5]

其实,这是一个误解。当利玛窦认识到这一点之后,他转而批

---

[1] 利玛窦针对的是中士提出的这样一种"气本论":"虽云天地万物共一气,然物之貌像不同,以是各分其类。如见身只是躯壳,躯壳内外莫非天地阴阳之气,气以造物,物以类异。"见梅谦立:《天主实义今注》,第130页。

[2] 梅谦立:《天主实义今注》,第130页。

[3] 关于理学用气之聚散来解释生死的详细讨论,参见方旭东:《新儒学义理要诠》,北京三联书店,2019年,第86—101页。

[4] 梅谦立:《天主实义今注》,第125页。

[5] (意)利玛窦:《利玛窦中国札记》,中华书局,1983年,第350页。

评中国学者错误地夸大了气的存在，坚持"气"只能作为"四行"之一，与水、火、土并列。为反驳"五行"说，利玛窦专门撰写了一个小册子《四元行论》[1]，其中提到了动物通过呼吸以调节体温的观点，是对《天主实义》相关说法[2]的重申：

> 且夫气者，和水火土三行而为万物之形者也，而灵魂者，为人之内分、一身之主，以呼吸出入其气者也。盖人与飞走诸类，皆生气内，以便调凉其心中之火。是故，恒用呼吸，以每息更气，而出热致凉以生焉。鱼潜水间，水性甚冷，能自外透凉于内火，所以其类多无呼吸之资也。[3]

这个观点的源头是亚里士多德，后者在《自然诸短篇》中曾专辟一篇论《呼吸》。对中国哲学家来说，呼吸是为了调凉心中之火，这样的看法也许不可思议。而亚里士多德之所以有这样的"非常可怪之论"，跟他的灵魂学说分不开。原来，在亚里士多德那里，灵魂处于身体的最热部分，即心脏区域以内。操持"生命原热"（vital heat）以实现一个活动物的营养机能（生长与繁殖）和感觉与运动机能者，正是灵魂。[4]

总之，利玛窦用"形"作为物种第一品级的特征，是刻意回避《荀子》以"气"作为万物共同要素的思想，反映了欧洲四元素论及亚里士多德灵魂说的影响。

---

1 《四元行论》初刻于万历二十七年（1599），随后又由冯应京重刊于万历二十九年（1601）。参见朱维铮：《利玛窦中文著译集》，复旦大学出版社，2001年，第517页。
2 《天主实义》的三分之二完成于万历二十二年（1594）十月至万历二十四年（1596）十月，即利玛窦在韶州、南昌时期，剩下的部分写于南京及北京。从万历二十四年（1596）起，利玛窦开始传播《天主实义》的初稿。此据梅谦立说，参见氏著：《天主实义今注》，第27-28页。
3 梅谦立：《天主实义今注》，第131页。
4 参见吴寿彭：《〈灵魂论〉译者绪言》，见（古希腊）亚里士多德著，吴寿彭译：《灵魂论及其他》，商务印书馆，1999年，第7页。

三、"水火"与"金石"

在《荀子》原文中，处于最低层级的物是"水火"，而在利玛窦的转述中，"水火"变成了"金石"。从《天主实义》的整个表述来看，是金石，而不是水火，与草木、鸟兽、人共同构成大千世界的主要物种：

> 夫物之宗品有二：有自立者，有依赖者。物之不特别体以为物，而自能成立，如天地、鬼神、人、鸟兽、草木、金石、四行等是也，斯属自立之品者。物之不能立，而托他体以为物，如五常、五色、五音、五味、七情等是也，斯属依赖之品者。[1]
>
> 其余无意之物，如金石草木类，然后无德无慝，无善无恶。如以无意、无善恶为道，是金石草木之，而后成其道耳。[2]
>
> 西儒说人，云是能生觉者，能推论理也。曰生，以别于金石；曰觉，以异于草木；曰能推论理，以殊乎鸟兽。[3]
>
> 彼金石鸟兽之性不能为善恶，不如人性能之以建其功也。[4]

如此等等。那么，为什么利玛窦要把《荀子》原文中的"水火"写成"金石"呢？

上已述及，利玛窦将"水火土气"合称为"四行"。"四行"这个译名明显是仿自中国古代的"五行"：水、火、木、金、土。[5]"四行"的观念在西方由来已久，最早可以追溯到古希腊恩培多克勒

---

1 梅谦立：《天主实义今注》，第 95 页。
2 梅谦立：《天主实义今注》，第 161 页。
3 梅谦立：《天主实义今注》，第 182 页。
4 梅谦立：《天主实义今注》，第 184 页。
5 《尚书·洪范》："一，五行。一曰水，二曰火，三曰木，四曰金，五曰土。""四行"之名，据利玛窦自述，是对中国"五行"的模仿："（佛教所谓的四大"地水火风"）不若以中国之理译之为火气水土，乃四元行，四纯体也"（《四元行论》，见朱维铮编：《利玛窦中文著译集》，第 529 页）。为了强调他所说的"四行"不同于中国的"五行"，利玛窦特别把"四行"称为"四元行"。

（Empedocles，约公元前495—约公元前435）提出的"四根说"。利玛窦的"四行说"主要是从亚里士多德那里来[1]。不过，与亚里士多德不同，利玛窦等人理解的"四行"，相互之间具有一种相克相胜的关系。这是为了论证四行构成之物都终归泯灭的原理。

> 凡天下之物，莫不以火、气、水、土四行相结以成。然火性热干，则背于水，水性冷湿也；气性湿热，则背于土，土性干冷也。两者相对相敌，自必相贼，即同在相结一物之内，其物岂得长久和平？其间未免时相伐竞，但有一者偏胜，其物必至坏亡。故此，有四行之物，无有不泯灭者。夫灵魂则神也，于四行无关焉，孰从而悖灭之？[2]

不单利玛窦这样认为，其前任罗明坚（Michele Ruggieri, 1543—1607）亦有类似说法："禽兽之身魂，皆因土水气火而成，苟此四者有一相胜而不相和，则身随死。"[3]

"四行"相胜的特点的确很像"五行"[4]。只是，与"五行"相比，"四行"明显缺少金、木。[5]对金、木，利玛窦另有安排：金，

---

1 亚里士多德曾提出，动物的组成累有三级，第一级是出于所谓"元素"，即：土、气、水、火。见（古希腊）亚里士多德著，吴寿彭译：《动物四篇》，商务印书馆，2010年，第38页。

2 梅谦立：《天主实义今注》，第111页。

3 （意）罗明坚：《新编西竺国天主实录》，见钟鸣旦、杜鼎克主编：《耶稣会罗马档案馆明清天主教文献》，台北利氏学社，2002年，第一册第42页。

4 五行相胜，又称"五行相克"，与"五行相生"相对应，是指金、木、水、火、土之间相互对立的关系：金胜木，水胜火，木胜土，火胜金，土胜水。此说据说是由战国末期阴阳家邹衍完整提出，汉代很多典籍都有反映，如《吕氏春秋·应同》《淮南子·地形训》《春秋繁露·五行相胜》《白虎通义·五行》等。

5 利玛窦不仅不认为"四行"缺少金、木是一种缺憾，相反，他批评"五行说"将金木纳入其中，是明显的理不通："谓水火土为行则可，如以金木为元行，则不知何义矣。试观万物之成，多不以金木焉，如人虫鸟兽诸类是也，则金木不得为万物之达行也。又，谁不知金木者实有水火土之杂乎？杂则不得为元行矣。设杂者可为行，则草石等皆可置之于行之列，不独五行也，何独取金木耶？"（《四元行论》，见朱维铮编：《利玛窦中文著译集》，第525页）

还有石,跟"四行"同处于万物最低一级,木,还有草,则是比四行、金石高一级的物。利玛窦的继任者艾儒略,继承了这一思想,更具体地把天地、金石、四行统归为"有具体质而无生长者",处于物之品类的最初一级:"万有统归四品:有具体质而无生长者,天地金石四行属是;有具体质生长而无触觉者,谷实草木属是;有具体质生长触觉而无灵明者,羽毛鳞介汇是。"[1]

就物的品级而言,"水火"与"金石"平等。所以,利玛窦举"金石"为说,并不意味他对荀子从"水火"开始叙述物的品级有什么异议。

在语源上看,利玛窦之所以用"金石"去替换《荀子》本来使用的"水火",可能是为了随顺他批判的对象——宋明理学"万物一体论"的表达习惯:"如吾于外国土,传中国有儒,谓鸟兽草木金石皆灵,与人类齐,岂不令之大惊哉?"[2]

四、"生"与"生气"

利玛窦不接受中国哲学"气"的用法,但利玛窦也并不刻意回避"气"字,这里使用的"生气"一词就是证明。《荀子》原文用"有生"来说明草木的特性,利玛窦则把"有生"理解为"得生气而长大"。这种理解反映出他对宋明理学话语的熟悉和对亚里士多德灵魂论的掌握。

---

[1] (意)艾儒略:《性学觕述》,见钟鸣旦、杜鼎克主编:《耶稣会罗马档案馆明清天主教文献》,第六册第79页。

[2] 传教士对宋明理学万物一体论的这种概括也许是以讹传讹,因为,至少在王阳明那里,他更习惯说"草木瓦石"而非"草木金石"。《传习录》载:"朱本思问:人有虚灵,方有良知。若草木瓦石之类,亦有良知否?"先生曰:"人的良知,就是草木瓦石的良知。若草木瓦石无人的良知,不可以为草木瓦石矣。岂惟草木瓦石为然,天地无人的良知,亦不可以为天地矣。"(《王阳明全集》,上海古籍出版社,1992年,第107页)"金石草木"的说法在中国古代主要见于医家及道家(教),被作为药或丹源。

盖朱熹曾用"生气流行"来解释万物发生的原因：

> "无极二五，妙合而凝。"[1]凝只是此气结聚，自然生物。若不如此结聚，亦何由造化得万物出来？无极是理，二五是气。无极之理便是性。性为之主，而二气、五行经纬错综于其间也。得其气之精英者为人，得其渣滓者为物。生气流行，一滚而出，初不道付其全气与人，减下一等与物也，但禀受随其所得。物固昏塞矣，而昏塞之中，亦有轻重者。昏塞尤甚者，于气之渣滓中又复禀得渣滓之甚者尔。（《朱子语类》卷九十四）

利玛窦对朱熹这种气生万物的说法无疑是熟悉的，《天主实义》曾借中士之口引《朱子语类》论身体内外皆是阴阳之气的一段话作为批判的靶子：

> 中士曰：虽云天地万物共一气，然物之貌相不同，以是各分其类。如见身只是躯壳，躯壳内外，莫非天地阴阳之气。气以造物，物以类异。如鱼之在水，其外水与肚里之水同，鳜鱼肚里之水，与鲤鱼肚里之水同，独其貌相常不一，则鱼之类亦不一焉。故观天下之万像，而可以验万类焉。[2]

"见身只是躯壳""内外莫非天地阴阳之气""如鱼之在水"云云，就是朱熹的话。原文如下：

> 问："鬼神便是精神魂魄，如何？"曰："然。且就这一身看，自会笑语，有许多聪明知识，这是如何得恁地？虚空之中，忽然有风有雨，忽然有雷有电，这是如何得恁地？这都是阴阳相感，

---

[1] 这是周敦颐《太极图说》里的话，朱熹引用时对原文有所简化。《太极图说》原文是："无极之真，二五之精，妙合而凝。"周敦颐这段话本是为了说明万物发生的原理："二气交感，化生万物。万物生生，而变化无穷焉。"
[2] 梅谦立：《天主实义今注》，第130页。

都是鬼神。看得到这里，见一身只是个躯壳在这里，内外无非天地阴阳之气。所以夜来说道：'"天地之塞，吾其体；天地之帅，吾其性"，思量来只是一个道理。'"又云："如鱼之在水，外面水便是肚里面水。鳜鱼肚里水与鲤鱼肚里水，只一般。"仁父问："魂魄如何是阴阳？"曰："魂如火，魄如水。"（《朱子语类》卷三）

即便没有朱熹这个因素，我们相信，利玛窦也能从他接触到的中国医生那里学到"生气"这一中医常用术语。[1]

另一方面，"长大"是"生长"的近义词，而"生长"正是亚里士多德所论作为灵魂基本属性（表征）的运动（活动，activity）四式之一。亚里士多德在《灵魂论》中说：

> 运动有四个品种：（1）移动位置，（2）变化形态，（3）衰坏（减损），与（4）生长（增益）。[2]

利玛窦对草木特征的描述，即贯彻了亚里士多德有关灵魂生长

---

[1] 利玛窦本是医家出身，其父是在当地执业的医生，开有利氏药房。本当子承父业的他成年后加入了耶稣会。在华二十八年，他结识了很多中国医生。他甫到中国就落脚于一位医生家，盘桓了三周。该医生是基督教的皈信者，非常好学，花很多时间跟利玛窦谈话，交流对各种问题的看法。到南昌后，利玛窦首先接触的也是医生——在当地官员中享有很高名望的王继楼，两人相交甚深。（参见《利玛窦中国札记》，第294–295页）在南京，他与名医王肯堂（1549—1613，字宇泰，号损庵，江苏金坛人）交往，王氏著有《六科证治准绳》，辑有《古今医统正脉全书》，深谙中医理论。王氏派自己的学生跟利玛窦学习，并通过他获读利玛窦的著作，随后在自己的文集《郁冈斋笔麈》中收录了经他删润的《交友论》《二十五言》，以及《乾坤体义》的部分篇目。《乾坤体义》三卷，上卷包括批评中医理论基础——五行说的《四元行论》。关于王肯堂与利玛窦交往的情况，详柯卉：《王肯堂的生平与学术》（复旦大学硕士论文，2001年）。关于利玛窦跟中国医生的交往，可参何凯文：《利玛窦与中西医学交流》（《肇庆学院学报》，2012年第3期，第7-15页）以及冯秋季：《比较与交流：利玛窦镜像下的中西医初遇》（收入赵克生主编：《第三届"利玛窦与中西文化交流"国际学术研讨会论文集》，中山大学出版社，2015年，第240–246页）。

[2] （古希腊）亚里士多德著，吴寿彭译：《灵魂论及其他》，商务印书馆，1999年，第58页。

属性的思想：

> 彼世界之魂有三品。下品名曰生魂，即草木之魂是也。此魂扶草木以生长，草木枯萎，魂亦消灭。[1]

尽管利玛窦在转述《荀子》有关草木的叙述时没有尽遵原文，但他对《荀子》"生"的用法无疑是了解的，也是认可的，这体现在他使用的"生魂"一词上。"生魂"一词，究竟是何人开始使用，已不可考。现在可以确定的是，是利玛窦将生魂与草木连接起来。

梅谦立已经指出，《天主实义》这段话大体采自罗明坚的《天主实录》：

> 这一段利玛窦大体上采自《天主实录》，只是加上了三个部分的专名："欲知禽兽之魂不同乎人，必须虚心耸耳以听可也。彼世界之魂，有三品：下品之魂者，草木也。此魂只扶草木长大而已。及草木枯萎，此魂遂灭矣。中品之魂者，禽兽也。此魂在于禽兽之身，能助禽兽之长大，及其耳目之视听，鼻口知其众味，身能探其冷热。至于身死，则此魂遂灭矣。上品之魂者，世人也。此魂之扶乎人有三：一则能扶其身之长大，二则能助其耳目之视听，口鼻知其众味，身能知其冷热。人身既死，则此二事俱无矣。若夫第三，则精灵之魂，能明事理，欲为则为，欲止则止。虽至身死，而此一事固常存而不灭也。"[2]

但对利玛窦将生魂、觉魂、灵魂分别对应草木、禽兽、人类的做法的原创性，梅谦立没有给予特别重视。历史上，跟利玛窦同时代的中国学者对此曾有强烈感受。为艾儒略《性学觕述》作序的瞿式耜（1590—1651）即表示：

---

1 梅谦立：《天主实义今注》，第109页。
2 梅谦立：《天主实义今注》，第109页注5。

> 从未闻以生魂、觉魂、灵魂判草木、禽兽与人之界者,闻之,自利西泰始。(《性学觕述》卷首)

众所周知,利玛窦这些耶稣会士对灵魂的看法,一个重要理论来源是亚里士多德。需要辨析的是,"生魂"这样的说法并非亚里士多德固有,实为利玛窦这些来华传教士在中国语境下的一种创造。[1] 在亚里士多德那里,植物(草木)仅有营养机能(nutritive faculty)[2]。亚里士多德关于草木(植物)灵魂(anima vegetativa)的认知主要就是"营养"一事,乃至于"植物灵魂"可以替换为"营养灵魂"。[3]

利玛窦的后继者艾儒略曾这样解释"生魂"的"生"字:"魂者,生活之原,加以生字,则指草木所以能生长养育。"[4]

"生"固然可以说表示"生长养育",但何以利玛窦放弃亚里士多德原本使用的"繁殖"而说"生长养育"(实际上利玛窦用的是"长大"以及"长育")?我们有理由推想,这是为了迁就中文表达习惯以及中国士人的知识背景——《荀子》关于物种分类的这

---

[1] 有的论者在介绍亚里士多德灵魂论时,不加辨析地采用了传教士使用的"生魂"、"觉魂"、"灵魂"这样的术语。例如,一位作者在文章中说:"亚里士多德通过大量对植物、动物以及人体的观察和研究,认为一切生物都有魂,并将生物的魂分为三个等级,构成一个三级体系。植物只有生魂(anima vegetativa),只能生长、繁衍,不能感知;动物除有生魂外,还有觉魂(anima sensitiva),具有知觉;只有人具备生、觉、灵三魂,灵魂(anima spiritualis)为人类所独有。(董少新:《明末亚里士多德灵魂学说之传入》,载中山大学西学东渐文献馆编:《西学东渐研究》第五辑"亚里士多德学说在中国",商务印书馆,2015年,第44-45页)

[2] 亚里士多德还提出,营养机能是人类以外所有其他一切生物所通备,这是原始而最为广被的一种灵魂机能。正由这一灵魂机能,万物乃有其生命(生活)。营养机能的功用就在于繁殖与进食。见(古希腊)亚里士多德著,吴寿彭译:《灵魂论及其他》,第94页。

[3] 比如,他曾说:一切活着的生物必须具有营养灵魂。见(古希腊)亚里士多德著,吴寿彭译:《灵魂论及其他》,第168页。

[4] (意)艾儒略:《性学觕述》,见钟鸣旦、杜鼎克主编:《耶稣会罗马档案馆明清天主教文献》,第六册第105页。

段话，中国士人大抵耳熟能详。

梅谦立对《天主实义》与《天主实录》的细致对勘，还让我们有一个意外收获：利玛窦所用"长大"一语原来出自罗明坚的《天主实录》。

利玛窦等传教士在转述《荀子》思想时采用了经过他们编译的亚里士多德灵魂论术语，这个事实至少可以说明两点：第一，利玛窦对《荀子》这段话的兴趣及其富于个性的理解，与作为其思想背景之一的亚里士多德哲学是分不开的[1]；第二，利玛窦等来华传教士在运用亚里士多德理论时都不同程度地做了自己的发挥，这种发挥的一个灵感来源是中国哲学，就像利玛窦将草木称为"生魂"，是受启于《荀子》关于草木"有生"的论述。这是文化互动的典型案例。

五、"义"与"灵才"

在荀子那里，人特有的秉性是"义"，而在利玛窦这里变成了"灵才"。据梅谦立研究，"灵才"是利玛窦发明的一个新

---

[1] 利玛窦在来中国之前已系统学习了亚里士多德哲学。13世纪，罗马教廷把亚里士多德的著作和阿奎那的笺释列入神学院课程，像《灵魂论》这样的篇章，一般神学修士都是通习的。（参见吴寿彭译：《灵魂论及其他》，第27页）1542年，耶稣会在葡萄牙柯英布拉（Coimbra）大学创建了自己的学院，培训前往东方传教的耶稣会士。1591—1602年，被誉为"葡萄牙的亚里士多德"的耶稣会葡萄牙教省会长丰塞卡（P. Fonseca）先后主编了八种亚里士多德学术讲义，用于柯英布拉耶稣会学院教学，其中就有《论灵魂》（*Commentarii Collegii Conimbricensis Societatis Jesu in tres libros Aristotelis de Anima*, Conimbra, 1592）。（参见维基百科"Conimbricenses"词条，http://en.wikipedia.org/wiki/Conimbricenses.）按照《耶稣会教育章程》（*Monumenta Paedagogica Societatis Jesu*），对亚里士多德的学习按照逻辑学—自然哲学—道德哲学—形而上学的顺序进行。在自然哲学里，最高的是灵魂论。此据沈清松说，参见氏著：《亚里士多德"实体"概念引进中国及其哲学省思》（见《西学东渐研究》第五辑，第3-4页）以及氏著：《西学中译选样解析：从耶稣会士译述亚里士多德〈灵魂论〉到中国士人夏大常的〈性说〉》（收入氏著：《从利玛窦到海德格——跨文化脉络下的中西哲学互动》，台湾商务印书馆，2014年，第89-90页）。

词，用以指称我们今天所谓的理智（intellect）。[1]我们关心的是：何以利玛窦会选择"灵才"这个新词去表达《荀子》原文中的"义"？

《王制》这段话里的"义"字无疑很重要，然而，让人不解的是，传统的《荀子》注者却未置一词。杨倞（生卒不详，盛年在唐宪宗时）对"禽兽有生而无义"以及"人有气有生有知亦且有义"当中的两个"义"字都不出注，反倒对下文"分何以能行？曰：义。故义以分则和"当中的"义"字给了一个解释："义，谓裁断也。"（《荀子集解》卷五）现代注者李涤生（1903—1994）对"人有气有生有知亦且有义"当中的"气"、"生"、"知"、"义"一一作了解释："'气'，形质。'生'，滋长，生机。'知'，性识，知觉。'义'，理性，《解蔽篇》：'人有生有知（理智）。'言水火有形质而无生命，草木有生命而无知觉，禽兽有知觉而无理性，人有质有生有知觉并且有理性，所以为万物之灵。《尚书》：'惟天地，万物父母；惟人，万物之灵。'"[2]

杨倞对后文"义"字所作的"裁断"之解释是否适用于前面两个"义"字？这是不无疑问的。即便我们接受这种解释，"裁断"作为"义"字的涵义来说也未免让人感觉单薄（thin）。因为，"裁断"这样的意思，单是"知"字就可以包括，而《荀子》说"有知而无义"，显然"义"比"知"要递进一层，也就是说，"义"字的内涵比"知"要更丰富一些，如果不是更高级的话。李涤生的解释是以《解蔽》"人有生有知"来推导"人有气有生有知亦且有义"，这种诠释恐怕也有问题。因为，这两句话当中都出现了"有生有知"字样，如何可以将"有义"等同于"有知"？

---

1 梅谦立：《天主实义今注》，第79页注6。
2 李涤生：《荀子集释》，台湾学生书局，1979年，第181页。

"义"字难解，对《荀子》的英译者来说同样如此。[1] 华生（Burton Watson）把"义"字译作 a sense of duty（义务感）。

> Man possess energy, life, intelligence, and in addition, a sense of duty.[2]

倪德卫（David Nivison）采纳了这种译法，但对这种译法带来的问题又有所反思[3]，他说："麻烦在于，荀子把'义务感'作为人与他物区别之属性，这岂不是说感知到自己应该履行之义务（或自己认为的义务）的，竟然是人性？"[4] 言下之意，如果所谓"人性"就是人知道自己应该尽什么义务，这不就等于说"人性"本身具备某种成就道德的条件？这听上去像是主张"性善论"的孟子的观点。

孟旦（Donald Munro）把"义"译作 innate moral sense（与生俱来的道德感）。对于由此带来的与"性恶"说的冲突，他的反应

---

[1] 王灵康对《荀子》当中的"义"的诠释分歧做了详细梳理，参见王灵康：《"义"的歧义与〈荀子〉道德规范的性质》，见《"国立政治大学"哲学学报》，第四十一期，2019年1月，第45-92页。

[2] Watson Burton, trans. *Hsün Tzu: Basic Writings*, New York: Columbia University Press, 1963, pp.45-46.

[3] 张岱年（1909—2004）把"义"直接理解为道德观念，并没有意识到这跟"性恶"说会有什么违和之处。他对这段话曾作如下解说："物有四级，一物质，二生命，三有知觉者，四辨识应当者。水火等只是物质的；草木则有生命，佀无知觉；禽兽有知觉，但不知何者是应当，何者是不应当，并无道德观念；人则不但有物质，有生命，有知觉，更有义，能辨别应当与不应当，其生活行为具有自觉的规律。人有其余众物所未有之特异优点，所以在宇宙中实有高贵位置。"（张岱年：《中国哲学大纲》，商务印书馆，2015年，第280页）虽然没有引《荀子·非相》"人之所以为人者，何已也？曰：以其有辨也"那段话，但他把"有义"说成"辨识应当者"、"能辨别应当与不应当"，似乎有融贯这两段文字来理解荀子的意思。不过，《非相》所说的"辨"不是"辨别应当的能力"，而是跟"分"与"礼"接近的社会等级之意。

[4] Nivison David, *The Ways of Confucianism: Investigations in Chinese Philosophy*, Chicago: Open Court, 1996, p.206.

非常潇洒：也许荀子本来就不持一般人理解的那种"性恶"论。他说："即便这套人性理论真的是荀子发展出来的，他也不至于弄成如此混乱。"[1]

其他一些学者试图弱化"义"的道德意味。何艾克（Eric Hutton）采用拼音去处理"义"的翻译问题：Humans have *qi* and life and awareness, and moreover they have *yi*.[2] 但这只是权宜之计，因为，你终归要告诉读者，这个 *yi* 到底是什么？事实上，何艾克把"义"理解为比"义务感"要中性一些的 social norms（社会规范）。[3] 艾文贺（Philip J. Ivanhoe）则把"义"直接翻成 social norms（社会规范）。[4]

至于倪德卫的疑惑，艾文贺认为可以这样消除：荀子所说的"义"本来就无关乎人性，它不是任何天生能力或"个人理性的能力"，它是后天人为制作的成果。[5] 因此，它跟所谓性恶并不冲突。

艾文贺之所以有这种看法，是因为他发现，在《荀子》中，"义"与"分"，"义"与"礼"经常相伴而行，由此他推定，"义"跟"分"以及"礼"具有某种相似性。他说：

> 在《荀子》里，"义"、"分"、"礼"这三者经常相伴出

---

[1] Munro Donald, "A Villain in the *Xunzi*", in *Chinese Language, Thought, and Culture: Nivison and His Critics*. ed. by P. J. Ivanhoe, Chicago: Open Court, 1996, p.198.

[2] Hutton Eric, trans. *Xunzi: The Complete Text*, Princeton: Princeton University Press, 2015, p.76.

[3] Hutton Eric, "Does Xunzi Have a Consistent Theory of Human Nature?", in *Virtue, Nature, and Moral Agency in the Xunzi*. ed. by T. C. Kline and P. J. Ivanhoe. Cambridge: Hackett. 2000, p.224.

[4] Ivanhoe, Philip J., "Morality as Artifact: The Status of Moral Norms in Xunzi's Philosophy", City University of Hong Kong. 2012, p.12, n.12. 按：本文对艾文贺观点的描述，主要借助于前揭王灵康文。以下不再一一说明。

[5] Ivanhoe, Philip J., "Morality as Artifact: The Status of Moral Norms in Xunzi's Philosophy", p.17.

现，它们的作用在于让我们知晓、遵循并且实践道德生活（亦即"道"）。而"分"和"礼"在《荀子》里并没有"感觉"的意味，而是儒家文化的一部分。于是，或许可以设想"义"、"分"、"礼"至少在以下两方面性质相似：首先，三者对人的行为来说都属于行为法则或社会角色的性质。其次，三者均非出自人之自然倾向。也就是说，它们不是"自然人性"（spontaneous human nature）的产物，而是人之发明与实验的结果，亦即荀子所谓"伪"（思虑作为，deliberate effort）。[1]

"义"与"礼"在《荀子》中经常相伴出现，这个事实很多论者都有所注意。据统计，"义"字在《荀子》里一共出现了316次，其中，"礼义"连用的情况占了113次。艾文贺还只是说"义"与"礼"有很多相似性，徐复观则宣称"荀子的所谓义，实与礼为同义语"[2]。然而，即便如此，"人有气有生有知亦且有义"这句话当中的"义"字是否就跟别处的"义"字同一含义，在逻辑上并无必然性。无论如何，这里的"有义"究竟怎样理解，并不能简单地通过考察在《荀子》其他地方"义"字的意指就能得到解决。

如果梅谦立的说法不错，那么，利玛窦恰恰是从艾文贺建议放弃的角度——"个人理性的能力"——去理解"义"。事实上，这一点可以从利玛窦的一些表述中得到证实。

> 灵才者，能辨是非，别真伪，而难欺之以理之所无。[3]
> 人则超拔万类，内禀神灵，外睹物理，察其末而知其本，视

---

[1] Ivanhoe, Philip J., "Morality as Artifact: The Status of Moral Norms in Xunzi's Philosophy", p.7.
[2] 徐复观：《中国人性论史·先秦篇》，上海三联书店，2001年，第228页。
[3] 梅谦立：《天主实义今注》，第79页。

其固然而知其所以然。[1]

> 彼世界之魂有三品。……上品名曰灵魂,即人魂也。此兼生魂、觉魂,能扶人长养,及使人知觉物情,而又使人能推论事物,明辨理义。[2]

> 明道之士,皆论魂有三品。……上品曰灵魂,此兼生魂、觉魂,能扶植长大及觉物情,而又俾所赋者能推论事物、明辨理义,是为人类之魂。[3]

这些说法都一再指向"理",无论是"辨是非""别真伪",还是"察其末而知其本""视其固然而知其所以然",更不用说"推论事物""明辨理义",都与推理能力有关。

可以看到,利玛窦对人的定位是把人跟灵魂(人魂)的特性联系起来,正如他对植物(草木)、动物(禽兽)的定位是把它们跟植物之魂(生魂)、动物之魂(觉魂)联系起来一样。灵魂说是他立论的基础。这其实是亚里士多德哲学的传统。

亚里士多德关于灵魂的看法比较复杂且不乏难明之处[4],但这不能阻止论者从中归纳出一个三级结构,即:植物灵魂(anima vegetativa),动物灵魂(anima sensitive),人类灵魂(anima spiritual)。三种灵魂分别对应不同的机能:营养机能、感觉与运动机能、思想或理性机能。[5] 利玛窦的生魂—觉魂—灵魂模型是这种诠释路径的一个较早尝试。可能因为简洁有力,它甚至已经被后来者奉为经典。

无论如何,当利玛窦有意无意地用他理解的或者他被传授的

---

[1] 梅谦立:《天主实义今注》,第 79 页。
[2] 梅谦立:《天主实义今注》,第 109 页。
[3] 梅谦立:《天主实义今注》,第 148 页。
[4] 详见(英)乔纳森·巴恩斯编,廖申白等译:《剑桥亚里士多德研究指南》,北京师范大学出版社,2013 年,第 469-483 页。
[5] 这是《灵魂论及其他》中译者吴寿彭的概括。见吴寿彭译:《灵魂论及其他》,第 403 页。

亚里士多德灵魂说对《荀子》分类理论进行"格义"时，他一定相信《荀子》的"义"就是人类特有的推论或推理的能力。这种特别的能力被冠以"灵才"这样一个不无褒义的名号。"才"通"材"，可以理解为"才能"或"能力"。"灵"是形容词，意为高级的（superior）、卓越的（excellent）。本来，这样的意思，中文里有一个现成的词可以表达，叫做"良能"。然而，出于对主张万物一体的王阳明学说的不满，后者正是以"良知"之学闻名，利玛窦决不会考虑这个让人马上联想到"良知"的词——"良能"。基于同样理由，利玛窦也不会采用另一个选项（alternative）——"灵明"。[1]

尽管"灵才"一词听上去不无某种"有灵论"的神秘气息，但究其实，利玛窦并没有赋予它比"理性"（intellect, *nous*）更多的内涵。在这一点上他并没有离开亚里士多德关于"理性灵魂"主要承担思想机能（thinking faculty）的教导。在利玛窦那里，与"灵"相反的是"愚"：

> 凡此物之万品，各有一定之类，有属灵者，有属愚者。[2]

人类的特异之处不在于他生而具有那些被称为德行（virtue）、道德感（moral sense）或义务感（a sense of duty）的东西，而是他拥有一种推理或理性计算的能力，这种能力使他考虑更长远、更复杂的后果。人类的规范（norm）或规范性（normativity）便是这种推理或理性计算的产物。

---

[1] 王阳明论证"与物同体"的一段著名问答就采用了"灵明"一词。他说："可知充天塞地中间，只有这个灵明。人只为形体自间隔了。我的灵明，便是天、地、鬼、神的主宰。天没有我的灵明，谁去仰他高？地没有我的灵明，谁去俯他深？鬼、神没有我的灵明，谁去辩他吉、凶、灾、祥？天、地、鬼、神、万物，离却我的灵明，便没有天、地、鬼、神、万物了；我的灵明，离却天、地、鬼、神、万物，亦没有我的灵明。如此，便是一气流通的，如何与他间隔得？"见《王阳明全集》卷三，第124页。

[2] 梅谦立：《天主实义今注》，第126页。

也许，这一点可以解释：为什么如此强调人、物差异的利玛窦，没有选择孟子而是荀子为自己背书，虽然前者以所谓"人禽之辨"著称。[1]

余 论

艾文贺近年对《王制》这段话提出了一种新论，认为这段话不宜解读为是在为分别人与水火、草木、禽兽而提出"灵魂等级"，且此处"人之所以为人"所论的也不是人的本质属性，而是探问"天赋有限的人为何能在万物的竞争中胜出？"[2] 他举《非相》作为支持："人之所以为人者，何已也？曰：以其有辨也。饥而欲食，寒而欲暖，劳而欲息，好利而恶害，是人之所生而有也，是无待而然者也，是禹、桀之所同也。然则，人之所以为人者，非特以二足而无毛也，以其有辨也。今夫狌狌形笑，亦二足而毛也，然而君子啜其羹，食其胾。故人之所以为人者，非特以其二足而无毛也，以其有辨也。夫禽兽有父子而无父子之亲，有牝牡而无男女之别，故人道莫不有辨。辨莫大于分，分莫大于礼，礼莫大于圣王。"（《荀子·非相》）

对此，笔者的回应是：既然"义"不存在于"人性"之中，

---

[1] 关于这一问题，需要另一篇论文专门处理，这里只能简单地一提：孟子的性善论在一定程度上削弱了他人禽之辨的力度，事实上他也只说"人之所以异于禽兽者几希"（《孟子·离娄下》），而后世朱熹等人的注释更使得"几希"朝着人、物之性同多异少的方向发展，所谓"人、物之生，同得天地之理以为性，同得天地之气以为形，其不同者，独人于其间得形气之正，而能有以全其性，为少异耳"（《孟子集注》卷八）。而在传教士们看来，用偏正来说明人与物差异，并不能真正把握到人与物的本质差异，因为偏正只是程度上的不同而已，所谓"夫正偏大小，不足以别类，仅别同类不等耳"（梅谦立：《天主实义今注》，第129页）。利玛窦在《天主实义》中通过反复论说，就是要使中士最后醒悟："今吾方知，人所异于禽兽者，非几希也。"（梅谦立：《天主实义今注》，第119页）

[2] Ivanhoe, Philip J., "Morality as Artifact: The Status of Moral Norms in Xunzi's Philosophy", p.14.

"义"指的是人类形成的一种有竞争力的文化（社会规范），那么，这种有竞争力的文化（社会规范）最初又是怎样形成的呢？可以想象，荀子可能会回答说，这是人类当中极少数圣人或圣王设计的。[1]

可是，圣人或圣王为什么会有这样的设计造作呢？是因为他们特别聪明吗？可以设想，荀子的解释是，"圣人所以异而过众者，伪也"（《荀子·性恶》）。也就是说，不是圣人比一般人聪明，而是圣人比一般人更有决心或勇气去改变自己原来不好的性（即所谓"化性起伪"）。

然而，为什么单单人类这个物种会出现像圣人这样的分子最后带领人类在整个物种竞争中胜出呢？这是不是可以说明人类终究要比其他物种优秀？这些优秀分子的智识足以认识到顺着人类固有的本性必将走向毁灭，也就是说，是智识救了人类。换言之，是人类拥有超出其他物种的智识使得他们成为万物之王。如此一来，岂不是承认人类在本质属性上比其他物种高明？

如果说圣人的出现不代表人类比其他物种高明，那么，就只能归结为人类的运气好，出了这样的优秀分子，而别的物种就没有人类这么好的运气。事实上，艾文贺就持这样一种运气论："若我们有幸生在〔礼义〕这种文化形式得以实现的社会，并且自己也真心实践，那么这文化形式就可以对倾向犯错的天性加以重塑或改造。此作用的结果，就是人能够获致一种倾向伦理，并且拥有蕴含伦理意义之'社会性的第二性质'。"[2] 然而，荀子会持这样一种"运气"论吗？笔者深表怀疑。

即便我们接受圣王的出现纯粹是人类的运气，这种理论还是没

---

1 "问者曰：人之性恶，则礼义恶生？应之曰：凡礼义者，是生于圣人之伪，非故生于人之性也。"（《荀子·性恶》）

2 Ivanhoe, Philip J., "Morality as Artifact: The Status of Moral Norms in Xunzi's Philosophy", p.14.

有回答圣王何以会想到制定礼义的问题。圣王是天生就有这种神奇的能力还是后天习得的？艾文贺倾向于认为是后天习得的，其中文化或传统起到了形塑的作用。然而，诉诸文化或传统是一种循环论证。因为，我们很容易继续追问：这种文化或传统又是怎么形成的呢？

  归根结底，礼义以及以礼义为核心的文化或传统是人的推理或理性能力的产物，而不是相反。如果不承认人性中存在这种能力，那么，就只能到人或人性之外去寻找。荀子把礼义溯源到圣王那里，但又不明确宣示圣王是超人或神，这就在理论上留下了一个严重的豁口（gape）。而天主教的天主或神正好可以弥补荀子理论上的这个豁口。从荀子的圣王到天主教的天主，只有一步之遥。传教士青睐荀子，不是没有原因的。

早期儒家的名辩思想
——孔子与荀子之间
邓秉元（复旦大学）

墨辩与名家是先秦诸子的重要分支，二者皆是知性思维的体现，在华夏文化传统中并没有真正发展起来，汉代以后转入潜流。华夏经学传统一向以德性之学为大宗。[1]但也正是因此，近代以来，在与西洋知性学术（特别是哲学与科学）相互碰撞之际，名辩之学便显得弥足珍贵，因而受到重视。在清季民初墨学复兴的潮流之下，名辩之学得以与西洋逻辑学相提并论，甚至与印度因明学一起，被视作人类三大逻辑系统，这一进路成为二十世纪名学研究的主流。[2]由于主要以西洋逻辑学为视角，不少学者更为关注名学与逻辑学之同，而对其相异处反而不甚措意，由此引起一些思想史家的反动。后者显然更为强调先秦名学讨论的实践性或政治义涵。有学者甚至把这一路径划为"名法家"、"形名法术派"或"名的政治学"，以与传统的名辩

---

[1] 笔者关于德性概念的讨论，可参《德性与工夫：孔门工夫论发微》，收入杨乃乔主编《中国经学诠释学与西方诠释学》，中西书局，2016年；《思孟五行说新论》，《学术研究》，2018年第8期；《易象与时间：关于易象学的论纲》，刘梦溪主编《中国文化》，2018年春季号。需要特别指出的是，德性并非时下许多学者所谓的"道德理性"，而是一种特别的思维方式。

[2] 在孙诒让以后，这方面的研究不妨以梁启超、胡适、伍非百、冯友兰、侯外庐、谭戒甫、王管、牟宗三等人为代表。

之学分庭抗礼。[1]

倘从"名"的运用情境而言，这一分疏似不无道理；但从思维方式而言，这种判分其实并不必要。首先，逻辑学作为对知性思维严密性的自觉反思，已经获得几乎与数学同等的地位，和利用现代科技成就反观古人对自然的理解能力一样，用逻辑学视角反观名辩与因明有其合理性，这与用西方哲学衡判其他文化的哲学思维不可同日而语。逻辑学严格来说只能有一个系统，可以承认其有几个重要渊源，但所谓三大逻辑系统之类的观点并不成立。先秦名学在发展过程中常常与本体论、宇宙论、心性论、政治学等纠缠不清，本身便是知性思维在中国文化内部尚缺少彻底性的表现，这一点亦毋庸讳言。二十世纪的名学研究史背后，无疑都有着与西人争胜的隐衷。只不过在今天看来，以知性之学作为人类文化的唯一尺度既无必要，也不符合事实，德性与知性两种思维在先秦学术中相互扭结的情状，正是中国文化的特色所在。何况西学内部也只是以知性思维为大宗，并没有完全消除德性思维，事实上亦无法消除。从思想史角度研究具体学术形态本来无可厚非，但倘若没有首先在义理上对这些学术予以内在而清晰的衡判，反而过早强调学术演化的具体形态，往往便会陷入某种"具体主义"的窠臼。义理之学是有"理"可言的。

其次，与"道""德""性""命"等概念一样，"名"只是人类思维系统中的一个层次或环节，各家学术对此皆有涉及，胡适便认为各家有各家的名学。[2] 同样，各家皆有自己的道论，或偏重天道，或偏重政治，我们固然可以承认不同学科意义上

---

1 关于近代中日两国的名学研究，大概可参曹峰《中国古代"名"的政治思想研究》序言，上海古籍出版社，2017年。徐复观等亦极为强调名学的实践性，相关讨论见下。

2 胡适《中国古代哲学史》第八篇，《别墨》。收入欧阳哲生编《胡适文集》第六册，北京大学出版社，1998年，第283页。

"道"的分野，但却不必认为它们都属于"道家"。因此，逻辑学（名辩）意义上的"名"与政治学（名法）意义上的"名"，其实是分属于逻辑学与政治学两个论域，不可以视为名家的两个学派。所谓"名法家"与"形名法术派"，与原有的法家或黄老刑名之学其实并无大异，不必作为名家下的学派，而与名家相混淆。当然，在《七略》和《汉志》所见的学术传统中，各家本来便可以互相出入，惠施、公孙龙固然是名家的正宗，把尹文子列入名家，并不妨碍他另外的作品可以同时放入黄老刑名之学来理解。只不过《汉志》依人分家的立场同样难免"汗漫"之弊，这也是不争的事实。与《论六家要旨》一样，《七略》《汉志》对百家的理解是否完全与战国时代诸子的家派分野相合，需要重新加以审视。

从义理角度来看，先秦某一学派之所以称某家，是因为这一学派试图把原来作为知识系统具体环节的"方术"拓展到道的层次，所以才有儒、道、墨、名、法、阴阳等流派的产生，"家"也就意味着学术的某种自觉。这样，只有像老庄这种把玄同、无名等理论贯彻于政治与生活各个层次的学说，才可以称为道家。司马谈对六家的定位，特别是对道家的定位，主要是源自黄老道家，并不符合道家学术在战国时代的典型样态。像六艺之学与黄老刑名之学这种同时承认各种学术并存的综合系统，反而不必以家学视之。这也是二者先后被汉代帝国官方学术承认的主要原因。在这个意义上，所谓名家只能是试图把名辩观念拓展到一切环节的墨辩之学及惠施、公孙龙等人的学术。司马谈、刘歆、班固等从政治角度理解名家，显然默认了后来的视角。

也正是因此，研究先秦学术，必须避免某种目的论成见。譬如在秦汉帝国相继建立的大背景下，司马谈所谓"百家皆务为治者也"（《论六家要旨》），以及《汉书·艺文志》所言诸子出于王官，便很容易被误解为诸子百家都是政治学说，近代以来"中国学术缺乏理论思维"等论述便甚嚣尘上。实则百家学术皆有其内圣外王,绝不可以因其常常在同一文本中把天道、心性与政治混为一谈,便"一言以蔽之",简单以政治学说视之。[1]另如孟子的《告子》《尽心》,荀子的《解蔽》《正名》《性恶》,便都是纯粹的心性论或名学探讨,不可以因为语涉政治、礼乐而与政治学、礼学等相混淆。从中国学术自身角度而言,百家学术分别有其纯粹性,只是由于近代经学解体,这一纯粹性也因而难以在新的学术体系之下得到理解。因此,如何从经子之学自身视角出发,重新理解先秦学术的义理架构,便是传统学术研究的应有之义。此前许多研究纠结于诸子之间的相互影响或争论——这实际上是思想史视角,但对于诸子自身的义理架构大多尚未明晰。本文以孔、孟、荀为例,尝试对先秦儒学内部名辩思想的演化作一勾勒,以就教于方家。

一、名学的两个渊源

纵观名学在上古以来的发展,不能不注意商周两大族群融合的历史。荀子所谓"刑名从商,爵名从周,文名从礼"(《正名》),尽管不断被人引用,但却罕见有人从这一角度理解。"刑名"有时也作"形名",姑且不论形、刑(型)二字在文字学上的联系,假如注意到商代刑法的"发达"(所谓"炮格之刑")[2],以及殷人工商业文明的发展(铸造需要"型范";"商人"的提法可能就来自殷商),便可略知知性思维在商代所能达到的程度。尽管这一思维与

---

[1] 参拙作《说"絜矩之道"》,《中国文化》,2019年秋季号。

[2] 杨倞注:"商之刑法未闻。《康诰》曰:'殷罚有伦。'"见王先谦《荀子集解》,沈啸寰、王星贤点校,中华书局,1988年,第411页。墨子曾引用"汤之《官刑》",见《墨子·非乐》。《史记·殷本纪》言纣王"重刑辟,有炮格之法"。近代古文字及殷商史学者也对商代刑罚多所讨论,但似乎尚未形成完备系统,兹不具引。

基于德性的观象思维在商代同时存在,[1]但商代的工商业乃至法律条文的发展程度皆为周代所不及,应该是一个事实。按《尚书·吕刑》所言,周穆王时作"五刑之属三千",然则荀子所言只能意味后者乃是对商代刑法的沿袭。而从考古来看,周代的青铜器制造水平不仅并未超过商朝,反而在春秋以后逐渐退步。西周许多铜器铸造很可能便是已经臣服的商人所为。像《周礼·考工记》等杰出的工业史文献,尽管由周人写定,但绝不可以忽视商代的已有传统。[2]而齐国后来"冠带衣履天下"(《史记·货殖列传》),工商业率先得到发展,除了管子等人的具体功劳之外,或许也有久居"东夷"的殷民之遗泽。《庄子·天下篇》后来追溯数度之学的渊源,有所谓"旧法世传之史",其中或许便包含不少商民的后裔。商周之间在文化上的转移,同时反映在不同层面。[3]

相比商人知性思维之深入,周人的优点是自觉的德性意识。作为擅长农业的部族,周人的宇宙观之中,基于中心地位的便是无所不在的一体性思维。所谓"圣人法天",天象自然的周期变化对农业社会具有决定性意义。与此相异的是,商代的上帝虽然不无本源义,但却无疑主要是被敬畏的对象。从甲骨卜辞所见,在商代复杂的祭祀活动中,对于上帝及各种神灵的报答与求告占据政治生活

---

[1] 譬如方位、数字、音律等都有德性思维的介入,文字的形成更是德性思维的集中体现,参拙作《观象思维的早期形式:以方位、数字、音律为中心》,未刊稿。本文关于商周文化以知性、德性分野来立论,只是强调两个族群的差异所在,并不是以此定位两个族群的文化倾向。

[2] 比如根据出土商代青铜器成分的研究,作为铜、锡、铅合金,锡大约与《考工记》所谓"钟鼎之齐",即"六分其金而锡居一"相近。参胡厚宣、胡振宇《殷商史》,上海人民出版社,2003 年,第 584 页。

[3] 日本学者白川静早已有见于此,其相关研究颇为上古史研究者所重。参李亚农《西周与东周》,上海人民出版社,1956 年,第 34 页以下。另如《礼记》等常常提到"商祝",孔颖达认为是"谓习商礼而为祝者"(《礼记正义·乐记疏》)。另如周人流行"筮短龟长"(《左传》僖公四年)之说,周初虽然也用龟卜,但在这方面显然也会保有商代文化。相关历史事例不胜枚举,兹引此以见意。

的中心位置。这是典型的人我分立式思维。这种祭祀活动后来成为"清庙之守",因此被《汉书·艺文志》视为"墨家"的一个渊源:

> 墨家者流,盖出于清庙之守。茅屋采椽,是以贵俭;养三老、五更,是以兼爱;选士大射,是以上贤;宗祀严父,是以右鬼;顺四时而行,是以非命;以孝视天下,是以上同:此其所长也。及蔽者为之,见俭之利,因以非礼;推兼爱之意,而不知别亲疏。

刘歆、班固所言或不无穿凿之处,但墨家"尊神右鬼",好言"天志"却是事实。这种倾向与出自西方的夏人和周人的"事鬼敬神而远之"在精神上可以说完全相异。《礼记·表记》:

> 子曰:"夏道尊命,事鬼敬神而远之,近人而忠焉,先禄而后威,先赏而后罚,亲而不尊。其民之敝,蠢而愚,乔而野,朴而不文。殷人尊神,率民以事神,先鬼而后礼,先罚而后赏,尊而不亲。其民之敝,荡而不静,胜而无耻。周人尊礼尚施,事鬼敬神而远之,近人而忠焉,其赏罚用爵列,亲而不尊。其民之敝,利而巧,文而不惭,贼而蔽。"

墨学与商代的关系其实极为显明,但由于近代学者大都从贵俭与力行的角度强调其对大禹的精神认同,[1] 所以忽视了其与殷商的内在渊源。实则对古代文化传统,诸子百家大体仍然是根据自身立场予以扬弃。

相形之下,周人更重视"德"的发展,"德者得也",所谓德便是对道的分有。与人我分立的观察理性不同,德性(或者说"得性")更强调人我之间的一体性联系。以往研究已经注意到帝、天

---

1 譬如康有为《孔子改制考》卷4《墨子托古》便说,"墨子多托于禹,以尚俭之故。"姜义华编校《康有为全集》第三卷,上海古籍出版社,1992年,第81页。这一观点在二十世纪被广为接受。

这种至上神的变化中隐含的商周之异，但对其背后思维方式的歧义却很少作深入探讨。所谓"性相一如"，宇宙在显象上的差异，本身便源于观象者（"性"）的不同。

具体而言，周人这种对一体性的理解最主要的成就并非表现于对自然事物的理解，相反，<u>宇宙乃是一体性思维所体认的生命宇宙。在生命自然展开的过程中，宇宙体现为某种一体性与差异性有机结合的秩序构造，这就是礼</u>。所谓差异性并非是与一体性对立的结构，而同时就是对一体性的分有。因此，统体的礼乃是"天之经也，地之义也"，而具体的礼则是"民之行也"（《左传》昭公二十五年），假如把这一秩序在时空的意义上加以表达，便是《周易》的时位观。《周易》的"时"并非绝对的时间观，而是"天地节而四时成"（《周易·节卦》），时间只是生命显现自身的方式；同样，"位"也不是绝对的空间概念，而是分有了生命宇宙之后所自然显现出的位置，这就是位分或恰如其"分"。礼的含义后来发生了分化，礼的目的便是明"分"（fēn），而与一体性的沟通则是乐的功能。这就是《乐记》所谓"乐统同，礼辨异"。当礼乐并提的时候，礼便是狭义的"礼"，而礼乐则是广义的"礼"，这一点不必以辞害意。

依《说文》，"名，自命也。从口，从夕。夕者，冥也。冥不相见，故以口自名。"从礼的角度来说，事物既分有了宇宙，便已内在地蕴含了受其所命（《中庸》"天命之谓性"），得其所宜（《中庸》"率性之谓道"），也就是具有了自性（利），这就是五常之"义"。事物能够依循天理（《庄子·养生主》所谓"因其固然"），而有其节制，便是礼，所以说"礼以节人，乐以发和"（《史记·滑稽列传》），此即《中庸》所谓"修道之谓教"。而由命到礼的过程，便是《左传》所谓"名以制义，义以出礼"（桓公二年）。礼的核心观念便是"名分"或"名位"，"名位不同，礼亦异数"（《左传》庄公十八年）。礼名的根本不在于对自然物性质（类属性）的确定，而是事物在宇宙中所应然具有的名分。譬如同样是一头牛,作为自然物的牛,与作为牺牲的牛在名分上是不同的。所以礼仪中为祭物或不同事物都起了专名:

> 凡祭宗庙之礼,牛曰一元大武,豕曰刚鬣,豚曰腯肥,羊曰柔毛,鸡曰翰音,犬曰羹献,雉曰疏趾,兔曰明视,脯曰尹祭,槁鱼曰商祭,鲜鱼曰脡祭,水曰清涤,酒曰清酌,黍曰芗合,粱曰芗萁,稷曰明粢,稻曰嘉蔬,韭曰丰本,盐曰咸鹾,玉曰嘉玉,币曰量币。
>
> 天子死曰崩,诸侯死曰薨,大夫死曰卒,士曰不禄,庶人曰死。在床曰尸,在棺曰柩。羽鸟曰降,四足曰渍。死寇曰兵。
>
> 祭王父曰皇祖考,王母曰皇祖妣,父曰皇考,母曰皇妣,夫曰皇辟。生曰父,曰母,曰妻,死曰考,曰妣,曰嫔。寿考曰卒,短折曰不禄。(《礼记·曲礼下》)

当然这些只是礼名中极小的一部分,所谓吉凶军宾嘉五礼,构成了繁复的体系。周人的理想是法天,并对每一事物的当然之则加以严密而精审的讨论,这就是《诗经》所说的"天生烝民,有物有则"(《大雅·烝民》)。礼名的所指因此也就是事物所应然的天理,犹如治玉的天然纹理,所以也叫作"文"。礼的极致则是追求"文"的境界,[1] 这就是荀子所说的"文名从礼"。孔子曰:"郁郁乎文哉,吾从周!"这一境界,孔门以"中和"加以诠释:"中也者,天下之大本;和也者,天下之达道";"致中和,天地位焉,万物育焉"(《中庸》);"礼之用,和为贵,先王之道斯为美"(《论语·学而》)。礼乐便是周代文化的表现形式,弥纶于天地宇宙之间。

如果说礼是宇宙自身的显现形式,礼在人类社会中的合理形

---

1 拙作《孔曾礼学探微》,收入彭林主编《中国经学》第26辑,广西师范大学出版社,2020年。关于"文",另参拙作《"以经术缘饰吏治"发微——早期的经学、礼教与政治》,收入洪涛主编《复旦政治哲学评论》第11辑,上海人民出版社,2019年。

式之一便是王政。战国时代成书的，对官制系统的完整勾画便被称作《周官》或《周礼》。君者群也，君权的目的本身便是合群，所以政治无法摆脱一体性的问题。人类一切政治的根本所在，便是如何对待和理解这一一体性。这就是儒道墨所分别讨论的"同"的问题，道家的玄同，儒家的大同，墨者的尚同，于焉分野。[1] 王政法天，周人理解的政治合法性来源于"德"能配天，君权亦因之分有天德，这就是"天子"。子之于父乃是分身之继体。当然，具体的君权（私人性君权）是否能够承担这一职责，则是别一问题。[2] 而政权的分有方式便是"分封"。周代的"封邦建国"，《周易》所谓"建侯"，《左传》所谓"胙土命氏"（隐公八年），是周代政权的基本形态。与政权分立的则是治权，治权出于"设官分职"。由政权而来则是爵制，由治权而来则是官制。荀子所谓"爵名从周"，大概可以统括爵制与官制而言。

周灭商是一个农耕民族对工商业民族的征服，表现在思维上，则是德性思维对知性思维的胜利。但知性同样是一种普遍性思维，有着强悍的常识以及人类操控自然的技术为后盾。德性思维胜利的结果，便是周代君子小人分层而治的政教模式。所谓君子，便是作为征服者的周人，而小人则是被征服的商代遗民或被视作蛮夷的各种部族。这一点已经为史家所注意。周人相互联结的方式便是宗法与爵制、官制，这是一般意义上的周礼；而商人除了保存于宋国的商代王室后裔及少数已经进入周室成为高等贵族的人之外，虽然也有礼俗或宗教意义上的"委巷之礼"（《礼记·檀弓上》）[3]，但在公共

---

[1] 参拙作《孟子章句讲疏》卷 2《梁惠王下》第二章讲疏，华东师范大学出版社，2011 年。

[2] 如《逸周书·克殷解》所言，"殷末孙受，德迷先成汤之明"，便隐含了这一问题。此"受"，即《尚书·牧誓》"今商王受"之"受"，唐张守节《史记正义》（《史记·周本纪》作"殷之末孙季纣"）以"受德"连读为纣名，不必从。黄怀信、张懋镕、田旭东等已指出，参氏著《逸周书汇校集注》卷 4，上海古籍出版社，2007 年，第 354 页。

[3] 参前揭拙作《孔曾礼学探微》。

生活中主要是受刑罚的约束，这就是所谓"礼不下庶人，刑不上大夫"(《礼记·曲礼上》)，"出乎礼而入乎刑"，"君子任德，小人任力"的直接含义。荀子所谓："由士以上则必以礼乐节之，众庶百姓则必以法数制之。"(《荀子·富国》)[1] 周代的这一精神构造，在孔门那里，则变成德知一体的心性结构。只不过孔子的立场是以德统知，所以在德性论上，知仍然需要以仁为本，而不是纯粹的知性。这一智仁勇三达德的心性结构到了思、孟那里，则演化为三达德与五常交摄互遍的复杂形态，也就是荀子所说的五行。[2] 德性与知性的关系，也即孟子所反复论说的小大之别。所谓德性，孟子以本心视之。本心既然沦丧，人则为情感、欲望与功利算计所左右，知性虽然隐含其间，但尚未得到澄清。

也正是在这个意义上，<u>东周以降社会秩序崩解的直接后果，所谓"礼崩乐坏"，便是西周时代原有的德知一体的精神结构开始解体</u>。一方面，贵族文化流散民间，于是有孔子的出现，倡导有教无类，把原来由统治者所垄断的礼乐文化改造成具有普世意义的学说。这一转变与犹太教由部族宗教演化出基督教这一普世性宗教的意义并无二致。另一方面，则是庶民的文化上移，所谓"初税亩"(鲁国)，所谓"铸刑鼎"(郑国、晋国)，所谓"尚首功"(秦国)，既是功利计度思维的胜利，同时也是在迎合或拉拢民众。这也是孔子反对晋国铸刑鼎的原因所在。

> 郑人铸刑书。叔向使诒子产书，曰："昔先王议事以制，不为刑辟，惧民之有争心也。犹不可禁御，是故闲之以义，纠之以政，行之以礼，守之以信，奉之以仁，制为禄位以劝其从，严断刑罚以威其淫。惧其未也，故诲之以忠，耸之以行，教之以务，

---

1 胡适《先秦名学史》已经注意到这一问题，见《胡适文集》第六册，第 46 页。但他认为这是一种"极不高尚"的"两重道德"。
2 拙作《思孟五行说新论》，《学术研究》2018 年第 8 期。

使之以和，临之以敬，莅之以强，断之以刚。犹求圣哲之上、明察之官、忠信之长、慈惠之师，民于是乎可任使也，而不生祸乱。民知有辟，则不忌于上，并有争心，以征于书，而徼幸以成之，弗可为矣。夏有乱政而作《禹刑》，商有乱政而作《汤刑》，周有乱政而作《九刑》，三辟之兴，皆叔世也。今吾子相郑国，作封洫，立谤政，制参辟，铸刑书，将以靖民，不亦难乎？……民知争端矣，将弃礼而征于书。锥刀之末，将尽争之。乱狱滋丰，贿赂并行，终子之世，郑其败乎！"(《左传》昭公六年)

冬，晋赵鞅、荀寅帅师城汝滨，遂赋晋国一鼓铁，以铸刑鼎，著范宣子所为刑书焉。仲尼曰："晋其亡乎！失其度矣。夫晋国将守唐叔之所受法度，以经纬其民，卿大夫以序守之。民是以能尊其贵，贵是以能守其业。贵贱不愆，所谓度也。文公是以作执秩之官，为被庐之法，以为盟主。今弃是度也，而为刑鼎，民在鼎矣，何以尊贵？贵何业之守？贵贱无序，何以为国？且夫宣子之刑，夷之蒐也，晋国之乱制也，若之何以为法？"(《左传》昭公二十九年)

近代以来，许多学者基于抽象的平等观念，力斥叔向与孔子的保守，却很少有人意识到批评者背后的意旨所在。东周以后，随着列国的自由发展，并进而相互兼并图强，周礼已经极速崩坏，逐渐让位于一种讲求效率、如身使臂的新的官僚系统。春秋以降私人性君权的上扬与这一趋势也是相合的。尽管齐桓、晋文的霸政大体依然维系着华夏文明的体面，但背后的精神实质不过是孟子所谓"以力假仁"，只是相对于秦楚的任力而言，仍然保持着礼乐文明的基本格局。这其中，诚如孔子所言，"齐一变至于鲁，鲁一变至于道"(《论语·雍也》)，"齐桓公正而不谲，晋文公谲而不正"(《论语·宪问》)，鲁齐晋之间依然不无轩轾。孔子所以欲王鲁，"吾其为东周乎"(《论语·阳货》)，正是在这个形势下试图扭转天下危局的表现。对礼的维护与其说是捍卫贵族的利益，不如说是试图对新兴的那个私人性君主权力有所限制。周礼中原有的"亲民"之义（《大学》）丧失殆尽，在"尚首功"的背后，长平之战可以坑杀四十万降卒。贵族的消亡表面上是庶民得到了平等的地位，但后者却成为某些好大喜功的君主以及充满功利算计的官僚集团鱼肉的对象。二十世纪之学术背后隐含的是十九世纪社会达尔文主义的基本观念，唯富强是务，对新生事物完全是盲从的态度，以至于对战国以降私人性君权的上升以及法家的意识形态缺少反思能力。

随着战国时代到来，各国变法图强，法家与兵家的崛起成为政治上最大的变化。在民间，则是精于工匠之学的墨者之道成为显学。战争的需要使得善于攻城略地的技术之学地位得到提升，这在墨子《非攻》《城守》诸篇可以一览无遗。公输班这样的人物已经开始挑战贵族礼制。[1] 由《墨子》可见，墨子及其后学不仅在数度之学（数学、物理学）的发展上已经有了极高成就，而且在对数度本身的反思，如名辩之学（逻辑学）、知识论等方面也已发生了自觉。在某种意义上说，墨子的思想已经是纯粹知性的运用，其思理之深至，即便置诸古希腊诸大哲之间也丝毫无愧。二十世纪一些学者从抽象的阶级论出发，已经开始把墨者视作"国民阶级"的代言，[2] 只不过从长时段而言，仅从阶级角度立论未免有些狭隘，墨者的文化其实乃是源自商朝。墨子本来是宋人，一说是鲁人，[3] 宋、鲁皆与商

---

1 《礼记·檀弓下》："季康子之母死，公输若方小。敛，般请以机封，将从之。公肩假曰：'不可。夫鲁有初：公室视丰碑，三家视桓楹。'""机封"犹言在下葬的时候用其技巧。

2 侯外庐、赵纪彬、杜国庠《中国思想通史》第一卷，人民出版社，1957年，第197-198页。

3 《史记》言"墨子宋大夫"，伍非百据《墨子·公输篇》言"墨子归而过宋"一语认为墨子不可能是宋人，且引此证明墨子为鲁人。见氏著《墨子大义述》，山东文艺出版社，2018年，第4页。此说与墨子少学孔子之术亦合。墨子盖鲁人而尝仕宋者欤？宋本守商人社稷，鲁地亦多殷之遗民。观墨子一生行迹，虽云兼爱非攻，而于宋国护持尤力，或亦鲁地之殷遗也。

代文化有着自然的精神联系。[1]对于商人而言，这些数度之学绝非孔子眼中老农、老圃之类的小人之学：

> 樊迟请学稼，子曰："吾不如老农。"请学为圃，曰："吾不如老圃。"樊迟出，子曰："小人哉樊须也！上好礼，则民莫敢不敬；上好义，则民莫敢不服；上好信，则民莫敢不用情。夫如是，则四方之民襁负其子而至矣，焉用稼？"（《论语·子路》）

相反，在墨子心目中，所谓贤人并非"王公大人骨肉之亲，无故富贵，面目美好者"，而是各个领域能够"为义"之士，即有能力者：

> 是故古者圣王之为政也，言曰："不义不富，不义不贵，不义不亲，不义不近。"是以国之富贵人闻之……逮至远鄙郊外之臣、门庭庶子、国中之众、四鄙之萌人闻之，皆竞为义。……故古者圣王之为政，列德而尚贤。虽在农与工肆之人，有能则举之。高予之爵，重予之禄，任之以事，断予之令。……故官无常贵而民无终贱。有能则举之，无能则下之。举公义，辟私怨，此若言之谓也。（《墨子·尚贤上》）

与孟子的义利之辨不同，墨子对义的定义就是利："义，利也。"（《墨子·经上》）因此贤者就是能够为国家带来利益的人。因此，墨子并不是为那些"农与工肆之人"张目，或侯外庐所谓"坚持国民阶级的立场以反对氏族贵族"，[2]而是为商周易代以后那些沦落为"远鄙郊外之臣、门庭庶子、国中之众、四鄙之萌人"的商族能人志士鸣不平。墨子所梦想的是像商汤之任用伊尹，武丁之起用

---

[1] 参傅斯年《周东封与殷遗民》，载《国立中央研究院历史语言研究所集刊》1934年第四本第三分。按傅文主要从文字、宗教及礼制等方面进行探讨，尚不完备，但颇有见识。
[2] 参前引侯外庐等书，第198页。

傅说一样，把这些能人志士拔擢于草野之间：

> 《汤誓》曰："聿求元圣，与之戮力同心，以治天下。"则此言圣之不失以尚贤使能为政也。……古者舜耕历山，陶河濒，渔雷泽。尧得之服泽之阳，举以为天子，与接天下之政，治天下之民。<u>伊挚，有莘氏女之私臣，亲为庖人。汤得之，举以为己相</u>，与接天下之政，治天下之民。<u>傅说被褐带索，庸筑乎傅岩。武丁得之，举以为三公</u>，与接天下之政，治天下之民。（《墨子·尚贤中》）

当然，和主张"行夏之时，乘殷之辂，服周之冕"（《论语·卫灵公》），"祖述尧舜，宪章文武"（《汉书·艺文志》），贯通虞夏商周四代的孔子一样，墨子也已经扬弃了对族群的偏爱，而对上古及三代文化都有新的整合。从这个角度来说，胡适在《说儒》一文中把孔子描写为努力复兴商代辉煌的宗教家，[1] 未免有所偏颇。孔墨两位同样出自商代族裔的哲人，分别在精神上接续了商周两个族群的文化传统，而且皆能融汇古今，从德性（仁）与知性（知）两个层次自觉予以反思。

春秋战国之交，诸子最初的分野其实只有三家，这就是儒道墨。儒墨以德（仁）、智分野，而主张"绝圣弃智"、"绝仁弃义"（《老子》）的道家则代表了对二家的消解。三家皆有自己对名的理解：道家欲遣除名相，反对"常名"（恒名），复归无名之朴（《老子》）；儒者则欲"正名"，故孔子作《春秋》"以道名分"（《庄子·天下篇》）；墨家则极力辩名，以"察名实之理"（《墨子·小取》）。战国后期，"儒分为八，墨离为三"（《韩非子·显学》），辩者之徒，纵横天下，其中惠施、公孙龙、尹文等皆能提出一贯之学，是即所谓名家，其学分别与墨家及黄老道家相表里。惠施、公

1　胡适《说儒》，《胡适文存四集》，欧阳哲生编《胡适文集》第五册。

孙龙大体源于墨辩,而一主"合同异",一主"离坚白",[1]但其辩术同时也可以为纵横家张本,纵横家与兵家一样,实质上脱胎于道家而诡谲不正。由于儒道墨三个主要流派对名的问题皆有探讨,而且相互杂糅,在战国以后形成极为复杂的局面。其中墨辩与名家学术由于有古近西洋知性之学作参照,其思维方式至今已不难理解,反而是儒学自身在与知性思维的辩论过程中产生了新的变异,值得重新加以考察。

二、孔门言语之学

孔子曾明确提出"正名"问题:

> 子路曰:"卫君待子而为政,子将奚先?"子曰:"必也正名乎!"子路曰:"有是哉,子之迂也!奚其正?"子曰:"野哉,由也!君子于其所不知,盖阙如也。名不正,则言不顺;言不顺,则事不成;事不成,则礼乐不兴;礼乐不兴,则刑罚不中;刑罚不中,则民无所措手足。故君子名之必可言也,言之必可行也。君子于其言,无所苟而已矣。"(《论语·子路》)

这里的"正名",《汉书·艺文志》主要是从名位角度加以解释,并把名家的兴起溯源于古代的礼官。其后郑玄解释为"正书字。古者曰名,今世曰字",可以说完全错误,但却符合汉儒有关名的理解,这涉及西汉后期名学的转向问题。[2]而在后世的解释传

---

[1] 此冯友兰说,参氏著《中国哲学史》上册,其后侯外庐《中国思想通史》第一卷、牟宗三《名家与荀子》(台湾学生书局,1979年)二书亦续有发挥。王琯亦引栾调甫之说,以公孙龙为墨子后学之"离宗",与墨经所代表之"合宗"相对。参氏著《公孙龙子悬解》卷首,中华书局,1992年。谭戒甫则以墨辩为名学,而以公孙龙为形名学,参氏著《公孙龙子形名发微》,中华书局,1963年。

[2] 关于这一问题,拟专文探讨。

统中，大体因袭《汉志》的观点而递有发挥。有些学者（如皇侃《论语义疏》、朱子《论语集注》）把这里的名、事关系引申为名实关系，近世名学或逻辑学研究便据此认为孔子已开了"名实一致"论的先河。反对者则认为《论语》所论"正名"乃是孤证，不足以证明孔子具有相关思想，甚至认为"这段话本来也无固定的含义，那些明确的意涵都是后代附加上去的"。[1]

事实上，今存《尹文子·大道上》不仅开篇便引用孔子正名的论述，而且同样是从名分的角度加以发挥：

> 大道无形，称器有名。名也者，正形者也。形正由名，则名不可差。故仲尼云"必也正名乎！名不正，则言不顺"也。
>
> 名称者，别彼此而检虚实者也。自古至今，莫不用此而得，用彼而失。失者，由名分混；得者，由名分察。
>
> 名定则物不竞，分明则私不行。物不竞，非无心；由名定，故无所措其心。私不行，非无欲；由分明，故无所措其欲。……游于诸侯之朝，皆志为卿大夫而不拟于诸侯者，名限之也。
>
> 庆赏刑罚，君事也；守职效能，臣业也。君料功黜陟，故有庆赏刑罚；臣各慎所任，故有守职效能。君不可与臣业，臣不可侵君事。上下不相侵与，谓之名正。名正而法顺也。

所谓"君不可与臣业，臣不可侵君事，上下不相侵与，谓之名正。名正而法顺"，很明显便是孔子对齐景公所言"君君臣臣，父

---

[1] 关于历代对孔子正名论的探讨，大概参曹峰《中国古代"名"的政治思想研究》下编第一章，引文见该书第109页。总的来说，该书反对从名实论角度理解孔子的"正名"说是对的，并且与陈启云都意识到应该注意孔子的"语言"观或"言行"论。但该文基本没有延续历代儒者有关名分的见解，只是把此"言"视为一种"政治上的敏感"，未免对传统经学义理有所隔膜。相关讨论见下。文中引用的一些西方与日本汉学家的研究，大体也具有同样的问题。

父子子"之说。[1] 假如明了上文所言名位、名分的含义，所谓"正名"其实也不过是回复礼名之义。由回复礼名，方可以循名责实，君应如何，臣应如何，是所谓君君、臣臣，各守其轨辙。依礼而言则言顺，依礼而行则事成。凡事皆能依礼而行，犹如孟子所言"依仁由义"、"集义"，于是礼乐可兴；依礼而行即是真正的"直道"，直道而行才能真正使刑罚得中，民才能真正措其手足。[2] 这在经学义理而言，本来是怡然而理顺的。孔子此言其实正好对治经学的一大弊端，便是在流行的过程中因为相互恭维等等，或流于门面，或流于虚伪。[3] 循名责实也不简单是二十世纪许多学者所说的君主御下之术，它同时也可以正君，这才是"君君臣臣"的真实含义，也就是尹文子所说的"上下不相侵与"。从这个意义上说，尹文方符合班固所定位的名家，至于惠施与公孙龙，或许只是他心目中的"訾者"，只不过这只是按照儒者视角理解的名家，不足以作为名家的定论：

> 名家者流，盖出于礼官。古者名位不同，礼亦异数。孔子曰："必也正名乎！名不正，则言不顺；言不顺，则事不成。"此其所长也。及訾者为之，则苟钩鈲析乱而已。（《汉书·艺文志》）

所谓"訾者"，也就是《论语》中子贡所说的"徼以为知者"：

> 子贡曰："君子亦有恶乎？"子曰："有恶。恶称人之恶者，

---

[1] 上引曹峰的著作虽然也注意到《尹文子》对孔子"正名"一语的引用，但很奇怪的是没有注意到下文有关名分的具体讨论，认为"这是一句孤零零的话，没有做任何阐释"。同时根据近代以来《尹文子》一书可能被怀疑为伪书的理由，仍把这本书当作汉代的著作，却并没有给出坚实的理由。见该书第106页。尹文本来活跃于稷下学宫，与孟子同时或稍晚。

[2] 关于直道与礼及诉讼等问题，参拙作《说"絜矩之道"》，《中国文化》2019年秋季号。

[3] 关于经学的弊端，我曾在《新经学》第三辑编后记中略作探讨，上海人民出版社，2018年。

恶居下流而讪上者，恶勇而无礼者，恶果敢而窒者。"曰："赐也亦有恶乎？""恶徼以为知者，恶不孙以为勇者，恶讦以为直者。"（《论语·阳货》）

徼，朱子训为"伺察也"（《论语集注》），其义甚精，但未言所本。《说文》："徼，循也。"《老子》："常有欲以观其徼"，陆德明《释文》："徼，小道也。"《史记·五宗世家》："常夜从走卒行徼邯郸中"，司马贞《索隐》："徼是郊外之路，谓循徼而伺察境界。"秦汉因此有小吏曰游徼，负责基层治安之事。至此，诸义皆可贯通。所谓伺察，犹今言侦查、观察。《列子·说符》："吾君恃伺察而得盗，盗不尽矣。"《三国志·曹爽传》："臣辄力疾，将兵屯洛水浮桥，伺察非常。"《宋书·律历志下》："宿度违天，则伺察无准。"从这一角度来看，所谓"徼以为知"其实就是把运用观察理性理解事物的方法称为知，这实际上就是数度之学，或之后墨家的观察方法。这种方法儒者视之为小道，虽然不废，但却并不认为这是真正的智慧，所以不能视为德性论意义上的知。子夏有言："虽小道，必有可观者焉，致远恐泥。"（《论语·子张》）《艺文志》从"苟钩𬶍析乱"的角度解释，其实也是明白孔门这一思想的。由此可见，尽管孔门儒学并不主要从知性视角理解事物，但对这一思维的边界其实是有着清楚理解的。

从知性视角出发，墨家对事物的理解形成了严密的体系。这主要体现在《墨子》的《经上》《经下》《经说上》《经说下》《大取》《小取》诸篇，所以历来受到研究者重视。所谓"大取""小取"，也就是"利之中取大，害之中取小"（《墨子·大取》），引申为篇名，则一重在道，"其所取者大，故曰《大取》"；一重在术，"其所取者小，故曰《小取》"。[1] 大取、小取其实也就是辨别、权衡轻重之义，这是数度之学的应有之义，而后来儒者也借用类似观念对

---

[1] 伍非百《大小取章句序》，氏著《中国古名家言》，四川大学出版社，2009年，第414页。

德性予以讨论，如孟子所谓"权然后知轻重，度然后知长短"(《梁惠王上》)，只是具体思维依然有别。在墨子这里，对事物予以理解的活动便称为"辩"：

> 夫辩者，将以明是非之分，审治乱之纪，明同异之处，察名实之理，处利害，决嫌疑。焉（乃）摹略万物之然，论求群言之比。以名举实，以辞抒意，以说出故。以类取，以类予。有诸己不非诸人，无诸己不求诸人。(《小取》)[1]

所谓"以名举实"，其实便是以名表实，犹《庄子》所谓"名者，实之宾也"(《逍遥游》)。《墨子·经上》："举，拟实也"，对实的不正当的表达因此便是"狂举"。《墨子·经说下》："若举'牛有角'，'马无角'，以是为'类之不同也'，是狂举也。"《公孙龙子·通变论》也说："与马以鸡宁马。材不材，其无以类，审矣！举是乱名，是谓狂举。"[2] "辞"有时也称作"言"，《墨子·经上》："言，出举也。""以名举实"的活动用句子表达出来便是言。[3] 孔子所谓：《志》有之，'言以足志，文以足言'。不言谁知其志？言

---

[1] 引文据谭戒甫《墨辩发微》第三编《墨辩轨范》。

[2] 孙诒让已经指出："《公孙龙子》亦有'正举''狂举'之文，以意求之，盖以举之当者为正，不当者为狂。"见《墨子间诂·经说下》，《诸子集成》本。

[3] 按谭戒甫《上经校释》第32条以为墨子经文有误，故改为"言，出故也"。按《经说上》释此条，原作"故言也者诸口能之出民者也。民若画俿也。言也谓言犹石致也"。孙诒让以为"出民"之"民"、"石致"之"石"皆是"名"之讹误，谭氏另以为"民"亦"氏"之讹文而有倒错，因改为："故也者，诸口之能出名者也。若氏画俿也。言也'谓'言，犹名致也。"民、石二字二家之义大体近是，仍似小有未谛。按"民"当为"氏"之误，是也，二民字皆然。"能之"当作"之能"，原文当校正为："故言也者，诸口之能出氏者也。氏若画俿也。言也谓'言'，犹名致也。"意谓：譬如某姓氏用画俿（可能是族徽）来表示，口中能说出这一姓氏与俿的关系，这就叫"言"。以名拟实的过程就是"举"。"言"之所以叫"出举"，犹如尽（致）名的拟实之道。这里的"言"与《小取》及上文讨论中所谓"辞"含义是相通的。假如依谭氏改为"言，出故也"，那是与"说"相应，不可以说"名致"了。

之无文,行而不远。"(《左传》襄公二十五年)孔子这里所谓"文"应该便是言之成理,[1] 也就相当于墨子的"以说出故"。《墨子·经上》:"故,所得而后成也。"其实也就是因果之理。名、辞、说大体相当于逻辑学的概念、判断、推理,这一观点基本已为许多研究者所接受。[2] 建立在这样一种逻辑推演基础上的墨学,总的来说可以视作一个自觉以知性为进路的学术体系。这个体系不仅可以描摹事物(名实),也可以讨论事物之间的关系(同异),还可以衡量判断是否合理(治乱),[3] 以及最终确定说理的正确与否(是非)。这一全部过程可以称作"辩"。《墨子·经上》:"辩,争彼也。辩胜,当也。"此言"辩"即是彼此相争,只有推理得"当"的才能胜利。在"辩"的过程中应该遵守两个原则:一是对事物的推求(取,求,归纳;予,推,演绎)要符合其"类",[4] 不可以随意比附;一是对是非的判断要符合推己及人的同一性原则,这个原则其实也就是儒家所说的"恕道"或"直道",只不过二家对"直"的理解有异。[5]

从历史传统的角度来说,墨子对辞、辩等概念的使用与此

---

[1] 此"文"常常被解释为"文采",其实是不对的。讲究文采在孔子那里不过是"巧言",正是孔子所反对的。详下文。关于文在礼乐中的意义,可参前揭拙作《"以经术缘饰吏治"发微——早期的经学、礼教与政治》。

[2] 胡适在《〈墨子·小取篇〉新诂》中把"说"理解为"前提"(Premise),这是不准确的。见前引《胡适文集》第六册,第189页。谭戒甫则以为"可当因明三支式之'因'",前揭《墨辩轨范》,《墨辩发微》,第420页。

[3] 这里的"治乱",许多学者都望文生义地解释为政治性的治乱,如前揭谭戒甫《墨辩轨范》,第412页。从上下文角度而言似当解释为是否合乎事物的条理。按《墨子·经上》:"治,求得也。"治的一个含义是依其文理而治玉,而在衡量判断是否合理时可以按照逻辑规则(文理)予以考求,正确的判断便是求而能得。

[4] 谭戒甫《墨辩规范》引《说文》"予,相推予也"释"予",良是。释"取"则颇迂曲,今不从。取者予之反,予为推,则取为求也。《经上》:"虑,求也。"推求也就是虑。也有学者释为归纳与演绎。参梅荣照《墨经数理》第八章,辽宁教育出版社,2003年,第134页。

[5] 参前揭拙作《说"絜矩之道"》。

前的刑名传统有一定关联。胡适已经注意到"辞"与司法判案在思维上的相通之处,提出:"辞即今人所谓判断(Judgment)。'辞'从䛐辛,有决狱理辠之义,正合判断本义,判断之表示为命辞(Proposition),或称'命题',或称'辞'。"[1]《说文》:"辛……辛痛即泣出。从一从䇂。䇂,辠也。"段注:"辛痛泣出,罪人之象。凡辠(罪)、宰、辜、辭皆从辛者由此。"狱讼之时,双方各执一辞,是所谓辩,法官辨而治之,犹如治玉,所以古代法官称作理官。《说文》:"辩,治也。从言在辡之间。"段玉裁注:"(辩)治也。治者,理也。俗多与辨不别。辨者,判也。'从言在辡之间',谓治狱也。"辡就是两辛,代指罪人各执一词(辞)。故《说文》言:"辞,讼也。从䛐,䛐犹理辜也。䛐,理也。"尽管段注以为"讼"乃"说"之讹,但"辞"与司法判案的关系是很明显的。在《尚书·吕刑》篇中,短短的一篇文字,"辞"字出现十次之多,除了个别地方含义或有疑问之外,大都意指断狱时的双方之辞[2]:

> 越兹丽刑并制,罔差有辞。
> 上帝不蠲,降咎于苗,苗民无辞于罚,乃绝厥世。
> 两造具备,师听五辞。五辞简孚,正于五刑。
> 上下比罪,无僭乱辞,勿用不行,惟察惟法,其审克之!
> 非佞折狱,惟良折狱,罔非在中。察辞于差,非从惟从。
> 今天相民,作配在下。明清于单辞,民之乱,罔不中听狱之两辞,无或私家于狱之两辞!

---

1 见胡适《〈墨子·小取篇〉新诂》,欧阳哲生编《胡适文集》第二册,第189页。按胡适此文发表于1919年,此前其博士论文《先秦名学史》已经指出"辞"字本来指"法官宣判的'判辞'或'判决'",并云:"有些辞在《易经》里甚至叫作'象'(引者按:在注释中他还分析了象字可以释为"断"),所以在字义上辞是对某事物的判断和断定。"见《胡适文集》第六册,第42页。应该说这是非常有见地的。
2 明王樵、清朱骏声皆已指出,辞即后人所谓"供"或"口供"。转引自刘起釪《尚书校释译论》第四册,中华书局,2005年,第2003页。

>哲人惟刑，无疆之辞，属于五极，咸中有庆。

"辞"有时也指指控的理由，《左传》所谓："欲加之罪，其无辞乎？"（僖公十年）及至春秋战国之交，"子曰：'听讼吾犹人也，必也使无讼乎！'无情者不得尽其辞，大畏民志"（《大学》），依然是在这个意义上使用。当然，此时的"辞"也可以泛指一般的表达，所以子曰："辞达而已矣。"（《论语·卫灵公》）而《墨子》则把这一法律术语直接用作名辩的概念，从这个地方大概也可以看出墨家与刑名法律乃至上文所言商代文化之间的隐秘联系。

如前所述，孔子所谓"言以足志，文以足言"，此处"言"大体相当于墨子之"辞"，而"言之成文"相当于墨子之"说"。这种成文之言，有时也可以称作"言"、"文"、"说"。只不过三者未必是墨子所意指的推理，而是指申说某种具有合理性的道理。

>子曰："法语之言，能无从乎？改之为贵。"（《论语·子罕》）
>孔文子何以谓之文也？曰："敏而好学，不耻下问。"（《论语·公冶长》）
>子以四教：文，行，忠，信。（《论语·述而》）
>子曰："文莫吾犹人也。躬行君子，则未之有得。"（《论语·述而》）
>颜渊曰："夫子循循然善诱人，博我以文，约我以礼。"（《论语·子罕》）
>或问禘之说。子曰："不知也。知其说者之于天下，其如示诸斯乎！"（《论语·八佾》）
>子曰："道听而途说，德之弃也。"（《论语·阳货》）

综合上述材料，孔子显然不是从后世辩者的角度来使用上述概念。所谓"名正言顺"仍然是从《诗》《书》礼乐这些周代贵族文化角度而言的，是孔子所"雅言"："子所雅言，《诗》《书》执礼，皆雅言也。"言首先与巫祝在祭祀时的祝祷活动有关，祝祷本身便需要对言语的训练。流风所及，如楚国巫风甚盛，所以在文化上表现为"楚地好辞，巧说少信"（《史记·货殖列传》），相应的则是《楚辞》等文学形式的出现。而在周代，无论是祭祀还是太学的养老之礼、宴饮的旅酬仪式，都有"乞言"、"合语"的环节（《礼记·文王世子》），[1] 即希望长老能以言垂范，所以能"言"善"语"是贵族士大夫的重要能力，其可以垂范者便是"立言"，可以不朽。言语因此也是太学教育的重要内容，《周礼·大司乐》"以乐语教国子兴、道、讽、诵、言、语"，《国语》也说："教之（指世子）语，使明其德，而知先王之务用明德于民也。"（《国语·楚语上》）这种言语能力的培养因此是士大夫教育的应有之义，所谓"登高能赋，可以为大夫"（《汉书·艺文志》），理想的士则是出使四方，可以"专对"。在这一过程中，周代士大夫的德性思维表现无疑，表现在人我交流中，其中很关键的便是观象。[2] 象是观象者有所得的结果，因此以此沟通的观象者之间需要某种共喻的前提。[3] 而在周代文化之中，乐正以《诗》《书》礼乐为中心的大学教育成为彼此共喻的基础。从言的角度看来，表现最为直接的便是《诗经》，引《诗》（包括《诗经》之外的部分逸诗）成为各种政治或公共生活中的基本沟通方式。而诗歌意象的自由甚至使得"断章取义"成为常态，以至于不学好《诗》便无法成为一个合格的士人。孔子要求儿子孔鲤学《诗》，理由便是"不学《诗》，无以言"（《论语·季氏》）。孔子还说：

---

[1] 孙希旦说："乞言，求善言可行者也。合语，谓于旅酬之时，而论说义理，以合于升歌之义。"氏著《礼记集解》，沈啸寰、王星贤点校，中华书局，1989年，第558页。
[2] 八十年代以来关于"象"思维的讨论逐渐受到学者重视，笔者关于这一问题的基本看法，可参《易象与时间：关于易象学的论纲》，《中国文化》，2018年春季号。
[3] 关于"共喻"问题的讨论，参拙作《历史经学导论》，《新经学》第四辑，上海人民出版社，2019年。

诵《诗》三百，授之以政，不达；使于四方，不能专对。虽多，亦奚以为？(《论语·子路》)

由于《诗》的语言本意即在取象，所以言与言之间未必总是合乎逻辑的语言。这是因为一体性统摄下"同而异"的礼的秩序遵守的不止是逻辑，后者是知性的基本原则。在"同"的最高层次（如形而上的玄同），事物间的差异被消泯，因差异而表现出的矛盾同时也被消泯。这个境界除了某些喻象之外，往往很难用日常语言所表达，这就是《系辞上》所说的"言不尽意"、"立象以尽意"。譬如西洋哲学中关于上帝的理解，以及经学中关于天道的体认。所以《论语》记载：

子曰："予欲无言。"子贡曰："子如不言，则小子何述焉？"子曰："天何言哉？四时行焉，百物生焉，天何言哉？"(《论语·阳货》)

在这个层次上，深于德性思维的人往往更强调言的局限性。这种局限性常常表现在两个方面，一是言的滥用导致德性的缺失，这就是"巧言"，而仁不仁主要看其德而非言：

子曰："巧言令色，鲜矣仁！"(《论语·学而》)

子曰："始吾于人也，听其言而信其行；今吾于人也，听其言而观其行。"(《论语·公冶长》)

子曰："君子耻其言而过其行。"(《论语·宪问》)

子曰："仁者其言也讱。"(《论语·颜渊》)

一是言与其所指对象可能有的背离：

子曰："可与言而不与之言，失人；不可与言而与之言，失言。知者不失人，亦不失言。"(《论语·卫灵公》)

子曰："夫人（指闵子骞）不言，言必有中。"(《论语·先进》)

> 子曰:"有德者必有言,有言者不必有德。"(《论语·宪问》)

理想的"言"则既可以是《周易》的"文言",也可以是孔子的"微言",扬雄则另作《法言》。所谓"仲尼殁而微言绝"(《汉书·艺文志》),便是指此。在周代,《诗》既然作为取象的渊薮,同时也是"言"的渊薮。"《诗》可以兴,可以观,可以群,可以怨"(《论语·阳货》)。除此之外,"语"则是前代贤人所留下足以垂训后人的文献,代表了各种不同的德性境界。这应该就是《左传》所谓"太上立德,其次立功,其次立言"之"立言"。《国语》中便记载了楚国用"语"训教太子的传统,"语"甚至被视作一种文体,[1] 典型的如《国语》《论语》以及汉代陆贾的《新语》。孔门四科之中因此也就有了以宰我、子贡为代表的言语之学,当此派后来的学者失去对礼乐政教的信念,如《乾文言》所谓"修辞立其诚",而只是追求一己私利的时候,辩士(所谓纵横家)也就应运而生。如果说儒者与墨家的区别是在德性与知性思维的不同,其与辩士的区别则在诚意之有无。当然,主张"无成势,无常形"(司马谈《论六家要旨》)的道家也可能给纵横家提供观念上的滋养,这种辩士其实是儒道两家的一种腐化形态。[2]《汉书·艺文志》:

> 纵横家者流,盖出于行人之官。孔子曰:"诵《诗》三百,使于四方,不能专对,虽多亦奚以为?"又曰:"使乎!使乎!"言其当权事制宜,受命而不受辞,此其所长也。及邪人为之,则上诈谖而弃其信。[3]

由于德性思维总的来说不是在逻辑学(墨辩)意义上探讨问

---

[1] 此点王树民《中国史学史纲要》较早注意到,参该书第二章第四节,中华书局,2005年。
[2] 关于道家,另拟专文探讨。我曾经指出,假如从游说秦孝公的方式来看,商鞅其实是一个纵横家。参拙作《孟子章句讲疏》卷1《梁惠王上》第一章讲疏。
[3] 关于这一问题,前揭拙作《孔曾礼学探微》已经有所讨论。

题，而是从境界上对事物予以观象，所以常常表现为对某种境界的体验，在具体问题上常常是"当机指点"，这在对孔子的研究中早已为学者所熟知。譬如同样一个孝的名相，在不同情境中会有完全不同的表现。《论语·为政》篇接连记载孟懿子、孟武伯、子游、子夏四人问孝，而孔子所答不同，其实便明确体现了这一思维特点。另如关于士的探讨，孔子便明确指出三种境界：

> 子贡问曰："何如斯可谓之士矣？"子曰："行己有耻，使于四方，不辱君命，可谓士矣。"曰："敢问其次。"曰："宗族称孝焉，乡党称弟焉。"曰："敢问其次。"曰："言必信，行必果，硁硁然小人哉！抑亦可以为次矣。"曰："今之从政者何如？"子曰："噫！斗筲之人，何足算也！"（《论语·子路》）

子贡长于言语之学，故其所问本身便蕴含着不同层次。如前所述，这种思维本身便是周礼的特征，所谓"名位不同，礼亦异数"，便是指同样的名，在不同的位置层次，其实对应着不同的礼数。譬如同样是三年丧，子女对父亲、父亲为长子、父在为母，父不在为母，其实礼数是不同的。同样是葬礼，天子、诸侯、大夫、士等的时间、仪节等礼数也是不同的。这一思维贯彻在礼的整个系统之中。许多对孔子名学的讨论似乎并未注意到这一基本的思维方式，而大多在循名责实等问题上兜圈子，观此似可以解纷。

相反，墨子讨论事物的方式是从定义开始，这是知性思维的特征。许多重要的定义直接被称作"经"（《经上》《经下》），表明对事物的定义其实是墨学的基础。通过一系列基本的定义与遵守名辩（逻辑）规则的论式，墨子一切关于政治的观点都可以由此推出。

当然，诚如知性思维可能因是否遵守逻辑规律出现问题，德性思维也同样有自己的脱落形式。譬如当无法在德性境界上理解事物的边界时，以往各种贤人所留下的"立言"之作（即"言语"）便不过是普通人所理解的格言汇编，典型的如黑格尔在《历史哲学》中对《论语》便有类似的看法。这并非黑格尔的思想不够深邃，而是因为他并不真正理解孔子的思维方式。对这一问题，孔子其实早有所见，同样是与子贡的探讨：

> 子曰："赐也！女以予为多学而识之者与？"对曰："然，非与？"曰："非也。予一以贯之。"（《论语·卫灵公》）

孔子的一以贯之，曾子解释为"忠恕"，那显然是从德性角度着眼的。在这一问题上，曾子的理解显然比子贡要更为接近孔子。那以后，孟子之倡言本心，主张"先立乎其大"，虽不言一贯而自然一贯；荀子则明确反对缺少一贯的那种"博学"，文繁不引。[1]

三、孟子的"知言"与比类

在孔子思想中，所谓"言语"主要不是从辩者角度考虑的，但却并非没有自己的辩。在礼的框架中，辩的工作主要体现在两个方面：首先是关于事物本末的考虑，其次是关于礼数轻重的衡量。本大而末小，这就是经学中的"小大之辩"。《大学》所谓："物有本末，事有终始，知所先后，则近道矣。"《庄子·逍遥游》中其实也充斥着这一问题。我曾多次指出，德性意识背后依托的是生命意识，随着生命的展开，事物表现出时间相，对时间相最直接的表述便是本末观念。因此，从本末先后的角度对事物观象，便是经学的应有之义。在《周易》则是"卦时"，因此六十四卦首先是一系列在生命中展开的象，相互间在本末的意义上构成有机的联系。[2] 这

---

[1] 如《致士篇》便明言："师术有四，而博习不与焉。"《儒效篇》则反对"缪学杂举"、不知统类的"俗儒"。

[2] 参拙作《周易义疏》的相关讨论，特别是对卦序的疏解。简单地可参前揭《易象与时间》一文。

一工作也叫作"辩",与"辨"相通。《坤文言》:

> 积善之家,必有余庆;积不善之家,必有余殃。臣弑其君,子弑其父,非一朝一夕之故,其所由来者渐矣。由辩之不早辩也。《易》曰:"履霜,坚冰至。"盖言顺也。

譬如孟子有名的"义利之辨",便需要从本末角度才可以真正理解。《孟子·离娄上》有关"道揆"、"法守"的分辨,其实也是"小大之辩"的具体体现。[1] 类似的问题几乎反映在孟子绝大多数讨论之中,如诚伪,本心、习心,等等。"小大"之外则是"轻重",如"礼与食孰重"等也是孟子与时人经常讨论的问题。这一问题的源头其实也在周礼。轻重无疑早已成为礼(特别是丧礼)的重要概念。譬如:

> 曾子问曰:"并有丧,如之何?何先何后?"孔子曰:"葬,先轻而后重;其奠也,先重而后轻:礼也。自启及葬,不奠,行葬不哀次;反葬奠,而后辞于殡,遂修葬事。其虞也,先重而后轻,礼也。"(《礼记·曾子问》)

> 《传》曰"有从轻而重",公子之妻为其皇姑;"有从重而轻",为妻之父母。(《礼记·服问》)

类似例子比比皆是。之所以叫轻重,其实便是因为可以换算为具体的数量关系,如天子殡七月,诸侯五月,大夫三月,士一月等等,各有等差。关于具体礼数轻重的讨论,其实已经涉及知性思维的运用,只不过轻重的衡量最终依然是德性与知性思维同时运用的结果。譬如上文《礼记·曾子问》所谓"并有丧",郑玄注为"父母若亲同者同月死",孔颖达疏以为"亲同者"譬如"祖父母及世叔兄弟"。这里的轻重首先是以亲亲尊尊之义为判断依据,如父母

---

1 参拙作《〈孟子·离娄上〉讲疏》,《新经学》第一辑,上海人民出版社,2017年。

亲同，但父更尊，所以父重于母。这些在礼数上都会有具体的体现。另如丧礼常重于祭礼，亲亲先于尊尊，[1] 但这些原则有时也要根据具体情境加减乘除。如三年丧重于君臣关系，但假如有特殊情况（如兵革之事）也可以夺情。这一讨论方式最集中体现在《曾子问》中，曾子作为孔门礼学最重要的传人，借用各种特殊情境来对孔子设问。师生间的问答同样是"言语"的一种形态。与双方各执一辞式的"辩"不同，这是一种基于某种原则的"辨"。从文字学角度来说，"辩"与"辨"本来应该同源，只是后来在含义上有了分化。

应该指出，礼的轻重与数量关系并非简单的对应关系，而是要随具体的情境加以考察。《礼记·礼器》：

> 礼有以多为贵者：天子七庙，诸侯五，大夫三，士一。……此以多为贵也。有以少为贵者：天子无介，祭天特牲。天子适诸侯，诸侯膳以犊。……此以少为贵也。有以大为贵者：宫室之量，器皿之度，棺椁之厚，丘封之大。此以大为贵也。有以小为贵者：宗庙之祭，贵者献以爵，贱者献以散，尊者举觯，卑者举角。五献之尊，门外缶，门内壶，君尊瓦甒。此以小为贵也。有以高为贵者：天子之堂九尺，诸侯七尺，大夫五尺，士三尺。天子、诸侯台门。此以高为贵也。有以下为贵者：至敬不坛，埽地而祭。天子、诸侯之尊废禁，大夫、士棜禁。此以下为贵也。礼有以文为贵者：天子龙衮，诸侯黼，大夫黻，士玄衣纁裳。天子之冕，朱绿藻十有二旒，诸侯九，上大夫七，下大夫五，士三。此以文为贵也。有以素为贵者：至敬无文，父党无容，大圭不琢，大羹不和，大路素而越席，牺尊疏布幂，樿杓。此以素为贵也。

---

[1] 亲亲、尊尊是殷周共通之大义，但一般而言，殷道亲亲，周道尊尊，是指对二者孰轻孰重的判别。孔子后来对礼制的调整中，综合了殷、周两种原则。

所谓多少、大小、高下、文素，都是普通的知性判断，但至于以何为贵，却是根据不同的精神原则。这也同样表明，在礼数的计算中其实已经同时有了德性、知性两个方面的运用。也正是因此，孔子的正名之学笼统而言固然意味着使名与位得以相应，但具体操作中则是要保证名与数的相应，而孔子也正是因此才对原有的周礼多所是正，综合三代礼乐而求得"情文具尽"（《荀子·礼论》），这才是真正意义上的"文"，同时也是孔门新礼的目标所在。

商周史官已经形成较为系统的数度之学，轻重本来就是重量测量，也为世俗社会所习见。礼家用之称量礼数，政治家则用以平准物价，《管子》所以有《轻重篇》。孔子以后，对德性的省察分析成为心性领域的重要转折，《中庸》所谓"博学、审问、慎思、明辨、笃行"，"明辨"是其中的重要一环。到了孟子这里，轻重有时则成为权衡的代名词。他对梁惠王说：

> 权然后知轻重，度然后知长短，物皆然，心为甚。王请度之！（《孟子·梁惠王上》）

"物皆然"，表明孟子并不否认数度之学对自然事物的理解。在孟子所建构的仁智一体的心性结构中，同样为知性预留了位置。[1] 只不过孟子所关注主要在天道、心性及政治，而且主要从德性角度出发，并没有在这些问题上展开讨论。而在孟子生活的时代，墨学已经兴起，道家、法家也已张大其军，仪、秦之徒开始放言天下，孟子尽管上承周礼及孔子对事物的理解，在礼乐已经崩坏的情况下却也不得不奋起与辩。而周礼及孔子的"明辨"原则便成为孟子与他人论辩的原则所在。孔子自言"于辞命则未能也"（《孟子·公孙丑上》），因此反对"巧言"、"利口"（《论语·阳货》），欣赏"其言

---

[1] 关于这一问题，拙作《孟子章句讲疏》中《离娄上讲疏》《离娄下讲疏》《告子上讲疏》等都有所讨论，兹不具论。

也讱"的仁者，至孟子则自言："予岂好辩哉？予不得已也。"这些论辩体现在他与杨（道）、墨两家关于"无父无君"的辩论，与农家关于分工的讨论，以及对仪、秦之徒的指斥，等等。从名辩的角度而言，最为重要的显然是他的"知言"论：

>（公孙丑问）"敢问夫子恶乎长？"
>
>（孟子）曰："我知言，我善养吾浩然之气。"
>
>……
>
>（公孙丑问）"何谓知言？"
>
>（孟子）曰："诐辞知其所蔽，淫辞知其所陷，邪辞知其所离，遁辞知其所穷。生于其心，害于其政；发于其政，害于其事。圣人复起，必从吾言矣。"
>
>……
>
>（孟子）曰："宰我、子贡、有若，智足以知圣人，污不至阿其所好。宰我曰：'以予观于夫子，贤于尧、舜远矣。'子贡曰：'见其礼而知其政，闻其乐而知其德，由百世之后，等百世之王，莫之能违也。自生民以来，未有夫子也。'有若曰：'岂惟民哉！麒麟之于走兽，凤凰之于飞鸟，太山之于丘垤，河海之于行潦，类也。圣人之于民，亦类也。出于其类，拔乎其萃，自生民以来，未有盛于孔子也。'"（《孟子·公孙丑上》）

在此时的诸子百家之中，道家忘言、遣言，墨家辩言，纵横家为了一己私利不惜自乱其言，法家则一旦当政即不许人言。但不管怎样，名实等问题便成为根本问题。<u>几乎所有人都承认"循名责实"或名实一致的基本原则，但如何才算名实一致，却是各家真正的分歧所在。</u>从这个意义上说，近代有些学者根据"循名责实"的字面含义，便把战国各种名家思想视作为专制主义服务，未免太过武断。

孟子以"知言"自许，实质是用孔门德性论为衡判尺度，对百

家之言加以"明辨",这一德性论的具体表达便是仁义礼智信五常。我曾经指出:

> 言为心声,心之所发,在内为意,在外为言,意虽难测,言则可求。诚意则即乎己,知言则视乎人。所谓诐辞者,偏而不公,仁之失也,故蔽;所谓淫辞者,荡而无本,礼之失也,故陷;所谓邪辞者,惟务私曲,义之失也,故离;所谓遁辞者,惟务自谋,信之失也,故穷。统之者即所谓智也,由智故能知言。若不能知言,而陷于诐、淫、邪、遁,则源头既浊,是未能持志矣。[1]

孟子下文还引用宰我、子贡、有子的言论,三家大体皆属言语科,[2] 似乎在暗示知言的理论与言语科的联系。所谓诐辞、淫辞、邪辞、遁辞的判断尺度,其实便是仁、礼、义、信四德之失。道家失仁,墨家失礼,法家失义,纵横家失信,虽不必指实,但也可以大体相应。孔门德性论本来是实践之学,所以更为看重言辞背后隐含的目的性,并不只是从字面角度去理解"言"。所以孔子把颜渊、闵子骞、仲弓、冉伯牛视为"德行"科。孔子所谓"听其言而观其行"(《论语·公冶长》),所谓"君子欲讷于言而敏于行"(《论语·季氏》),所谓"视其所以,观其所由,察其所安,人焉廋哉,人焉廋哉"(《论语·为政》),《系辞上》也说:"言行,君子之枢机。"所以在德行科这里,语言本身也是行为的一部分,都是内在德性境界的体现。通过观察言行,对他人的境界予以考察,是德行科与人交往时的应有之义。与孟子上文类似,《系辞下》指出:

---

[1] 前揭《孟子章句讲疏》卷3《公孙丑上》第二章。
[2] 宰我、子贡属于言语科无疑,至于有子,可参王应麟说。《孟子章句讲疏》卷3《公孙丑上》第二章已加以讨论。

> 将叛者其辞惭,中心疑者其辞枝,吉人之辞寡,躁人之辞多,诬善之人其辞游,失其守者其辞屈。

所谓"观水有术,必观其澜"(《孟子·尽心上》),在孟子这里,这种对人的审视有时甚至不仅仅在言行,神情等也都是可以观察的对象:

> 孟子曰:"存乎人者,莫良于眸子。眸子不能掩其恶。胸中正,则眸子瞭焉;胸中不正,则眸子眊焉。听其言也,观其眸子,人焉廋哉?"(《孟子·离娄上》)

推而广之,宇宙间一切莫不可观,这就是《系辞》所言庖牺氏的"仰观俯察"。表现在政治上则是观礼、观乐、观风。

> 风行地上,观。先王以省方观民设教。(《周易·观大象》)
> 礼也者,反其所自生;乐也者,乐其所自成。是故先王之制礼也以节事,修乐以道志。故观其礼乐,而治乱可知也。蘧伯玉曰:"君子之人达。"故观其器而知其工之巧,观其发而知其人之知。故曰:君子慎其所以与人者。(《礼记·礼器》)

在关于儒家名辩思想的讨论中,许多学者注意到孟子的比类观念。古人应该很早就有了同类的观念,《左传》所谓"神不歆非类,民不祀非族"(僖公十年),《国语》"其类惟何"(《周语下》),类都是族类的意思。在墨家的名辩思想中,类具有了严格的界定,《经上》:"名,达、类、私。"私名、类名、通名构成了一个对自然事物种属关系的分类体系。这一点几乎为所有研究墨辩的学者所注意。相形之下,孟子对类的使用主要是从类似的角度,所谓比类,似乎主要是一种比喻,并非墨子所言的类。也正是因此,在近代一些科学主义派学者看来,这充其量是一种"比附逻辑":"全然为一种'无故'、'乱类'的恣意推论。……将不伦不类的事物认为

'同类'。……孟子的'类'概念的混乱,其根源更在于他的先验主义的知识论。"[1]

把思孟的德性观念说成"先验主义",固然是从知性视角所作的一种割足适履的观点,丧失了思孟学术自身的独特视野,但孟子的心性论本身确实揭示了一种类似康德先天范畴的结构,只不过二者分别遵循德性、知性的不同进路而已。[2] 至于说孟子的逻辑是一种"无类"逻辑,最初是根据荀子对孟子的批评,所谓"僻违而非类"(《荀子·非十二子》)。对荀子的这一观点我曾予以批评,[3] 下文还会讨论。至于把孟子的观点说成比附,不妨稍作探讨。譬如:

> 挟太山以超北海,语人曰"我不能",是诚不能也。为长者折枝,语人曰"我不能",是不为也,非不能也。故王之不王,非挟太山以超北海之类也;王之不王,是折枝之类也。(《孟子·梁惠王上》)

> 麒麟之于走兽,凤凰之于飞鸟,太山之于丘垤,河海之于行潦,类也。圣人之于民,亦类也。出于其类,拔乎其萃,自生民以来,未有盛于孔子也。(《孟子·公孙丑上》)

> 今有无名之指,屈而不信,非疾痛害事也,如有能信之者,则不远秦、楚之路,为指之不若人也。指不若人则知恶之;心不若人,则不知恶,此之谓不知类也。(《孟子·告子上》)

这几段论述曾经被侯外庐等视作比附。不过假如加以分析,便可知这种观点其实并未真正理解比喻或比类的意义所在。孟子之比类观念与汉代经学中那种比附,譬如董仲舒所谓"人副天数",在根本上是不同的。从表面上看,"挟太山以超北海""为长者折枝""王之不王"是三件事,麒麟、凤凰、泰山、河海、圣人分属

---

[1] 前揭侯外庐等《中国思想史》第一卷,第399-413页。
[2] 参前揭拙作《思孟五行说新论》。
[3] 参前揭拙作《思孟五行说新论》。

五事,"指不若人"与"心不若人"是两件事,所以相互间似乎无关,从前者无法推出后者。但孟子所比类的不是具体事物,而是对事物的判断。假如把整个表达拆开,其实便很容易理解:

(1)"挟太山以超北海"是不能的;"为长者折枝"是可能的;君主成为圣王是可能的。假如我们设定两个集合,a 是"不能的",b 是"可能的",那么君主成为圣王显然是可能的,至少对于周人而言,虞夏商周都曾有圣王存在过。

(2)麒麟是走兽中的出类拔萃者;凤凰是飞鸟中的出类拔萃者;泰山是丘陵中的出类拔萃者;河海是湖沼中的出类拔萃者;圣人是人类的出类拔萃者。如果把"出类拔萃者"设定为集合,并称之为类,那么显然是成立的。

(3)手指有缺陷,因而不快;德性及心智有缺陷,因而不快;德性及心智有缺陷,无所谓。如果我们设定两个集合,a 是"因为不如别人而感到不快",b 是"因为不如别人而无所谓",那么"德性及心智不如别人,无所谓",显然与前二者属于不同集合(类),不理解这一点,便可以说"不知类"。当然,这里隐含了孟子对人性的基本预设,即人应该有自尊心,会尽量弥补自己的缺陷。我们可以不同意孟子的预设,但这也不能认为孟子犯了比附的错误。

由此可见,孟子的类可以在集合论意义上理解,与墨子对自然物之分类显然不可混淆。用墨子的类概念否认集合论,似乎也大可不必。而诚如《周易·同人》所言:"天与火,同人,君子以类族辨物。"以孟子对数度之学的尊重,不必完全否认墨子的类概念,只不过他可能反对墨子把这一应用于自然事物分类的做法无限制地推广到人文领域。相反,孟子的比类观念反而可以统摄墨子的类概念,后者其实是前者的一种特殊状态。正如在集合论中,自然事物的种属分类可以视作对相关事物所有集合中的一个子集。此外应该特别指出是,<u>比类只是一种在论辩中加强理解的方式,而非逻辑推理方式</u>。比类其实可以无限制的增减,并不影响说理的具体内容。

当然，孟子对两种类是有着明确自觉的，因此提出"充类"说：

（万章）曰："今之诸侯取之于民也，犹御也。苟善其礼际矣，斯君子受之，敢问何说也？"（孟子）曰："子以为有王者作，将比今之诸侯而诛之乎？其教之不改而后诛之乎？夫谓非其有而取之者盗也，充类至义之尽也。"（《孟子·万章下》）

孟子曰："于齐国之士，吾必以仲子为巨擘焉。虽然，仲子恶能廉？充仲子之操，则蚓而后可者也。夫蚓，上食槁壤，下饮黄泉。仲子所居之室，伯夷之所筑与？抑亦盗跖之所筑与？所食之粟，伯夷之所树与？抑亦盗跖之所树与？是未可知也。"曰："是何伤哉？彼身织屦，妻辟纑，以易之也。"曰："仲子，齐之世家也。兄戴，盖禄万钟，以兄之禄为不义之禄而不食也，以兄之室为不义之室而不居也，辟兄离母，处于於陵。他日归，则有馈其兄生鹅者，己频颅曰：'恶用是鶃鶃者为哉？'他日，其母杀是鹅也，与之食之。其兄自外至，曰：'是鶃鶃之肉也。'出而哇之。以母则不食，以妻则食之；以兄之室则弗居，以於陵则居之。是尚为能充其类也乎？若仲子者，蚓而后充其操者也。"（《孟子·滕文公下》）

充，扩充。所谓"充类至义之尽"，即把同类事物加以扩充。在第一个讨论中，孟子与万章把诸侯暴敛于民（盗民），比作杀人越货之盗（强盗）。所以万章援引对强盗的态度，认为不必对这样的诸侯以礼相待。孟子因此说把诸侯说成盗只是通过比喻的方式把盗的含义扩充到极致。二者虽含义有别，但可以属于同一个总类或集合。所以比喻的过程便是扩充其类的过程，所谓"充类至义之尽"即最大程度地扩充其类。同样，陈仲子以为兄长的所得不义，不食母亲所做的食物，却不知妻子所做的食物也可能间接来自不义之人，二者是相类的。其所住的居所亦然。因此说陈仲子不能"充类"。反之，假如像陈仲这样追求绝对的义，只有"上食埃土，下饮黄泉"的蚯蚓方可以做到，所以说"蚓而后充其操"。蚯蚓不属于人类社会，人类社会本身具有一体性，是不可能不有所关联的。事实上显然陈仲自己也无法完全实现其理念。（参下图）

$$
\text{盗匪}\begin{cases}\underline{\text{盗匪}}\\ \downarrow\quad（充类）\\ \text{诸侯盗民}\end{cases}\qquad \text{不接触不义（操）}\begin{cases}（绝对）\underline{\text{不接触不义}}（蚓而后可）\\ \downarrow\quad（充类）\\ \text{不直接接触不义（人）}\end{cases}
$$

事实上，孟子这一比类之法也就是上文所说的观象思维，换言之，观象思维中象之所以"像"，从知性角度理解，便在于"相像者"可以通过某种方式被纳入同一个集合。[1] "相像者"作为自然物可能并无关系，但其状态背后所隐含的象或义却是相通的。这在经学中便被称作"同异"。《周易·睽》："火泽，睽。君子以同而异。"如前所述，礼的具体形态便是礼乐，按照《乐记》所言，"乐统同，礼辨异"，名家学者惠施因此把它推演到极端状态，因此有"毕同毕异"之论："大同而与小同异，此之谓小同异；万物毕同毕异，此之谓大同异。"（《庄子·天下篇》）关于同异的问题，下文还会有所讨论。

四、非相：荀子的辩说观

春秋晚期到战国这段时间，政治与文化领域发生了剧烈变化。孔子时代，礼乐秩序虽然开始崩坏，但形式还没有完全改变，无论贵族社会还是民间礼俗，礼乐实践依然极为普及。有些行将没落的贵族（如孟僖子），还试图通过复礼恢复以往的荣光。[2] 孔子一方面试图重构新的礼乐系统，以接续周礼的辉煌，同时也希望为新兴官僚集团注入礼的因素，以扭转危局。所谓"从道不从君"，所谓

---

1 关于这一问题，另拟专文探讨。
2 如孟僖子临死，便让儿子孟懿子、南宫敬叔随孔子习礼。事见《左传》昭公七年。

"天下有道则见，无道则隐"，所谓"天下有道，贫且贱焉，耻也；天下无道，富且贵焉，耻也"，"不义而富且贵，于我如浮云"，都是针对官僚时代士大夫可能出现的弊端而言。这就是孔子所欲行而未成的"正名"。随着礼乐秩序的逐渐崩解，在社会夹缝之中，墨家一类的社会组织逐渐出现，相互结成严密的团体，并有机会进入仕途。

到了孟子的时代，法家逐渐得势，吴起、商鞅之徒纷纷在列国掌控政权。但由于齐晋两大国都发生了政权巨变，此即"三家分晋"（前403）与"田氏代齐"（前386），同样影响了文化领域的发展。作为两个新兴的贵族政权，尽管在政治上都努力变法图强，但为了证明自身更有资格得到周天子的承认，它们同时采取"右文"的文化政策。当然，这种政策在客观上也确实可以延揽人才。魏文侯（前445—前396年在位）以孔门高弟子夏为师，以儒者田子方、段干木为友，据说子夏至魏，文侯不仅郊迎，甚至"拥彗前驱"。魏文侯的这一以孔门新经学自文的政策为他晚年得到周天子的承认，或许也起了作用。[1] 至于齐国，则在威王（前356—前320年在位）国力张大之后，同样开始鼓励学术，这就是稷下学派的兴起。齐国一时成为国际间的文化中心，以至于有齐宣王"滥竽充数"的寓言出现（《韩非子·内储说上》）。在这一背景下，孟子在魏、齐两国颇受礼遇，甚至在齐国摄居卿位，出使他国。也正是因此，他还可以对不同学说从容析辨，申说王道，这就是孟子的"知言"。

荀子是儒家名辩思想的集大成者。在荀子生活的时代，法家已经在多国取得胜利。大国相争的态势之下，图强成为几乎所有大国的共同目标。官僚制度此时已经成型，臣之于君，常常有如仆役，礼乐形式未免成为虚文。德行已经不是评价人才的尺度，游士

---

[1] 参钱穆《先秦诸子系年》第40，《魏文侯礼贤考》，商务印书馆，2001年，第149页。

所追求的是能以辞辩胜人。荀子早年游于稷下，据说还"三为祭酒"（《史记·孟子荀卿列传》），在百家争鸣的环境中，得以脱颖而出，应该便是靠他的辩才无碍。即便是真正的君子，此时也必须能言善辩，这才是所谓"诚士"。有德却无法表达，只是荀子心目中的"腐儒"。所谓"诚士"，便是把精诚加诸事务，犹如孔子、曾子精诚地研求礼的完备，而在荀子这里，遵守礼义还不够，还要能够用语言表达出来。从这个意义上说，荀子并非反对孔子的观念，而是加深了儒学在"言"方面的拓展。孔子的不辩也只能是针对"奸言"：

> 凡言不合先王，不顺礼义，谓之奸言；虽辩，君子不听。法先王，顺礼义，党学者，然而不好言，不乐言，则必非诚士也。故君子之于言也，志好之，行安之，乐言之，故君子必辩。凡人莫不好言其所善，而君子为甚。故赠人以言，重于金石珠玉；观人以言，美于黼黻文章；听人以言，乐于钟鼓琴瑟。故君子之于言无厌。鄙夫反是：好其实不恤其文，是以终身不免埤污佣俗。故《易》曰："括囊，无咎无誉。"腐儒之谓也。（《非相》）

从孔子的"于辞命则未能"，到孟子的"不得已"而辩，再到荀子的"君子必辩"，时代的变化显然给主张力行的儒者以巨大压力。但也正是在这一过程中，儒学不得不面对百家诸子各自的论辩逻辑，并逐一予以回应。同时也使儒学在知性领域大为拓展，把以往那种偏重实践性的经学系统用知性思维可以理解的方式加以表达。这使得荀子的思想带有知性反思的意味，他的每一篇著作都有着明确的中心观念，并且大体上前后能够一以贯之。而在此前，《论语》和孟子的编纂虽然也同样有其一以贯之的命意，[1]但却尽量

---

[1] 自赵岐《孟子注》专言"章旨"之外，历代学者对《孟子》各篇大义多所讨论。拙作《孟子章句讲疏》对此问题亦不无探讨。暂不详及。关于《论语》通篇大旨的探讨，似以唐文治《论语大义》一书为最精。

隐藏在浑融的具体讨论之中。当然,《荀子》这一命篇方式本来便是诸子的习惯使然,其他较早的经典著作,如《孙子兵法》《墨子》《商君书》《管子》《庄子》等,大都具有明确的分篇命意。

不过,假如只是从时代压力角度理解,又似乎过于简单了。荀子关于辩的探讨放在《非相篇》,其故到底若何,少见有人加以探讨。由于此篇开首便批评相术,所以杨倞注以为:

> 相,视也,视其骨状以知吉凶贵贱也。妄诞者多以此惑世,时人或矜其状貌而忽于务实,故荀卿作此篇非之。《汉书》形法家有《相人》二十四卷。

这一注释可以说似是而非。荀子下文历举古代圣贤暴君之形貌与德行功业的相反,试图证明"相形不如论心,论心不如择术",简言之便是据形貌不如论心术。形貌是事物的外在表现,从义理角度便可以称作象,后世有时便直称作"体、相、用"之相。因此,在人的形貌之外,历史时代也在人心目中形成不同的相,譬如"五帝之外无传人"、"五帝之中无传政"、"禹汤有传政而不如周之察",等等。普通人基于对历史表象的误解,便认为"古今异情,其以治乱者异道"。而荀子正是要破斥这些对表象的迷执,认为对历史记述的不同,只不过是"久故也",并不意味着五帝三王的历史有何不同。在他看来,"古今一度也,类不悖,虽久同理",历代圣王既属一类,其法度自然都可以由后王即"周道"观之,这就是"法后王"之义。在这个意义上说,<u>荀子的"法后王"绝非近代一些学者望文生义的所谓历史进化论,这一点其实与其主张"世易时移,变法宜矣"的弟子韩非颇有不同,荀子的法后王便是法先王</u>。对历史本来可以观象,这一问题涉及荀子的历史哲学,暂且不论。

另外应当指出的是,荀子此处所说的"类",并不像许多人所证明的来自墨子,反而与孟子"类"的含义相近。荀子事实上也不排斥譬喻在论辩中的作用,他说:

> "谈说之术：矜庄以莅之，端诚以处之，坚强以持之，分别以喻之，譬称以明之，欣驩芬芗以送之，宝之，珍之，贵之，神之。如是则说常无不受。"（《荀子·非相》）[1]

荀子书中大量引《诗》，其实便是这一传统的孑遗。另如《正名篇》所谓"有欲无欲，异类也，生死也，非治乱也"，便是以生死比喻有欲、无欲两种境界。此类例子不烦多举。本节所谓"譬称"便是譬喻或孟子的比类，"分别"则是墨子意义上的分类。只不过荀子对表象的怀疑还是与德行科儒者颇有不同，《大学》所谓"富润屋，德润身，心广体胖"，"孟子自范之齐，望见齐王之子，喟然叹曰：'居移气，养移体。大哉居乎！夫非尽人之子与？'"（《孟子·尽心上》）慨叹的背后是对气象的重视，而这同时也便是古人重视威仪或礼容的传统，[2]《尚书·洪范》所谓"貌曰恭"，气象往往是内在德性的显现。荀子则并不反对礼容，譬如在《荀子·非十二子篇》中还用很长的段落讨论"士君子之容"、"学者之嵬容"，但子张氏、子游氏之"贱儒"却也有容，所以这种观象的方法其实并不可恃。

表象破斥之后，事物显现出情实，这一过程乃是基于人的基本能力，这就是"辨"，所以说："人之所以为人者，何已（以）也？曰：以其有辨也。"辨的含义便是判分，在宇宙间所有判分之中，"辨莫大于分，分莫大于礼，礼莫大于圣王"。杨倞注释说"分"是指"有上下亲疏之分（fèn）"，可谓得之，但荀子其实不必否认一般的分类观念。在此荀子给出一个判断情实的准绳，那就是周礼，这里体现了荀子的儒学立场。至于为什么"分莫大于礼，礼莫大于

---

[1] 王念孙以为应据《韩诗外传》《说苑》所引改为"譬称以喻之，分别以明之"，参王先谦《荀子集解》卷3，沈啸寰、王星贤点校，中华书局，1988年，第86页。按，"喻"本来便是晓知之义，后世譬喻、比喻之词重点在譬、在比，不改亦无妨。
[2] 关于威仪问题，参拙作《孟子章句讲疏》卷1，《梁惠王上》第六章讲疏。

圣王",是因为圣人能够做到"不〔可〕欺"[1],也就是不受欺蔽,能够做到"以己度",并观察到宇宙万物的实相:

> 圣人何以不〔可〕欺?曰:圣人者,以己度者也。故以人度人,以情度情,以类度类,以说度功,以道观尽,古今一也。类不悖,虽久同理,故乡乎邪曲而不迷,观乎杂物而不惑。

在某种意义上,这种"以己度"在形式上倒是符合孔子所言"直道"或《大学》所谓"絜矩之道"。对具体事物的理解依循具体原则,而最终由更为圆融的"道"统摄之。只不过孔子、曾子等的"直道"依然保有的德性立场,[2] 在荀子这里却无法体现出来。至于如何做到"以己度",便是荀子《解蔽篇》所说的"大清明"之境,下文另有讨论。

问题是,假如我们认同相不能代表事物之用,那么为什么要转到对辩的探讨?荀子在《非相》一文并没有明确探讨,只是提了一句"以说度功",似乎与此有关。那么功究竟何指?这里不妨引用《正名篇》:

> 今圣王没,天下乱,奸言起,君子无势以临之,无刑以禁之,故辨说也。实不喻然后命,命不喻然后期,期不喻然后说,说不喻然后辨。故期、命、辨、说也者,用之大文也,而王业之始也。名闻而实喻,名之用也。累而成文,名之丽也。用、丽俱得,谓之知名。名也者,所以(期)累实也。辞也者,兼异实之名以论一意也。辨、说也者,不异实名以喻动静之道也。期、命也者,辨、说之用也。辨、说也者,心之象道也。心也者,道之工宰也。道也者,治之经理也。心合于道,说合于心,辞合于说,正名而期,质请而喻,辨异而不过,推类而不悖,听则合文,

---

[1] "可"字据王念孙补,引文同前书,第82页。
[2] 参前揭拙作《说"絜矩之道"》。

辨则尽故。

辨、说相合，其实也就是辨。至于期、命，杨倞注：

> 命，谓以名命之也。期，会也。言物之稍难名，命之不谕者，则以形状大小会之，使人易晓也。谓若白马，但言马则未谕，故更以白会之。若是事多，会亦不谕者，则说其所以然。若说不谕者，则反复辨明之也。

杨说大义不误，但其说未畅。命固是命名，期便是"累实"，也就是通过名的迭加（所谓"会"或"丽"，丽即附丽之义）而达到对实的描述（"文"）。期的结果便是"辞"，也就是句子或判断。所以辞也就是"兼异实之名以论一意"。说是说理（"动静之道"），但说理如有争议，则当辨而明之，这就是辨。所以命名（命）及成辞（期）是辨、说的手段，而辨、说则是心对道的拟构（"心之象道"），而道则是对"治"的统摄。这里的"治"既可以指一切事物的条理性，也当然包括政治的合理性。因此期、命、辨、说（依层次当为命、期、说、辨）便是通向"道"及"治"的手段，所以说"王业之始也"。然则所谓"说以度功"便不难索解，"说"是指圣贤君子的辨说，"功"便是王业。对于周礼而言，礼和政治本来便是同构的，政治对应人群，礼则可以拓展到整个宇宙，都是天理秩序的体现。

由上述讨论可知，<u>《非相篇》破斥事物表象之目的，其实是为了能够捍卫语言对事物的描述能力</u>，所以"辨、说也者，心之象道也，"便意味着道可以通过言语的方式来表现。<u>这一观点其实是对德行科儒者及道家"言不尽意"观念的重大挑战</u>。尽管这一问题还有深入讨论的余地，但应该清楚的是，只有真正承认语言的这一能力，知性才可以宣称自己具有通达道的能力。西洋哲学中，海德格尔的学说其实已颇有跳出主流西方知性传统的倾向，但即便如此，却依然宣称"语言是存在的家"。当然,象或符号其实也仍然是一种语言。关于这一问题还可以另加探讨。从历史的角度而言,对言的这种理解其实在晋人中可谓渊源有自:

> 阳处父如卫,反,过宁,舍于逆旅宁嬴氏。嬴谓其妻曰:"吾求君子久矣,今乃得之。"举而从之。阳子道与之语,及山而还。其妻曰:"子得所求而不从之,何其怀也!"曰:"吾见其貌而欲之,闻其言而恶之。夫貌,情之华也;言,貌之机也。身为情,成于中。言,身之文也。言文而发之,合而后行,离则有衅。今阳子之貌济,其言匮,非其实也。若中不济,而外强之,其卒将复,中(以)外易矣。若内外类,而言反之,渎其信也。夫言以昭信,奉之如机,历时而发之,胡可渎也!"(《国语·晋语五》)

宁嬴观阳处父之貌,深为钦慕,以为是真正的君子,及与之交谈,反而"恶之"。故其言:如以性情为人之实,那么相貌仅是其华而非其实,不能完全体现性情的实际状态。而语言则是性情的机栝,乃是性情之所发。疑"貌之机"当为"情之机"之误。言是性情之文理("身之文"),所以才真正是能够表现人实际性情的"枢机"。三晋之地本来是儒家古史派的渊薮,[1]与数度之学渊源甚深,荀子作为赵人,或许便因此深受此类"语"的熏陶。

(本文曾于2019年11月10日、23日分别在复旦大学哲学学院"孟荀伦理学暨两岸儒学工作坊"、中央民族大学"中国哲学的现代性与民族性"学术研讨会上宣读,此次出版,作了删节。)

1　此用蒙文通说,参《经学抉原》,收入氏著《经史抉原》,巴蜀书社,1995年。

墨子挑战与孟荀的回应
——诸子时代的论辩主题（之一）
刘思禾（东北师范大学）

在诸子时代的思想发展中，儒家义理的演进除了内部的脉络之外，与外部的刺激也有重要关系。先秦思想中儒家之外的各个流派对儒学与孔子都有直接的批评，其中最为激烈彻底的是墨家。儒墨两家也成为诸子时代激荡交融的两种思潮。本文以儒墨之间的辩论主题为焦点，不罗列墨家与儒家的全部辩论主题，只就墨子思想对孟子、荀子的思想压力，讨论孟、荀对于此挑战的回应，以理解孟荀思想的发生过程，进而试图廓清诸子时代的基本论题。[1]

思想家之间的相互影响，可以分为压力型和融合型。假设有思想家 A 和思想家 B，A 与 B 具有不同的立场与思想结构，且 B 对于 A 具有明确的反对态度，那么所谓压力型，是指思想家 A 对于思想家 B 的基本思想主旨没有影响，但是对其主旨的表达形式构成压力，从而使其有更为明确的反弹性的理念。所谓融合型，是指思想家 A 的基本观点对于思想家 B 的基本思想主旨造成影

---

[1] 本文不是对墨子与孟子、荀子三人思想的全面比较，而是从挑战和反应的视角，考察其基本思想宗旨的互动。本文的前提有三点：儒墨两家是诸子时代中最为重要的思想流派，二者的关系尤其是墨家对儒家的影响，是战国思想的基本脉络；孟子、荀子的思想立场、类型都是儒家的，二者都是儒者；墨子思想及其对儒家的挑战对孟子、荀子思想的形成具有重要的影响。此三点皆有争议，但是争议不大，限于篇幅，不再从史实角度加以论证。

响，或者成为其架构的一部分，而使其思想具有更为平衡的丰富性。就本文讨论的问题而言，墨家的思想对于早期儒者造成非常大的困惑，而孟子与荀子面对这一挑战，有其不同的反应模式，孟子倾向于压力型，而荀子倾向于融合型，这是思想家之间相互影响的范例。[1]

一、墨子的挑战

墨子的挑战，就是对于周文/儒家所持信念的全面攻击，这在当时就给儒家学者莫大的压力，引发了激烈的论辩。与墨子同时代的儒者还没有办法从根本上驳倒墨家之说，显示出很深的焦虑感。从墨子之时到孟子时代，墨家影响越发深远，墨子（及杨朱）成为孟子思想的对立面。[2]而到了战国中晚期的稷下时代，墨学依然占据着重要位置，持墨家思想立场的学者地位崇高，墨子成为荀子的思想对立面。墨子的挑战是全面的，而其基本观念与方法与儒学存在根本的差异，[3]这就对于孟子、荀子这样的儒家学者提出了时代课题。所以我们看到孟荀对于墨子的论说提出大量的辩驳，即使在未提及墨子的地方，如孟子之解经（《尚书》），虽未言及墨子，也不以论辩方式出之，实际上句句针对墨家之说。而荀子在《礼论》《乐论》中不仅屡屡言及墨子，就是在未谈及墨子的地方，也是笔锋直对着墨子之说。墨子挑战主要涉及如下几个要点：

---

[1] 关于本文的论证方法，如何拼接思想之间的内在脉络，关键是要在材料和思路之间"对上茬"。因而，诸子之间直接的论辩材料，及其思想主旨的相关性与相异性的辨析，都是需要细致处理的。
[2] 《淮南子·泛论训》："夫弦歌鼓舞以为乐，盘旋揖让以修礼，厚葬久丧以送死，孔子之所立也，而墨子非之。兼爱尚贤，右鬼非命，墨子所立也，而杨子非之。全性保真，不以物累形，杨子所立，而孟子非之。"
[3] 本文接受前后期之墨家为一个整体的观点，不把墨家分为不同的前期和后期。

(一) 兼与义：普遍性与整体性的理念

一般的读者很容易从墨子那里看到儒学的影子。[1] 从孔子的仁与义，到墨子的兼爱、义正，初看只是一种意义转型，墨子甚至可以被称为儒学异流。但实际上孔、墨之异同触及到一些极为根本的差异。墨家所以能够自成一系，有其坚实的思想因素，根本在于其造成了一种视角的转换，即从一种身份性、关系性的视角转换为一种普遍性、整体性的视角。所谓普遍性，就是墨子所提出的脱离具体限定的非特定身份人的视角；所谓整体性，就是摆脱了人际网络而代之以全面整体而均等的视角。这一转换在墨学的发展中有层次和变化的，但是其主旨大致不变，而与周文／儒学构成一种对峙。具体可分疏如下：

1. 普遍性法则

所谓普遍性，就是指任何人在某一处境之下都应遵循的共通的行为法则。与儒家所论的伦理关系为先的准则比较，墨家强调行为的普遍法、非差等性："视人之国若视其国，视人之家若视其家，视人之身若视其身。"（《墨子·兼爱中》）当然，这一普遍法则并不意味着行动不区别对象，后来的墨家讨论过行动的厚薄问题，爱由亲始问题，等等。墨家关注的是祛除关系之后的伦理行动问题，其把爱转化为利，也就是效益，这实际是要求一种普世的对待问题。

在墨子的讨论中，A 与 B 作为行为体，对 A 与 B 的道义要求是对等的，而儒家语境下的君臣、父子、夫妇一类的关系，哪怕有相对的双向要求（比如"君使臣以礼，臣事君以忠"），其实质仍旧是非对等的。针对墨子之兼义，当时人就发现其对儒家之忠孝观念造成威胁，如：

---

[1] 《淮南子·要略》："墨子学儒者之业，受孔子之术，以为其礼烦扰而不悦，厚葬靡财而贫民，服伤生而害事，故背周道而用夏政。"

> 天下之士非兼不可以择君。《墨子·兼爱下》
>
> 天下之士非兼害为孝。《墨子·兼爱下》

所谓"天下之士",很可能就是当时的儒生,他们认为兼爱不可行,会损害忠孝原则,墨子对此给予了反击,后期墨者则给出了更细致的设计。因此,对于当时以及后来的儒者而言,如何捍卫仁义与忠孝的有效联系,就成为一个棘手的问题。简单说,墨子祛除了血缘性的"家—国"原则,而儒者就需要捍卫亲/孝原则,并且协调好亲/孝原则与公/忠原则之间的微妙平衡。孟子做的就是这个工作。

2. 整体性视角

上文所述之普遍性要求一种无关特定关系的必然如此的法则,而这种法则由人与人之间的最基本关系——爱利与伤害——来决定,这也就是墨子所论的人类整体的公义。墨子讲的义,非一般儒者所解释的"适宜",其要义在于阻碍伤害。墨子基本上是站在陌生人语境下,去看待伤害——包括轻微损害、偷盗、人身伤害、谋杀与不义战争——这些损害个人与整体的利益的"犯罪"的事件本身。[1] 注意:墨子不讨论特定关系,也不区分身份,而只是分析事件本身的性质。如果是儒家,对待父亲之暴力伤害就有所谓"小杖受、大杖走"一类的伦理处理,而墨家不这样看待问题。我们取《墨子·天志下》一节为例:

> 今有人于此,入人之场园,取人之桃李瓜姜者,上得且罚之,众闻则非之,是何也?曰不与其劳,获其实,已非其有所取之故。作者按:此为轻微损害
>
> 而况有逾于人之墙垣,抇格人之子女者乎?与角人之府库,

---

[1] 李悝最早制《法经》,以盗为先。盗与偷窃、杀人相关,是陌生人之间的犯罪行为。后期名辩有杀盗非杀人之说,可见盗相关之现象为战国时代的一个热议话题。

窃人之金玉蚕絫者乎？与逾人之栏牢，窃人之牛马者乎？作者按：此为偷盗及人身伤害

而况有杀一不辜人乎？作者按：此为谋杀

今王公大人之为政也，自杀一不辜人者；逾人之墙垣，抯格人之子女者；与角人之府库，窃人之金玉蚕絫者；与逾人之栏牢，窃人之牛马者；与入人之场园，窃人之桃李瓜姜者，今王公大人之加罚此也，虽古之尧舜禹汤文武之为政，亦无以异此矣。作者按：此为不义战争

今天下之诸侯，将犹皆侵凌攻伐兼并，此为杀一不辜人者，数千万矣；此为逾人之墙垣，格人之子女者，与角人府库，窃人金玉蚕絫者，数千万矣；逾人之栏牢，窃人之牛马者，与入人之场园，窃人之桃李瓜姜者，数千万矣，而自曰义也。作者按：此为总括之义不义

所谓陌生人语境，就是墨子那里的事件大都预设为在非关系性伦理化语境中发生，这时候只要评估行为双方行为的客观后果就可以了。根据实际情况，对人的伤害包括轻微损伤、偷盗及人身伤害、谋杀、不义战争，这些行为都被视为不义，需要祛除。而儒家的基本设定都是政治—伦理的，也就是在"君父"式的关系性熟人语境中。儒家基本不讨论偷盗问题，也不讨论人身伤害问题，因为在政治伦理语境之中，这些都是小概率失范事件（君臣父子之间的相互残害属于另外的范畴），不是基本事件。而依照墨子，"犯罪"事件涉及义与不义的界定，是人类社会的基本事件。由此，墨子的义总是从"天下"之利害——也就是对人类整体的福祉之伤害或增益——这个整体之效益去思考，天下之利与天下之害是义不义的标准，而这些标准是外化的、可见的、明晰的，如同墨子所说，就像黑白一样清楚（《墨子·天志下》）。这些与儒家的分级代理式的义是不同

的。[1]这实际引发了义的界定归属问题,也就是后来仁义内外的讨论。

总之,墨家要求一种摆脱了身份限定的普遍性的义,他们不是从特定身份,而是从整体性的标准去辨析解决世界上所存在的公义问题,这就是"兼"与"义"这两个术语所蕴含的问题意识。显然,儒者需要对此做出回应,证明儒家所论及的那些无法普遍化和整体性处理的思想主题,能保持下去。

(二)贤能之去礼乐化:取消精英的身份性特权

墨子讲尚贤,贤就是贤能。墨家之尚贤,与早期儒者的类似思想之分歧在于,墨家要求贤能者真正进入政治实体中,且贤能者能够居于最高权位上,而不是由一群既有权势者有条件地、有限度地任用贤能者。换句话说,墨家之尚贤,是要政治学意义上的主权,而不是一般的待遇机会。此即贤者当其位之意。以今天的话来说,贤不仅仅是做经理而已,而是要做股东、董事长。因而,墨家之尚贤是一种革命性的主张,其根本点在于贤者当居其位,于是,天下是否掌握在姬周集团之手就不重要了,天下应在贤能者手中。与之相应的,墨子对于贤能提出了非常高的节欲和苦行的要求,这是对周文/儒家传统的精英等级特权化的一种反驳。在后来所有对墨家的批评中,最为集中的就在于这种"以自苦为极"的精神(《庄子·天下》),论者多以为这是违背人的性情的。问题在于,这种苦行精神背后意味着取消精英的身份性特权。

---

1 儒家的义是隶属于特定身份的,比如孔子批评子路以私粟享徒众的义之行为:"夫礼,天子爱天下,诸侯爱境内,大夫爱官职,士爱其家,过其所爱曰侵。"(《韩非子·外储说右上》)因为他认为这是国君的特权,一般人没有资格介入。而子路关于自己的做法的解释非常接近墨家的说法:"仁义者,与天下共其所有而同其利也。"关于《韩非子》涉及的孔子相关事迹的文献的真实性问题,可参杨玲《〈韩非子·内储说上〉篇"孔子言"论法文献胜说》,《甘肃社会科学》2017年第4期。

墨子所想象的精英是去礼乐化的，除了一部分祭礼之外（祭天之礼），他以节用、节葬的名义反对周文/儒家所推崇的大部分礼乐传统。例如，墨子列举饮食之法、衣服之法、兵甲之法、舟车之法、节葬之法、宫室之法，这些都是周人用以表达礼制的安排，墨子以为过度追求礼法之精美有害于为治，故而断言：

> 俯仰周旋威仪之礼，圣王弗为。（《墨子·节用中》）
>
> 故古圣王制为葬埋之法，曰："棺三寸，足以朽体；衣衾三领，足以覆恶。以及其葬也，下毋及泉，上毋通臭，垄若参耕之亩，则止矣。死则既以葬矣，生者必无久哭，而疾而从事，人为其所能，以交相利也。"此圣王之法也。（《墨子·节葬下》）

所谓俯仰周旋威仪之礼，正是周文/儒家礼学的关键，而葬礼更是礼制中的大类。从考古学发掘来看，就如同古人各种礼书所记载的，古代之丧葬制度非常严格，是区分不同等级身份的重要途径。墨子节葬的主张表面看起来是为了避免靡费，其背后则意味着削平不同等级之间的制度规定。

墨家的这些论述是一种针对精英的要求，还是对所有社会成员的要求，这需要进一步加以辨别。无论如何，墨家的这种要求背后有一种均等的内涵，即精英本身无权享有特权，精英与其他社会成员需要共同遵守相同的道德义务，这近似近代以来的平等的革命伦理。墨家的这种诉求引发了儒家的反弹，荀子后来为道德精英的身份性特权做了充分的辩护。[1]

（三）法仪与辩：标准如何确立？君子如何辩？

墨子对于追寻一种明晰的工具性的标准，有一种异乎寻常的热

---

[1] 在《荀子·正论》中，荀子直接批评墨家节葬思想影响下对于盗墓现象的说法，以为："世俗之为说者曰：太古薄葬，棺厚三寸，衣衾三领，葬田不妨田，故不掘也。乱今厚葬饰棺，故抇也。是不及知治道，而不察于抇不抇者之所言也。"

情。我们可能无法准确分析是什么推动墨子这样去思考，[1]但是这样一种意识，推动着墨家逐渐发展出一种工具性的辩论技巧和语言、逻辑思维，进而追寻且捍卫一种普遍性的标准，这是毋庸置疑的。一个例子可以很好的把墨家和儒家区别开：

> 叶公子高问政于仲尼曰："善为政者若之何？"仲尼对曰："善为政者，远者近之，而旧者新之。"子墨子闻之曰："叶公子高未得其问也，仲尼亦未得其所以对也。叶公子高岂不知善为政者之远者近也，而旧者新是哉？问所以为之若之何也。不以人之所不智告人，以所智告之，故叶公子高未得其问也，仲尼亦未得其所以对也。"（《墨子·耕柱》）[2]

从墨子对孔子的"仲尼亦未得其所以对也"之批评来看，墨子强调的是，思想的关键不是要求"应该如何"，而是追求"必然如何"，也就是追求事物普遍如此的"故"：

> 故，小故，有之不必然，无之必不然。体也，若有端。大故，有之必然，无之必不然，若见之成见也。（《墨子·经说上》）

上文今译：小故，有了它未必产生某一结果，没有它必定不产生某一结果。小故（必要条件）是产生结果的部分原因，例如有了端未必成尺，但没有端就一定成不了尺。大故，有了它必定产生某一结果，没有它就一定不产生某一结果。大故是产生结果的充分条件，例如具备了见物的条件（如正常的视力、足够的光线、外在事物、有心注视等），眼睛就一定能见到外物。[3]

"故"就是必然的理由，这个才是墨家所要追求的。这样一种

---

[1] 比如熟悉甚至出身于工匠阶层，肯定有助于墨子具有这样的自觉。但是，如何将这种经验和习惯转化为一种思想方法，似乎只能归功于墨子本人的思想家素质。

[2] 韩非对孔子也有这样的批评，当来自墨子。

[3] 今译据王讚源《墨经正读》，上海科学技术文献出版社，2011年，第1页。

工具性/标准化的要求,引发了墨家的强烈的辩论意识。葛瑞汉就认为,战国时代的辩论是从墨子开始的。这种看法是有见地的。[1]墨子好辩,而且是一种非常自觉的辩论,其后的墨家对于辩论更有明确的界定:

> 夫辩者,将以明是非之分,审治乱之纪,明同异之处,察名实之理,处利害,决嫌疑。(《墨子·小取》)

这里的关键是"同异之处"、"名实之理",也就是针对"事实"本身而展开的思考。墨家依循此种自觉和方法,辩及世间诸法,这就逼得儒者必须做出反应,也要以论辩的方式来回应墨家诸说。孟子的回应是被动的,他以"不得已"来定位自己的论辩活动,显示了他对名辩思潮的隔膜和反感。而荀子则深入到名辩思潮内里,与墨家一样去追求一种普遍性的、纯理论的论证方式,且最后以儒家的正名态度来扭转、贞定理论与辩论活动,这显然是入室操戈。墨家的思辨性对于推动儒学的精微化是有很大助力的。

总之,墨家的攻击,对于儒者而言是一个巨大的挑战。儒者必须回答,孝悌一类的亲缘性价值如何保持?纯粹的道德性如何界定,其在政治领域的展开如何可能,而不必同意墨家所说之普遍整体的公义秩序?还有,如何论证基于德性的等级/特权制度?人类文明的高度繁荣是必要的吗,而不必如墨家所说去除一切华丽不实的人类活动?孟子回应了前面的问题,而荀子回应了后面的问题。

二、孟子的回应

孟子把杨、墨作为两种与儒学对立的思想立场,于是有所谓

---

1 葛瑞汉《论道者》,中国社会科学出版社,2003年,第43页。

"辟杨墨",就是要有力地回应思想对手的挑战,而把儒家之道作为唯一可靠的"先王之道"——一种正确的真理和价值体系来捍卫。对孟子而言,虽然杨、墨的观点是对立的,但是二者共享了一种危险而邪恶的思想立场。事实上杨朱的影响大大小于墨子与墨家[1],是墨子诱发了杨朱的思想立场,可以说墨子对于孟子的威胁是最大的,墨子是孟子最主要的思想对手。客观的说,墨子的思想格局包括语言对于孟子都有相当的影响,[2] 不过墨子之于孟子,更多的表现为一种异端的思想压力。可以说,孟子最主要的思想创见哪怕不是从墨子这里来的,也是直接针对墨子的。如:

(一)捍卫亲缘原则与家国一体结构

墨子以尚贤、尚同为政治法则,其论及天下之义时,显然有一种整齐一致的对大共同体的洞察。这种想象与周文/儒家的"家—国"联合体的思路是不一致的,事实上在否定亲缘政治的同时,也否定了亲缘小共同体的合法性。墨子当然也会谈到君臣、父子等等,但是他在论及政治基本结构时并不考虑父子关系。故而,孟子批评墨子的"爱无差等"之无亲:"墨氏兼爱,是无父也。"故称之为"禽兽"。(《孟子·滕文公下》)这是对墨子所倡导的普遍性与整体性做出的直接的情绪化的反应。如果对待亲人和对待陌生人秉持一样的原则,那么道德行为怎么可能呢?毕竟,"孝悌也者,其为仁之本与"(《论语·学而》)。针对墨家所说的"爱无差等,施由亲始",孟子愤怒的称之为"二本":

> 孟子曰:"夫夷子,信以为人之亲其兄之子为若亲其邻之赤

---

[1] 钱穆先生已经看到此点,见《先秦诸子系年》,商务印书馆,2001年,第284页。
[2] 语言上的影响,略举两例:挟太山以超北海;生民未有。还有,孟子论证性善之孺子落井的思想实验,脱离了伦理语境,而特别强调一种普遍的人类体验,这种思路与墨子是暗通的。这是二者之所以为思想家的缘由所在。

子乎？彼有取尔也。赤子匍匐将入井，非赤子之罪也。且天之生物也，使之一本，而夷子二本故也。盖上世尝有不葬其亲者。其亲死，则举而委之于壑。他日过之，狐狸食之，蝇蚋姑嘬之。其颡有泚，睨而不视。夫泚也，非为人泚，中心达于面目。盖归反虆梩而掩之。掩之诚是也，则孝子仁人之掩其亲，亦必有道矣。"（《孟子·滕文公上》）

所谓二本，就是有两个本源，对孟子而言这显然是荒谬的。孟子致力于捍卫孝与血缘原则，他对其自己的亲缘问题的处理有的时候令同代人非议（厚葬母亲），可以想见他对墨子的非亲倾向有一种本能的反感。

由于墨家是以《诗》《书》为论说基础的，如何建立一套有别于墨家的解经体系，把亲亲原则重新置于思想的重心，这就成了孟子的要务。我们可以看到，儒墨之差异最为明显的体现在墨子和孟子对尧舜事迹的解说上。墨子和孟子同为早期经学的大家，但是对经典的解释有极大的区别，这集中体现在《尚书》等文献的解释上。墨家之解经，其关键在于强调尧舜的尚贤，而从未注意尧舜特别是舜的家庭伦理问题，而这是孟子解经的关键。孟子解释舜的事迹有如下数条：

> 释舜号泣之事。（《孟子·万章上》）
> 释舜不告而娶之事。（《孟子·万章上》）
> 释若瞽瞍杀人舜则逃诸水滨之理。（《孟子·尽心上》）
> 释舜封象之理。（《孟子·万章上》）
> 释舜之不臣尧、瞽瞍之事。（《孟子·万章上》）
> 释尧舜与天下之事。（《孟子·万章上》）

此外还有一条涉及禹：

> 释禹不传贤而传子之理。（《孟子·万章上》）

以上为孟子之解经，中心是如何维系住尧舜禹事迹中的亲缘伦理之正当，如瞽叟、象与舜之伦理冲突，及其与舜之天子职责之冲突，禹之事类此，此皆墨子所不关心者。依墨子，舜之事，实为贤者当其位之例，无干瞽叟、象。孟子的一些解释比较勉强，比如舜对象的分封，连自己的弟子都无法接受，难道这样劣迹斑斑的人可以做地方的官长吗？还有孟子所想象的舜为孝亲而放弃公义的所谓"逃诸水滨"的虚伪行径，[1]这些已经超出现代读者的忍受能力和解释限度。合理的理由就是，孟子的解说，显然是在墨家之压力之下，被迫做出的选择，即，哪怕损害了政治的公义，也要维系亲亲原则的优先性，不如此，儒家基本的价值和结构就无法存续下去。

周人在宗统和君统之间一直保持微妙的平衡，在宗法制崩坏之后，政治原则和亲缘法则的关系变成一个棘手的理论问题。墨家的大共同体想象，有挤压甚至取消亲缘共同体的可能。孟子的解说，可解释为在墨家所发起的亲贤之争之后，儒者竭力论证二者之间不存在根本矛盾，至少可以相互容忍，于是"家—国"的思想结构得以保存。孟子的这一回应引发了更为复杂的儒家的政治—伦理的耦合性困境，也就是战国时所称的"天下岌岌"的问题。[2]无论如何，孟子对墨家的回应，维系了儒家的基本教义，这是孟子对儒家立场的捍卫。

（二）仁义内外之辩：思想内转与性善之提出

墨家所持的兼之义是一种普遍的正当要求，它以兴利除害为准

---

1 此为儒家固有的思考问题的方法，就如同孔子认为赵盾逃离国境则可以免除弑君的道义责任一样。因为儒者都是在一定的关系语境下思考道义问题，墨家则无此缺陷。赵盾事迹参《左传·宣公二年》。

2 所谓天下岌岌，就是政治体系和亲缘伦理体系的错位问题，孟子和韩非都讨论了这一困境，实际上孟子回避了这一问题。后世的光宗内禅、嘉靖"大礼议"、英宗复位等等，都是碰到了这样的政治危机。

绳，明显是一种客观的诉求。而墨子之后，思想界有一个内转的取向，内外之分成为一种分析框架，[1]于是义或者仁义的内外属性就成为一个问题。针对墨家之义的解说，孟子离析义利，以仁摄义，收入内在，从而扭转了墨家对义的解释。

墨家是以利来解说义的："义，利也。"(《墨子·经上》)"义：志以天下为芬，而能能利之，不必用。"(《墨子·经说上》)[2]又曰："兼相爱，交相利。"(《墨子·兼爱中》)墨家认为义利是统一的，爱与相利、毋相害是同等意义的。孟子则坚持孔子以来的立场，非常明确地分疏义利之辨。依孟子，决不能从利益、利害的角度来思考仁爱问题。这也就是《孟子》七篇第一章"孟子见梁惠王"就严分义利的由来。孟子直接针对墨家说，义与利是绝对对立的，义利是不相容的：

> 鱼，我所欲也；熊掌，亦我所欲也。二者不可得兼，舍鱼而取熊掌者也。生，亦我所欲也；义，亦我所欲也。二者不可得兼，舍生而取义者也。生亦我所欲，所欲有甚于生者，故不为苟得也。死亦我所恶，所恶有甚于死者，故患有所不辟也。如使人之所欲莫甚于生，则凡可以得生者，何不用也？使人之所恶莫甚于死者，则凡可以辟患者，何不为也？由是则生而有不用也，由是则可以辟患而有不为也。是故所欲有甚于生者，所恶有甚于死者。非独贤者有是心也，人皆有之，贤者能勿丧耳。(《孟子·告子上》)

依孟子，义与利直接对立。因为利总是和人的基本欲望相联

---

[1] 内外之分，有时也表述为中外之分，就是以心为内，以外物为外，这从宋钘、《五行》可以看出来（清华简《心之谓中》时代未定，暂不讨论）。庄子说宋钘"定乎内外之分"，这是准确的观察。之后庄、孟更是大大扩展了内在心灵的思想地位。

[2] "芬"，张惠言、曹耀湘、张之锐释作美，王闿运解释为职分之分，姚永概、高亨从之，又有其他各种解法。本文从以芬为分之说。参杨俊光《墨经研究》，南京大学出版社，2002年，第101页；王讃源《墨经正读》，第9页。

系，进而总是和人的道德性相冲突。只有直接斩断义和利的联系，如此才能维系住义也即道德的纯粹性。这是孟子为捍卫儒家立场而对墨子的反击。依照墨家来说，这是难以理解的。言利为什么是不道德的？至少，言天下之大利如何是不道德的？以孟子的定义来看待墨家之义，显然使得义的含义狭隘化了。

孟子以仁摄义，倡仁义内在说。关于对义的内外之属性，当时有四种看法：

A 孟子之仁义内在说：

> 乃若其情，则可以为善矣，乃所谓善也。若夫为不善，非才之罪也。恻隐之心，人皆有之；羞恶之心，人皆有之；恭敬之心，人皆有之；是非之心，人皆有之。恻隐之心，仁也；羞恶之心，义也；恭敬之心，礼也；是非之心，智也。仁、义、礼、智，非由外铄我也，我固有之也，弗思耳矣。故曰："求则得之，舍则失之。"或相倍蓰而无算者，不能尽其才者也。《诗》曰："天生蒸民，有物有则。民之秉夷，好是懿德。"孔子曰："为此《诗》者，其知道乎！故有物必有则，民之秉夷也，故好是懿德。"（《孟子·告子上》）

B 告子之仁内义外说：

> 食色，性也。仁，内也，非外也。义，外也，非内也。（《孟子·告子上》）
>
> 彼长而我长之，非有长于我也；犹彼白而我白之，从其白于外也，故谓之外也。（《孟子·告子上》）
>
> 吾弟则爱之，秦人之弟则不爱也，是以我为悦者也，故谓之内。长楚人之长，亦长吾之长，是以长为悦者也，故谓之外也。（《孟子·告子上》）

C 墨子后学之仁义外在说：

> 仁，仁爱也。义，利也。爱利，此也。所爱所利，彼也。爱利不相为内外，所爱利亦不相为外内。其为仁内也，义外也，举爱与所利也，是狂举也。若左目出右目入。（《墨子·经说下》）[1]

D 儒家学派的仁内义外说：

> 仁，内也。义，外也。礼乐，共也。内立父、子、夫也，外立君、臣、妇也。（郭店楚简[2]）

从郭店简儒家文献来看，孟子之前的儒家也是接受仁内义外的，而孟子显然是全面否定后面三说，而自立新解。这里的关键是把义纳入内在，这是一个重大的修正。对于告子之义，孟子有一个总的评价："告子未尝知义，以其外之也。"（《孟子·公孙丑上》）我们暂且不管孟子所论之告子是否是《墨子》中所谈及的墨家弟子之告子，[3] 孟子的这一判断无论如何也适合于其对墨家所论之义的看法，而孟子所持的则为一种新论：仁义／仁义礼智内在说。如果义也是内在的，那么墨家所持的以公义衡定天下的说法显然就失去了根基。孟子实际上是以仁摄义，把义收窄为"从兄"（《孟子·离娄上》），而非墨子所说之普遍行为，或者之前儒家学派所说的政治社会领域，由此以仁义连用对抗墨家之以利释义。此意于儒家义理之颓势有一个巨大的扭转，故颇为后儒所激赏。

从上可知，仁义内在说是孟子在与墨家学者的斗争中发展出来的，仁义内在说实际上促进了性善说的生成。孟子的性善说和仁义

---

[1] 本节的解说参王讚源《墨经正读》，第158页。谭叶谦《公孙龙子译注》，中华书局，1997年，第89页。
[2] 释文采李零说，见《郭店楚简校读记》，北京大学出版社，2002年，第131页。
[3] 关于此问题，苏轼学、孙诒让、陆建华持非一人说，梁启超、庞朴、郭沫若持一人说，我们倾向于相信二者为一个人。基本情况参陆建华《告子辨析》，《孔子研究》2008年第2期。

内在说是同一命题的不同说法，至少可以说，仁义内在说是性善说的先导。孟子在墨家思想压力之下，有一个仁义/仁义礼智内转的反弹，从而为性善说提供了一个推力。这与子思学派的内在脉络之推力之于孟子性善说，应该可以并观。

以今天的立场来看，仁义或者仁义礼智内在说有非常大的理论困难，比如义、智、礼如何内在化？孟子是从其内在心灵发出四者的能力来讲的，即四端之说，这样的代价是极大压缩了义、智、礼的客观属性，而以一种道德动机加以代替。依孟子，动机与行为及效应的贯通就如同水之流淌一样有力、连续和自然，这当然是一种需要很多前提的假说。然而无论如何，这至少是对墨家立场的一个有力驳斥，即道德性本身是可以自足的，无需外部条件的，而不必如墨家那样必须依赖外部的效应来证成道德性。从孟子学的立场来看，墨家的道德性永远无法证成，因为效应本身是没有完整实现的可能的，而最后总是陷入以利为义的纠结。[1]

由仁义内外之辩，墨家和孟子最终在如何界定善的问题上有了真正的冲突。墨家以增损天下之利害来界定善，而孟子则以人所天然固有的性为善，于是二者就是行为效应的善与质地的善之别。孟子之性善论，从人性论去界定善，善就不依赖于不确定的、外在的功业效应，而安享无条件的完整自足性，这是对孔子、七十子后学、告子以来性论的一个反弹，其在善的源头处就回应了墨家的挑战，可以说于儒家道德关切立场之维护具有其理论优势，儒家之道德性诉求于此得到彻底的满足。

（三）仁政问题：政治如何是道德的？

墨子讲的是"义政"，而孟子倡导"仁政"。义政虽然具有道德属性，但是其指向显然不全是道德意味的，而仁政说则完全突出了

---

[1] 晚期墨学也遇到这样的挑战，参《墨经》中关于兼爱之有限无限关系的讨论。

政治的道德属性。那么，政治如何是仁义的/道德的？为什么必须用心性之仁去界定政治的道德属性？从孟子的仁政说，可以看出其辟杨墨而不得已的理论困境。

孟子屡屡道及仁政，其内涵由仁心/不忍人之心所界定，而有若干粗糙的具体措施：

> 人皆有不忍人之心。先王有不忍人之心，斯有不忍人之政矣。以不忍人之心，行不忍人之政，治天下可运之掌上。(《孟子·公孙丑上》)

> 子之君将行仁政，选择而使子，子必勉之！夫仁政，必自经界始。经界不正，井地不钧，谷禄不平。是故暴君污吏必慢其经界。经界既正，分田制禄可坐而定也。夫滕，壤地褊小，将为君子焉？将为野人焉？无君子莫治野人，无野人莫养君子。请野九一而助，国中什一使自赋。卿以下必有圭田，圭田五十亩，余夫二十五亩。死徙无出乡，乡田同井，出入相友，守望相助，疾病相扶持，则百姓亲睦。方里而井，井九百亩，其中为公田。八家皆私百亩，同养公田。公事毕，然后敢治私事，所以别野人也。此其大略也。若夫润泽之，则在君与子矣。(《孟子·滕文公上》)

> 是故明君制民之产，必使仰足以事父母，俯足以畜妻子，乐岁终身饱，凶年免于死亡，然后驱而之善，故民之从之也轻。今也制民之产，仰不足以事父母，俯不足以畜妻子，乐岁终身苦，凶年不免于死亡。此惟救死而恐不赡，奚暇治礼义哉？王欲行之，则盍反其本矣？五亩之宅，树之以桑，五十者可以衣帛矣；鸡豚狗彘之畜，无失其时，七十者可以食肉矣；百亩之田，勿夺其时，八口之家可以无饥矣；谨庠序之教，申之以孝悌之义，颁白者不负戴于道路矣。老者衣帛食肉，黎民不饥不寒，然而不王者，未之有也。(《孟子·梁惠王上》)

这些仁政之论，不过是希望保证民众基本的生活罢了，要点在于要君主以不忍人之心去推。这当然是非常单薄、不切实际的期待罢了。

我们比较墨子和孟子，发现二者对政府的道义责任之描述非常一致。不同的地方在于，孟子视点下移，即更重视民众的福利和感受，而墨子更强调圣人／政府要兴利除弊、造福民众，这是天的意志的体现：

> 古者禹治天下，西为西河渔窦，以泄渠孙皇之水；北为防原泒，注后之邸，呼池之窦，洒为底柱，凿为龙门，以利燕、代、胡、貊与西河之民；东方漏之陆防孟诸之泽，洒为九浍，以楗东土之水，以利冀州之民；南为江、汉、淮、汝，东流之，注五湖之处，以利荆、楚、干、越与南夷之民。此言禹之事，吾今行兼矣。昔者文王之治西土，若日若月，乍光于四方于西土，不为大国侮小国，不为众庶侮鳏寡，不为暴势夺穑人黍、稷、狗、彘。天屑临文王慈，是以老而无子者，有所得终其寿；连独无兄弟者，有所杂于生人之间；少失其父母者，有所放依而长。此文王之事，则吾今行兼矣。昔者武王将事泰山隧，传曰："泰山，有道曾孙周王有事，大事既获，仁人尚作，以祗商夏，蛮夷丑貊。虽有周亲，不若仁人，万方有罪，维予一人。"此言武王之事，吾今行兼矣。（《墨子·兼爱中》）

> 是故古之知者之为天下度也，必顺虑其义，而后为之行，是以动则不疑，速通成得其所欲，而顺天鬼百姓之利，则知者之道也。（《墨子·非攻下》）

> 且吾所以知天之爱民之厚者有矣，曰以磨为日月星辰，以昭道之；制为四时春秋冬夏，以纪纲之；雷降雪霜雨露，以长遂五谷麻丝，使民得而财利之；列为山川溪谷，播赋百事，以临司民之善否；为王公侯伯，使之赏贤而罚暴；贼金木鸟兽，从事乎五谷麻丝，以为民衣食之财。自古及今，未尝不有此也。（《墨子·天志中》）

依墨子，民众的福祉本来就是利之所在，也就是义之所在，民众的利本身就是大义所在。

墨子和孟子一样，都是出于周文/儒家的诗书六艺传统，墨子论辩必以三代圣王为例，这对于儒者就造成了一种话语压力。孟子必须反驳墨子，反驳墨子那种类型的"义政"，而有"仁政"之说。仁政说有别于孔子的德政传统，把政治置于一种非常微妙的玄学化的心性支点上，比如孟子试图诱导梁惠王引发仁心来革新当时的政治。虽然说孟子对于民心的政治意义有非常深刻的洞见，但是总的来说所谓仁政说是非常肤浅和愚蠢的，也缺乏现实可能性。问题是，为什么孟子提出这么一个主张呢？简单的解释是这是性善说的一个自然的推论。不过，如果我们看了墨子的思想挑战，就会发现这同样也是对墨子的一个回应。

墨子和孟子都强调一种责任政治，甚至他们的论证都依赖于同样的经典事迹，那么，如何区别墨子和孟子呢？就好像说，一个关切民众疾苦、施行民生政策的政府，如何对它做出道德判断呢？针对墨子之解说，孟子的回答可能是，如果一个政府的首脑/精英层不是从人类一体的本来情感出发，而只是追求效应的结果，那么就无法保证政治行为的道德属性之必然。比如从控制或者收买的角度来施行福利政策，客观效果也是于民众之福祉有增益的，但是这个政治肯定不能称之为仁政，因为仁政是对政治所能达到的道德质地的一种要求。可以说，仁政说作为对墨子主张的"义政"的一个回应，在于孟子对政治的道德质地本身做了规定，而不是政治行为本身的功利效应。因而，公允的评价是，孟子的仁政说不是现实地推动政治革新的一个途径或者手段，而是他判断政治品质的一个标准，这个标准是后置的，无法承诺有效性，只是负责做出道德判断，因而其意义和性善说是一致的，只是提供一个超越的判断依据，而缺乏现实可能性。当然，我们也必须说，孟子实际上误解、扭曲了墨子的政治学说。孟子仁政说所论之对于民众的基本生活利/福祉的增进不就是墨子说的义政的内涵吗？在解除民众痛苦、增益民众福祉的层面上，孟子和墨子有什么区别吗？根本没有。

总而言之，墨学是笼罩在孟子头上的阴影，孟子的数种论辩都是源于墨学的挑战。孟子之性善论是一个成功的回应，而仁政说则是一个失败的回应，因为性善说回答了如何定义善的问题，而仁政说对于现实政治实际上无能为力，因为孟子对政治领域不甚明了。孟子的思想，呈现出一种流动的道德本体的洞见。从观念上说，是心的明觉与性的呈现；从意象来说，就如同水的流动与通贯似的无远弗届。在论证方法上，孟子诉诸内在的道德感受，而不是辩名析理。这样一种思想类型，与墨子是不相合的。墨子是一种义理型的外展普适的思想。出于自身的学派立场，孟子对于墨子有一种严重的误解，进而有一种思想的污名化处理，这就长时期掩盖了墨子对其所产生的巨大影响。[1] 事实上，如果没有墨子的巨大思想压力，很难想象孟子的思想格局会以现在这种方式呈现出来。总之，面对墨家的潮水般的攻击，孟子捍卫了儒家的亲缘原则、道德的纯粹性以及伦理型政治的思想传统，就如同他自己说的，在滔滔的异端冲击之中，他坚定而精巧地论证了儒家的基本立场。这是奠定孟子的思想史地位之缘由。当然，在孟子的回应之后，儒学的思想性格也变得内敛和狭隘了。

---

[1] 孟子对天人关系的大胆推进，与墨子的天志思想应该有一定的关系。孟子也讲命，也把一些重要的外部际遇与命联系起来，这就承认了天与人之间存在相当的不确定性和阻隔性。但是孟子在内在意义上的天人关系上，有一个尽心知性的大胆推进，天最终可以在道德本源意义上与性构成内在的关联。这与墨子通过非命来直接贯通人之认知与天志之关系，有相当的一致性。我们有理由相信，孟子的知天说，受到墨子天志说的影响，天与人之间的一致性，无论是通过心性的途径，还是理知的把握，均可以得到实现，孟子和墨子的基本架构是一致的。

三、荀子的回应

墨家的影响力,在荀子时代仍旧非常巨大,"儒墨"成为一种常见术语。除了墨子及其后学之外,还有墨家的新发展如宋钘之学,都具有思想的冲击性。荀子有时候直接以墨、宋对举,就是将之归为一类。这些思想倾向直接对荀子构成思想压力。荀子不仅对墨子的基本立场有继承有驳斥,对于其名辩的一面也有相当深入的理解,这就不同于孟子式的被动反驳,而是能够入室操戈,扭转和转化墨家的思想,故而荀子对墨家思潮有一个全面的儒者式的反驳。

(一)关于欲望问题

如何处理人的欲望/基本需求,从墨子到宋钘到荀子,有一个从禁欲、寡欲到节欲的转变。荀子非常不满墨家对欲望的态度。在对欲望问题的处理上,荀子采取了一种更为现实的态度,即在礼的制度安排下来满足人的欲望:

> 子宋子曰:人之情,欲寡,而皆以己之情,为欲多,是过也。故率其群徒,辨其谈说,明其譬称,将使人知情之欲寡也。应之曰:然则亦以人之情为目不欲綦色,耳不欲綦声,口不欲綦味,鼻不欲綦臭,形不欲綦佚——此五綦者,亦以人之情为不欲乎?曰:人之情,欲是已。曰:若是,则说必不行矣。以人之情为欲,此五綦者而不欲多,譬之,是犹以人之情为欲富贵而不欲货也,好美而恶西施也。古之人为之不然。以人之情为欲多而不欲寡,故赏以富厚而罚以杀损也。是百王之所同也。故上贤禄天下,次贤禄一国,下贤禄田邑,愿悫之民完衣食。今子宋子以是之情为欲寡而不欲多也,然则先王以人之所不欲者赏,而以人之欲者罚邪?乱莫大焉。今子宋子严然而好说,聚人徒,立师学,成文典,然而说不免于以至治为至乱也,岂不过甚矣哉!(《荀子·正论》)

孰知夫出费用之所以养财也！孰知夫恭敬辞让之所以养安也！孰知夫礼义文理之所以养情也！故人苟生之为见，若者必死；苟利之为见，若者必害；苟怠惰偷懦之为安，若者必危；苟情说之为乐，若者必灭。故人一之于礼义，则两得之矣；一之于情性，则两丧之矣。故儒者将使人两得之者也，墨者将使人两丧之者也，是儒墨之分也。(《荀子·礼论》)

墨子之言昭昭然为天下忧不足。夫不足非天下之公患也，特墨子之私忧过计也。今是土之生五谷也，人善治之，则亩数盆，一岁而再获之。然后瓜桃枣李一本数以盆鼓；然后荤菜百疏以泽量；然后六畜禽兽一而剸车；鼋、鼍、鱼、鳖、鳅、鳣以时别，一而成群；然后飞鸟、凫、雁若烟海；然后昆虫万物生其间，可以相食养者，不可胜数也。夫天地之生万物也，固有余，足以食人矣；麻葛茧丝、鸟兽之羽毛齿革也，固有余，足以衣人矣。夫有余不足，非天下之公患也，特墨子之私忧过计也。(《荀子·富国》)

荀子认为，人的性情是一种事实存在，不能漠视或者扭曲。关键在于如何去处理，而不是一味的限制。他曾经多次反驳宋钘，特别是对于其寡欲说，[1] 认为其根本无法处理欲望问题，可见此问题对于荀子的重要性。对于墨家所说的节俭之意，荀子大不以为然，以

---

1 荀子批评宋钘"情欲寡浅说"的资料：1. "夫人之情，目欲綦色，耳欲綦声，口欲綦味，鼻欲綦臭，心欲綦佚。此五綦者，人情之所必不免也。"(《王霸》) 2. "故人之情，口好味，而臭味莫美焉；耳好声，而声乐莫大焉；目好色，而文章致繁，妇女莫众焉；形体好佚，而安重闲静莫愉焉；心好利，而谷禄莫厚焉。合天下之所同愿兼而有之，睪牢天下而制之若制子孙，人苟不狂惑戆陋者，其谁能睹是而不乐也哉！"(《王霸》) 3. "子宋子曰：'人之情，欲寡，而皆以己之情为欲多，是过也。'故率其群徒，辨其谈说，明其譬称，将使人知情之欲寡也。应之曰：然则亦以人之情为目不欲綦色，耳不欲綦声，口不欲綦味，鼻不欲綦臭，形不欲綦佚。此五綦者，亦以人之情为不欲乎？……今子宋子以是之情为欲寡而不欲多也，然则先王以人之所不欲者赏，而以人之欲者罚邪？乱莫大焉。"(《正论》) 按：荀子批驳宋钘的关键是"情"不是"欲寡"，而是"欲多"，"顺人之情，必出于争夺"(《性恶》)。无论之于孟子，还是之于墨子、宋钘，这一看法都是一个大转折。

为天地自然而生财物，不必斤斤于消费端的节俭。荀子坦承欲望的存在，而把欲望放在礼义的制度框架下，这和墨家的精英主义的自我牺牲精神有非常大的不同。这样的结果就是，一方面荀子妥当地处理了欲望问题，而不必像墨家那样过于理想化；另一方面，荀子实际上把精英层满足其欲望的特权加以合理化，这就突破了墨家的藩篱，而回到儒家的立场上。就此而言，欲望的合理化处理实为荀子思想的关键框架。应该说，是墨家的禁欲、寡欲姿态刺激了荀子，使之提出礼之制度来解决墨家的挑战。

（二）关于礼：差等结构与精英特权

墨家对于基本秩序有一种普遍化、整体化的理解，其对于具体社会制度并没有系统的解说。然而这足以构成对儒家的压力。墨家所主张之兼之义，就是无差等。墨子非常明确地驳斥儒家的等级观念："'亲亲有术，尊贤有等'，言亲疏尊卑之异也。"(《墨子·非儒》)[1] 亲亲有术是伦理血缘的差等，尊贤有等是政治的、社会的差等，墨子反对的就是这个差等次序。此外，《盐铁论·通有》所引《墨子·节用下》中，墨子就驳孔子论叔孙敖大俭极下之说，[2] 可知墨家之节俭说与当时社会等级之间有内在关系。故墨子批评贵族阶层之侈靡、厚葬，暗含着削平阶级差别的意义。[3] 墨学后来更明确

---

[1] 关于此句，《墨子间诂》谓："王引之云，此即《中庸》所谓'亲亲之杀，尊贤之等'。"又引孙诒让说，谓杀与术声近而字通。孔颖达《礼记正义》解释《中庸》此句："五服之节，降杀不同，是亲亲之衰杀。公卿大夫其爵各异，是尊贤之等。"按：此术字依其本文，可以解释为礼仪安排之技术、节数。亲亲之亲疏不同，则其技术、节数亦不同。

[2] 《盐铁论·通有》："昔孙叔敖相楚，妻不衣帛，马不秣粟。孔子曰：'不可，大俭极下。'此《蟋蟀》所为作也。"《韩非子·外储说左下》所引略同，极下作逼下。孔子自称："以吾从大夫后，不可以徒行。"这就是身份自觉。

[3] 墨家以取法夏政特别是大禹而著称，而据汪继培辑本《尸子》、《宋书·礼乐志》及《后汉书·王符传》引《尸子》，大禹的葬法是死于陵者葬于陵，死于泽者葬于泽。又据《淮南子·修务训》，神农、尧、舜、禹皆憔悴劳苦。大禹时代是后世所说的公天下与家天下之分水岭，其时君民均齐而无差别。则墨子法禹，实包含着对周文的抨击。庄子一派远绍三代之上，也是这个意思。

提出君、民在社会贡献上没有什么本质差别："贵为天子，其利人不厚于匹夫"。(《墨子·大取》) 故而，儒者要回答：为什么差等是必要和正当的？

针对墨家的均等观念，墨子同时代的儒者就表示反对，孟子实际上也涉及这一问题（如驳许行一派"君民并耕"说），不过还没有把它作为重点。而至荀子，随着问题意识的转换，战国晚期时社会基本秩序的差等问题变为一个重要问题。荀子对墨家主张的一个关键的批评就是："墨子有见于齐，无见于畸。"(《荀子·天论》) 所谓齐，就是均齐、整齐，也就是没有差别对待，即没有赋予精英合法的特殊地位和特殊资源（特权）；而所谓畸，也就是不齐之意，承认事物之间存在着的差异。[1] 荀子思想的关键是礼，其对于礼的基本界定就在于差等，因为"两贵不能相事，两贱不能相使"(《荀子·王制》)。荀子在继承了儒家的历史化的理解之外，更为关键的是做了一种原理化的论证，这种思考方式当然和墨家开启的名辩思潮有关，不过其对礼的界定则完全属于儒家的范畴，即把礼作为一种差等次序来看待。[2]

荀子多次明确反对墨家的俭约主张，捍卫礼的重要性，且强调礼所具有的社会差等的意义：

---

1 《荀子·正论》："彼王者之制也，视形势而制械用，称远迩而等贡献，岂必齐哉？"此处之齐，为整齐划一之意。与荀子批评墨子时的用法相一致。畸，则为不齐不一之意。荀子批评墨子没有注意到事物的差异不一的地方。如果把这种差异不一的地方以制度的方式呈现出来，要求一种系统性的差等格局，就是荀子所称的礼。梁启超的说法可以参考氏著《先秦政治思想史》，天津古籍出版社，2003年，第116页。

2 学者一般都会用等级、等级制、差等来描述荀子的礼思想。关于此问题，可参廖明春《〈荀子〉新探》，中国人民大学出版社，2014年，第99页。白奚《先秦哲学沉思录》，中国社会科学出版社，2007年，第49页。林宏星《荀子精读》，复旦大学出版社，2011年，第178页。东方朔《差等秩序与公道世界：荀子思想研究》，上海人民出版社，2016年，第164页。片仓望《荀子的欲望论和等级制研究》，见廖名春编《荀子二十讲》，华夏出版社，2009年，第386页。佐藤江之《荀学与荀子思想研究》（万卷楼图书公司，2015年）引尤锐说，称之为"intellectual social order"，见该书第133页。

> 不知壹天下建国家之权称，上功用，大俭约，而僈差等，曾不足以容辨异，县君臣；然而其持之有故，其言之成理，足以欺惑愚众：是墨翟、宋钘也。(《荀子·非十二子》)
>
> 墨子大有天下，小有一国，将少人徒，省官职，上功劳苦，与百姓均事业，齐功劳。若是则不威；不威则罚不行。赏不行，则贤者不可得而进也；罚不行，则不肖者不可得而退也。贤者不可得而进也，不肖者不可得而退也，则能不能不可得而官也。(《荀子·富国》)
>
> 礼者，贵贱有等；长幼有差，贫富轻重皆有称者也。故天子袾裷衣冕，诸侯玄裷衣冕，大夫裨冕，士皮弁服。德必称位，位必称禄，禄必称用，由士以上则必以礼乐节之，众庶百姓则必以法数制之。(《荀子·富国》)
>
> 故先王案为之制礼义以分之，使有贵贱之等，长幼之差，知愚能不能之分，皆使人载其事，而各得其宜。然后使谷禄多少厚薄之称，是夫群居和一之道也。故仁人在上，则农以力尽田，贾以察尽财，百工以巧尽械器，士大夫以上至于公侯，莫不以仁厚知能尽官职。夫是之谓至平。(《荀子·荣辱》)

这里非常明确地提出了礼治的核心就是建立一种差等秩序："贵贱有等"，就是政治秩序；"长幼有差"，就是社会秩序；"德必称位，位必称禄，禄必称用"，就是大立法者（大儒）要依类以成法，构建坚实的文明秩序。

荀子认为，天子等精英享有最高的地位、特权、尊荣，这是天经地义的；与之相关的，墨家取消君民之别，则完全不可接受，不过是"役夫之道"(《荀子·王霸》)：

> 天子者执至重而形至佚，心至愉而志无所诎，而形不为劳，尊无上矣。衣被则服五采，杂间色，重文绣，加饰之以珠玉；食饮则重大牢而备珍怪，期臭味，曼而馈，伐皋而食，雍而彻乎五

祀，执荐者百余人，侍西房；居则设张容，负依而坐，诸侯趋走乎堂下；出户而巫觋有事，出门而宗祝有事，乘大路趋越席以养安，侧载睪芷以养鼻，前有错衡以养目，和鸾之声，步中武象，趋中韶护以养耳，三公奉軶、持纳，诸侯持轮、挟舆、先马，大侯编后，大夫次之，小侯元士次之，庶士介而夹道，庶人隐窜，莫敢视望。居如大神，动如天帝。持老养衰，犹有善于是者与？（《荀子·正论》）

  知夫为人主上者，不美不饰之不足以一民也，不富不厚之不足以管下也，不威不强之不足以禁暴胜悍也，故必将撞大钟，击鸣鼓，吹笙竽，弹琴瑟，以塞其耳；必将錭琢刻镂，黼黻文章，以塞其目；必将刍豢稻粱，五味芬芳，以塞其口。然后众人徒，备官职，渐庆赏，严刑罚，以戒其心。……故墨术诚行，则天下尚俭而弥贫，非斗而日争，劳苦顿萃，而愈无功，愀然忧戚非乐，而日不和。（《荀子·富国》）

  可见，对于天子或者贤人的特殊待遇，无论是衣食住行，荀子一点都不掩饰地加以确定，而且用一整套礼乐仪式体系来加以满足和纹饰。墨子与孟子和荀子的论辩，背后是精英的特殊的身份/地位/待遇问题。荀子所论之礼之制度，最后归于承认身份/特权的必要性。所谓身份，就是一种由德性观念引发的对人的存有之质地的高下的认定，这种质地无论是先天的还是习得的，都与一般所理解的物质性的自然人性相区别，从而可以把人划分为不同的类等。由于德是内在于人的，不能脱离人而存在的，因而这种类等性就与每个人的人格相同一而无法去除掉。简单地说，人的类等性是评价其社会价值的真正理由与标准，也是合理的社会权力与资源分配的理由与标准。由于德性是跟着人走的，某一类等的人就具有某一类等的德性，某一类等的德性也就自然区分出每一类等的人，故而社会中每人的价值认定和资源分配只能够跟随着这种类等，这也就是荀子所谓德以配位之意。[1] 由于儒家从来不考虑德性的腐败/退转问题，德性的类等就意味着权力与资源分配的终生性，也就是说，这就意味着一种身份制，即人的类等决定了一切分配的类等，由于德性的类等不变，一切分配的类等也就不变。那种认为人只是暂时占据优先地位，在某些确定条件达到的时候，人应该退出分配的优先性从而重新回到与他人均等的地位的想法，在儒家这里从来没有过。换句话说，儒家所同意的分配方案都是身份性的优先，而不是事务性的优先。故而，荀子强调"天子无老"（《荀子·正论》），即人的德性身份是无时间限定的，是从始到终的。由此，荀子完全不能理解和接受墨家不把身份作为讨论的根基，一直坚持精英与民众在社会分配上的均等。他要恢复儒家的原则，恢复道德精英的身份特权。[2]

与荀子不同，墨子的伦理看起来更像是革命者的道德观，墨子心目中理想的天子是大禹那样"腓无胈，胫无毛，沐甚雨，栉疾风"（《庄子·天下》）的切·格瓦拉式的人物，即精英与一般民众之间不应该有地位/待遇的特殊差别，甚至于精英应该遵守更为严格的生活纪律和禁欲原则。这一方面让杨朱一派感觉愤慨，以为墨家之专制侵犯了个人的身体与意愿；一方面也让孟荀这样的儒者无法接受，因为如此就摧毁了身份政治的基础。孟子和荀子都理直气壮地为精英的特权地位作辩护[3]，荀子毫不掩饰地许诺精英层以特殊地位和待遇。按照荀子的看法，显然天子、诸侯、大夫等精英层之身份需要特殊的制度安排，圣贤所

---

1 《荀子·富国》："德必称位，位必称禄，禄必称用。由士以上则必以礼乐节之，众庶百姓则必以法数制之。"按：位为地位，禄为资源。

2 片仓望有一个说法非常接近我们的看法："不能对所有的人规定同样的欲望上限，即礼是根据人的等级差别而设定欲望上限的，进一步说，维持礼所显示的等级秩序，才是他的欲望论的目的所在。"见氏著《荀子的欲望论和等级制研究》，见廖名春编《荀子二十讲》，华夏出版社，2009年，第386页。

3 比如孟子对于於陵仲子之清高姿态的鄙薄态度，实在是太刻薄了。

享有的特殊地位与待遇不仅是必要的,因为圣贤也有普通人所有的欲望;同时也是合理的,因为圣贤更有资格/德性来享有这些地位和待遇。

从这点讲,墨子和荀子有非常大的思想差异,墨子否认精英群的特权,对于精英层有严苛的道德要求,而荀子极力论证精英群的特权的合理性,特别是以此为设计官僚制的前提,则其身份代表着制度化的资源分配的优先性。虽然二者都承认精英之为精英来自自身的德性的优越,而不是来自于继承性的血缘身份。显然墨家的近乎革命者的伦理诉求深深刺激了荀子,他要维系儒家自来的身份观念和差等观念,并且以原理化的方式论证精英层的特权是制度安排的稳定性所在。总之,在周人的血缘差等秩序崩溃之后,儒者特别是荀子重建了一个德性的差序秩序,这就抵御了墨家极具破坏力的革命性主张。

(三) 关于礼:文明/仪式的意义

墨子对礼乐的批评,有一个重要的视角,就是礼乐的无用与靡费,而这在儒者看来是肤浅的。荀子批评墨子"蔽于用而不知文"(《荀子·解蔽》),是因为墨子没有理解礼乐传统的意义。荀子认为,礼是文明的形态,绝不可放弃:

> 我以墨子之非乐也,则使天下乱;墨子之节用也,则使天下贫。非将堕之也,说不免焉。墨子大有天下,小有一国,将蹙然衣粗食恶,忧戚而非乐。若是则瘠,瘠则不足欲,不足欲则赏不行。……墨子虽为之衣褐带索,嚽菽饮水,恶能足之乎?既以伐其本,竭其原,而焦天下矣。(《荀子·富国》)
>
> 礼岂不至矣哉!立隆以为极,而天下莫之能损益也。本末相顺,终始相应,至文以有别,至察以有说,天下从之者治,不从者乱,从之者安,不从者危,从之者存,不从者亡,小人不能测

也。(《荀子·礼论》)

礼是"极",也就是一套合法的标准,"从之者治,不从者乱,从之者安,不从者危,从之者存,不从者亡",墨子摧毁了礼乐,也就摧毁了文明本身。荀子在《礼论》中对于礼有非常繁琐的细节描述,包括对三年之丧的必要性的论证,这些显然有所承袭而来,同时也是对墨子而发的。礼的制度意义和仪式意义在荀子这里有一种综合。盖从儒者的立场来看,仪式代表了一种优美蕴藉的文明的力量,而这是墨家学者所忽视的。

这里附带讨论荀子对墨子非乐思想的批驳。针对墨子的非乐,荀子谓乐为人情所不免者,足以治乱成文,实为天下之大齐也,中和之纪也,他连用了三次同语反复来诘责墨家:"是先王立乐之方也,而墨子非之奈何!"(《荀子·乐论》)的确,墨家对于精微的文明产物缺乏兴趣,他们的兴趣完全被社会公义的实现和客观事物的认知所吸引了。

对于荀子而言,墨家之说实际上取消了文明的内容,因为礼乐所代表的是人类面对自然状态而建立的文明形态。而从墨家的立场来看,荀子的问题是,他几乎把儒家的秩序理解为唯一的可能的文明形态,因而他对墨家的观念的全面抨击是门户化的。从今天的立场来看,和儒家一样,墨、道、法三家同样想象了完整的文明形态。只是由于中国早期社会的客观条件,使得三家的文明想象无法得到充分的历史发展机遇,但不意味着诸子时代所探索的各种理想型落后于儒家。荀子关于墨子否认文明形态的批评并不能击倒墨子。

荀子受墨家尚贤、名辩思想的影响非常大,在吸收并反驳了墨子之后,墨家思想已经内化到荀子思想内里,后者重建的儒家秩序更富于思想的弹性,这反映了荀子作为一个综合性思想家的涵容性和层次感。[1] 但是荀子仍旧努力维系那些被墨家攻击的儒家基本原则：人类社会之中德性的层级性及其蕴含着的自然合法的身份/特权不应该被否认，文明秩序本来就该是如此的。[2]

四、儒墨之争的再理解

在孟子、庄子时代，儒墨的争论已经成为一个巨大的思想困局，以至于庄子把"儒墨之是非"（《庄子·齐物论》）作为一个基本语境来对待。墨子代表了一个愤怒的抗议者立场，他强烈地反对周文，而以夏禹为标的想象出一个更为均等的秩序。然而如果仅仅如此，墨家的影响不会那么大。墨子有一个迥异于周文/儒家的地方，在于他有一个强烈的普适化/理论化的努力，即把世界上的一切事物简化为精确的语词化的基本法则（"法仪"），于是墨家就具有了方法论意义上的革命性。我们在后期墨家、庄子、名家和荀子那里看到一种持久的内在回应，真是波澜激荡。除了孟子对此潮流懵然不知。

对于墨子的挑战，孟子是一种被动的反应，他的反驳多是外部的、基于自身理路的明异之辩，他对于名辩思潮缺乏深入的同情的理解，而建立了一种精纯简洁的思想类型。其仁义内在说及性善说几如截断众流，直探道德的本源，而达到一种充分反驳墨家之说的思想高度。当然，从墨家立场来看（荀子大致也这样看），孟子之说则无什么意义，因为所谓心性之说，不过是个人的心灵体验，缺

---

1 我们略举一个例子："类"是墨家特别重视也是使荀子深受影响的一个概念。在墨家那里，分类都是均等的类别，类似 A、B、C，而荀子的分类都是层级性逐类递降的，类似 A、A'、A"，可见荀子以明辨的方法处理问题，但同时以儒家传统的差等格局来对抗墨学的均等性观念，这是一个较为根本的差异。
2 人类文明的差等化秩序是必要的，但是是否就如儒家所宣称的那样？史华慈表达了另外一个文明视角下的困惑，参氏著《中国政治思想的深层结构》，见许纪霖、宋宏编《史华慈论中国》，新星出版社，2006年，第25页。

乏客观的必然性,也无法加以验证,最后只是落入一种美妙的想象之中。儒墨二家在这里有一种深刻的对峙。

对于墨子之挑战,荀子则是一种主动的反应,他的反驳能够深入到墨、名二家思想(以及道家)内里去,对之加以综合处理,而形成一种复合性的思想类型。荀子对于礼之制度性的想象,确立了儒学秩序的基本规模,从而使得儒学具有了更为贴切的、适应当世的政治与社会意义。同样的,从墨家立场来看,荀子的基本观点非常可疑。荀子是从社会失范的角度来论证秩序的必要性的,但是荀子直接把秩序理解为上下差等模式,且这种差等最终体现为身份差等。为什么秩序是差等的?荀子只是草草论证了一句,天地有高下,因而人间秩序有差等云云,除此之外很少去论证,为什么解决失序问题的方案一定是他所主张的那种类型。[1] 荀子更多是从历史角度论证,社会的差序是天然的、必然的。然而,依墨家,为什么秩序必须是身份式差等的呢?当然,墨家也讲一种政治的差等,如天子、三公、诸侯等等,但是,这种差等是政治性的,而不是身份性的。换句话说,墨家的差等与特定的地位/身份无关,他的设计是政治性的,而不是基本社会秩序意义上的,墨子的基本秩序是由"兼"与"义"所代表的普适公义[2],有一种外部均等的诉求,[3] 而荀子那里最基本的秩序是一种德性差等次序,这是真正的儒家传统。这里儒墨同样有一种深刻的对峙。

就先秦儒学的发展而言,孟子和荀子代表了重要的节点,二者的思想当然有其内部的发展脉络,而其外部的主要推动力则是墨家思潮。钱穆先生曾经谈到:"积疑有年,一朝开豁,而后知先秦

---

[1] 东方朔《差等秩序与公道世界:荀子思想研究》也谈到这个问题,见该书第135页。
[2] 公义,不是 justice 的对译词,而就是墨子自己所说的"义正",是具有整体属性的公义。
[3] 墨家在这一点上与庄子是同盟,这一点从荀子对二者的批评可以看出来。

学术，惟儒墨两派。"[1] 这是有见地的。儒墨之间是相互激荡的关系，二者间存在基本的差异。孟子和荀子对墨家的反应进一步促成了儒家思想的基本特质。孟荀所捍卫发展的亲缘原则、道德化政治、德性差等次序、精英特权观念，与他们对理性思辨的否认态度，都大大深化了儒学的思想内涵，可以说对儒学进行了版本升级。孟荀都达到了义理的普遍性特质，一个是对人的道德本性的认识，一个是对文明秩序的认识，这足以抵抗墨家的观念冲击。而从思想发展来看，如果没有墨子、墨学，也许还会有孟子和荀子，但是其思想规模肯定不是现在这个样子。可见，儒墨既是思想对手，也是相互成全者。

五、简单的结语

墨家与儒家的相互激荡，墨子、孟子、荀子三者的论辩，呈现了一种普遍的思想意义：诸如对于善的理解、普遍性均等之思维的政治意涵、思辨的历史命运等。回顾墨家的挑战和儒家的回应，我们或许可以总结出诸子时代几个基本的论辩主题：

1. 墨子所想象的普遍正当的秩序，对于周文/儒家秩序是一个巨大的突破。孟子捍卫了儒家亲亲的价值，这一定程度上避免了普遍王权的乖张带来的政治压力，从而为亲缘小共同体的存在提供了一定的空间。但是孟子的立场也带来了儒学内部的紧张，政治和伦理、家族和国家没有办法分疏开，政治体的公共属性总是合法地被亲缘伦理入侵而无法独立。儒墨之争之后，普遍秩序与亲缘政治的内在冲突一直存在，并且时不时呈现为传统社会的"宪法危机"。

2. 一种更为均等的基本秩序不仅是墨家的诉求，庄子一系更深挖了这一命题的理论内涵。孟子特别是荀子抵御了这一思想倾

---

1 钱穆《先秦诸子系年》，第46页。

向，从而为东亚社会的等级性特征提供了一次精彩的论证。由此，人是一种具有等级性身份特征的群体，成为了中国社会长时段的思想信条。墨子和庄子的观念要不就是被忘掉了，要不就是被心灵化了，实际上他们都具有事实上的社会学意义。荀子和儒家只是暂时赢得了胜利。

3. 道德必须顺着伦理脉络而展开吗？还是说道德有其普遍的清晰的标准？这是儒墨一个基本的差异。儒家传统一直支撑前者，因而其伦理学无法真正展开，只是一个熟人之间的关系性的、交换性的、情感性的伦理体系。[1]而墨家传统在现代社会有更多值得开掘的地方，因为义是随着事件本身的属性而确定的，后世有所谓的"路见不平一声吼"的道德想象，显然与墨家传统更为相近。亲缘与道德性之普遍性诉求之间存在紧张，善之实现是循着关系，还是依据事实，仍旧是一个困难的问题。

4. 无论是墨子、荀子、庄子，哪怕后两者对于名辩思潮有严厉的批评态度，他们都能够深入到名辩思想的内里，其对于语言和逻辑具有相当的敏感性。反之，对于这一思潮最为陌生的孟子，反而成了后来的思想主流，因而一定程度上掩蔽了中国思想的思辨性。注重对"事实"或"事物"的思考，还是重视"心灵"、"心性"体验，这种差别还是需要彻底分疏的。

总之，回到诸子时代的论辩内里中去，我们会发现一个相互交融激荡的思想图景。儒墨之间（当然还有道家、法家等），共同生成了早期中国思想的基本特质。梳理他们的论辩主题，是颇为有趣的事情。

---

[1] 突破了此种传统的是阳明，但是我们认为阳明是传统儒学的异端。

道-理-名-法：荀子"德性的法治"之思想逻辑

荆　雨（东北师范大学）

　　德治与法治及儒家与法家的关系问题，是中国古代政治哲学研究中令人纠结和欲辩难言的问题。一些研究者将德治与法治视作互相对立的治国手段而讨论其相互关系；一些学者认为在儒家德治的主张中可以采纳或接受法治作为一种治国的手段。研究者容易以儒家的视角将法治视为消极的、被动的治国方法，并在德、法关系问题的纠缠中限制了儒家政治哲学的发展。关于法的问题，中国古代的"法"总被理解成严刑峻法而难以获得根源性的崇高、超越的地位。因此，古代政治实践中的法治也总是表现为"犹抱琵琶半遮面"式的"阳儒阴法"做法。党的十九大报告在"坚持依法治国和以德治国相结合"的理念基础上，进一步提出"以良法促进发展、保障善治"的主张。毋庸置疑，礼法结合、德法共治是中国古代政治文明的精髓，创建更高水平的社会主义制度文明需要更好推动依法治国和以德治国相结合。如何实现"良法"与"善治"的有机融合？能否实现"良法"与"善治"的合而为一？本文希冀以"德性的法治"[1]为题，梳理古代法及荀子之法产生的历史背景与思想逻

1　"德性的法治"为笔者对荀子政治哲学的一个概括。贺麟先生提出"诸葛式的法治"即"基于道德的法治"的思想，其谓："其人以德量为本，以法律为用，一切法令设施，目的在求道德的实现，谋人民的福利，则此种法治便可称为诸葛式的法治。"参见氏著《文化与人生》，商务印书馆，2006年，第47页。

辑，分析荀子思想的理性特质，并对中国古代之法及荀子之法有一客观而清晰的认识。

一、荀子"德性的法治"思想产生之历史背景

关于法的起源及其性质、地位问题，法律史专家多趋向于从"法即是刑"的角度理解，认为中国古代缺少一种理性的、逻辑的精神作为法产生的思想基础。美国汉学家 D·布迪指出："'刑'这一概念在早期法律中使用的频率——包括独立使用和作为'法'的替换词——表现了古代中国人这样的一种法律意识：法就是刑。"在分析古代中国人对法律的起源持何种看法时，D·布迪说："中国人最初是以明显的敌意来看待法律的，似乎法律不仅是对人类道德的背叛，而且也是对宇宙秩序的破坏。"[1] 梁治平指出："由最早的'文化自觉'中产生出来的新的法律理论，纵然包含了许多旧时所没有的内容，却根本上还是一种刑罚理论。……法家虽然顺应着时代的要求而发展出一套初具规模的法律理论，却未能塑造出法的独立性格，未能为中国古代法的发展开创出一种新的方向。"[2] 梁先生并提出："中国古代法的合'理'不仅不能够造就一种严密的、无隙可寻的法律体系，反而使法律只具有否定的价值。"[3] 俞荣根认为："儒法两家都是人治主义者，区别只是在程度上，法家表现为极端的君主专制之人治，儒家表现为相对的君主主义之人治。"[4] 这样，人们便形成了以下关于中国古代法律的观念和认识：第一，法只是刑罚，人对其只是寻思如何躲避，而不会在人格追求上有所努力；第二，从法律

1　（美）D·布迪：《中华帝国的法律》，江苏人民出版社，1998 年，第 7-8 页。
2　梁治平：《寻求自然秩序中的和谐》，商务印书馆，2013 年，第 274 页。
3　梁治平：《寻求自然秩序中的和谐》，第 320 页。
4　俞荣根：《儒家法思想通论》，广西人民出版社，1992 年，第 39 页。

的根源上说，法只是最高统治者强制制定的维护统治的工具，不具有神圣的根源；第三，传统中国所谓"法治"不但在本质上不同于现代西方之法治，也丝毫不具有法治的精神和理性的精神。这种站在现代的、西方的立场对中国古代法的理解，可以说是不够客观的，且淹没了中国古代法产生的历史的动因和思想的逻辑。

我们可以从历史的背景和思想的逻辑两个方面对法之产生予以梳理。

由春秋到战国时代，社会发展呈现为一种复杂和多变的趋势。社会发展变化的根本表现是宗法封建社会秩序的崩坏。政治方面表现为废封建、立郡县的转型，在经济上则表现为废井田的转型。相较于孔子所处之春秋时期，战国时期的社会已经较为复杂化，小修小补、因革损益的传统礼制已难适应此复杂多变的社会发展趋势。同时，天下纷争背景下富国强兵的目标需要一种集中且统一的国家意志，以宗法身份等级制为核心特征的"别异"之礼在此也表现出不合时宜之处。现代法治的产生，源于高度复杂的现代社会生活对社会主体行为的合理性提出了更高的要求。这种合理化的要求在政治生活中必然表现为非人格化的法律统治。[1] 这种对于法及政治合理性的要求也是战国时期社会和政治思想领域的基本特征。牟宗三指出："社会简单，客观的事业就愈少，大体都是些直接的行为。直接行为大体都是主观性的，都是个人的主观性行为。而客观的事业则不属于个人，而是公共的事。公共的事就当有一客观的标准，所以当时提出'法'的观念来作为办事的标准是必要的，并不算坏。"[2] 关于中国古代春秋战国间的社会形态变迁，萧公权谓："按封建宗法社

---

[1] 梁治平：《法律史的视界》，广西师范大学出版社，2013年，第31页。
[2] 牟宗三：《中国哲学十九讲》，上海古籍出版社，1997年，第158页。

会之中，关系从人，故制度尚礼。冠婚丧祭、乡射饮酒、朝会聘飨之种种仪文，已足以维秩序而致治安。及宗法既衰，从人之关系渐变为从地，执政者势不得不别立'贵贵'之制度以代替'亲亲'。"[1] 西周时期的封建政治是以宗法制为中心建立起来的，而宗法制中的"亲亲"原则是维系西周封建政治的精神纽带。经过东周春秋时代的社会变迁，上述礼仪中的亲亲精神，一天天地稀薄，并向权谋术数、凌弱暴寡的方向发展。不独"亲亲"原则日趋衰落，即便"尊尊"的原则也适应新的社会变化而不得不有新的创制。春秋到战国这一社会转变时期，法的产生表现为由"俗"至"礼"、由"礼"至"法"的发展过程。相对于更为传统的"俗"来说，礼是适应社会分化和复杂化形成的相对普遍的制度形式；而相对于更为普遍和客观化的法来说，礼则是相对特殊而具体的仪则了。这是中国古代因社会进化、分化和复杂化而导致的政治文化形态变迁的独特路线。阎步克先生指出："相对于西周初期和春秋时期，处于诸侯争霸、天下一统大势下的战国后期的执政者，必然会选择更具普遍性和形式化的法作为治理国家的工具。另外，礼毕竟是维护旧的封建制度的，代表的是旧的宗族、宗法势力，对于新兴的奉行国家主义的君王或变法者而言，礼已经是不合时宜的，甚或成为绊脚石了。以更能代表新兴势力的法代替礼，就成为势所必然的事情了。"[2] 概括地说，在封建宗法制度下，维护国家稳定与秩序的因素是德与礼，但随着宗法制度之破坏，儒家所提倡的道德礼教仿佛竟成为迂阔之论，于是便只得让那些政治家拿法来救时弊[3]。梁启超云："盖自宗法政治破坏以后，为政者不能不恃法度以整齐其民，于是大政治家

---

[1] 萧公权：《中国政治思想史》，联经出版事业公司，1982年，第105页。
[2] 阎步克：《士大夫政治演生史稿》，北京大学出版社，2015年，第148页。
[3] 杨鸿烈：《中国法律思想史》，商务印书馆，1936年，第82页。

竟以此为务。"[1]蒙文通言:"儒家之传本于周,而法家之术大行于战国而极于秦,则儒法之争者为新旧两时代思想之争。"[2]同时,春秋时期的管仲、子产、范蠡,战国时代的李悝、吴起、申不害、商鞅等,这些政治家的事功与主张往往影响于社会人心,成为法治思想产生的现实的、思想的根源。可以说,战国时期法治思想的集中出现,不是简单的、凭空产生的法家治术,而是有其社会政治背景的。所谓法家,有一个共同的特征,即在天下大争、诸侯争霸的局面下,都提出"富国强兵"的诉求。既追求国富兵强,就不能按照一种松散的、自然主义的治国方式,甚至也不能用"为政以德"的方式,而必须在全国上下依照统一的目标与原则进行政治活动,实施集中的、国家主义的治国方略。

在此需要强调的是,法的出现不是法对礼的倾覆式的代替,法是从礼之中不断发展变化而出现的。表现的方式可能为:第一,更具规范性和客观性的法的出现;第二,传统之礼不断修正而具有普遍性特征;第三,合理性、客观性的精神体现在政治行为中。法治是突破了以宗法血缘为根基的礼治而产生和出现的。礼治作为圣人制礼作乐、新旧相因而制定的政治制度和秩序规范不能说不具有普遍性及理性的考虑,但其宗法基础的深厚使其终于以"礼别异"为根本特点甚至是主要目标。与礼相比,法是适应新的社会情势的复杂性与新兴的富国强兵的国家利益和需求的。法是继承礼并代替礼的客观性原则与普遍性制度。

"法"之出现,历史的逻辑在此,荀子"德性的法治"思想的提出亦基于此。赅而言之:法治的施行势所必至,理所必然,法是历史的选择,也符合思想的逻辑。

---

1 梁启超:《先秦政治思想史》,东方出版社,1996年,第80页。
2 蒙文通:《古学甄微》,巴蜀书社,1987年,第295页。

二、荀子"德性的法治"主张产生之思想逻辑

在思想领域,战国中后期政治思想家关注的核心问题是:如何保持国家统治的长期稳定?如何使国家处于和谐有序的状态?如何在列国纷争之中立于不败之地?为了实现政治有序、行为合理的政治目标,思想家较多地转向了具有客观性的"法"。稷下学者承续齐国以法治国的政治思想传统,"法"成为其政治哲学集中关注的思想和概念。学者的核心思考是:国家政治秩序之实现是通过建立固定的法律制度还是凭君主之裁断?关于此问题,多数思想家主张建立恒常、客观的法度,反对以君主私意治国,主张用公,反对用私。由此,战国中后期的思想界出现了一股主张公、反对私的思潮。儒家、墨家、道家、法家、名家,莫不如此,只是各家致思的途径不同。

作为黄老道家的代表,帛书《黄帝四经》之《经法·君正》篇言:"法度者,政之至也。而以法度治者,不可乱也。而生法度者,不可乱也。精公无私而赏罚信,所以治也。"其认为法度、法制是政治的极致,是去除天下之乱的根本。其中,公正、无私、信赏、必罚是蕴蓄于制度之中的核心精神。该书同时主张:"世恒不可释法而用我,用我不可,是以生祸。"(《称》)也即君主不可以舍弃法度而用一己之私。为什么治国要用法度而不用"我"?用法与用己有何区别?帛书说:"有仪而仪则不过,待表而望则不惑,案法而治则不乱。"(《称》)"仪"和"表"都是指古代测量高低远近和定位方向的工具。根据客观的标准判断高低、长短就不会犯错,根据法则进行治理社会就不会乱。即是指治理效果上社会不会动荡昏乱,也指治理方法上不会因主官任意而导致忙乱无据。同样的主张见于同期的多种政治著作中。《鹖冠子·天权》:"彼立表而望者不惑,按法而割者不疑。"用己之弊表现在,遇智慧、德行超群之圣人则有治世,若遇平庸甚至昏庸之主,则会出现社会混乱、国家危亡之

局面。君主用法治国则百姓行为有客观、明确的准则遵循,便不会迷惑和混乱[1]。稷下先生尹文子等人对于法治与人治的关系进行了讨论:

> 田子读书,曰:"尧时太平。"宋子曰:"圣人之治,以致此乎?"彭蒙在侧,越次而答曰:"圣法之治以致此,非圣人之治也。"宋子曰:"圣人与圣法何以异?"彭蒙曰:"子之乱名甚矣。圣人者,自己出也;圣法者,自理出也。理出于己,己非理也;己能出理,理非己也。故圣人之治,独治者也,圣法之治,则无不治矣。"(《尹文子》)

梁启超谓:"此以严密论理、法,剖析人治、法治两观念根本不同之处,可谓犀利无伦。"[2] 此处讨论,就其所显示的思想背景而言,应为齐国威王变法前后,思想家对人治、法治问题进行的争论。齐国自古有法治传统,自齐威王变法后更集中推行法治。而在"不治而议论"的稷下学者间,必然会有法治、人治高下之争。宋钘从外邦来齐国,不甚懂得人治、法治的区别,仍持人治的观点。但田骈、彭蒙却持法治的观点,彭蒙更指出法治优于人治的道理。[3] 我们可以就此理解法治问题及其启示意义。彭蒙从"圣人之治"与"圣法之治"的区别出发论说法治优于人治的道理。其论理的根本在于:"圣人之治"是根据君主个人的主观意见——"己"治理国家,"圣法之治"则是根据客观化、形式化、普遍化的"理"裁断是非。理、法由人(己)而立,但理、法一经奠定则具有"不以人的意志为转移"的客观性和独立性。君主以个人德行、智慧治理国家,虽然也会使国家政治秩序和谐有序,但却将国家之治乱托付于

---

1 荆雨:《试析帛书〈黄帝四经〉"道生法"思想的内涵及意义》,《中国哲学史》2005年第4期。

2 梁启超:《先秦政治思想史》,东方出版社,1996年,第176页。

3 胡家聪:《尹文黄老思想与稷下"百家争鸣"》,《道家文化研究》1994年第四辑。

一个人身上。君主是聪明睿智、圣贤之人,则国家治平;君主是昏聩无道、愚不肖之人,则国家危乱。《尹文子》最后得出结论:"圣人之治,独治者也。圣法之治,则无不治矣"。通过此,对于战国时期思想家于人治、法治之区别与优劣的认识,我们乃有一基本的了解。管子、慎到、商鞅等都提出了类似的思考和主张:

> 有道之君,善明设法而不以私防者也。而无道之君,既已设法,则舍法而行其私者也……为人君者弃法而好行私,谓之乱。(《管子·任法》)
>
> 君人者舍法而以身治,则诛赏予夺,从君心出矣。(《慎子·佚文》)
>
> 先王悬权衡,立尺寸,而至今法之,其分明也。夫释权衡而断轻重,废尺寸而断长短,虽察,商贾不用,为其不必也(《商君书·修权》)

以上管、慎、商诸子,论人治与法治、用己与用法之区别,持论甚详。萧公权谓:"国有经常之制度,君按制度以行赏罚,法治之原则不过如此"。[1] 在主张治国要用法而不用君主一人之心智这一点上,西方政治思想家有共通的认识:"即使是最明智的统治者,也不能罢废法律,因为法律有一种不受个人情感左右的品质,这种品质是不论多么善良的人也不能得到的。法律是'不受欲望影响的智慧'。"[2] 牟宗三曾批评申韩法家:"其所措定之'法'亦不本于理性,而乃本于功利与事便。故为自上而硬加诸其所愚昧之民者。在此,民之守法,不本于其理性之自觉,而乃迫于外在之利害与功利而为外铄者;而上之制法,亦不本于光明理性之客观化,而乃系于

---

[1] 萧公权:《中国政治思想史》,第213页。
[2] (美)赛班著,李少军等译:《西方政治思想史》,桂冠图书出版有限公司,1992年,第109页。

急切之功利，主观之私欲。故此种法乃上无根下无着者。"[1] 牟氏所说意在揭示申韩法家法治思想之"短板"，但牟氏未及注意和揭示的是，稷下道法家以及所谓刑名家等的法治主张实是体现了一种政治治理客观化与理性化的趋势。

战国中后期的法家提出了政治治理中无私、无我的主张，并认为实现无私、无我之根本目标的最好方法便是法治。众多学者集中关注以"私"、"我"治国所具有的不利的后果，同时亦注意到法治施行的关键也在于无私、无我。韩非子说："法不阿贵，绳不挠曲，法之所加，智者弗能辩，勇者弗能争，刑过不避大夫，赏善不遗匹夫。"（《韩非子·有度》）司马谈《论六家要旨》言："法家不别亲疏，不殊贵贱，一断于法。""法"的根本在于建立了一种非人格化的秩序，具有要求一切组织成员服从的权威。法家亦明了客观的法治得以执行的关键一环是君主的无私和不干涉，故法家集中提出君主"无私"的主张，并针对君主治国的主观任意性而论证法的必要性。帛书《黄帝四经》的作者便具有一种比较彻底的法治精神，将君主（执道者）置于道法"之下"，受道法之约束，而非处在法律"之上"，对法律进行任意的产生或更改。事实上，刑鼎、刑书、《法经》之类的出现，意味着法律的公开化、正式化和普遍化，更意味着一种更为纯粹的、直接服务于富国强兵目的的政治规范，从那种杂糅了民俗、道德、宗教、礼乐、仪典、政制的混溶物——"礼"中，脱胎而出了。阎步克先生谓，"法"可以是具体的法规法令，但是也可以理解为行政合理化的精神和原则。[2] 由此，法家的"法治"主张是对理性政治的诉求，也可以称之为一种法治的精神。荀子"德性的法治"思想亦必从此理解，方见其真精神。

1　牟宗三：《历史哲学》，台湾学生书局，1988年，第137页。
2　参阅阎步克：《士大夫政治演生史稿》，第153页。

三、荀子政治哲学之理性精神与制度追求

由上所述,"法"可以是具体的法规法令,但也可以理解为理性的行政精神、法治精神。荀子政治哲学中的法治主张便体现了这种精神气质,亦是其整体思想特质的必然体现。荀子之所以为制度儒家,不仅因其"隆礼重法"的礼治与法治的制度建构,更因其思想中透显出的重制度、重理性的精神。荀子思想所具有的经验的、理性的精神特质是其政治哲学及法治主张的基础。荀子在论天人关系时所显示的分析性,批判奸言、奸说、奸事时的理性主张,其法后王与法先王之辨,其所用之道、理、名、法等概念,使其具有了法治的精神及提倡法治的可能。法的施行过程中仍需要理性精神的贯注,即须以理性判断法是否为"义法"并补充法律所不及之处。

在对法的论证过程中,荀子采用了道、理、名、法的概念结构。

首先,荀子吸收道法家的思想,采取以道论法的方法。以道论法的逻辑表现于帛书《黄帝四经》等著作中。《黄帝四经》提出"道生法"及"执道者生法"的观念;《管子·心术上》有"法出乎权,权出乎道"的说法;《鹖冠子·兵政》则有"贤生圣,圣生道,道生法,法生神,神生明"的思想。这种以"道"论法的逻辑可以称之为一种本体论的论证。"道"是高度抽象的、为万物所依循的根据和法则,可以创发高度形式化的、作为普遍原则的"法"。证明"法"之神圣性、崇高性及合理性,必然要将"法"同哲理上的宇宙之源、万化之本紧密联系起来。"道"在法的产生逻辑中登场了。荀子思想中多有"道法"合用之处。在荀子那里,"道"是天地万物的根本,也是人的合理存在的根本。荀子认为,"道者,非天之道,非地之道。人之所以道也,君子之所道也"(《荀子·仲尼》)。所以治国的关键在于知"道":"故治之要在于知道"。君子要合于道、一于道而观察万物:"故君子一于道而以赞稽物";"未

得道而求道者,谓之虚壹而静"。

其次,在道、法之间,荀子以"理"论证"法"。虽然荀子没有明确地以"理"论"法",但在其思想的逻辑中无疑需要"理"这一环。而先秦诸子中,唯荀子喜言理[1],荀子哲学最具特点的便是其理性的、重理的特征。荀子所说之理,多指圣王传下之客观之礼乐制度而言。其所谓中理,即是合此客观制度之道之谓。荀子说:"言必当理,事必当务,是然后君子之所长也。凡事行,有益于理者立之,无益于理者废之,夫是之谓中事。"(《荀子·儒效》)荀子以有益、无益于理作为行事是否恰当及理论是否正确的标准。试若我们具体问:什么是理?理由谁定?则荀子的回答是:行事上,于后王之行事上见;历史经验上,于先王之统类中寻绎。荀子在多处言理:"少而理曰治"(《荀子·修身》);"天地生君子,君子理天地"(《荀子·王制》);"心之所可中理,欲虽多奚伤于治"(《荀子·正名》);"义者循理"(《荀子·议兵》)。诸语中所谓理,皆是指人心意志行为所遵之当然之理,而略同于'义'者。荀子言理之特色,则在其不仅指当然之理义为理,且以理字表状人心能中理或人修养所达至之内心之精神状态及生活态度,如"喜则和而理,忧则静而理"(《荀子·不苟》),"井井兮其有理也"(《荀子·儒效》),"见端而明,本分而理"(《荀子·非相》),"栗而理,知也"(《荀子·法行》)。荀子又说:"礼也者,理之不可易者也。"(《荀子·解蔽》)作为制度规范的礼是理的固定的、不可改变的形式。其论述的中心已经是"理"。荀子理性主义之特征,于此处卓然可见。

值得注意的是,先秦时期对理予以集中关注和阐发的是帛书《黄帝四经》。该书《名理》篇有一段集中谈论:"循名究理之所之,是必为福,非必为灾。是非有分,以法断之。虚静谨听,以法为

---

[1] 唐君毅:《中国哲学原论》,台湾学生书局,1992年,第10页。以下言"理"之义,参见该书第23页。

符。审察名理终始，是谓究理。唯公无私，见知不惑，乃知奋起。故执道者之观于天下，见正道循理。"在此篇中，道、理、名、法、公、私等概念集中出现，也是道法家政治哲学的集中表述。该书主张，所有的执政者，即便最伟大的圣贤之王，亦须在既有之法或理的基础上进行治理。从政治哲学角度讲，法律虽然也要照顾到人情，"法不外乎人情"，但法律恰恰是在国家意志为根本目标下，超越人情好恶的普遍之"理"。韩非说："故辨而不当理则伪，知而不当理则诈……理也者，是非之宗也。""思虑熟则得事理，得事理则成功……理者，成物之文也。""道者，万物之所然也，万理之所稽也。"（《韩非子·解老》）所有的执政者都必须依照法或理进行统治或治理，不能任意为之。即便最伟大的圣贤之王，亦须在既有之法或理的基础上进行治理。此法必须经由充分的讨论，即"议"，此亦是"理"。如荀子所倡"后王之法"是不断因革损益后形成的，是最适合当世之政治经济社会情况的。就其形上学观点而言，每一事物必有其理，故治每一事物必因其理。法是其形式，是表现出来的理。理即法。在荀子的法治哲学中，虽有法为客观制度，但若没有对法的合理性和正当性等进行进一步的论议，则有废弃、坠落的乱的结果。虽然荀子没有明确地以"理"论"法"，但在其思想的逻辑中无疑需要"理"这一环。在此，"法"应时而生，使一种非人格化的、客观的秩序和普遍主义的精神被贯注于政事国务之中。

再次，荀子极重视"名"，以"正名"论法。荀子哲学的理性特点，在其"正名"思想中亦有集中表现。"名"是与"理"处在同一层级的概念，孔子是要建设一种公认的是非真伪的标准，其下手的方法是"正名"[1]，荀子则沿着孔子的道路，在政治哲学中以名论证法之必要。荀子说：

> 故王者之制名，名定而实辨，道行而志通，则慎率民而一

---

[1] 胡适：《中国哲学史大纲》，上海古籍出版社，1997年，第69页。

焉。故析辞擅作名以乱正名，使民疑惑，人多辨讼，则谓之大奸，其罪犹为符节、度量之罪也。故其民莫敢托为奇辞以乱正名，故壹于道法而谨于循令矣。(《荀子·正名》)

牟宗三说："荀子诚朴笃实之心表现而为明辨之理智，故重礼义，亦深识于礼义。……其所重视者为礼义之统，即全尽之道。而根本处则在其深能把握住理性主义之精髓也。"荀子的"正名"思想不能从西方哲学的所谓"名实关系"或逻辑学的角度去理解，而要经由语言问题走向政治问题，做政治哲学的理解。荀子的正名思想概要讲，第一是承认"名"作为是非标准、社会规范而存在；第二是要纠正"名实乖乱"即是非颠倒的、名不正的乱局，重新树立规范的、普遍的、理性的是非标准；第三，荀子要重彰政治理性精神，反对"奸言""奸说"。荀子认为，政治领域的"擅作名""乱正名"，就是一种颠倒黑白、混淆政治理性标准的"大奸"，其等同于伪造符节、度量一样的罪名。如果对其处以重罚，则天下之民都不敢用奇词异说来淆乱是非标准乃至于国家意志，自然会"壹于道法""谨于循令"。"法"之施行，自然是水到渠成之事。

最后，荀子政治理性化及法治主张的重要表现是对"公"的重视。前已提及，战国时期思想家主张以法治国，反对用"我"、用"私"、用"己"，并最后归结为重"公"的精神。有此公的思想和原则，法治的主张和诉求才能是具有法治精神的、尊重规则的理性化主张。老子是较早讲"公"的。老子讲："知常容，容乃公，公乃王，王乃天，天乃道，道乃久。没身不殆。"(《老子》第16章)"公"在王天下、久社稷、同大道的目标中，处于核心的地位。帛书《黄帝四经》亦明确主张"唯公无私，见知不惑"(《经法·名理》)，以及"公者明，至明者有功"(《经法·道法》)，[1]认为"公"

---

1 帛书《黄帝四经》中有一句阙文，本文作者曾补为："公生明，明生慧，慧则正，正则静，静则平，平则宁，宁则素，素则精，精则神。"

才能无私，才能在政治活动中明辨是非，才能达到最后的好的效果。荀子在"法"与"私"的比较中主张以"法"战胜"私"。荀子说："（君子）怒不过夺，喜不过予，是法胜私也。"君子不会因自己的喜怒之情而过分、过度地予或夺，而应以法度战胜私情或私利，这样才能"度己以绳，故足以为天下法则矣"。君子首先是尊法、守法的人，自己做得足够好才能成为天下人守法的典范。不受私意的干扰和破坏是法制实行的根本，在法的制定和执行过程中都需要保持法的客观性和普遍性。法律的制定最需要体现的是客观的、普遍的理性，是公而不能是私，如帛书《黄帝四经》所言："精公无私而赏罚信，所以治也。"当然，实现公而无私的最关键之点是君主（君子）。

荀子又说："公生明，偏生暗，端悫生通，诈伪生塞。"（《荀子·不苟》）荀子在思想根基上首先主张"公生明"。他认为，只有不带任何偏私的公，才会有事物判断上的明辨是非。荀子主张，对欲恶、取舍之选择，一定要经过普遍的考虑（兼权），审慎的计算。西方学者马克斯·韦伯主张政治家需要具有"恰如其分的判断力"。这种判断力使人能够在现实问题作用于自己的时候，保持内心的沉着冷静，并能与事与人都保持一定的距离。中国古代官僚制的基本精神也是一种形式化的理性，它表现为有明确目的的、可计算的、可控制的、合于逻辑的、普遍主义的、系统的达到目的的手段。[1] 荀子的"法治"，正是这样一种理性指导下的行政，是用"公"、不用私的理性政治。荀子明确区分政治领域之公与私，主张欲行公德，则必行公理、公法，欲行公理、公法，必有"公士"："不下比以暗上，不上同以疾下；分争于中，不以私害之，若是，则可谓公士矣。"（《荀子·不苟》）荀子主张，政治领域中的"公士"，其观点意见的不同和争执只源于对事物本身是否合理恰当（中）有异

---

[1] 阎步克：《阎步克自选集》，广西师范大学出版社，1997年，第163页。

见，而不是由于私心、私利。在下结党以蒙蔽君王或上级，趋同谄媚于上以欺诈下层，这都是政治中"私"的表现。荀子认识到，现实社会的所谓行政人员"士仕者"是完全处于探求私利、争夺权势并不惜触犯法律的状态中。荀子欣赏秦国之公与法，盛赞秦国之士大夫都以"公事"为务，而没有"私事"："入其国，观其士大夫，出于其门，入于公门，出于公门，归于其家，无有私事也，不比周，不朋党，倜然莫不明通而公也，古之士大夫也。"(《荀子·强国》) 荀子认为这是最能体现理想的理性政治的表现。故荀子最理想的政治状态是在"至道大形"之下的"公道达而私门塞矣，公义明而私事息矣"，此方为政治公德。

综上，"公"的形式表现出荀子之理性的政治、法治精神。荀子理性政治哲学另一值得注意的地方是其对于制度的重视，最典型的表现是如下这段话："上莫不致爱其下而制之以礼。上之于下，如保赤子。政令制度，所以接下之人百姓，有不理者如毫末，则虽孤独鳏寡必不加焉。"(《荀子·王霸》) 先秦儒家孔孟荀等都主张爱民、利民，荀子特殊之处在于指出君主表达爱民之意要"制之以礼"。在儒家这里，爱民可以通过制民之产、省刑罚、薄税赋、深耕易耨等方式，其中不乏制度的实施。荀子则尤其特殊地指出，爱民之意、爱民之心需通过政令制度、礼乐制度的方式来表达和实现，即爱不能是偶然的、不定的、主观任意的。爱是"爱之礼""爱之法"，必循其理而施以制度化建构。在先秦儒家的"民之父母"思想中，孔子、孟子等都是从仁心、责任之心的角度倡导君王为百姓的父母，荀子提出的思路则不同。他认为，君王爱其百姓的表现是"制之以礼"，通过礼制的形式将君王之爱固定化。荀子在社会复杂化的背景下意识到，上与下之间、君王与百姓之间已不再是直接面对、直接影响的简单关系，而是要通过政令制度的中介来联结的。君王对百姓"如保赤子"的爱，不只是通过他的爱心、仁心表达，而是要审慎地制定和审议政令制度是否合理以及是否足以表达、表现君王之爱。荀子说:"礼乐则修,分义则明,举错则时,爱利则形。"(《荀子·强国》)郝懿行曰:"形,《韩诗外传》六作刑。刑者,法也。爱人利人皆有法,不为私恩小惠。"[1] 荀子提出,不合理的法律制度,即便细微如毫末也不能施加给最普通、最底层的民众。[2] 孟子相信道德伦理的问题以及公私、义利的问题是道德主体自觉、自主的问题,要落实于道德主体的道德修养。荀子也主张公、主张义,也有道德修养主张,但荀子更相信公、义要通过礼法制度来落实。

综上所述,在历史发展与思想逻辑的双重推动下,"法"产生了。荀子政治哲学表现为客观性、程序性、普遍性之理性精神,其思想之经验的、理性的精神特质是其政治哲学及法治主张的基础,使其必然追求一种客观化的法治。与其他法家相一致的方面是,荀子之"法"是理性政治的必然表现和追求;与其他法家不同的是,荀子之"法"中,贯通着德的精神与追求。故荀子的法治主张不必然与专制集权联系起来,荀子之法治可以称之为一种兼具法之客观性与礼之教化性的"德性的法治"。关于荀子政治哲学为何是一"德性的法治"的问题,笔者将另文再论。

---

1 王先谦:《荀子集解》,中华书局,1988 年,第 295 页。
2 荆雨:《儒家政治公德内向性及理论困局突破》,《社会科学战线》,2017 年第 4 期。

再论荀子的元伦理学

魏犇群（中国人民大学）

一、导言

从自然主义[1]的世界观出发，荀子对道德起源的论说似乎更应该引起我们当代人的兴趣。他说："礼起于何也？曰：人生而有欲，欲而不得，则不能无求；求而无度量分界，则不能不争；争则乱，乱则穷。先王恶其乱也，故制礼义以分之，以养人之欲，给人之求。使欲必不穷乎物，物必不屈于欲。两者相持而长，是礼之所起也。"（《荀子·礼论》）[2]在荀子看来，道德并非人性中现成的先天倾向，而是由古代的圣王所创制的一套规范系统，为的是解决人类社会所遭遇的实际问题。对于这一观点我们可以提出许多问题，比如，历史上是否真的存在过这么一批天赋过人的圣王？圣王也是人，也没有先天的道德意识，但他们为什么可以创制出道德？拥有非道德人性的我们（以及圣王）如何能够转变本性而成为道德的人？[3]本文所感兴趣的是荀子构想的道德图景中所蕴含的元伦理学

---

1 虽然"自然主义"（naturalism）一词在当代哲学中有不止一种用法，但就其本体论的用法而言，自然主义认为现实世界是一个物理的世界，不存在任何超自然的或者非自然的实体。参见 David Papineau, "Naturalism," *The Stanford Encyclopedia of Philosophy*, Edward Zalta（ed.）, 2015, URL=〈https://plato.stanford.edu/archives/fal2015/entries/naturalism/〉.
2 王先谦：《荀子集解》，中华书局，2008 年，第 346 页。
3 这个问题会在后文中涉及。

(meta-ethical)立场,尤其是,基于荀子对于道德之本质的理解,他是一个道德实在论者(moral realist),还是一个道德建构论者(moral constructivist)?这个问题已经被当代的学者注意到。柯蒂斯·哈根(Kurtis Hagan)认为荀子是一个道德建构论者[1],刘纪璐认为荀子是一个道德实在论者[2],黄百锐(David B. Wong)则认为,这个问题无法定论,因为《荀子》中包含可以分别支持双方观点的论述[3]。

本文赞同柯蒂斯·哈根的结论,认为荀子是一个道德建构论者,但采取了和哈根不同的论证路径。概言之,哈根从荀子的"正名"思想出发,断定圣王对于万事万物的命名分类并没有绝对的客观标准,从而试图论证人类社会的价值秩序也是圣人根据人类社会的实际情况而创造出来的[4]。本文的论证则包含两个部分:一,本文认为,荀子所理解的外在世界中不可能存在现成的道德秩序,因此,在荀子那里,圣王们不可能从外在世界中直接发现客观的道德价值(第3部分);二,本文通过解决"心之所可"的最终标准问题来尝试解释荀子对圣王与道之间关系的论述,并在此基础上推论出荀子是一个道德建构论者(第4、5部分)。在进入荀子的思想之前,让我先来澄清道德实在论和道德建构论之间的区分。

二、道德实在论与道德建构论

在当代元伦理学中,道德实在论一般被认为包含三个主张:

---

1 Kurtis Hagan, *The Philosophy of Xunzi: A Reconstruction*, Chicago and La Salle: Open Court, 2007.
2 参见刘纪璐:《荀子如何调解"其善者伪也"与道德实在论的冲突——荀子的道德理论是道德建构论还是道德实在论?》,载《人文杂志》2019年第4期,第22-34页。
3 David B. Wong, "Xunzi's Metaethics," in Eric Hutton (ed.) *Dao Companion to the Philosophy of Xunzi*, Netherlands: Springer, 2016, pp.139-164.
4 此外,哈根在他的书中花费了很大的篇幅去反驳对于荀子的实在论诠释,认为《荀子》中那些看似支持道德实在论的文本其实不必如此解读。

(1)道德判断表达关于道德对错、好坏以及道德理由的命题，因而有真假可言；(2)我们的道德判断至少有一些是真的（true）；(3)使得道德判断为真的道德事实或者道德属性是在世界中客观存在的。这一对于道德实在论的刻画虽然被广泛接受[1]，但由于其中的语义学以及形而上学概念（比如命题、真值、道德事实、道德属性）很难直接在荀子思想中找到对应，它对于勘定荀子的元伦理学立场并不是特别有帮助。因此，我们需要另外一种对道德实在论的刻画，这种刻画既可以抓住道德实在论的内核，又可以和荀子的思想相融通。

实在论和反实在论之间的争论发生在哲学的多个领域，其核心议题是客观性（objectivity），或者"独立于心灵"（mind-independence）[2]。根据这种理解，道德实在论和反实在论之间的分歧可以反映在对于"游叙弗伦问题"（Euthyphro Problem）的不同解答上面，即：某事物之所以有价值（或者在道德上是好的），最终是因为我们（或者上帝）认为它有价值，还是因为它本身就有独立于我们的价值？在反道德实在论者看来，某事物具有价值最终是因为我们认为它有价值。而在道德实在论者看来，某个东西具有价值最终是因为它本身就有价值，而不论我们是否认为它有价值。如拉斯·谢弗兰道（Russ Shafer-Landau）所言，道德实在论的核心想法便是："当道德判断为真时，它们的真值独立于任何人类（无论

---

[1] Russ Shafer-Landau, *Moral Realism: A Defense*, Oxford: Oxford University Press, 2003; Stephen Finlay, "Four Faces of Moral Realism," *Philosophical Compass* 2（2007）: 820–849; William FitzPatrick, "Robust Ethical Realism, Non-Naturalism and Normativity", in R. Shafer-Landau（ed.）*Oxford Studies in Metaethics*, Vol.3, Oxford: Oxford University Press, 2008, pp.159–205; David Enoch, *Taking Morality Seriously: A Defense of Robust Realism*, Oxford: Oxford University Press, 2011.

[2] Kit Fine, "The Question of Realism," *Philosophers' Imprint* 1（2001）: 1-30, available at http://www.philosophersimprint.org/001001/.

他们来自哪里以及处在何种环境之下）对于它们的看法。"[1] 换句话说，道德实在论者认为，价值最终是被"发现"的，而不是被我们"发明"的。

按照这种理解，道德建构论也可以被很好地定位。根据当代著名道德建构论者莎伦·斯特里特（Sharon Street）的看法，尽管元伦理学中的建构论有多种不同的版本，但其核心的观点是："没有什么规范真理可以独立于实践视角（the practical point of view）。"[2] 也就是说，道德建构论者普遍认为，价值的存在及其属性最终依赖于评价者（个体或者群体）的实践视角。所谓"实践视角"，实际就是评价视角。每一个具有评价能力的人都拥有一个特定的评价视角，他会认为某些特定的事物（更）好或者（更）坏，重要或者不重要，有价值或者没有价值。说"价值的存在最终依赖于一个人的评价视角"并不是说"价值存在与否完全由一个人的主观评价所决定"。因为，一个人所拥有的价值视角会在经验世界中延展，而他可能因为缺乏对于事实的正确认知或者推理错误而在确认价值时犯错。也就是说，基于某人既有的评价视角，我们可以推论，有一些其他的事物对于他很重要或者具有价值，而他自己可能意识不到这一点。比如，如果一个新婚的男子认为拥有健康的孩子很重要，那么他便有理由在备孕时戒烟、戒酒、加强锻炼，尽管他自己并不这么认为。如此理解，道德建构论便属于反道德实在论的阵营，因为建构论者认为价值的存在依赖于评价者的评价视角（及其延展）。尽管评价者可能错失某些延展的价值，但归根到底，价值是内在于我们的评价视角的产物，我们无法脱离特定的评价视角去确认价值。

我们可以借用一个例子来进一步澄清道德实在论和道德建构

---

1 Shafer-Landau, *Moral Realism: A Defense*, p.2.
2 Sharon Street, "What is Constructivism in Ethics and Metaethics," *Philosophical Compass* 5（2010）: 366.

论的区别。假设有一个极度残忍的丈夫，抑制不住内心的冲动去虐待自己的妻子，并且认为虐待妻子很有价值。让我们进一步假设，在这个男人的评价视角中，并没有什么需求、欲望或者价值与他虐待妻子的冲动相冲突。换言之，其评价视角内部的诸多价值是彼此融贯的；从他自身的评价视角出发，即使我们没有在事实认知和推理上犯错，也无法得出"他不应该虐待妻子"的结论[1]。面对这样一个人，道德实在论者会说，他仍然不应该虐待自己的妻子。如果从他的评价视角内部得不出这样的结论，这只能说明他的评价视角本身就是错误的，哪怕所有人都和他拥有一样（错误）的评价视角。因为，"不应该虐待妻子"是独立于任何人的评价视角的道德事实。但道德建构论者会否认这一点，建构论者认为，如果真的存在这样的丈夫的话，虐待妻子对于他来说是有价值的，并不存在某个独立于其评价视角的价值标准来判定他是错的[2]。

因此，让我们把道德实在论和道德建构论之间的区分简述如下：

---

1 这个例子的原型来自伯纳德·威廉斯（参见 Williams, "Internal Reasons and the Obscurity of Blame," in *Making Sense of Humanity*, Cambridge: Cambridge University Press, 1995, pp.35-45）。

2 毋庸讳言，这样的结论直觉上很难接受，因此，这一事例的存在似乎构成了对于道德建构论的反驳。为了应对这一反驳，道德建构论内部分化出了两大阵营。康德式（Kantian）的建构论者否认存在这样的丈夫，因为基于他们对于评价视角的刻画，任何一个具有评价能力的理性行动者都不可能从其评价视角中得出"应该虐待妻子"这样不道德的结论（参见 Christine Korsgaard, *The Sources of Normativity*, Cambridge: Cambridge University Press, 1996）。而休谟式（Humean）的建构论者则否认这一点。他们认为，对于评价视角或者评价能力本身的刻画并不能必然得出道德的结论（参见 Sharon Street, "Constructivism about Reasons," in R. Shafer-Landau（ed.）*Oxford Studies in Metaethics*, Vol.3, Oxford: Oxford University Press, 2008, pp.363-384）。尽管如此，道德建构论内部的分歧并不影响我们把道德建构论与道德实在论区分开来，因为康德式的建构论者和休谟式的建构论者都同意，价值无法独立于评价视角而存在，而道德实在论者则否认这一点。

道德实在论：道德价值超出任何特定评价视角的范围，而不论该评价视角内部的诸多价值以及非价值信念彼此之间有多么融贯。

道德建构论：道德价值不会超出评价视角的范围，道德只是某种评价视角内部的价值以及非价值信念相结合的产物。

值得注意的是，道德实在论并不等同于道德普遍主义（moral universalism）。道德实在论强调的是道德价值独立于我们的心灵，而道德普遍主义则认为，存在一套普遍适用于所有时代以及所有人的道德。一方面，独立于我们的心灵而存在的道德价值**原则上**可能发生变化（虽然几乎没有道德实在论者这么认为），因此可能并没有一套道德可以普遍适用于所有时代的所有人；另一方面，即使存在一套普遍的道德，那也可能是因为全人类由于某种原因（比如生物的原因或者社会环境的原因）而共享了同样的评价视角，而不是因为存在客观的、外在于任何价值视角的道德事实。

由此可知，道德普遍主义并不必然与道德建构论相冲突。康德式的建构论者自不必言，因为他们试图证明，通过对价值视角或者实践理性（practical reason）所具有的内在特征的刻画，就可以推导出道德的结论。[1] 换言之，康德式的建构论者认为，任何一个具有评价视角的人都要受到同一套道德理由的约束。一个休谟式的建构论者也可以同时是一个普遍主义者。虽然他否认任何一个评价视角都能得出道德的结论，但他可以认为，人类由于生物、社会等偶然原因而可能占据同一种评价视角并共享一样的评价态度，因此应该拥有同样的道德。如莎伦·斯特里特所言："在休谟式的建构论者看来，人类理由的相似性——这样的相似性可能有很多，并且很深刻——其存在取决于人们评价的出发点

1　Christine Korsgaard, *The Sources of Normativity*.

及其处境的偶然相似性——比如，取决于共有的人性……"[1] 因此，如果我们评价态度的出发点和处境足够相似的话，我们的道德便会拥有相同的内容。

三、荀子论外在世界：天

荀子给我们讲述了一个关于道德起源的故事：人类没有先天的道德情感或者道德意识，人性中所固有的是各种各样的欲望，人们倾向于尽其所能地满足自己的欲望。但由于客观环境的限制，尤其是资源的匮乏，假如每个人都无节制地追求自身欲望的满足，那么就会产生争斗，社会就会混乱，最终的结果是每个人的欲望都无法得到满足。但远古时期有一群天赋异禀的圣王，他们最早意识到，人类需要一套道德规范来约束自己的行为。于是，圣王们前赴后继，通过长时间艰辛的思考而创制出了一套礼义法度，并通过这套规范率先改造了自己的人性，成为了第一批拥有道德感或者美德的人。而后世的人们需要付出很大的努力去学习践行圣王所创制的礼法，最终的目的是转化自己非道德的人性，成为道德的人，这一过程就好像陶土经过制作加工而变成陶器一样。

基于上述图景，有人可能认为，荀子显然是一个道德建构论者，因为他认为道德是古代的圣王创造出来的，如果没有圣王们创制礼义法度，道德规范就不会存在。但事情远没有这么简单。虽然"凡礼义者，是生于圣人之伪"(《荀子·性恶》)，但道德不可能是圣王随意或者偶然的创作，关键的问题在于，圣王是依据什么而创制出来的礼义法度？是依据外在于自己的价值事实去发现道德，还是基于自身本有的评价视角去发明道德？因此，道德实在论与道德

---

1 Sharon Street, "What is Constructivism in Ethics and Metaethics," p.370.

建构论之间的分歧在荀子那里可以表达为：古代的圣王在创制礼义法度时，他们是在试图发现外在于他们的评价视角的道德事实，还是仅仅基于自己的评价视角并结合对经验世界的认知而得出道德的结论？如果是前者，荀子便是一个道德实在论者。如果是后者，荀子则是一个道德建构论者。

既然道德实在论者认为道德价值独立于人类的评价视角而存在，那么，我们就先来看一下荀子所理解的外在世界是否可能存在现成的道德秩序（或者规范秩序）供圣王们发现。所谓外在世界，指的是人类之外的、并非人类所创造的世界。在荀子那里，最接近外在世界的概念就是"天"[1]。

"天"这个概念在《荀子》中至少有三重含义。第一重含义大致相当于我们现代人所说的"自然"，如"列星随转，日月递炤，四时代御，阴阳大化，风雨博施"之天（《荀子·天论》）；第二重含义则是指与地相对的"天"（或者"天空"），如"天地合而万物

---

[1] 有人可能会说，人性也不是人类所创造的，并且，人性的内容也不会因为人类的看法而发生改变，因此人性也应该被划入外在世界的范围。如果人性中有现成的道德元素，那么，外在世界便存在客观的道德事实。然而，如果道德事实存在于人性之中，那么，道德事实便不能说是独立于心灵，因为其本身就是心灵的内容，且必须表现为心灵的活动。所以，这样的道德事实并不能满足道德实在论的要求。此外，众所周知，荀子所理解的人性中并没有现成的道德元素，而只有趋利避害的本能、耳目声色的欲望以及感官的知觉能力。而且，在荀子看来，如果"从人之性，顺人之情"，则"必出于争夺，合于犯分乱理，而归于暴"（《性恶》），而"所谓恶者，偏险悖乱也"（《性恶》），所以荀子才说人性是恶的。值得注意的是，荀子所理解的性恶是就任由人性自然发展而产生的恶果而言的，而不是说人性中本有故意作恶的冲动。因此，人性本恶并不是说人性是反道德的（anti-moral），而是说人性是非道德的（non-moral），并且，这些非道德的因素如果不加以约束便会产生争斗混乱的后果。如何艾克（Eric Hutton）所言："荀子没有在任何地方明确地排除（人性中存在）他人导向型的（other-directed）欲望，也没有断言我们所有的自然欲望都仅仅指向我们自己的利益"（Eric Hutton, "Does Xunzi Have a Consistent Theory of Human Nature," in T. C. Kline III & Philip J. Ivanhoe (ed.) *Virtue, Nature, and Moral Agency in the Xunzi*, Indianapolis: Hackett Publishing, 2000, p.230）。

生"(《荀子·礼论》);第三重含义则有"天赋"或者"天赐"的意思,比如荀子所说的"天情"、"天官"、"天君"等[1]。第三重含义的"天"可被纳入人性的范畴,作为人固有的感官能力而加以考察。而第二重含义的"天"又可以与"地"一起被归入自然的范围,因此,我们要着重考察荀子所理解的自然界中有没有可以规范人类言行的道德。

众所周知,荀子论天的一个特色在于"天人相分"。荀子说:

> 天不为人之恶寒也辍冬,地不为人之恶辽远也辍广,君子不为小人之匈匈而辍行。天有常道矣,地有常数矣,君子有常体矣。(《天论》)

> 天行有常,不为尧存,不为桀亡。应之以治则吉,应之以乱则凶。强本而节用,则天不能贫;养备而动时,则天不能病;修道而不贰,则天不能祸。故水旱不能使之饥渴,寒暑不能使之疾,祅怪不能使之凶。本荒而用侈,则天不能使之富;养略而动罕,则天不能使之全;倍道而妄行,则天不能使之吉。故水旱未至而饥,寒暑未薄而疾,祅怪未至而凶。受时与治世同,而殃祸与治世异,不可以怨天,其道然也。故明于天人之分,则可谓至人矣。(《天论》)

> 治乱,天邪?曰:日月星辰瑞历,是禹桀之所同也,禹以治,桀以乱,治乱非天也。时邪?曰:繁启蕃长于春夏,畜积收藏于秋冬,是禹桀之所同也,禹以治,桀以乱,治乱非时也。地

---

[1] 此外,"天"还与其他的字搭配成词,如"天子"、"天下"。但本文只考察可以拆分出来独立成词的"天"。熊公哲对于《荀子》中的"天"有详细的梳理。他认为,荀子论天有狭义和广义之分:"就狭义言之,天之包日月、星辰、阴阳、风雨、水旱、寒暑,寒暑且有时另称为时而以与天地并列。就广义言,则天并包天地万物,且泛及于人之身心,故有天情、天官、天君等名目。"(熊公哲:《荀子今注今译》,台湾商务印书馆,1990年,第334—335页)对应于我这里的区分,狭义的天相当于自然之天,而广义的天则包括自然之天与人性中的感官能力。

邪？曰：得地则生，失地则死，是又禹桀之所同也，禹以治，桀以乱，治乱非地也。(《天论》)

依荀子，天有其自身运转的法则，不会因为人类的好恶而改变。人类只能顺应自然的规律，以达成自身的目的，否则便会招致祸乱。但人世间的秩序和祸乱不是天造成的，而是人造成的，因为天没有意志，没有目的，没有情感，不会和人直接感应。尽管荀子很可能并不分享机械式的宇宙观，也不认为人类可以充分掌握自然的规律并为我所用，但他的这种将自然归于自然、人事归于人为的看法非常类似于近代科学对客观自然的理解。在这样的自然中，很难相信会存在可以向人发布"绝对命令"的道德事实或者客观价值，等待着圣人们去发现。虽然荀子将天、地、君子并列，似乎在暗示君子要效法自然，但君子所要效法的仅仅是"有常"，亦即君子要像天地有常道那样拥有坚定的行事原则，而不是直接向天地中寻觅道德原则。

有学者注意到，荀子所论之天也有其神秘的面相[1]。比如荀子说，"万物各得其和以生，各得其养以成，不见其事而见其功，夫是之谓神。皆知其所以成，莫知其无形，夫是之谓天"，"天职既立，天功既成，形具而神生"(《天论》)。但这些论述和"天人相分"的观念并不矛盾。即使天地造化的过程复杂而神秘，似乎蕴含着某种无法解释的力量而不被我们理解，但这样的天仍然不会回应人类的需求，也无法赋予人类社会以道德秩序。所以，如果圣人的职责是为人间创制礼义法度的话，那么圣人就不应该专注于天，所谓"唯圣人为不求知天"(《天论》)。圣人应该做的是要像天带来四季、地带来资源那样为人类社会带来秩序，所谓"天有其时，地有其财，人有其治，夫是之谓能参"(《天论》)。换言之，天、地、人

---

1 Masayuki Sato, *The Confucian Quest for Order: The Origin and Formation of the Political Thought of Xunzi*, Leiden: Brill, 2003, pp.295–298.

各自运用其独立的力量为其各自的领域建立秩序,向天地中求取人世间的道德秩序是错误的。

然而,《天论》中有一段话似乎表明,事情并没有那么简单:

> 好恶、喜怒、哀乐臧焉,夫是之谓天情;耳目、鼻、口、形能,各有接而不相能也,夫是之谓天官;心居中虚以治五官,夫是之谓天君;财非其类,以养其类,夫是之谓天养;顺其类者谓之福,逆其类者谓之祸,夫是之谓天政。暗其天君,乱其天官,弃其天养,逆其天政,背其天情,以丧天功,夫是之谓大凶。圣人清其天君,正其天官,备其天养,顺其天政,养其天情,以全其天功。如是,则知其所为,知其所不为矣,则天地官而万物役矣。其行曲治,其养曲适,其生不伤,夫是之谓知天。故大巧在所不为,大智在所不虑,所志于天者,已其见象之可以期者矣;所志于地者,已其见宜之可以息者矣;所志于四时者,已其见数之可以事者矣;所志于阴阳者,已其见和之可以治者矣。官人守天,而自为守道也。(《天论》)

荀子在这里提到"天情"、"天官"、"天君"、"天养"、"天政",似乎在说,天赋予人各种感知能力是为了让人去依照天的目的行事,尤其是其中的"天政",似乎在暗示存在某种天然的社会治理规范。因此,荀子的这段话似乎透露出这样的意思,即:虽然天不会直接干预人类社会的治理,但它会利用自然的赏罚来促使人类社会符合某种天然的规范秩序[1]。基于此,有学者认为,荀子的思想中蕴含着某种自然法理论(natural law theory):人类社会的道德秩序来源于天,而人类又通过天所赋予的认知能力去理解并实现那个

---

[1] 另有论者据此认为,荀子拥有相互冲突的关于天的观念(参见 Robert Eno, *The Confucian Creation of Heaven: Philosophy and the Defense of Ritual Mastery*, Albany, NY: State University of New York Press, 1990, pp.154–169)。

秩序[1]。刘纪璐则明确认定上述引文表明荀子是一个道德实在论者。在她看来，圣人"必须建构的应是善的落实，而不是善概念的内容。……尽管社会对善的落实需要圣人君子的努力建构，善的内容不是建构而成，而是具有客观的实在性"[2]。

在我看来，刘纪璐等人对上述引文的诠释有很大的过度诠释的嫌疑。很明显，荀子所说的"天情"指的是人的各种本能倾向，"天官"指的是人的感觉官能，"天君"指的则是可以控制本能及感官的人心。《荀子·解蔽》云：

> 心者，形之君也，而神明之主也；出令而无所受令，自禁也，自使也，自夺也，自取也，自行也，自止也。故口可劫而使墨云，形可劫而使诎申，心不可劫而使易意，是之则受，非之则辞。

荀子所理解的心是身体与意识的主宰，可以抵制外力的诱惑与挟持，自主地支配人的各种活动，甚至可以使人"白黑在前而目不见，雷鼓在侧而耳不闻"（《解蔽》）。心之所以被称为"天君"是因为心的主宰力也是天赋的，而不是后天习得的。人心动用天赋的主宰力来决定哪些欲望应该得到满足，哪些欲望不应该得到满足，决定哪些事应该做，哪些事不应该做，并借此来调适和形塑各种感官本能，这样就做到了"天养"和"天政"，使人和自然和谐相处。此一过程根本不需要天为人类提供任何现成的、客观的规范秩序，人与自然互养互生是通过心（尤其是圣王之心）主宰感官本能而实现的。如黄百锐所言，这就好像现代科学所描述的自然演化过程："自然产生出了这种具有自我控制能力的生物，但没有给予其任何

---

[1] Leo K.C. Cheung, "The Way of the Xunzi," *Journal of Chinese Philosophy* 28（2001）: 301-320.
[2] 刘纪璐：《荀子如何调解"其善者伪也"与道德实在论的冲突——荀子的道德理论是道德建构论还是道德实在论？》，第 27 页。

目的的指导。"[1]

因此，上述《天论》引文所论的是人性中天赋的认知观能，尤其是心的自主能力。荀子所强调的是，圣人充分利用天赋的认知能力，便是知天守道，而不是天设定好了某种规范秩序或者目的让圣人君子去发现。并且，结合荀子其他对于天的大段论述，我们并没有理由认为，荀子所论之天中蕴藏着先在的道德秩序。

四、圣王与道

既然自然所构成的外在世界中没有现成的道德事实，那么，圣王们到底是依据什么创制出的礼义法度呢？或者说，圣王之心到底是依据什么标准来主宰身体和意识从而使人成为道德的人呢？荀子的答案似乎是"道"：

> 何谓衡？曰：道。故心不可以不知道；心不知道，则不可道，而可非道。人孰欲得恣，而守其所不可，以禁其所可？以其不可道之心取人，则必合于不道人，而不合于道人。以其不可道之心与不道人论道人，乱之本也。夫何以知？曰：心知道，然后可道；可道然后守道以禁非道。以其可道之心取人，则合于道人，而不合于不道之人矣。以其可道之心与道人论非道，治之要也。何患不知？故治之要在于知道。（《解蔽》）

> 故可道而从之，奚以损之而乱？不可道而离之，奚以益之而治？故知者论道而已矣……道者，古今之正权也；离道而内自择，则不知祸福之所托。（《正名》）

那么，"道"又是从哪里来的呢？作为自然法则的"道"固

---

1 David B. Wong, "Xunzi's Metaethics," p.147.

然源之于天，但作为道德法则的"道"呢？刘纪璐认为，荀子所说的作为普遍道德法则的道是外在世界的客观事实。她说："这样的普遍道不是靠社会约定俗成的，道的存在是世界的事实。我们人所存在的宇宙就有这个规范实在，指导人类社会应当发展的方向而且独立于人类的建构。"[1] 为此，刘纪璐给出了两个理由：第一，在原始儒家那里，"道"就是普遍贯穿古今万物的，而荀子和孔子一样都用水来比喻道（《荀子·宥坐》），因此荀子也持这样的观点；第二，荀子强调圣人之智要与道合一，依据道来成就万物。刘纪璐引述《荀子·天论》中的一段话来佐证这一点："百王之无变，足以为道贯。一废一起，应之以贯，理贯不乱。不知贯，不知应变。贯之大体未尝亡也。乱生其差，治尽其详。故道之所善，中则可从，畸则不可为，匿则大惑。"

在我看来，刘纪璐给出的两个理由都不足以支持"道是外在世界的客观事实"这一结论。先说第一个理由。即使荀子属于儒家的传统，他对"道"的理解也不必与原始儒家（或者任何一个儒家学者）相同，儒家内部当然允许分歧和争论的空间。其次，即使荀子认为道普遍适用于古今万物，这也不能证明荀子所理解的道是客观的，而不是建构的。在本文的第二部分我已经论证过，道德普遍主义并不等同于道德实在论，而且，道德普遍主义并不必然与道德建构论相冲突。刘纪璐的第二个理由则只是说圣人的思虑应该以道为依据，而并没有表明道是客观的事实。说道德是圣王建构的，并不是说圣王在创制道德时没有任何根据，而只是说，圣王创制道德的根据并不在于与外在的道德事实相符合。比如，圣王完全可能根据"主观欲望的

---

[1] 刘纪璐：《荀子如何调解"其善者伪也"与道德实在论的冲突——荀子的道德理论是道德建构论还是道德实在论？》，第28页。

最大化满足"这一原则（"道"）来设计道德规范，并做到与"道"合一，而不需要外在世界存在"应该满足主观欲望的最大化满足"这一规范事实。如果是这样的话，"应该满足主观欲望的最大化满足"只是圣王的评价视角中的内容。此外，刘纪璐征引的"百王之无变，足以为道贯"所表达的主要意思是，先王之道是稳定的，不会因为时代的改变而发生变化。类似的说法还有：

> 天下之道管是矣，百王之道一是矣。（《儒效》）
> 与时迁徙，与世偃仰，千举万变，其道一也。（《儒效》）
> 彼先王之道也，一人之本也，善善恶恶之应也，治必由之，古今一也。（《强国》）

但上述说法并没有直接回答先王之道来自何处的问题，因而并不足以支持对于荀子的道德实在论解读。

但刘纪璐对于"道"的理解的确抓住了"道"的一个重要的方面，即：道作为"心之所可"的标准（"衡"），应该是**外在于心**的。正因为此，荀子才会有诸如"心合于道""离道而内自择，则不知祸福之所托"（《正名》）等说法。如果"道"是外在于心的，那么，"道"似乎不可能是圣王之心所创造的，而只能是被发现的。所以，刘纪璐才认为荀子是一个道德实在论者。然而，另一方面，在荀子那里，作为普遍道德法则的"道"似乎就等同于圣王所创制的礼义法度，甚至，圣王就是"道"的化身：

> 道也者，何也？礼义、辞让、忠信是也。（《强国》）
> 礼者，人道之极也。……圣人者，道之极也。（《礼论》）
> 道者，何也？曰：君之所道也。（《君道》）

荀子似乎认为，圣人（或者圣王）之心所认可的就是道，或者，道就是圣人之心会认可的东西[1]，所谓"心也者，道之工宰也"（王先谦引陈奂曰：工宰者，工，官也。官宰，犹言主宰。）(《正名》)，"天下无二道，圣人无两心"(《解蔽》)。"圣王"和"道"在荀子那里成了并列的、根本性的伦理范畴，似乎无所谓孰先孰后，或者更直接地，圣王就等同于道。

但是，如何理解这一点呢？为什么一方面圣王依据外在于自身的"道"而创制出礼义，而另一方面圣王自己就是"道"或者能够主宰"道"？在我看来，解决这个问题的关键在于弄清楚荀子所说的"心之所可"的最终标准来自何处，而后一个问题则关系到另一个被众多学者（尤其是西方学者）所关注的问题，即：在荀子那里，自我的道德转化如何可能[2]？

五、第三种解释

万百安（Bryan W. Van Norton）认为，在孟子那里，我们的行为动机由最强的欲望所决定，而荀子认为欲望只是我们的人性对外在世界的直接反应，我们的行动最终由心的自主认可的能力所决

---

[1] 这种看法似乎很接近德性伦理学的主张，即：一个具有完满德性并了解相关信息的人通常会去做的行为就是道德上正确的行为（参见 Linda Zagzebski, *Virtues of the Mind: An Inquiry into the Nature of Virtue and the Ethical Foundations of Knowledge*, Cambridge: Cambridge University Press, 1996; Rosalind Hursthouse, *On Virtue Ethics*, Oxford: Oxford University Press, 1999）。因此，我们似乎可以进一步探讨荀子的规范伦理学立场，并追问：荀子是一个德性论者吗？

[2] David S. Nivison, "Hsün Tzu on 'Human Nature'," in B. W. Van Norden (ed.) *The Ways of Confucianism: Investigations in Chinese Philosophy*, Chicago: Open Court, 1996 and "Xunzi and Zhuangzi," in *Virtue, Nature, and Moral Agency in the Xunzi*, 2000, pp.176-187; Bryan W. Van Norton, "Mengzi and Xunzi: Two Views of Human Agency," in *Virtue, Nature, and Moral Agency in the Xunzi*, pp.103-134; David Wong, "Xunzi on Moral Motivation", in *Virtue, Nature, and Moral Agency in the Xunzi*, pp.135-154; T. C. Kline III, "Moral Agency and Motivation in the Xunzi," in *Virtue, Nature, and Moral Agency in the Xunzi*, pp.155-175.

定,亦即被"心之所可"所决定。[1] 如果是这样的话,"心之所可"的能力在荀子那里便成为道德转化的关键。换言之,拥有非道德人性的人之所以能够成为道德的人,关键在于人心拥有自主认可好坏对错的能力。那么,接下来的问题便是,"心之所可"的标准是什么?心是依据什么来制服欲望的?

对于这个问题,黄百锐提出了两种解释:第一种被他称为"弱解释",第二种被他称为"强解释"。弱解释认为,心之所可的标准最终来源于欲望本身,心之所以制服欲望是基于行动者整体欲望的长远之满足。也就是说,心是基于审慎的(prudential)考虑才选择克服某些欲望的,这种决断只是"一个人当下的口腹之欲与他通过对长远利益的反思而产生的欲望之间的选择"[2]。而强解释则认为,心之所可的力量来源于理性的认知能力,与欲望无关。理性拥有独立的可以激发道德行动的能力,这种能力类似于康德所说的能够发布"绝对命令"的纯粹实践理性,也可能是理性认识到了外部世界的道德事实从而直接激发道德行动。黄百锐认为强解释在荀子那里不成立,因为康德式的纯粹实践理性与荀子的人性论不符,而且荀子也不承认外部世界有任何不可还原的道德事实。[3]

我同意黄百锐对于强解释的否定,但也不认为弱解释符合荀子的看法。[4] 因为荀子所论的"心之所可"的力量可以与哪怕最强的欲望相悖,甚至可以与欲望完全对立。比如,荀子说:

> 人之所欲,生甚矣。人之所恶,死甚矣。然而人有从生成死者,非不欲生而欲死也,不可以生而可以死也。(《正名》)

---

[1] Bryan W. Van Norton, "Mengzi and Xunzi: Two Views of Human Agency," pp.117–119.
[2] David Wong, "Xunzi on Moral Motivation", p.141.
[3] 后一点表明,黄百锐似乎认为荀子不是一个道德实在论者,但他并没有对此展开论证。
[4] 在之前的一篇文章中,我遵循弱解释的路径尝试发展了黄百锐的看法(参见魏犇群:《荀子论"为什么要有道德"》,复旦大学硕士论文,2012年,未出版)。但现在我改变了看法。

人之所欲莫大于生，人之所惧莫大于死，而"心之所可"的力量却可以克服对于生的欲望，让人选择死。并且，荀子在这里明确区分了"欲"和"可"，"可以死"不是"欲死"，而是因为认识到了某个更重要或者更具有价值的东西决定自己应该在此情此境中选择去死，从而站在了欲望的对立面。林宏星把"可"的能力理解为一种意志的决断，而且认为，"心之所可"之所以能够具有完全压制欲望的力量，"必有心知的判别、价值的评估作基础"[1]。因此，"心之所可"的力量本身就蕴含了价值评价的内容，其与欲望的区别并不能简单还原为不同的欲望在强度与范围上的差别。所以，弱解释似乎并不能成立。接下来，我会提出不同于强解释和弱解释的第三种解释。

既然"心之所可"的运作以价值评价作为基础，那么，能够作为"心之所可"之标准的东西就要具有价值评价的内容。在我看来，在荀子的思想中，能够作为"心之所可"最终标准的是**被传统塑造了的自我的评价视角**。这是什么意思呢？

在荀子看来，心具有理性反思的功能，能够让我们抽离出当下的需求、欲望或者利益，去选择认可应该去做的事情并付诸行动。但这种选择绝不是随意的或者随机的，而是依据了某种标准，或者来自某些考虑。荀子似乎认为，一方面，圣王的反思所依据的是外在于自己的"道"，而另一方面，圣王自己就是"道"。这似乎陷入了自相矛盾。类似的矛盾也出现在伯纳德·威廉斯（Bernard Williams）对于亚里士多德伦理学的解读中：在亚里士多德看来，一方面，道德反思可以以我们自己的"性情倾向"（dispositions）为对象，因此，反思的标准似乎外在于我们的"性情倾向"，但另一方面，道德反思最终又来源于我们的"性情

---

[1] 林宏星：《"心之所可"与人的概念》，载于《合理性的追寻：荀子思想研究论集》，台湾大学出版中心，2011年，第205页。

倾向"[1]。这是如何可能的呢？威廉斯认为，问题的关键在于亚里士多德把实质性的伦理性情倾向放入了构成自我的内容之中。他写道：

> 在进行成熟的反思时，我是我已经成为的样子。即使我的反思以我自己的性情倾向（dispositions）为对象，我的反思必须同时是我自己的性情倾向的表达。我是从一个我已经获得了的、部分地构成了我之为我的伦理视角出发，去思考伦理的或者其他方面的价值的。[2]

也就是说，反思的自我本身就是由我的性情倾向所构成的。我经过反思而去约束某些需求或者欲望的选择本身是通过我的性情倾向而做出的，因此是我的（更深层的）自我的表达。那个站在需求和欲望后面进行反思的"我"仍然是那个拥有着各种性情倾向的"我"。反思并不会使我变成完全不同的另一个人。从我的性情倾向所构成的**内部视角**来看，那些被压制的需求和欲望所表达的性情倾向受到了外在的约束。但从脱离于我的性情倾向的**外部视角**来看，那种约束实际上来源于我的更深层、更根本的性情倾向，因为如果没有了我的性情倾向，我就失去了进行任何反思和决断的评价视角，"我的"反思就没办法进行。从性情倾向的内部视角来看，反思的标准外在于我们的性情倾向，但从性情倾向的外部视角来看，反思的标准最终又来源于我们的性情倾向。因此，"自我依据一定的标准进行反思"这件事本身并没有矛盾，矛盾来自两种不同的视角对于反思的观察。

类似地，在荀子那里，圣王创制礼义法度所最终依据的"道"实际上是自己（深层次）的性情倾向所构成的评价视角，而这一视

---

[1] Bernard Williams, *Ethics and the Limits of Philosophy*, Cambridge, MA: Harvard University Press, 1985, chapter 3.

[2] Bernard Williams, *Ethics and the Limits of Philosophy*, p.51.

角也构成了圣王的自我的一部分。所以,圣王才能依据"道"创制出道德,同时圣王自己就是"道"。从圣王的评价视角内部看,"道"是外在于自己的评价视角的,但从其外部的视角看,"道"来自比圣王的其他需求和欲望所代表的评价视角更为根本的评价视角,亦即,圣王更深层次的自我。

当然,我们可以继续追问,构成圣王或者先王的深层自我的评价视角最初是怎么来的呢?但荀子似乎把这个问题悬置了。因为他认为,"道"的评价视角就是传统,就是"先王之道"。人总是生活在某个传统之中,而圣王是作为传统或者"道"的化身而存在的,是任何正确的反思所最终依据的标准。正因为此,荀子才喋喋不休地要求我们效法先王:

> 凡言不合先王,不顺礼义,谓之奸言,虽辩,君子不听。法先王,顺礼义,党学者,然而不好言,不乐言,则必非诚士也。(《非相》)
>
> 凡言议期命,是非以圣王为师。(《正论》)
>
> 劳知而不律先王,谓之奸心。(《非十二子》)

反思不能无限地进行下去,任何反思都必须停在某处。"心之所可"的最终依据是先王所代表的传统,而这一传统塑造了晚近的圣王深层次的评价视角。在荀子那里,彻底地质疑乃至推翻传统(即"先王之道")是不合法的,因为传统是反思的最终依据。既然我们一开始就生活在某个传统之中,那么我们的评价视角就是被传统所塑造的,试图完全推翻传统就好像要拽着自己的头发把自己提起来。但这并不意味着我们无法反思自己的传统,或者传统不能修改,而只意味着,我们对于传统的任何部分所做的任何修改最终都是基于传统的另外一部分。我们当然可以根据处境的变化去改变传统的做法,乃至创造新的传统,故荀子也有"法后王"之说,但这些做法的根据必须来源于传统本身。这大概便是荀子的"历史意识"[1]。

总结一下，根据我所提出的第三种解释，"心之所可"的最终依据是被传统塑造了的自我的评价视角；任何反思、批判或者创作都无法脱离先在的、来源于传统的评价视角；而圣王正是这一评价视角的化身。圣王也是人，其运用"心之所可"创制道德的过程也不例外。所以，圣王才能既依据"道"而其自身又是"道"。这里的"道"乃是先王之道，是圣王被传统所塑造的深层次的自我。如果这种看法正确的话，那么，在荀子那里，无论评价视角是被怎样的传统所塑造的，道德价值最终都不会超出评价视角的范围。而这意味着，任何道德评价都是某种评价视角内部的价值以及非价值信念相结合的产物。因此，荀子是一个道德建构论者。

六、结语

本文旨在论证，荀子的元伦理学理论属于道德建构论，而不是道德实在论。因为，一方面，荀子所理解的外在世界中不可能存在现成的道德秩序，另一方面，作为道德评价（或者"心之所可"）之最终标准的"道"来自被传统所塑造的评价视角。假如本文的论证是可靠的，那么，荀子就不仅是一个道德建构论者，似乎还是一个社群主义者（communitarian），因为他相信，人类自我或者人性很大程度上是被其所在的文化传统所塑造的，并且，文化传统构成了人们的价值判断的基础。[2] 这似乎能够与孟子的主张形成对照，因为根据一种流行的解读，孟子相信人性中存在先天的道德能力，而这种能力可以超越任何偶然的因素（包括生物和传统文化因素）

---

1 参见林宏星：《"先王之道"与"法后王"——荀子思想中的历史意识》，载于《合理性的追寻：荀子思想研究论集》，第339-368页。

2 Charles Taylor, *Sources of the Self: The Making of the Modern Identity*, Cambridge: Cambridge University Press, 1989.

而为人类的行为提供普遍的规范。[1]因此，本文或许能够提供讨论孟荀之争的另一种视角：作为社群主义者的荀子 VS. 作为（康德式的）理性主义者的孟子。

1　参见李明辉：《儒家与康德》，联经出版公司，1997年。

从博弈视角看荀子政治设计的初衷与意义[*]

蓝法典（山东师范大学）

谭嗣同对荀子的思想有一论断，谓："常以为两千年来之政，秦政也，皆大盗也；两千年来之学，荀学也，皆乡愿也。惟大盗利用乡愿，惟乡愿工媚大盗。二者交相资，而罔不托之于孔。"[1] 谭嗣同将荀子学说视为导致中国二千年君主专制的罪魁祸首，虽然客观上点明了荀子政治设计过分强调权力支配的弊端，但荀子的本意在于指出唯有通过权力的裁断才能"止乱"，并实现"德必配位"的政治理想。荀子之所以对如何实现符合儒家道德追求的政治理想做出这一技术处理，是因为他清醒地意识到自然人性中"好利""好争"的倾向是无法回避的。如果我们承认这一事实的限定，那么要在此基础上延续儒家道德信念的可信性，建立一个符合道德的秩序，其关键就在于正视"利益"与"道德"之间的关系并做出妥当的处理。换言之，摒弃道德在先的视角，正视"利益"与"道德"之间的博弈关系，会帮助我们进一步了解荀子政治设计中饱受诟病的"权力"以及他提倡的知性之学之意义是什么。

---

[*] 本文系国家社会科学基金青年项目"明代士大夫话语体系转型研究"（17CZX026）的阶段性成果。

[1]（清）谭嗣同：《谭嗣同全集（增订本）》，蔡尚思、方行编，中华书局，1981年，第337页。

一、"子贡赎人"中的道德困境

让我们首先借用"子贡赎人"的事例来指明荀子政治设计所面对的道德困境是什么。《吕氏春秋·察微》记载:

> 鲁国之法,鲁人为人臣妾于诸侯,有能赎之者,取其金于府。子贡赎鲁人于诸侯,来而让不取其金。孔子曰:"赐失之矣。自今以往,鲁人不赎人矣。取其金则无损于行,不取其金则不复赎人矣。"子路拯溺者,其人拜之以牛,子路受之。孔子曰:"鲁人必拯溺者矣。"孔子见之以细,观化远也。

"子贡赎人""子路受牛"这两个故事的核心思想是一致的,即从后果的角度强调当道德无需在场时,没有必要造成多余的道德压力,压抑人们践行此类行为的积极性。换言之,"有能赎之者,取其金于府"的实现机制在于将人们内心"未赎人是否就是不道德"的迟疑转化为"这么做是对的并且不必付出额外道德代价"的变相激励。所以尽管子贡赎人不取金是典型的道德行为,但孔子却对其可能引发的消极后果表示了担忧。

这一事例无疑对儒家强调内在动机的道德观点提出了挑战,也即当二者发生冲突时,我们应更看重后果意义的道德效用,还是更看重动机意义的道德目的?如若依"人而不仁如礼何"(《论语·八佾》)的动机论看,子贡不取金的行为是完全正当的,他没有理由为此后鲁人赎人或不赎人的后果担责。但另一个方面,子贡的行为的确造成了一种无形的道德压力,致使当人们用利益补偿的方式来赎人时,总会面对其行为相较于子贡乃是"不道德"的潜在评价。为了避免"不道德"的指责,最坏的结果就是孔子所说的"自今以往,鲁人不赎人"。

如此一来,子贡的道德行为就降低了公共生活中可以导致"善"之后果的行为比重,道德动机与效果之间发生严重的冲突。

这是儒家强调内在动机的道德论调很少关注的部分。因而我们必须将它安置在一个更为合理的思想体系中进行解读。无独有偶,在《荀子》一书中,也记载了类似的事例,其谓:

> 公孙子曰:"子发将西伐蔡,克蔡,获蔡侯,归致命曰:'蔡侯奉其社稷而归之楚,舍属二三子而治其地。'既,楚发其赏,子发辞曰:'发诚布令而敌退,是主威也;徒举相攻而敌退,是将威也;合战用力而敌退,是众威也。臣舍不宜以众威受赏。'"讥之曰:"子发之致命也恭,其辞赏也固。夫尚贤使能,赏有功,罚有罪,非独一人为之也,彼先王之道也,一人之本也,善善恶恶之应也,治必由之,古今一也。古者明王之举大事、立大功也,大事已博,大功已立,则君享其成,群臣享其功,士大夫益爵,官人益秩,庶人益禄。是以为善者劝,为不善者沮,上下一心,三军同力,是以百事成而功名大也。今子发独不然,反先王之道,乱楚国之法,堕兴功之臣,耻受赏之属,无僇乎族党而抑卑其后世,案独以为私廉,岂不过甚矣哉?故曰:子发之致命也恭,其辞赏也固。"(《荀子·强国》)

"子发辞赏"的事件性质与"子贡赎人"是相同的,荀子批判他的做法是"独以为私廉"。既是"私廉",则意味着它破坏了公共生活中的公共规则。何为"公共规则"?在荀子笔下,即是行为的善与不善必须与政治、经济利益的分配紧密挂钩,也即所谓"君享其成,群臣享其功,士大夫益爵,官人益秩,庶人益禄。是以为善者劝,为不善者沮"。在这一体系下,"子发辞赏"的行为固然因道德动机而具备道德价值,但这种只对内在动机负责的道德行为却彰显出一种俯瞰公共生活的姿态,也即道德与否乃是隶属个人的事,而非隶属公共的事。如此一来,道德的善与恶就不再是集体所能评判的对象,而相关的政治、经济利益的分配也就无法与行为的评价紧密相关。

这是荀子政治设计所面对的道德动机与道德效果的困境。进一步说，如若注重道德动机，就无法避免道德与利益分配相脱节而互不照管的对抗态势；如若注重道德后果，那么即便可以达到"德必称位，位必称禄，禄必称用"（《荀子·富国》）的效果，但将道德完全置于权力控制之下的做法无疑将道德彻底工具化了。然而，由于动机论的道德判定更注重主体自身的内在反省与本心挺立，其对公共生活的解读能力有限，而荀子又对如何建立一个合乎儒家道德理想的政治秩序倾注了全副心血，所以我们首先需要明晰的是，荀子如此设计的理由及其背后折射出的"不得已"是什么。

荀子之所以做出"独以为私廉，岂不过甚矣哉"的评价，背后的原因并不复杂。首先，荀子假定的人类生活的自然状态是"今人之性，生而有好利焉，顺是，故争夺生而辞让亡焉"（《荀子·性恶》）。依东方朔先生的梳理，"争夺"所导致的欲多物寡之矛盾在荀子的政治哲学中同时具有原因的和结果的意义："作为结果的'争'，预设了其政治哲学思想赖以建立的前提和出发点；而作为原因的'争'则直接导向了其如何实现'去乱止争'的政治设计和制度安排。"[1] 因而荀子抨击"私廉"的初衷显然在于这种动机的道德无法实现"去乱止争"的目的。在这一目的的设计安排下，以权力驾驭道德而归于合理的差等秩序，实现政治、经济利益的再分配的做法就获得了方法上的合理性。

其次，权力驾驭道德所旨在实现的礼法社会，表面上是一个唯后果至上的道德社会，但其实质乃是一套政治、经济利益的分配体系。从以下两段话便可看出这一点，荀子谓：

> 礼者，法之大分，类之纲纪，故学至乎礼而止矣，夫是之谓

---

[1] 东方朔：《差等秩序与公道世界：荀子思想研究》，上海人民出版社，2016年，第80页。

道德之极。(《荀子·劝学》)

礼起于何也？曰：人生而有欲，欲而不得，则不能无求；求而无度量分界，则不能不争；争则乱，乱则穷。先王恶其乱也，故制礼义以分之，以养人之欲，给人之求，使欲必不穷于物，物必不屈于欲。两者相持而长，是礼之所起也。故礼者，养也。……君子既得其养，又好其别。曷谓别？曰：贵贱有等，长幼有差，贫富轻重皆有称者也。……故人一之于礼义，则两得之矣；一之于情性，则两丧之矣。故儒者将使人两得之者也，墨者将使人两丧之者也，是儒墨之分也。(《荀子·礼论》)

在荀子笔下，"礼"虽然作为道德之极，但却少有类似"克己复礼为仁"(《论语·颜渊》)这种指向道德的说明。对于"礼"的作用，荀子认为主要在于"养"与"别"，也即"养人之欲"，"贫富轻重皆有所称"，主旨在于合理分配既有利益。"礼"在其中所扮演的工具角色如此鲜明，以至于我们不能不把荀子笔下的道德也做相应的理解，即作为工具和后果意义的道德，它不仅提供了分配之准则的作用，而且更为重要的是，荀子式的道德为义、利对抗的双方提供了一个彼此兑换的可能，也即通过充任利益之等价物的角色，道德能够使整个政治秩序统一为一个可被人力合理控制的秩序，也即荀子所谓"一之于礼义，则两得之"。

在荀子的思想体系中，子贡拒不取金的做法显然就如子发的"私廉"一样烘托出一个超越权力控制之外的，不甘于利益之等价物身份的道德，它的存在会彻底破坏道德、利益彼此通兑的可能性而致使利益完全摆脱道德设定的差等秩序，沦为脱缰的野马。这大概是荀子极力批判孟子性善说，反问"恶用圣王"、"恶用礼义"(《荀子·性恶》)的缘故所在。

然而在"子贡赎人"的故事中，促使人们放弃赎人行为的原因固然源自潜在的道德压力，但这种压力的具体内容是什么却没有被指明。举例来说，日常生活中随处可见这样的现象，当一个人出于道德的动机而主动践行某种道德行为之后，这种主动往往会变成一种被动的道德义务。譬如某人每月援助失学儿童五百元钱，当自己因疾病而失去援助的能力之后，被援助者可能会认为对方失信，其停止援助的行为是"不道德"的，于是上门索要"本应"寄出的捐款。于是，主动的道德行为就变成了不得不被动遵守的道德义务。孟子著名的恻隐之心的论证亦是如此，倘若此时一个人拯救了快要落井的孩子，而彼时出于某些原因没有拯救，那么他一定会遭到千夫所指。

在类似的例子中，尽管对于主体来说，道德仍是一种内在动机的道德，并且主体亦只对此内在的动机负责，但他人评价这种动机论的道德却是完全不顾及"动机"问题的。人人往往认为，如果一个人因"某件事"产生了"道德动机"，那么在同样的情境中，他就必须将这一道德动机转化为"道德行为"。否则，他就是不道德的。"子贡赎人"的例子同样如此，倘若子贡可以因道德动机而放弃利益的补偿，那么放弃利益补偿就成为衡量人是否道德的标准。如果不放弃，那么他就是不道德的。当"放弃利益"成为被动的道德义务时，我们发现，道德动机不仅没有得到任何尊重，而且被替换为具体的、甚至有些荒谬的评价标准，这最终反向磨灭了人们内心将道德动机转化为道德行为的热情。

因而，荀子将道德与利益相通兑的设想或许存在诸种弊端，但它至少对如何解决上述强迫性的被动道德义务的问题提供了一种思路，那就是道德的在场真的无时无刻都是必要的吗？还是说，在某些情境下，道德需要被视为一种等价物而被兑换为人人可以参与其中并客观把握的对象？如果在公共生活中，动机论的道德并不能对儒家的政治理想做出有效的说明，那么我们是否应该从后果意义的道德重新审视这一政治理想的实现机制？道德的工具化固然是荀子政治设计的弊端所在，但它更是一种"不得已而为之"的方法需要，其背后折射出的是当道德遇见人类"搭便车"的自然倾向时，无法自我保全的尴尬处境。

二、"搭便车"问题的荀子式解决

"搭便车"理论原出美国经济学家奥尔森（Olson）所著《集体行动的逻辑一书》，说的是"尽管集团的全体成员对获得这一集团的集体利益有着共同的兴趣，但他们对承担为获得这一集体利益而要付出的成本却没有共同兴趣"，[1]并且"集团越大，就越不可能去增进它的共同利益"。[2]这样的例子在生活中同样随处可见，譬如当一个十几人的科研院所开会讨论内部事务时，人们为了维护自己的利益，同时也是因为无人能够代表自己的利益说话，更倾向于参加会议。但当这个基数由十几人变成几万人时，个人意见的重要性越来越小，并且因为参与人数的庞大，导致对每一个人行为的监督是不可能的，所以无论会议所讨论的内容对自己是有利还是无利，人们更倾向于拒绝参加会议。对于"国家"这一集团来说，情况更是如此，除去强制性的税收、兵役等义务之外，人们很少会为增加集团利益而主动承担额外的成本。尽管集体利益的增进对自己是有利的，但如果它同时也是对别人有利的，那么人们通常会采取拒绝的态度。

我们完全可以将"子贡赎人"导致的消极后果视为搭便车心理普遍存在的证据。理由在于，当人们发现"赎人"变成一种道德义务并且需要由自己来承担相关成本时，他们很可能拒绝履行这一可以增加鲁国集体利益的义务并且拒绝负担相关成本。"赎人取金"的做法在奥尔森眼中，是解决"搭便车"问题的一

---

[1] （美）曼瑟·奥尔森：《集体行动的逻辑》，陈郁、郭宇峰、李崇新译，上海人民出版社，2018年，第21页。

[2] （美）曼瑟·奥尔森：《集体行动的逻辑》，第35页。

种方法,即通过选择性激励的方式鼓励人们为集体利益的增加做出贡献。当这一选择性激励消失时,人们更乐于扮演搭便车者的角色而没有兴趣参与其中。对应于道德行为,这也即是说,如果道德行为不能对应合理的选择性激励,或者沿用前文的说法,如果道德不能被通兑为利益,导致的后果就是,它将在公共生活中蜕变为多余并消极的道德义务。因为,强迫他人履行额外的道德义务,对搭便车者而言是最为有利的选项。如此,我们就发现了这样一种情况,越是抱有搭便车心理的人,就越是乐于以强调道德的重要性来伪装自己的行为动机,原因在于"这并不是说他的原则低劣的不能见人,而是因为隐藏这个原则符合利己主义者的最大利益。非但如此,利己主义者还应大力宣传利他主义,因为只有他人尽可能多地成为利他主义者时,利己主义者可能得到的好处才越多"。[1]用宋明理学的话来说,高级搭便车者即是"伪道学"的道德宣讲者,而戴震所谓的"以理杀人"正是对强迫人们履行道德义务而被动变成"利他主义者"这一现象的中国式表达。

既然"搭便车"是一个普遍存在的事实,而道德领域又是搭便车现象的重灾区,如何解决这一问题就让人感到颇为棘手。徐向东对此做了更进一步的说明,他写道:

> 一阶搭便车者试图不遵守社会规则并从中得到好处,而二阶搭便车者试图不去强化对一阶规则的遵守并由此让自己获益。不管在哪一个层次上,与自觉遵守规则并强化规则的人相比,成功的搭便车者在某种意义上总是过得更好,对搭便车者来说颇具吸引力的状况因此就有可能攀升为这样一种状况:每个人都试图从社会合作的漏洞中捞取好处却又不受惩罚地脱身而出。如此一

---

[1] 程炼:《伦理学关键词》,北京师范大学,2007年,第10页。

来，整个社会合作体制以及有关的规则系统可能迟早就会崩溃。[1]

倘若人们用博弈的方式处理日常生活中的道德问题，那么没有道德对自己是最有利的。然而这种做法可能导致"整个社会合作体制以及有关的规则系统迟早会崩溃"。我们可以用荀子"争"的哲学来理解这一现象，但值得注意的是，荀子给出了两个完全不同的理解方式。

第一种理解是荀子完全彻底地坦承人性的生而好利，欲多而不欲寡。这就相当于说，荀子完全承认搭便车现象的合理并且将每一个人都视为潜在的搭便车者，相对应的解决办法即是荀子设计的一套与道德相匹配的政治、经济利益的分配体系。当道德与利益之间存在通兑可能时，自然也就不存在打着道德旗号，通过搭便车方式增加自我利益的可能。但这种方法需要一个拥有绝对权力并且绝对开明的支配者才能够实现，他评价每一个人的行为，并公平分配给每个人与其行为相配的政治、经济利益。

第二种理解是荀子既要求圣王这一绝对的支配者不能是一个搭便车者，但同时又不能避免圣王成为整个利益分配中的最大的搭便车者，如其谓：

> 夫贵为天子，富有天下，名为圣王，兼制人，人莫得而制也，是人情之所同欲也，而王者兼而有是者也。重色而衣之，重味而食之，重财物而制之，合天下而君之，饮食甚厚，声乐甚大，台谢甚高，园囿甚广，臣使诸侯，一天下，是又人情之所同欲也，而天子之礼制如是者也。……合天下之所同愿兼而有之，睪牢天下而制之若制子孙，人苟不狂惑戆陋者，其谁能睹是而不

---

[1] 徐向东：《理由与道德》，北京大学出版社，2019年，第324页。据徐向东页下注释，二阶搭便车问题最早出现于 R. Boyd, J. Gintis, S. Bowles and P.J. Richerson（2003），"The Evolution of Altruistic Punishment", *Proceeding of the National Academy Science*, 100:3531–3535.

乐也哉!(《荀子·王霸》)

圣王虽与普通人类似,其性情本是一个天生的搭便车者,但他能够通过学习先王之道,"知统类"而制礼义,以制止"争乱"。依荀子观点,圣王的这种"化性而起伪,伪起而生礼义"(《荀子·性恶》)的能力源于两个方面,一为既能"明于天人之分"(《荀子·天论》),又能"清其天君,正其天官,备其天养,顺其天政,养其天情,以全其天功,如是则知其所为,知其所不为矣"(《荀子·天论》),通过合理运用人的能力仿效天生万物而成就人的政治事业;一为通过知性的学习,尤其是学习先王之道而设计相应的礼法制度。然而,既然人性天然好利,圣王亦不能免于这种天性,其独特之处仅在于通过后天的学习控制自己的欲望,并能尊重人好利的天性而公平分配利益,那么这套分配体系之于民众虽是"为善者劝,为不善者沮",但对于圣王及学习儒家之道的人来说却是"有智者劝,无智者沮"。智的最大功用并不在控制自我的欲望,而在于如何通过制度的设计控制他人的欲望。所以,对于"性者天之就也,情者性之质也,欲者情之应也"(《荀子·正名》)一语,徐复观深刻地指出,"情者性之质也"是荀子的人性论的本色,并且"在事实上,性、情、欲,是一个东西的三个名称。而荀子性论的特色,正在于以欲为性"。[1]

因而,在"以欲为性"的立场下,圣王以知性能力控制他人欲望所实现的政治秩序,虽然可以实现"止乱"的目的,但我们完全可以将这一绝对权力和公平分配的支配者视为荀子道德观中最大的搭便车者。因为,首先,在德位相配的差等秩序中,圣王展现出的不是道德的能力,而是知性的能力,但人们却只能依照"为善者劝,为不善者沮"的道德阶梯获取更多的政治、经济利益。其次,荀子的"公平分配"指的只是这样一个事实,谁越能不追逐利益则

---

[1] 徐复观:《中国人性论史·先秦篇》,九州出版社,2014年,第211—212页。

越能获得更多的利益。所以圣王既不是一个追求利益的搭便车者，但同时也将成为这一差等秩序中的最大受益者。关键在于，荀子"知统类"的相关表述说明他是在了解这一事实的基础上才最终做出了"止争"的知性结论，故其理论动机包含了"通过拒绝搭便车而成为最大的搭便车者"的理解可能。

然而问题在于，如果我们始终要面对道德行为中的搭便车现象，那么除去制造一个最大的搭便车者来控制他人的欲望之外，似乎并不能找到更为合适的解决方式。荀子关于"王天下"的论述这样写道：

> 权谋倾覆之人退，则贤良知圣之士案自进矣。刑政平，百姓和，国俗节，则兵劲城固，敌国案自诎矣。务本事，积财物，而勿忘栖迟薛越也，是使群臣百姓皆以制度行，则财物积，国家案自富矣。三者体此而天下服，暴国之君案自不能用其兵矣。何则？彼无与至也。彼其所与至者，必其民也。其民之亲我欢若父母，好我芳如芝兰；反顾其上则若灼黥，若仇雠。彼人之情性也虽桀、跖，岂有肯为其所恶贼其所好者哉！……故周公南征而北国怨，曰："何独不来也！"东征而西国怨，曰："何独后我也！"孰能有与是斗者与？(《荀子·王制》)

不仅荀子，儒家政治理想的基本模型就是"百里而王"。如果讨论这种"王天下"的可能性，则首先"天下"乃是指人类之全体，故荀子谓国家可以禅让，因其可以私有，但天下无所谓禅让，因其服从于人心所向；其次，"王"的可能性在于"四夷宾服"式的主动来归。因而仅仅行仁政恐怕并不能实现这一目的，"仁政"更要表现为具体的"制度行""财物积""国家富"，其实质即是为普通百姓提供一个安居乐业的环境来达到吸引人心的目的。然而，"民之亲我欢若父母，好我芳如芝兰"的表现并不说明民众之"欢"之"好"暗示其内心希望做一个道德的人，而只是说民众希望在圣王的治理下获得属于自己的利益。故对于在位者而言，能够"让利于民"即意味着其政治制度具备道德的属性。但倘若我们把圣王想象成一个完全利他主义的人，便又会面临上文已指出的被动的道德义务的困境，也即权力拥有者虽具有权力及分配的绝对支配权，但"让利于民"乃是他必须履行的道德义务，并且"利"的退让因着民众的利益追求将会变成一个永无止境的过程。换言之，其最终结局就变成全体民众都在搭圣王道德的便车。这样的局面显然是不可维系的。故而圣王必须具备一种控制民众欲望的知性能力，这也就是荀子视野中的王者形象，因其能公平地分配利益，而不是"让利于民"，促使民众的欲望有一合理的晋升渠道，从而实现控制的目的。维系这一差等秩序的即是所谓的"礼"，即是"道德之极"。

只不过在这一过程中，圣王并不是以主动搭便车的方式使自己成为最大的搭便车者，而是以被动的民众认同的方式，将政治秩序合理安排为搭便车之次序。但荀子政治哲学得以成立的关键是"知性"而非"道德"。这就造成了这样一种可能性，即遵守规则者，譬如相信通过道德的方式可以获得相应的社会地位与属于自我的利益的人，就成为那些不相信规则者，即用知性操纵道德以达到目的者的搭便车对象。其中，最大的搭便车者是凭借知性而维系秩序的圣王或权力支配者。霍布斯（Hobbes）有一洞见，其谓权势欲的普遍倾向之所以出现，"并不永远是人们得陇望蜀，希望获得比现已取得的快乐还要更大的快乐，也不是他不满足于一般的权势，而是因为他不事多求就会连现有的权势以及取得美好生活的手段也保不住"。[1] 因而，在荀子的政治体系中，如果"争"乃是无可回避的自然状态，那么差等秩序划定的分配次序也不能真正杜绝争的倾向，因为对所有人而言，他们如果"不事多求"便无法保住自己的

---

1 （英）托马斯·霍布斯：《利维坦》，黎思复、黎廷弼译，商务印书馆，2017年，第72页。

利益以及权势。对于君主,他唯有通过强迫他人扮演遵守规则的道德者的角色并且从中攫取更多的利益才能避免他人由于捍卫既得利益而表现出的进一步的争的倾向冲垮整个秩序。从而我们说,他既在无形中捍卫了自己的搭便车身份,但同时也不得不这么做。

经由以上分析可以看出,在荀子的思想中,"搭便车"的问题只有通过"搭便车"的方式才能解决。如果一味强调道德动机的重要,那么搭便车现象便会对遵循内在动机的道德践行者造成不公平的损害。但是,这种基于博弈的"不得已"结果真的彻底否定了道德在场的可能性吗?还是说,在荀子的视野中,由于过分强调"人为"的道德设定,而在不经意间放弃了这种可能性。

三、"囚徒困境"实验中的道德起点

回到第一节提出的问题:"道德在场真的无时无刻都是必要的吗?还是说,在某些情境下,道德需要被视为一种等价物而被兑换为人人可以参与其中并客观把握的对象?"

从搭便车现象普遍存在的客观事实来看,至少在集体行动的场域中,道德的在场并不是时刻必要的,因为它一方面会强化有道德者深陷的义务困境,另一方面会损害有道德者的切身利益。虽然有德者未必有福,但显然,强调有德者必须甘于贫穷,或者必须无私奉献,甚至加重这一不合理的待遇并不应成为人类的共识。从荀子政治设计所表露出的道德观中,除去公平分配的目的,我们完全看不到道德存在的任何必要性。从这个意义上说,出于保护有德者的目的,道德一方面无需在场,但另一方面,道德的不在场并不是说道德无需发挥它的相关作用,而只是说,它需要以另一种更合理的方式介入其中。荀子的答案是从后果的角度安置道德,不仅使其与利益相通兑,而且将其效用呈现为利益分配的公平。

然而正如前文所论,倘若我们只能通过知性的方式左右集体行动的逻辑而使它呈现出尽可能合乎道德诉求的面貌,那么塑造最大的搭便车者的方式在遏制普遍搭便车现象时甚至不能对"如何止争治乱"这一荀子政治哲学与伦理观的起点做出有效的回应。如果我们承认这一论断的合理性,那么荀子的圣王的角色也就完全靠不住。因为它虽然拥有道德意义的人格定位,但其实质却只是通过知性与权力的结合来塑造这一人格形象。其中,道德固然是"公平分配"的动机所在,但更是一个尚未完成的社会秩序。最为重要的是,这一社会秩序的设想也许并不能实现如此设计的道德初衷。因而道德的在场似乎又是必要的,虽然它面临着一个痛苦的选择,无论是承认普遍搭便车的合理还是承认特权搭便车的合理,任何一方都试图将道德这一观念的有效性在集体活动的场域中彻底抹去。

荀子的观点与霍布斯是有些类似的,因为在霍布斯看来,问题同样出在"如果没有对某种强制力量的畏惧心理,就不足以束缚人们的野心、贪欲、愤怒和其他激情",[1] 所以如果没有集权的控制,合作不可能产生,而没有合作,我们日常用以审视行为的道德观念也就失去了用武之地。奥尔森的"搭便车"理论只是从经济学的角度重复指出了霍布斯观点的合理性。但正如上文所论,无论是荀子的圣王还是霍布斯的利维坦,由集权控制而达成合作所产生的道德,是无法反过来衡量权力本身的正当性的,并且这一权力为了维系自己的存在会日趋强大而走向控制的极端。因而,既然道德与利益的通兑在知性和权力的支配下才可能,如果我们抛弃权力的预设,而只讨论知性支配下的道德通兑之可能,又会发生什么呢?

美国学者阿克塞尔罗德(Axelrod)的研究为这一问题提供了一份详尽的参考答案,迫使我们重新衡量权力与知性存在的意义。他在《合作的进化》一书开篇写道:"本书提出的合作理论是基于对追求自身利益的个体的研究,而且这些个体中并没有什么中心权

---

1 (英)托马斯·霍布斯:《利维坦》,第104页。

威强迫他们互相合作。"[1] 书中列举并分析了他组织的两轮囚徒困境竞赛积分游戏的详细情况。这一游戏的规则如下图所示：

		列	
		合作	背叛
行	合作	R=3，R=3	S=0，T=5
	背叛	T=5，S=0	P=1，P=1

R：对双方合作的奖励　T：对背叛的诱惑　S：给笨蛋的报酬　P：对双方背叛的惩罚

说明：行选择者的收益值列于前面。[2]

图1　"囚犯困境"

如果游戏只进行一次，那么选择背叛是能够使自我利益最大化的选择。在这种情况下，选择合作无疑是愚蠢的。但倘若游戏是一个无限展开的过程，那么出于赢取最高分的目的，选择背叛对双方都产生了长远利益上的损害。这时，"合作"就成为一个必须考虑的选项。阿克塞尔罗德强调两点：第一，"合作可能出现是因为对策者将再次相遇"；[3] 第二，"独立于对方所用策略之外的最好的决策规则是不存在的"。[4] 他邀请诸位博弈论专家提交程序进行囚徒困境的计算机竞赛。每一个参赛程序与其他程序循环相遇，在第一轮竞赛中，"整个循环赛重复了五次，一共是12万次对局，24万个不同的选择"，[5] 而在第二轮竞赛中，因参与者的增多，一共出现了上百万次的对局。结果是令人惊讶的，在两轮竞赛中，"一报还一报"（tit for tat）策略都赢得了最高分。它的策略很简单："一开始选择

1　（美）罗伯特·阿克塞尔罗德：《合作的进化》，吴坚忠译，上海人民出版社，2017年，第5页。
2　（美）罗伯特·阿克塞尔罗德：《合作的进化》，第6页。
3　（美）罗伯特·阿克塞尔罗德：《合作的进化》，第9页。
4　（美）罗伯特·阿克塞尔罗德：《合作的进化》，第10页。
5　（美）罗伯特·阿克塞尔罗德：《合作的进化》，第21页。

合作，然后就按对方上一步的选择去做。"[1] 许多"一报还一报"策略的变种，比如"乔斯"策略，它试图通过偶尔的背叛提高自己的得分，但它的得分情况并不好，其中最重要的原因就在于"竞赛中的大部分规则都不是很宽容的"，[2] 偶然的背叛会导致彼此无休止地报复。竞赛的结果也证明了这一点，在第一轮竞赛中，得分前8名都是善良的程序，也即更倾向于表露合作姿态的程序，而在第二轮竞赛中，前十五名中只有一个不善良的程序。第二轮参赛者吸取了第一轮的经验，即"首先背叛通常要付出很大代价，超过一半的参赛程序是善良的"，[3] 但有趣的是，像基于此类经验而做出的进阶策略，比如"两报还一报"——当对方连续背叛两次时才选择背叛，并没有得到更多的积分。这是因为，固然善良策略可以最终获得一个较高的积分，但整个游戏的本质在于"利己"，也即"如果其他人是善良和宽容的，那么就可以占他们的便宜"。[4] 那些试图在善良基础上多占便宜的策略同样没有获得成功，因为长久的报复和惩罚使其短期内获得的利益远远低于长期付出的代价。

　　阿克塞尔罗德在此基础上还做了一个进化的模拟演算，即成功的参赛规则更有可能在下轮中被使用。结果是"名列最后11名的规则到第五代时就剩下原来的一半……到了第50代，名列最后1/3的规则实质上已经消失，大部分名列中间的规则开始下降，而名列前1/3的规则在继续增长"。[5] 最后，阿克塞尔罗德将"一报还一报"策略的成功总结为以下四条行为准则："1.不要嫉妒；2 不要首先背叛；3.对合作与背叛都要给予回报；4.不要耍小聪明。"[6]

---

[1] （美）罗伯特·阿克塞尔罗德：《合作的进化》，第21页。
[2] （美）罗伯特·阿克塞尔罗德：《合作的进化》，第24页。
[3] （美）罗伯特·阿克塞尔罗德：《合作的进化》，第29页。
[4] （美）罗伯特·阿克塞尔罗德：《合作的进化》，第31页。
[5] （美）罗伯特·阿克塞尔罗德：《合作的进化》，第33—34页。
[6] （美）罗伯特·阿克塞尔罗德：《合作的进化》，第77页。

两轮囚徒困境的竞赛及附加的进化演算说明，荀子和霍布斯的观点在逻辑上并不是必要的。在长期共处的时间条件下，即便集权控制不曾介入，人类选择以合作的方式共处并进一步巩固这一合作的趋势在逻辑上也是可行的。换言之，我们的确可以摆脱权力的预设而讨论道德、利益以及知性之间的关联。值得注意的是，首先，阿克塞尔罗德的研究表明，没有一条规则可以保证我们必然能够赢得这场竞赛的胜利，重点在于根据对方的反应而做出合理的回应。如果对应于人类社会，那么这也就是说，如果我们仅依据某一原则而试图找出一条一劳永逸的实践法则，那么这是不可能的。道德的意义只是说，它应该成为人类行为的第一选择，而之后的情况要视对方对"道德"行为的回应做出。孔子也曾表达过类似的意思："或曰：'以德报怨，何如？'子曰：'何以报德？以直报怨，以德报德。'"（《论语·宪问》）所谓"直"实际指的就是"对合作与背叛都要给予回报"的意思。

其次，过度的善意付出与过度的利益计算都会造成不良后果，前者无疑指向强迫性的被动道德义务与搭便车现象的普遍存在，而后者则为我们阐明了在上述顾虑下，选择放弃道德，采取利己态度同样是不明智的。虽然这二者的行为性质不同，但从后果来说没有区别。对自己最有利的规则既不是"道德"的，也不是"利益"的，而是与对方行为策略相匹配的。

第三，阿克塞尔罗德同样意识到，"一报还一报"的策略唯有在时间跨度足够长而参加者谁都不知道比赛会于什么时候结束的状态下才足够有效。倘若我们知道目前的对局是最后一次对局，那么出于利益的缘故，我们就会像比赛只有一次对局那样更倾向于选择"背叛"。因为这次"背叛"并不会让我们在之后付出更为昂贵的代价。因而"一报还一报"策略得以成立的关键就在于，当存在一个无穷的博弈过程时，人们必须谨慎地考虑自己当下的利己行为是否会造成长远利益的得不偿失。这一点在日常生活中也是极为常见的，譬如我们对陌生人总是怀有提防心理，因为我们之后可能不会再见，所以当下的背叛是没有任何代价的。与之相反的是，中国人常说"人之将死，其言也善"，假如我们比赛的所有积分立马清零，那么通过背叛来为自己增加得分就是没有意义的事情。在这种情况下，我们也就更倾向于用合作的方式对待他人。

总而言之，阿克塞尔罗德的计算模型虽然清除了"权力"预设存在的逻辑必要性，但却指出了"时间"预设存在的必要性。在一个陌生人的社会，采取道德的方式对待他人简直是不可思议的。相较之下，中国饱受诟病的"熟人社会"一词却反而彰显出相应的优越性。因为只有在"熟人社会"的时间条件下，人们才有可能整体地评估自己行为的得失，而更倾向用道德的、合作的方式对待彼此。

至此，我们需要指出阿克塞尔罗德实验中容易被忽视的一个实践缺陷。那就是，在这个实验中，存在一个"最高分"的设定，并且每一个参赛者最终都能够通过分数的衡量而反向评价自己行为是否合理。这对于日常生活来说是不可能的，没有人拥有类似的"上帝视角"。如果没有人能够对自己的行为进行一个最终的评定，这当然也就增加了行为的盲目性，促使人们更倾向采取背叛的行为方式。在人类文化传统中，这种类似的评定是由宗教来充任的，故而人们如果拥有宗教信仰，他会很自然地从此岸世界与彼岸世界两个层面评估自己的行为，并意识到不道德行为所带来的风险。如果没有类似的风险提醒人们关注自己行为的整体利益评价，那么将阿克塞尔罗德实验结果移植于人类道德生活中的做法就只能在参考的意义上使用。

显然，阿克塞尔罗德的研究证明了"道德"是可以在场的，这尤其表现在"一报还一报"策略绝不"首先背叛"的设定上。这一策略的成功使荀子的政治设计处在一个十分尴尬的困境。因为"人为"与"控制"这两个方法对于荀子所要试图实现的政治理想都不是必要的。最为重要的是,知性的竞争策略并没有表现出它的优势。这意味着,它同"权力"一样,似乎都不是逻辑必要的。

四、荀子政治设计的时间意义

在"囚徒困境"的实验中,除去"合作"这一优先持有的道德态度之外,道德显然是不在场的,在场的只有"分数"这一利益的代表。然而,道德是像"子贡赎人"以及荀子的设计一样被通兑为利益了么?情况并非如此简单,在整个囚徒困境的博弈之中,"一报还一报"策略的胜出只是说明:任何期望以"道德"或"利益"的方式来增进自我利益的主动性策略都失败了,它们的表现都没有仅仅依据对方的态度而还之以同样态度的策略表现得更好。这意味着,对"道德"与"利益"保持漠不关心的主动态度,似乎更有助于博取最大化的利益。其中,道德并没有被视为"君享其成,群臣享其功,士大夫益爵,官人益秩,庶人益禄"的利益等价物。更准确地说,在主观行为层面,道德只是对他人道德进行回应的等价物,并且这种道德对道德的等价回应被动实现了利益最大化的目的。所以,囚徒困境实验最终给出的道德与利益相匹配的公平结局是荀子的政治设计能够并且乐于接受的,它符合道德与利益相通兑的理念,但实现的机制却比荀子的安排更有说服力。

那么荀子用以分配利益的知性又在这其中扮演什么角色呢?显然,"一报还一报"并不需要知性的决断,作为一种永远保持首先合作而总是做出滞后反应的行为策略,它的知性特质仅体现于对他人滥用知性的无情嘲弄。如此一来,知性的适用性也可于两个层面作出区别。对于集体行动的层面,我们可如荀子一样,设计一个政治、经济利益的分配体系,以"知统类"的方式着意克制"争"的自然倾向,奥尔森的理论与阿克塞尔罗德的实验也都旨在说明在集体行动的场域中,一味提倡道德的说服力远不如审慎的知性分析更为有效。但知性的运用显然不能包括行为主体的"我"在内。因为"我"一旦被牵扯其中，就会出现这样的结果："我"总是试图驾驭这一知性分析的结论而增进自我的利益，这意味着知性结论仅适用于对他人动机的分析，而"我"则是超出其上的掌控者。这便导致知性结论的得出只是宣布了自身的破产。举例来说，倘若我们将荀子生而好利、不能不争的知性结论运用到自我的行为抉择上，显然就出现了俗语所谓"坐山观虎斗"的知性运用，而在这一过程中，"我"是超越这一结论而完全不被其束缚的。同样，对于孟子的"性善"说，人亦可以做出类似的知性运用。也即俗语所谓"会哭的孩子有奶吃"，而行为者同样是"性善"结论的支配者而非被说明者。

这一运用知性驾驭规则的倾向似乎是不可避免的。换言之，秩序的知性解决总不能避免知性的滥用。但正如第二轮囚徒困境实验表明的那样，当人们了解"善良"的策略更为有利而对它进行知性的运用时，那些试图对"一报还一报"策略进行适当修改以获得更多利益的做法都没有表现得比原版策略更好。这一方面说明知性的滥用并不像我们想象的那样有效，另一方面说明，相比较于赢得游戏，人们更喜欢通过知性的滥用而掌控整场游戏的走向。后者显然代表了一种自然的权力欲。就阿克塞尔罗德的研究而言，这种权力欲是与"知性"同时出现的。

所以，荀子对知性的推崇彰显出权力在政治设计中入场并支配整场游戏的必要性与正当性。如果我们参考阿克塞尔罗德的研究，承认权力的存在是不必要的，那么也就必须承认知性的存在也是不必要的。类似孟子所谓"古之人修其天爵，而人爵从之"（《孟子·告子上》），似乎坚持首先表达善意的道德态度（天爵），坚持"以德报德""以直报怨"，就可以满足我们获得利益回报（人爵）并免遭不公对待的目的。但现实情况要比实验数据复杂得多，我们不妨这样设想，假如阿克塞尔罗德的实验是有效的，并且值得被借鉴，那么我们为何不通过人为的方式缩短其中自然淘汰的"时间"成本而进一步维护这一体系呢？实际上，这是可行的，但它需要两个条件：第一，掌握分数分配权力的操纵者；第二，对这一无止境的游戏过程的熟知与了解。换言之，不必存在的权力与知性，在参照并加速阿克塞尔罗德实验的目的下又重新具备了存在的必要性。其中，最关键的就是权力与知性稀释了"时间"带来的焦虑。倘若我们将五十轮实验结果视为人类历史进程的一部分，并且假设这一进程还将持续一百轮乃至更多，那么权力与知性的存在毫无疑问大大缩短了不必要的博弈过程。荀子"涂之人可以为禹"的阐述也暗示了这一点。

> "涂之人可以为禹"，曷谓也？曰：凡禹之所以为禹者，以其为仁义法正也，然则仁义法正有可知可能之理，然而涂之人也，皆有可以知仁义法正之质，皆有可以能仁义法正之具，然则其可以为禹明矣。……今使涂之人伏术为学，专心一志，思索孰察，加日县久，积善而不息，则通于神明，参于天地矣。故圣人者，人之所积而致矣。曰："圣可积而致，然而皆不可积，何也？"曰：可以而不可使也。故小人可以为君子而不肯为君子，君子可以为小人而不肯为小人。小人、君子者，未尝不可以相为也，然而不相为者，可以而不可使也。故涂之人可以为禹则然，涂之人能为禹未必然也。（《荀子·性恶》）

所有人因"皆有可以知仁义法正之质，皆有可以能仁义法正之具"，故皆具有成为禹的可能性，这是没有问题的。问题出在，首先，"可以而不可使"，也即"小人可以为君子而不肯为君子，君子可以为小人而不肯为小人"中，小人"不肯"为君子乃是出于好利而争的本性，但君子不肯为小人却是因为什么呢？我们不能说因为"仁义法正"是对的，体现了对道德价值的尊重，所以君子不肯。因为这样一来，荀子的整个政治、道德体系就会崩溃，他对政治、经济利益的分配设计因此理由就显得多余，只能回到孟子的路上去思考"正理平治"的问题。所以，君子不肯为小人的最直接原因乃是次生的利益原因。也即倘若所有人都好利，那么所有人都是小人，此是第一性的自然人性所致，是无需任何前提的；而君子的不好利，乃是在荀子政治设计的环境中才可能出现的一种道德追求，代表了一种博取利益的正当性，同时也是一种次生的利益追求。

其次，荀子强调的知性意味的"圣人者，人之所积而致"显然是一个与"时间"密切相关的陈述。对于圣人，"时间"的存在毫无意义，但对于"涂之人"，"时间"的绵延则暗示了人们经由学习而从自然人性走向圣贤人格的历史进程。但这一过程显然是不可信的，因为荀子通篇指出的理由中没有一个是成圣的充分条件，而皆是必要条件，如"仁义法正之质""仁义法正之具"。换言之，即便"涂之人"的生命是无限的，这一学习进程的可行性也是值得怀疑的，更不必说在"涂之人"的生命长度大概只是能够延续一轮、两轮的游戏策略的情况下，它究竟是否可行的问题了。所以，尽管人们在短暂的博弈过程中选择"背叛"策略往往是利大于弊的，但"所积而致"的"时间"意义则迫使人在观念中用一种永恒追求的态度来看待自己的生命，这对于遏制荀子所批判的自然人性有着不可或缺的意义。另外，荀子并没有解释圣王角色是如何出现的，所以它可以说是一个超越时间之上的掌控者，而它存在的目的显然在于加速历史进程，使得普通人用永恒追求的态度看待自己生命的观点立即获得"当下"的意义。如果没有"圣王"角色提供的这一"加速"的历史进程，那么君子人格在博弈过程中并不能成为一个普遍现象。因为阿克塞尔罗德实验是同一策略的不停的博弈过程，只要我们将博弈过程缩短为一至两轮，那么几乎所有策略都会选择背叛。因而，如果我们将其视为对人有限生命长度的一种暗示，那么荀子政治设计所做的事情就是：一方面，消解人们关于"时间"的焦虑而以现实利益回报的方式使"道德"立场获得一种超越"人生"的意义（对应于无穷的博弈），一方面，以政治制度的方式克服"搭便车""囚徒困境"等自然博弈过程中的阻碍而将最终的博弈结果直接呈现出来（对应于"一报还一报"策略所导致的永恒合作）。

因此，在时间的意义上，我们前文所担忧的那种圣王乃是政治体系中最大的搭便车者的顾虑也就变成了为尽早达成博弈目的而不得不付出的代价——我们只能寄希望于它不会如此。在这个意义上说，圣王角色既代表了阿克塞尔罗德实验中最早奉行"绝不首先背叛"策略所暗示的道德起点，同时也代表了整个人类博弈过程的"乌托邦"终点——因为人类的历史进程并不存在实验那般明确可知并一定如此的确定性，而搭便车现象与囚徒困境都不过只是两点之间所必须经历的博弈过程，代表了某一竞争策略视野中的合作与背叛，道德与利益的博弈。

如此我们也就可以对阿克塞尔罗德实验中道德可以在场但却并不一直在场的问题，以及为什么荀子的政治设计忽略了道德在场的可能性及必要性问题做出解答。因为圣王角色所兼具的起点与终点的双重身份使得其支配的政治制度类似于一个长期博弈之后的平衡状态，在这一状态下，每个人都采取合作的态度来对待彼此，道德仅是回应道德的等价物，而圣王则以合理的利益分配回应每个人的道德行为，道德又是利益的通兑物。如此一来，我们也就没有必要强调"道德"存在的特殊性。换言之，除去起点意义的道德表态之外，也即圣王的"不忍"，在荀子政治设计支配下的生活世界中，道德以一种隐性的存在方式由圣王角色及人与人之间的合作关系共同代表。在这个世界中，所谓道德，就是利益分配的"公正"与互动关系的"合理"。进一步说，荀子使我们意识到，在政治语境中，除去"公正"与"合理"，道德一语并不能言说更多，而起点意义的道德则指的是"公正"与"合理"目的之所以可能出现，又之所以可能实现的超越性起点——一种对人类历史进程的形上式关怀。

当然，必须承认的是，这种设想只是一种可能性。因为在现实中，荀子的圣王角色既不可能摆脱博弈过程而必须身在其中，而且也不具备关于博弈过程及结果的所有知识。但重要的是，我们可借由上述分析一方面清醒地意识到权力与知性在荀子政治设计中的局限性，一方面又认知到，唯有在超越"时间"的目的下，二者的存在才具备了相关的必要性。

五、结语

本文从"子贡赎人""搭便车"以及"囚徒困境"三个方面阐明了博弈视角中道德与利益之间的关系，最终发现，对这一关系的理解既不能是道德的，也不能是利益的。当我们尝试在道德与利益之外寻找一个使双方各安其职的"等价物"式的通兑可能时，却发现它既不能是权力的，又只能是权力的。只不过二者成立的前提条件不同，对于前者而言，荀子政治设计中的圣王权力并不能由其庇护下的通过后天习得的礼义道德获得正当性；对于后者而言，真正使其获得正当性的并不是道德的动机抑或目的，而是对人类历史进程所带来的时间焦虑的克服。因而，这一分析多少可以为中国传统政治哲学中的道德在先立场提供一种借鉴，那就是，首先，道德坚持不仅在政治视域中是极为脆弱的，而且在失去权力庇护的情况下，甚至不能保护自身；其次，权力的道德正当性追问似乎更应转换为对公正问题与主体间的合理互动问题的解读；再次，当我们言及政治与权力的问题时，必然伴随着关于历史的想象，也即如果我们没有一个将乌托邦憧憬当下化的紧迫感，那么一种关于政治与权力的冲动与设想就几乎是不可能的。

"性朴说"商议[*]
——儒家生生伦理学对荀子研究中一个流行观点的批评
杨泽波（复旦大学）

"性朴说"最近在荀子研究中十分流行。如何评判对荀子的这种新理解，学界争议很大。近年来，我在建构儒家生生伦理学的过程中，对这个问题进行了较为系统的思考。总的来说，我不赞成这种新理解，但理由与学界有所不同。这个问题涉及面很广，本文只讨论能否将荀子人性理论界定为"性朴"，其他诸多问题将另文专述。[1]

一、"性朴说"之缘起

将荀子之性恶论解释为"性朴"（我称之为"性朴说"），虽早已有之，但真正成气候，产生广泛影响，是近些年的事。周炽成首

---

[*] 本文为上海市哲学社会科学规划课题"三分法视域下的新旧旁出说"（2017BZX005）、贵州省哲学社会科学规划国学单列课题"三分法视域下的儒学谱系研究"（18GZGX18）的阶段成果。初稿曾在 2019 年于复旦大学召开的"孟荀伦理学暨两岸儒学工作坊学术研讨会"上宣读，本次发表做了大幅度的扩写和修改。

[1] 目前完成的文章有两篇，分别是《先在性与逆觉性的缺失——儒家生生伦理学对荀子论仁的内在缺陷的分析》《论荀子性恶论的根本困难——从"道德动力学"的角度审视荀子学理的内在不足》，另有《孟子达成的只是伦理之善——从孔孟心性之学分歧的视角重新审视孟子学理的性质》《我们应该以什么方法解读孟子之良心》二文，与此也有间接关联。这些文章均将于近期发表，敬请关注。

发其端。2007年3月20日,周炽成在《光明日报》上发表了《荀子：性朴论者,非性恶论者》一文,指出《荀子》中《性恶》与《礼论》两篇在性恶与性朴,性伪合与性伪分,养情欲和逆情欲等三个方面存在分歧,荀子的人性理论应当理解为性朴论,《性恶》篇的作者很可能不是荀子,而是荀子后学或与荀学有关的人。2009年,他又在《广东社会科学》发表了《荀子非性恶论者辨》,进一步将《性恶》与《劝学》《天论》《正名》《荣辱》等篇进行了详细比较,证明《性恶》篇与这些篇的看法严重相悖,《性恶》以人性为恶,而上列诸篇皆不以人性为恶,再次证明《性恶》篇并非出于荀子之手。此外,作者还提供了一些辅助性的证据,主要有：韩非并不以人性为恶,也未提到其师以人性为恶；司马迁在《史记》为孟子和荀子作传时,未提及二者人性论的分歧；西汉陆贾之学出于荀子,但陆贾并未说过荀子主张性恶；董仲舒的人性论与荀子较为接近,然而董仲舒也不持性恶的看法；《劝学》《荣辱》《天论》《礼论》《正名》,皆爱引《诗》,独《性恶》篇不然,等等。周炽成甚至推测说,《性恶》出现在《荀子》一书中,或与刘向有关。西汉末年整理《荀子》时,全书三百多篇,重复严重,刘向做了大幅度的删除,仅保留了三十二篇。此时他未能注意到《性恶》与荀子思想的内在矛盾,将后人所撰的《性恶》保留在《荀子》全书之中,"制造了一个两千年的冤案,使荀子长期背了'性恶论者'的黑锅"。后来,周炽成又撰写了其他文章,为自己的观点提供一些新的材料,并将其汇集为《荀韩人性论与社会历史哲学》[1]一书正式出版,在学界引起了较大的反响。[2]

1　周炽成:《荀韩人性论与社会历史哲学》,中山大学出版社,2009年。
2　黄芸认为周炽成的这种发现是抄袭了洋人,并说"国内个别学人袭洋人陈说却不注明,标为己之创见,声言发现'天大冤案'"(黄芸:《〈荀子·性恶〉辨》,《国际汉学》第26辑,2014年9月)。林桂榛对周炽成的研究有清楚的了解,为其进行了辩护,认为周炽成没有抄袭日本学人,"性朴说"为周氏的独立发现和创说。

林桂榛在这方面同样做出了重要努力。尤为可贵的是，他用了很大气力找出一些新材料，证明对荀子性恶论的不同理解包括"性朴说"由来已久。蔡元培1894年所撰《荀卿论》一文即指出，"性恶"的提法乃后人所增，"论者或摘其片言指为巨创，岂知韩婴《外传》不著非孟之辞，董生《察名》非引性恶之说。流传别本，容有增加，韩非、李斯固优为之，集矢本师，未为通论"。[1] 另据蔡元培日记记载，1896年他曾亲见河北人高步瀛《荀子大谊述》手稿二十篇，力证"性恶论非荀子所著"，认为荀子以天生自然、本始材朴等言性，此足证"性恶之诬不攻自破"，高氏"订征事实，校勘讹夺，发前人所未发者，更不可偻指数，洵荀氏功臣矣"。[2] 刘念亲于1923年1月16、17、18日在《晨报副刊》连载了《荀子人性的见解》，推定《性恶》篇当非出自荀子之手，而是后人伪作，疑其出自汉成帝之后。梁启超加案语云，"此谳若信，则学界翻一大公案矣"，"惟觉此问题关系重大，亟介绍之以促治国闻者之研讨云"[3]。20世纪，日本学者对荀子的性恶论也提出过质疑：1950年金谷治提出《性恶》当为荀子后学作品；1955年豐島睦提出《性恶》不是荀子亲撰，实为后出；1958年米田登也指出，荀子人性论有矛盾，"性恶"非荀子真实主张，而是荀子后学法家思想家所添加；兒玉六郎于1974年和1992年分别撰文提出荀子人性论的核心是性朴，而非性恶。[4]

尽管都赞成"性朴说"，但林桂榛与周炽成又有不同。林桂

---

[1] 蔡元培：《蔡元培全集》第一卷，中华书局，1984年，第50-51页。

[2] 蔡元培：《蔡元培日记》，王世儒编，北京大学出版社，2010年，第45-46页。

[3] 刘念亲：《荀子人性的见解》，《晨报副刊》，1923年1月16日。以上所云蔡元培、刘念亲的情况，详见林桂榛：《天道天行与人性人情——先秦儒家"性与天道"论考原》，中国社会科学出版社，2015年，第261-262页。

[4] 林桂榛：《天道天行与人性人情——先秦儒家"性与天道"论考原》，第262页。另见佐藤將之：《二十世纪日本荀子研究之回顾》，《国立政治大学》学报2003年第11期。

榛认为,仅凭"性恶"的说法单出现于《性恶》篇,《礼论》篇同时涉言"材朴",便推论《性恶》篇全系伪文,方法和过程"过于粗糙,求证不足而假设有余"。经过多年苦心思考,他得出结论说,《性恶》篇中的"性恶"当为"性不善"之讹,以此来解读《荀子》全书,可以一气打通。林桂榛甚至还对荀子文本变化的原因提出了一个猜测,认为《荀子》"性不善"的说法是在西汉末年的简书编校缮写过程中被改为"性恶"的。他说:"今本《性恶》篇正文20见'性恶'字眼实系西汉末年刘向等整理荀书时因篇中'善—恶'范畴对界及时兴'善—恶'对说思潮而擅改'不善'为'恶'字所致。""《性恶》篇在驳'性善'的起旨下所自立自持的绝非什么'性恶'说,而是'性不善/性资朴/性本始材朴'之'性朴'说。"[1] 可惜这个问题一直未能引起人们足够的关注,清代朴学家亦未校出,致使《荀子》一书蒙冤长达两千年之久,造成中国思想史的一大谜案。林桂榛还说:"希望《荀子》言'性不善'而非言'性恶'的这一有清一代朴学家未能发现的校勘结论能有更多的稀世文献以证实之,甚至期待未来能出土直接涉荀的地下先秦、前汉文字等以完全证实之。苟如此,则可完全坐实、完全可靠地厘正荀子文本、廓清荀子思想、恢复荀子声誉而揭开此二千年之学术谜案、学术冤案。"[2]

二、"朴"不是荀子反驳孟子性善论的着力点

经过周炽成和林桂榛的努力,将荀子之性恶诠释为"性朴",

---

[1] 林桂榛:《宋本〈荀子·性恶〉全文校注》,《临沂大学学报》2020年第5期。
[2] 林桂榛:《天道天行与人性人情——先秦儒家"性与天道"论考原》,第276页。

在学界有了较大影响,响应者好像有越来越多的趋势。[1] 从表面看,在荀子思想系统中,人天生没有善,善来自后天的教化,其文本中"朴"字多见,"性者,本始材朴""今人之性,生而离其朴,离其资"更是直接以"朴"说性,这种做法似乎也有道理,但能否将荀子的人性理论直接界定为"性朴",还需要有多方面的考虑。

首先要考虑的一个因素是荀子人性论的历史背景。荀子人性论是直接针对孟子性善论的。孟子创立性善论时,社会上已经有了不少人性理论,其中告子的性无善无不善论最为有名。公都子列举当时三种不同的人性理论,排在首位的便是告子的这种理论。《孟子·告子上》更有孟子与告子关于人性论的四则论辩,详细而具体,可谓名篇,是读《孟子》必读的篇目。告子的性无善无不善论,主旨是说人生来像一张白纸,没有善,也没有恶,施加好的教化可以为善,施加不好的教化可以为恶。荀子是否读过编辑成册的《孟子》,因资料欠缺,不得而知。考虑到告子的理论在当时有较大影响,荀子在稷下学宫时间很长,稷下学宫又是当时学术的中心,各种理论充盈其间,故而推测荀子对告子的理论有所耳闻,当有一定的合理性。从儒学发展史的角度看,荀子是作为孟子对立面存在的,他自己也有这种理论自觉。如果荀子仅仅以"性朴"反对孟子,那他与告子就没有区别,无法彰显自己思想的特色了。《荀子》中有《性恶》篇而没有《性朴》篇,这至少从一个侧面说明了,荀子反对孟子的主要理由不是性朴,而是性恶,只不过他对"恶"有

---

[1] 近年来这方面的文章较多,较重要的有:孙旭鹏:《荀子人性论:从"性朴"到"性恶"的内在逻辑》,《泰山学院学报》2015年第2期;王军:《性朴、性恶与向善:荀子人性学说的三个层次》,《现代哲学》2016年第1期;陆建华:《性朴、情欲与性恶:荀子人性论的三个层面——兼及先秦儒家人性论》,《学术界》2017年第10期;刘亮:《〈荀子〉"性朴""性恶"续辨》,《道德与文明》2018年第1期;曾暐杰:《"性朴"即是"性恶"——儒家视域下的荀子人性论之衡定与重构》,《邯郸学院学报》2019年第4期。

自己的特殊界定罢了。[1]

　　另外更需要考虑的是荀子人性论的政治目的。荀子不满意孟子的性善论,主要是因为孟子这一思想与自己的政治理念相违背。其云:"性善则去圣王,息礼义矣;性恶则与圣王,贵礼义矣。"《性恶》篇中的这一表述具有纲领意义,意在表明,如果沿着孟子性善的方向发展,必然要"息礼义",只有走性恶的路线,才能达到"贵礼义"的目的。这里有这样一个逻辑关系:如果人性是善的,那么圣王和礼义就没有必要了;如果人性是恶的,圣王和礼义的必要性就显现出来了。荀子提出性恶论,与这个政治目的密不可分。在他看来,人天生就有物质欲望,且此物质欲望没有止境,如任其无节制发展,必然出现"偏险而不正""悖乱而不治"的局面,"不正""不治"的结果不好,故为恶,所以圣王和礼义十分必要,须臾不可缺少。由此不难明白,荀子论性既有"朴"的含义,又有"恶"的内容。但荀子思想的重点显然不在前者,而在后者。换言之,以"朴"论性,对荀子"与圣王,贵礼义"的主张帮助并不太大;反之,以"恶"论性,其间的理论环节就一气打通了,其政治目的就有了扎实的理论依据。正因如此,在我看来,与其费大气力,推翻传统旧说,重新将性恶解读为性朴,不如沿用传统说法径直称为性恶,只是须强调这种恶并非指物质欲望本身,而是指物质欲望无限度发展的不好结果,如此更能反映荀子的理论初衷。在发现更为确切的材料之前,贸然判定《性恶》是后人所为,或将《性恶》中的"性恶"改为"性不善",对准确把握荀子思想主旨虽不能说全无意义,但帮助并不太大。

---

[1] 这与林桂榛的看法不同。他认为:"荀子《性恶》篇并非是要以性恶驳性善并立性恶论,而是以性无善驳性善并立性朴论、习伪论。"见林桂榛:《"材朴"之性又谓"性恶"?——驳为〈荀子〉"性恶"曲辩者》,《临沂大学学报》2015年第5期。

三、人性原本就不是"朴"的

事物因参照系不同可以有不同的定性,人们完全有理由选择自己的角度对一个事物加以研究。因为荀子论性确有"朴"的含义,有学者着重从"性朴"的意义理解荀子,对此我们应抱同情理解的态度,不宜完全排斥。儒家生生伦理学之所以不赞成"性朴说",主要是因为"性朴"这一观念本身不能成立,此外我们更无法接受这种做法"扬荀抑孟"的目的。

孟子与荀子作为先秦儒家两个重要代表人物,在历史上的地位互有升降,宋代经过升格运动后,孟子的地位大为高扬,最终超过了荀子。但20世纪后这种情况有了新的变化,荀子的地位开始逐渐上升,大有压倒孟子的趋势。这种变化之发生主要有两个因素。首先是受到了西方逻辑实证主义的影响。冯友兰批评孟子有神秘主义倾向,即与此有关。在1931年出版的《中国哲学史》上册中,冯友兰认为,孟子的"万物皆备于我""上下与天地同流"等说法颇具有神秘主义倾向。他在注释中解释说:"此所谓神秘主义,乃专指一种哲学承认有所谓'万物一体'之境界。""中国哲学中,孟子派之儒家,及庄子派之道家,皆以神秘境界为最高境界,以神秘经验为个人修养之最高成就。"[1] 20世纪初,逻辑实证主义盛行一时,冯友兰去美国学习,难免受其影响。逻辑实证主义强调,讨论的问题必须能够得到逻辑的证明,否则没有任何意义。按照这种看法,"万物皆备于我""上下与天地同流"这些命题都没有办法得到逻辑的证明,所以冯友兰判定其为神秘主义。

这种影响尚在其次,更为重要的还是受到了西方唯物主义的影响。20世纪中叶以来,唯物主义和唯心主义对立斗争的模式传入中国,很多人开始以这种方式研究中国哲学。在这种框架下,因为

---

1 冯友兰:《中国哲学史》,华东师范大学出版社,2000年,上卷,第101-102页。

孟子明显属于唯心主义，所以开始受到批判。侯外庐的《中国思想通史》指出：

> 孟子的性善论是孔子的"能思"与道德情操的放大。这种放大了的唯心主义，与孔子的人性论距离就远了。
>
> 总而言之，孟子师承曾子、子思、又受了宋、尹的影响。把孔子"性相近"的见解，曲解为性善论，因而给与仁、义、礼、智等道德规范以先验的根据，完成了先验主义的形而上学体系。[1]

侯外庐上述看法有两个核心点。一是把孟子定性为唯心主义、先验主义，指出其中错误因素较多。二是认为孔子思想保留了较多唯物主义因素，孟子则远离了孔子的思想，脱离了正确的轨道。《中国思想通史》出版以来影响非常大，可以说是学者研究中国思想史的范本。该书对孟子的这两点批评，后来亦成了荀子研究不成文的范式。

受老一代学者的影响，年轻一代的学者常常也不自觉地以这种方法研究荀子。廖名春的《〈荀子〉新探》是大陆近四十年影响很大的荀子研究专著，学理价值很高。但遗憾的是，旧的思想范式在该书中仍然留有痕迹。比如作者在该书中这样写道：

> 荀子认为善是后天的人为，否定了道德先验论，这是他较孟子的高明处，是荀子人性论学说的最大贡献。……荀子认为"凡以知，人之性也"，肯定了人类具有认识的本能，又将其与后天的善相区分。这样，既没有陷入道德先验论的泥坑，又合理地解释了"人最为天下贵"的根源。这在对人性的认识上是一大突破。其说较孟子的"善端"说更近于真理。[2]

---

[1] 侯外庐等:《中国思想通史》第一卷，人民出版社，1957年，第396、399页。
[2] 廖名春:《〈荀子〉新探》，中国人民大学出版社，2014年，第92页。

这明显是说，孟子是先验主义，荀子是经验主义，荀子思想较孟子更为合理，更近于真理。

周炽成也受到了影响。其所著《荀韩人性论与社会历史哲学》第十三章专门辟有一个小节，题目是"'唯物主义'视野下的荀韩学：新的正统"。作者这样写道："在20世纪，荀韩之学的影响越来越大，到了50年代，它开始成为新的正统。这一正统贴上了新的标签：唯物主义。"[1] 尽管作者对以唯物主义和唯心主义研究中国哲学史的做法提出过批评，但他似乎并不反对将荀子定位为"新的正统"。林桂榛持类似看法，论述更为系统。其所撰《天道天行与人性人情——先秦儒家"性与天道"论考原》对荀子的人性理论有这样一个评论：

> 荀子是经验主义的人性论、天人论，他的人性论、天人论揭示了天道与人性的真相，打断了思孟学派及泛阴阳五行派（如邹衍）由信念或抽象意念出发而将天人予以宗教伦理化贯通的学说建构，展现了先秦儒家荀、孟两派经验主义、理性主义的分隔与对抗。惜后世儒学发展的是后者（思孟学派）而非前者（弓荀学派），"子弓—荀子"一脉的儒学遂长期湮没不彰或遭陋学诋毁。[2]

这是说，荀子的人性论是经验主义的，其人性论、天人论揭示了天道与人性的真相，打断了思孟学派先验主义路线造成的混淆，其功至伟，甚至可以视为"迄今为止中国思想史上人性说的最高成就"[3]。荀子与孟子人性理论的不同，说到底是经验主义与理性

---

1 周炽成：《荀韩人性论与社会历史哲学》，中山大学出版社，2009年，第179页。
2 林桂榛：《天道天行与人性人情——先秦儒家"性与天道"论考原》，第300页。
3 林桂榛：《天道天行与人性人情——先秦儒家"性与天道"论考原》，"摘要"第6页。在与学生的交流中，林桂榛的这一思想表达得就更为直接。他说："我不赞同性善论，非因荀子或荀子的思想体系，而是因为我自己首先就认为它不符合事实，它是一种'附会'或'强言'，这是我的学理观察、学术叙述……"同上，第332页。

主义（先验主义）的不同。可惜后人不具慧眼，识不透这层道理，致使荀子学派的理论意义长期隐而不彰。细心的读者一望即知，这种观点仍然是侯外庐《中国思想通史》的延续。至此，我们终于明白了，一些学者一段时间以来热衷于将荀子之性恶诠释为"性朴"，荀子研究中"性朴说"风靡一时，离不开以经验主义、唯物主义立场对"性朴"本身的赞扬，更离不开"扬荀抑孟"的目的。[1]

　　如何理解人性问题，是一项十分困难的工作。20世纪受逻辑实证主义，特别是唯物主义的影响，人们毫无疑义地偏好经验主义、唯物主义，反对先验主义、唯心主义。近数十年来，虽然各个方面都有大力度的拨乱反正，一些似是而非的观念得到了清理，但在荀子研究中以经验主义和先验主义划界，喜欢前者，抵触后者的倾向，却没有根本的改观。我不赞成"性朴说"，与这一背景有直接关联。长期以来，特别是在建构儒家生生伦理学的过程中，我特别强调，人性之所以为善，是因为人有良心；人之所以有良心，是因为社会生活和智性思维对内心有影响，具有伦理心境；伦理心境之所以可能，是因为人天生有生长倾向。伦理心境和生长倾向来源不同，但在处理伦理道德问题之前都已经存在了，都是先在的，不同之处仅在于一个是"后天而先在"，一个是"先天而先在"。[2] 就

---

[1] 东方朔似乎也赞成这种观点。他说："就理论的历史事实而论，我们马上可以指出，在先秦儒家中，除孟子主性善说之外，其他儒者并不以性善说立论，亦并无以性善说为正宗，若非要说一个'正宗'，即告子近之。""孟子是从道德价值的意义上或说是从'人之所以为人'的角度对人性问题的理解提出了一个新的范式（paradigm），相对于当时一般流行的看法，孟子的观念倒表现出'截断众流'的性格，'是一处创见和新说，是一个转进'。极言之，孟子的性善说倒表现出有悖于当时人们对性的一般的了解，此即断无可疑者。"在相应的注中他进一步指明："若以先秦乃至秦汉为一时段，即孟子的性善论倒可以被看作是一种'歧出'。"东方朔：《合理性之寻求：荀子思想研究论集》，台湾大学出版中心，2011年，第137、139页。

[2] 从伦理心境和生长倾向两个方面解读孔子之仁、孟子之良心，凸显道德根据先在性之重要，是儒家生生伦理学的重要特点。详见拙著《儒家生生伦理学引论》第23节"儒家生生伦理学对仁性的解读"，商务印书馆，2020年，第97-120页。

此而言，人来到世界的那一瞬间内心就不是一张白纸，上面早就有了内容，人性原本就不是"朴"的，"性朴说"的理论基础有根本性的错误。孟子主张性善，将良心完全归于天生，归为"才"，固然有不严密的地方，但他强调人天生有善的端倪，则是完全正确的，难以反驳。孟子在儒学发展史上最大的贡献，是发现了人的这种道德先在性。这种先在性，按照陈旧的标准，属于先验主义的范畴，当归为唯心主义，但是，且不说先验主义这个概念本身是否有问题，就算是我们承认良心是先验主义、唯心主义，谁又能否认这种先验、这种唯心的重大理论意义和现实意义呢？

遗憾的是，主张"性朴说"的一些学者没有意识到这个问题的严重性。他们似乎认为，"朴"是人性的真实状态，荀子准确把握住了这个道理，可惜人们不明其故，反而将其"性朴"误读为"性恶"，极大掩盖了荀子学理的价值。如果能够把荀子的学说重新界定为"性朴"，将大大有利于阐明这个道理，从而光明正大地将荀子纳入真理的阵营，列为"新的正统"。但是，如上所说，人性有强烈的先在性，并不是"朴"的，那种希望以"性朴说"借道经验主义、唯物主义抬高荀子，达到"扬荀抑孟"之目的的做法，不客气地说，仍然是对经验主义、唯物主义和先验主义、唯心主义这些概念的不加反省的滥用，是之前浅薄唯物心态的变形产物。眼下最重要的工作，是对过去陈旧的思想范式做彻底的反省，否则，荀子研究不可能取得本质性的突破。

四、"性朴说"错误理解了孔孟心性之学的关系

在"扬荀抑孟"背景下，还有一个问题，即孟子性善论、荀子性恶论与孔子思想的关系。主张"性朴说"的学者普遍有这样一种看法：孔子主张"性相近，习相远"，"性相近"是说人生而有相近的一面，"习相远"则是强调后天教化对人的影响，这明显包含

经验主义、唯物主义的因素。告子的"性无善无不善论",即是顺着孔子这一思想发展而来的,代表着一个正确的方向。《荀子》中虽有《性恶》篇,历史上人们也常常将荀子的人性论解读为性恶,但荀子真正主张的是"性朴",这正是对孔子"性近习远"路线的继承。孟子就不同了,他以善定性,将道德根据视为"我固有之""天之所与我者",认为人生来即具有仁义礼智之心,走向了先验主义,走向了玄学,背离了孔子的真精神。下面两段文字清晰表达了这个意思:

> 德性是生成的,并非是本有的。道德之性就是习性,是后天习成之性,而"性"义是本性、本生,是与生而俱有之性、生。荀子的人性论可谓就是渊源于告子,也渊源于孔子等。[1]
>
> 孟子说心性高远而宏大,系宋新儒学精神祖,然于如何进德养性实空疏,此孟子类墨子而远逊孔荀处,《荀子·儒效》所谓"其言议谈说已无异于墨子矣"实应理解为指孟子之流等。[2]

前一段强调性来自后天之养成,并非天生而成,荀子正确地把握住了这一点,与孔子"性相近,习相远"表达的思想更为接近。后一段批评孟子心性学说之空疏,无异于墨子,远不及荀子。一正一反,荀高孟低,不言自明。

近年来,有学者批评孟子的人性理论是"旧瓶装新酒",也与这个背景有关。在这些学者看来,在孟荀的时代,为大众约定俗成因而普遍流行的性的概念并不是孟子所谓的性,而是那个并不含有仁义礼智内涵的"生之谓性"的性:

> 如此而然,那么我们再去反观荀子的"性伪之辨",就会非常清晰地看到,在"性"概念的使用上,作为后起的儒者,荀子并没有接受和沿用孟子的说法,而是坚持"约定俗成"的原则,

---

[1] 林桂榛:《天道天行与人性人情——先秦儒家"性与天道"论考原》,第270页。
[2] 林桂榛:《天道天行与人性人情——先秦儒家"性与天道"论考原》,第310页。

非常自觉地在传统的意义上使用"性"这一概念。因为荀子看来，孟子这种用"旧瓶"来装"新酒"的做法，从根本上违反了"约定俗成"的制名原则，"析辞擅作，以乱正名"，不仅无益于概念的明晰和思想的传达，相反，会愈发导致名实混乱，"使民疑惑，人多辨讼"。[1]

从辞气来看，在该文作者看来，在性这一概念的使用上，更合理的是荀子，而不是孟子，因为荀子遵循了约定俗成的原则，孟子则另搞一套，"析辞擅作，以乱正名"。这不仅是不认可孟子性善论的进路，而且是对其非常严厉的批评了。

面对这些批评，我们不得不认真讨论这样一个问题：孟子性善论是破坏了约定俗成的原则，"析辞擅作，以乱正名"，还是对孔子思想的重要推进？我的答案是后者。回顾儒学发展史可以清楚看到，孟子之时，已有了不同的人性理论，不管是"性可以为善，可以为不善论"，还是"有性善，有性不善论"，都已从道德品质的角度谈论性了。这种现象有很强的历史必然性。孔子创立了仁学，但没有说明仁来自何处。后人要将仁学弘扬光大，自然要解决这个问题，而根据当时的历史背景，解决这个问题只能从性的角度出发。孟子即是如此。站在他的角度，不从性的问题入手，这个问题是无法得到解决的。孔子没有将仁义礼智与性联系起来，这是事实，但我们不能因此断言孟子不能以仁义礼智说性。孔子不讲，孟子为什么不能讲？[2] 如果不以仁义礼智说性，孟子如何解决孔子留下来的

---

[1] 路德斌：《荀子："心伪"与"大本"——从清儒荀学研究的不足看当下荀学复兴所要解决的一个根本问题》，《邯郸学院学报》2017年第9期。

[2] 朱子曾以此为由对象山提出过批评，指出："伏羲作《易》，自一画以下；文王演《易》，自乾元以下，皆未尝言太极也，而孔子言之。孔子赞《易》，自太极以下，未尝言无极也，而周子言之。夫先圣后圣岂不同条而共贯哉！若于此有以灼然实见太极之真体，则知不言者不为少，而言之者不为多矣。何至若此之纷纷哉！"陆九渊：《陆九渊集》附录二《朱熹答陆九渊书》（五），中华书局，1980年，第552页。

仁的来源这一问题？以"习"作答当然是一种可能，从特定意义上说，儒家生生伦理学以伦理心境诠释仁性，因为伦理心境来自社会生活和智性思维，这其实也是一种"习"。但必须看到，这种"习"在处理新的伦理道德问题之前已经改变了性质，成为了一种结晶物，有了先在的特性。人有了这种先在性，不需要新的"习"，也有是非的标准，知道如何去行事。现实生活中具体的善的行为不是始于"习"，而是始于发现自己内心的先在性。此其一。另外，只有伦理心境还不够，还必须进一步承认伦理心境有生长倾向的基础，否则既无法说明伦理心境是以什么为基础的，又无法回答人最初向善的动因来自何处的问题。此其二。孟子性善论的重大意义由此就表现出来了。受历史条件的限制，孟子虽然不明白良心主要来自社会生活和智性思维对内心的影响，但他强调人生而有"才"，有善的端倪，是无论如何不能否认的。这个道理告诉我们，人自来到这个世界的那一瞬间，头脑就不是空白的，上面早就有了内容，这些内容就是生长倾向，就是人向善的最初原因。虽然仅此还不行，还必须不断学习，不断接受教化，但必须承认人天生有"才"，有善的端倪，有生长倾向。幸运的是，孟子以极高的智慧，早在两千多年前，就以性善的方式阐明了这个道理，解决了孔子留下来的难题。因此，由孔子的"性相近"到孟子的"性善论"是一个重大的历史进步，切不可因为这种做法不符合约定俗成的原则，而批评其远离了孔子的路线，走错了方向。

以此反观荀子，其思想的不足就可以看得非常清楚了。荀子以物质欲望和认知能力论性，认为物质欲望无限度发展会产生不好的结果，而人的认知能力可以认识礼义法度，进而达到"化性起伪"的目的，这两个方面都有合理的因素，应该充分肯定。但出于反对孟子的目的，荀子完全不承认人有善性。根据上面的分析，不承认人有善性，其实就是不承认人有道德的先在性。这是荀子理论的重大缺陷，对其学理有根本性的影响。人的道德的先在性，就是孔子之仁，孟子之良心，就是仁性。仁性是儒家学理非常特殊的部分。因为有仁性，所以儒家学理的结构不是理性、感性两分，而是智性、仁性、欲性三分。两分和三分的根本不同，就在于是否有仁性。仁性之所以重要，是因为智性没有动能，动能需要仁性来提供。有了仁性的保障，智性认识到正确的，便有力量去行，认识到错误的，便有力量去止。孟子性善论的内在价值正在这里。因为孟子清楚把握住了人的道德先在性，借助性善论这一特殊理论形式，最终保障孔子仁的学说落在了实处。我充分肯定孟子性善论是对孔子思想的重大发展，是一个了不起的历史进步，就是由此出发的。荀子不同，他只是沿用"性"字最初的含义建立自己的理论，虽然在肯定欲性、弘扬智性方面也有贡献，但因为不接受性善论的立场，不承认人是先在的道德存在，造成其学理中仁性的缺位，无法解决人借助认知能力认识礼义法度后自愿而行的问题，故不得不将希望寄托于隆礼重法，为法家打开了一个口子。这充分说明，孟子性善论不是"析辞擅作，以乱正名"，而是重大的历史进步，荀子恰恰是因为没有这个进步，其理论才存在如此严重的困难。我们研究荀子，如果只因其人性理论有"朴"的含义，就在这方面大做文章，将其界定为"性朴说"，以便将荀子归入经验主义、唯物主义这个"真理"的阵营，看不到孟子性善论最重要的价值是发现并确定了人的道德的先在性（不管是伦理心境的"后天而先在"，还是生长倾向的"先天而先在"），由此对孔子思想有重大推进，反而对其多加指责，不能不说是一个很大的遗憾，甚至可以说是理论上的严重倒退。

"荀子入秦"何以成为一个文化事件：
儒者直面法家治理的精神体验与思想评判[*]

余治平（上海交通大学）

儒家是讲"善治"的[1]，它是一种最完美、最理想、最值得期待而始终搅动心魂、激发我们不懈追寻的治理境界。治理好一邑、一郡、一国，皆是小治，并不难实现，区域范围小，一声喊到底，周期短，见效快，常常都可以立竿见影。治理好天下，则是大治，需要君王投入全部身心，德能皆具，政经武备、刑罚教化，各个领域的方方面面都要照顾到，都要处理好，往往具有一定的难度，一

---

[*] 原文已刊发于《孔子研究》2019年第6期。本文系国家社科基金重大项目"董仲舒传世文献考辨与历代注疏研究"（项目编号：19ZDA027）之阶段性成果。

[1] 在"天人三策"之第一策的语境中，董仲舒把"善治"与"更化"联系在一起："今汉继秦之后，如朽木粪墙矣，虽欲善治之，亡可奈何。法出而奸生，令下而诈起，如以汤止沸，抱薪救火，愈甚亡益也。""故汉得天下以来，常欲善治而至今不可善治者，失之于当更化而不更化也。"然而，切不可以为，儒家的善治只有"更化"这一个面相，相反，善治的内容包括很多，"更化"只是其一而已。董仲舒"更化"命题只有放在秦灭汉兴之际风云骤变的历史场景下考量，才是有意义的。汉政权初建，百废待兴，文质道统选择、五行德运确立、周秦制度转型、朝仪礼法再造等都需要负责顶层设计的帝国君臣拿出改革的勇气和智慧。当此之时，"更化"是急务，作重点强调，无可厚非。但处于和平稳定氛围中，则不可说"善治"唯有"更化"，尊重治理规律，巩固社会秩序才是正道，一味"更化"、折腾不休则未必能够导致"善治"。一个统治集团，如果其政策总处于不断更化之中，要么说明他们一直就没有找准正确的治理方向和发展道路，要么说明他们从来就没有做对过任何事情，而一直都在犯错、纠错。两种情况都是缺乏政治能力和基本素质的表现，因而都必将动摇和威胁政权的合法性。引文见（汉）班固：《汉书》卷五十六《董仲舒传》，岳麓书社，1994年，第1096-1097页。

般帝王都做不到。而治理好世道，即人们所生活于其中的一个整全的世界系统，才是善治，这是儒家的最高追求，是王治、德治、政治、军治、法治、礼治等任何单一治理局面所无法比拟的，因而难度也最大。儒家只在纸上描绘出善治的期许和远景，而把它仅仅寄托于传说中的圣王。一邑、一郡、一国的小治，也可以实现善治的局面，但要天下大治，要进入和达到一种善治的状态，则还有不小的距离。所以，财富的积累、国力的增强并不是儒家知识分子所追求的终极目标。单有一维的经济发展而没有民众生活质量之提高，则更为儒家所不齿。

发生于战国末期的"荀子入秦"，使儒家圣王之治的伟大精神理想第一次有机会直面由法家所主导和鼓噪的生动社会现实。荀子本人置身于战国七雄"第一大经济体"后所产生的心灵震撼，他与秦昭王、应侯范雎，甚至包括学生李斯等人的智慧碰撞，完全算得上是儒、法两派人物一次当面直击式的交锋与较量。荀子的所见所闻，所感所触，其所给予的正、负两方面评价和理性判断，使得"荀子入秦"足以称得上是中国历史上的一个非常重要的文化事件。《荀子》是先秦儒家庞大山体下的一座富矿，它的许多面向都是非常难得的宝藏。不读《荀子》，就不可能了解真正的儒家。读过《荀子》，方才知道思孟心性之学何以单薄与脆弱。然而，很为遗憾的是，《荀子》的至关重要性，至今还没有被许多人所认识到。

一、见证鼎盛，"观其风俗"

商鞅死后七十二年，荀子从齐国来到了秦国，此时秦昭王在位已经四十一年，距离秦国实施新法也已九十余年。这个时候，一个叫做范雎的魏国中大夫门客，跑到了秦国，用"远交近攻"的策略，即锁定韩、魏两国为兼并目标，致力于跟齐国友好相处，成功游说了秦昭王。昭王以范雎为客卿。范雎乘机提醒昭王，秦国的王权太弱,急需加强。秦昭王遂废宣太后,并将国内泾阳君、高陵君、穰侯等贵族势力赶出函谷关外,拜范雎为相。秦昭王在位时间长达五十六年之久,秦国就是在秦昭王的手上,结束了周朝八百年的统治,奠定了赢得统一战争的基础。昭王文以范雎为相,武以白起为帅,其所表现出来的军事才能与政治成就并不逊色于后来的嬴政。他对周边国家鲸吞蚕食,发动长平之战,大胜赵军,活埋四十余万降兵,还攻陷东周王都洛邑,俘虏周赧王,迁九鼎于咸阳。公然消灭东周王室,说明秦在政治、军事、经济、心理上都已具备了迎战东方各国联合进攻的雄厚实力,一个新纪元即将开始。

荀子游秦那年,昭王离去世还有十五年,这段光景应该是秦国历史上发展最好、最辉煌的阶段,够得上所谓"鼎盛时代"。作为儒家著名游士的荀子,与昭王、范雎都进行过对话。荀子充分肯定秦国经济建设、国防建设和社会建设所取得的伟大成就,"秦四世有胜",表彰其功绩,但也指出其不足,直接揭发"秦之所短"。按照荀子的建议,秦国要想成就霸业,则必须重用儒士,实行"王道",使得"力术止"而"义术行"[1],以达到"天下应之如雷霆"[2]的治理效果和核心影响力。但因为秦国上下当时正忙于兼并战争,准备攻韩侵赵,荀子的建议不可能被采纳,他在秦国也不可能得到重用,于是便选择离开而又回到了赵国。

《荀子》一书共有两处记载了荀子入秦的事迹与言论,分别在《强国》篇和《儒效》篇中。另外,《议兵》篇中,也有荀子与李斯的一段对话,也涉及荀子对强秦政治路径的评价,[3] 但因其只记"李斯问孙卿子",而并没有明确说这是荀子入秦期间所进行的对话,其是否为后人杜撰,或者是羼入《荀子》书中的法家学派文本,尚存疑,故这里不予单列分析,而只作征引之用,以辅助说明荀子的

---

[1] 参阅杨柳桥:《荀子诂译》,齐鲁书社,1985年,第433页。
[2] 参阅(清)王先谦:《荀子集解》,中华书局,1988年,第127页。
[3] 参阅(清)王先谦:《荀子集解》,第280页。

儒学观点。

《强国》篇中,记范雎问荀子:"入秦何见?"荀子曰:

【1】其固塞险,形埶便,山林川谷美,天材之利多,是形胜也。入境,【2】观其风俗,其百姓朴,其声乐不流污,其服不挑,甚畏有司而顺,古之民也。【3】及都邑官府,其百吏肃然,莫不恭俭、敦敬、忠信而不楛,古之吏也。入其国,【4】观其士大夫,出于其门,入于公门,出于公门,归于其家,无有私事也,不比周,不朋党,偶然莫不明通而公也,古之士大夫也。【5】观其朝廷,其间听决百事不留,恬然如无治者,古之朝也。【A】故四世有胜,非幸也,数也。是所见也。【B】故曰:佚而治,约而详,不烦而功,治之至也,秦类之矣。虽然,【C】则有其諰矣。【D】兼是数具者而尽有之,然而县之以王者之功名,则偶偶然其不及远矣!是何也?【E】则其殆无儒邪!故曰:【F】粹而王,驳而霸,无一焉而亡。此亦秦之所短也。[1]

荀子分别从自然地理条件、民众生活面貌、官吏基本素质、士大夫为政清廉、朝廷治理五个方面描述入秦的观感。【1】是因为秦国位居周土之西部,山林川谷险峻而秀美,物产丰饶,构成了秦人立国得天独厚的军事屏障和发展强大的资源优势。地缘政治的诸多要素,"塞险","形埶便",山林川谷之"形胜",秦国都已经具备。荀子对这些要素的发掘似乎可以成为追问秦国强大真正原因的"马后炮"式的解释,它根本就解释不了下面这个问题:同样的天然资源条件,此前几百年的秦国为什么没有强大起来,此后几百年的秦国为什么没有一直强大下去?这就是"地缘政治论"不得不面对和承认的一个局限。

秦国变法的成果直接体现于普通民众身上的,则是【2】。荀子

---

[1] 参阅(清)王先谦:《荀子集解》,第303-304页。

首先看到的是他们的日用"风俗"。称其"朴",也就是说,民众呈现出本性,不奢华,极少甚至没有任何矫揉造作的成分。《老子》:"见素抱朴,少私寡欲。"董平说,"'朴'是木的本然状态",是"未经任何加工与文饰",而"比喻'道'之为原始的混沦大全"。[1]《孔子家语·王言》有曰:"民敦而俗朴。"[2] 不尚奢靡,勤俭节约而不至于浪费,这才符合秦王的执政风格。

"其声乐不流污",王先谦注曰:"流,邪淫也。污,浊也。不流污,言清雅也。"儒家不欣赏郑声,《论语·卫灵公》载孔子曰:"放郑声,远佞人。郑声淫,佞人殆。"刘宝楠《正义》曰:"《五经异义·鲁论》说,郑国之俗,有溱、洧之水,男女聚会,讴歌相感,故云'郑声淫'。"[3] 郑声与男女之情爱有关。而钱穆则说:"声过于乐曰淫。乐之五音、十二律,长短高下皆当有节。郑声靡曼幻眇,失中正和平之气,使听者导欲增悲,沉溺而忘返,故曰淫。"[4] 郑国之音乐而不节制,偏正不中,应当予以戒禁。而秦声多深沉哀婉,让人慷慨激昂,故其乐"清雅",不入污浊,体现出秦国国内一派团结、振奋、向上的精神气息。

秦人的服装看上去也很素净,被荀子肯定和褒扬。"不挑",杨倞解曰:"挑,偷也。"似不通。然而,说"不为奇异之服"则正确。卢文弨曰:"挑与佻同。"[5] 于是,"不佻"就是不轻佻,指秦国百姓所着的服装皆庄重、沉稳、得体而不轻佻,也不赶时髦。这就反映出秦国正处于上升期,其人民都在做事,而没有沉迷于轻歌曼舞的享乐之中。儒家对士人、庶民的服装是有严格要求的,必须有制,等级分明,不可紊乱。但法家在秦国未必提倡过服制,但其民

---

1 董平:《老子研读》,中华书局,2015年,第110页。
2 王国轩、王秀梅注:《孔子家语》,中华书局,2011年,第26页。
3 (清)刘宝楠:《论语正义》,中华书局,1990年,第624页。
4 钱穆:《论语新解》,生活·读书·新知三联书店,2002年,第404-405页。
5 转引自(清)王先谦:《荀子集解》,第303页。

众受政府行为影响，穿衣戴帽多不敢出格，故而"不挑"。

"甚畏有司而顺"，是说秦国的民众都被治理、管教得服服帖帖，不敢越雷池一步。"有司"，《尚书·周书·立政》曰："惟有司之牧夫"，张道勤解曰："主管机构"[1]。黄怀信则训为"主管官员"[2]。黎民百姓害怕政府官员，而不是反过来，让政府官员害怕黎民百姓，这是古今中国政治的一大通病。政府官员原本吸食民脂民膏而生存，理当对黎民百姓有敬畏心和感恩心，但历史中、现实中却常常是官员骑在民众头上拉屎撒尿、无恶不作，民众却只能忍气吞声。这是中国文化肌体上的一大毒瘤，很难医治，只能期待现代民主制度予以对治。法家治秦，是要把黎民百姓培养成听话机器，不要他们会思想、会判断，而只要他们能够按时按量地供应粮食、乐于上战场当炮灰就行。秦王和商鞅都致力于驯服民众、钳制民众，其理想就是要让他们成为一种对国家有用、对政府有益的耕战机器。至于民众个体的精神、灵魂、情绪和生理满足则都是无足轻重的，因为法家政客需要的是顺民，而不是臣民、市民和公民。荀子把秦国这样的"顺民"误当成"古之民"，实属不该，因为他们显然不是儒家三代圣王治理结构下沐风踏歌、自由奔放、性情舒畅而又无拘无束的人民。

二、吏治严明，行政高效

法家以吏治出名，秦国对政府官员的使用与管理是非常值得后世总结和反思的。【3】主要讲秦国政府官员——尤其指处于政策执行和落实层面的低级公务人员——的基本素质与精神面貌。从都城到县邑，从中央到地方，各级府衙里的官员和役使之差都显得

1　张道勤：《尚书直解》，浙江文艺出版社，1997年，第185页。
2　黄怀信：《尚书注训》，齐鲁书社，2002年，第345页。

规矩而严肃,基本上都很谦逊有礼,节约而不敢铺张浪费,厚道而诚恳,敬畏而有戒惕之心,对国家忠诚而又遵守信用。"楛",王先谦曰:"音苦,滥恶也。或曰:读为'王事靡盬'[1]之'盬'。盬,不坚固也。"前解指官吏不恶逆、不使坏;后解则是错解,应释为"停息、停止",指官吏勤劳奋发而不敢有丝毫的松懈,否则就会遭受严厉而残酷的惩罚。荀子以为,理想中的"古之吏"在秦国大小官吏身上得到了落实,并说这才是"合乎古道的官吏"[2],这其实是他的一种错觉。因为儒家传说中的上古圣王,他们治下的官吏所表现出来的高素质,完全出于自觉自愿,而一定不是来自任何外在力量的强制和胁迫。

考察一国之政的好坏得失,不妨首先看一看作为社会主流的精英阶层当下正在做什么,这样就可以了解一个大概的情况了。传统中国社会里,士大夫是士人与官吏的统称。尽管《周礼·考工记》曰"坐而论道,谓之王公。作而行之,谓之士大夫"[3],但"士大夫"又不只是具体做事的职能官吏,还是历史文化的传承者和现实社会文化的创造者。他们始终充当着国家、民族的精英阶层。【4】是荀子入秦所看到的士大夫之情状。"出于其门,入于公门"是从家里往外走出去。而"出于公门,归于其家"则是从外面赶回家里。往来出入很正常,但这里重要的则是"无有私事"。国家至上,帝王至上,秩序至上,包括士大夫阶层在内的所有臣民百姓都不允许有任何个体的权益要求,更没有个人隐私的保障。情感情绪之类的要求,都应当被排除在外,最好统统屏蔽掉。法家的意识形态管控始

---

1 《诗·唐风·鸨羽》云:"王事靡盬,不能艺黍稷。"参阅雒江生:《诗经通诂》,三秦出版社,1998年,第300页。《毛传》曰:"盬,不攻致也。"见(汉)毛亨传,(汉)郑玄笺,(唐)孔颖达疏:《毛诗正义》,北京大学出版社,1999年,第396页。但这里似乎应该解释成"止息""停止"。王先谦引《诗》却解为"不坚固",显然与《强国》之上下文义相违,故不从。
2 杨柳桥:《荀子诂译》,第439页。
3 陈戍国点校:《周礼》,岳麓书社,1989年,第116页。

终致力于把秦国的士大夫统统"洗脑",变成一个个执行公务的机器。他们没有自己的隐私,没有个人的私权,而只能够一心为公,以公为家。只行走在家庭和役所之间,两点一线有规律,下班就回家,在家吃饭,在家睡觉,而不敢在娱乐场合游荡、胡搞,更不敢出入私人会所,在外面包二奶。

"不比周,不朋党",原本是被儒家所强调的一种君子之德。《论语·为政》曰:"君子周而不比,小人比而不周。"[1] 君子都能够以公平公正之心对待天下众人,没有私心,没有成见,不会徇私护短;但小人则精于结党营私,拉帮结派,勾结成奸,善于经营小圈子,搞小集团利益。周而不比,在儒家还仅仅是一种柔性的道德要求,到了法家那里则成为一种硬性的严令禁止,因为任何非公开的大小集会、串门、密谋、小山头主义行为都会被看作是对上级组织、对王室统治者的不忠,也会对现政权形成隐患和威胁。"倜然",杨倞解曰:"高远貌"。[2] 但法家极为强调对王权的独尊和对上级的忠诚,所以一定让人"倜然"不起来。荀子眼里秦国士大夫的"倜然",应该是一种有高度的精明、有阴谋的深邃,而一定少了司马迁《报任安书》中所说"古者富贵而名摩灭,不可胜记,唯俶傥非常之人称焉"[3] 的那份超然脱俗和无拘无束。秦国的士大夫要想在体制内生存保命,就必须以牺牲和丧失自己的私人空间为代价。因为官方始终都有可能以国家、政府、集体组织的名义剥夺和践踏每个人的私产、私利、私权,乃至私欲、私心,而这恰恰又明显属于一种违背人性的逆天行为。历史上的邪恶政权都有把心交出去、把个人隐私交出去、取消私人生活、取消私人权利的荒唐要求。后来的太平天国竟然把教民分成"男营""女营",不让人过正常的夫妻生活,他们也是打着拜上帝教的"天父"、"天王"的名义控制人

---

[1] 孔安国曰:"忠信为周,阿党为比。"转引自刘宝楠:《论语正义》,第56页。

[2] 转引自杨柳桥:《荀子诂译》,第438页。

[3] "俶傥",即倜傥。参见(清)王先谦:《汉书补注》,中华书局,1983年,第1240页上。

性的本能欲望，实际上就是在作恶，在作一种不可饶恕的恶。强权逼迫之下，人们慑于淫威而往往敢怒不敢言。所以，秦国士大夫的"明通而公"一定不同于"古之士大夫"，他们所服从和达到的"公"是有隐忍的，而不是自觉自愿和心悦诚服的。混同二者，如果不是荀子在范雎面前的客套话，就应该是荀子的粗心、误判和妄断，或者便是伪托荀子的文献。

再看中央政府的行政效率，【5】是荀子对秦国"朝廷"的基本评价。"听决百事不留"，这起码说明，早在秦国的中央政府机构设置里，就有了听讼决狱的部门及其工作人员，并且，其办事效率还挺高，不允许有任何停滞、积压的现象。秦政任法，其政务、民事多以法为准绳，万事一断于法。所以，在当时，起诉、上诉、需要裁断的案件肯定都是相当多的，而能够做到不停滞、不积压，没有一套高效运行的行政执行机制，没有强劲的动力支撑则是显然不可能的。而这种执行机制则是由法家君臣共同建构和完成的，其动力也恰恰来自体制化的、强迫性的政治压力，好在秦国的官吏都能够及时而有效地把政治压力转化成精神动力。"恬然如无治者"一句，则是荀子对秦国中央政府运行架构及其效用的总体认识和评价，说它就像"古之朝"，就是上古圣王理想中的朝廷模式。"恬然"，指安静、悠闲、不在意的样子。《淮南子·原道训》有曰："大丈夫恬然无思，澹然无虑，以天为盖，以地为舆。"[1] 这里所描述的无疑是一种道家的情怀和追求。荀子与《淮南子》对道家所持的立场，几多相似。"无治"，并非指不作为，啥事都不做，而是指不胡乱作为，不横加干预，不要长官意志，不要计划安排，不破坏事情本身的机理、秩序和法则，更不会无端折腾，几乎看不出任何官府有意操控或人为做作的痕迹，而是让天下治理沿着它自身的轨道运行，一切都那么自然而然，

1　杨坚点校：《淮南子》，岳麓书社，1989年，第2页。

流畅无滞，而不显露出起伏和波动。

三、"四世有胜"，何以"有其諰矣"？

接下来，则是荀子对秦国崛起的原因之总结与总体评价，字字珠玑，深值玩味。《强国》篇的【A】"故四世有胜，非幸也，数也"这句话，同时也出现在《议兵》篇里荀子与楚将临武君的对话中，同一句话两次提及，足见它的份量之重[1]。【A】是指出了秦强的必然性。"四世有胜，非幸也"，说秦国能够取得今天这样的伟大成绩绝不是偶然的，是孝公、惠王、武王、昭王四代英主励精图治的结果。秦强，显然不是一日之功，有历史沉积的原因，也有治理道路选择的原因。"数也"，两解：一是定数，指秦国之强大具有一定的内在必然性或规律性；一是术数[2]，指借助于特定路径和技巧而实现强秦的目标。按照法家的理念治理秦国，崛起、富强、称霸只是一个时间问题。其实这也不仅仅对秦国有效，对东方诸国同样可以适用，只是后者大多不善于选择，弃术数而不采纳罢了。譬如魏国虽有公孙鞅却不用，是魏惠王自己不识人才，最终酿成大错；鲁国、宋国原本就是儒家文化的腹地，法家在那里根本就没有市场空间。法家治理，助推独裁政府产生，形成威权结构而霸凌天下。其举国动员的模式，很容易在短时间内奏效，富国强兵是必然的，但却不能长治久安，窒息的人民、禁锢的思想迟早都得反叛而生乱。而儒家统御天下则是放眼长远，教化立国，改造社会，改造人性，积攒几代人都不一定成功，根本就急不得，所以一般都不可能在短时间内产生明显的治理效果。

根据【B】的"故曰"二字，我们似乎还不能确定，这句话究

1　参阅（清）王先谦：《荀子集解》，第274页。
2　杨倞曰："言秦亦非天幸，有术数然也。"见（清）王先谦：《荀子集解》，第274页。杨柳桥也解作术数，参阅《荀子诂译》，第439页。

竟是荀子对古籍文字的征引呢，还是他自己概括出的结论性判断。但无论是征引，还是荀子自己的判断，都可以说明至少到目前为止，荀子对秦政还是予以肯定和褒扬的。佚，通"逸"，指安乐、安闲。约，即简洁明了。详，指周详、细致。不烦，即没有出现多而乱的情况。【B】之中同时出现了三对相反相成的概念，"佚"—"治"、"约"—"详"、"不烦"—"功"，前项与后项之间，既相克、对立，又统一、互涵，四代秦王果然都能够把它们玩转得协调、有致、有序。"虽佚而治，虽约而详，虽不烦而有功"[1]，其实就是历代儒家和道家所追求的治理效果，荀子称其为"治之至也"，即国家治理、社会治理所能够企及的最高境界和最好典范。尽管荀子给予了秦国的发展和强大一个大大的点赞，但他并没有把秦政推到极致，毋宁只说到"秦类之矣"的份儿上，意指目前秦国所取得的伟大成就已经类似于这种顶峰境界了，这就为下文的批评埋下了伏笔。

荀子话锋一转，【C】是说秦政尽管有如此了不起的实效，但却有其致命的弱点，荀子称"有其諰矣"。杨倞注曰："諰，惧。"[2] 指担心、害怕，有所忧虑。《睡虎地秦墓竹简·为吏之道》曰："疾而毋，简而毋鄙。"[3] 行动迅速而不害怕，手段简单而不卑鄙。眼前这个强大而欣欣向荣的秦国，荀子凭什么说它也会有自己担心、害怕和忧虑的致命弱点呢？在《荀子·议兵》篇中则可以发现答案：

> 秦四世有胜，然常恐天下之一合而轧己也。[4]

这是荀子对李斯"秦四世有胜，兵强海内，威行诸侯，非仁义

---

[1] （清）王先谦：《荀子集解》，第303页。
[2] 转引自杨柳桥：《荀子诂译》，第438页。
[3] 睡虎地秦墓竹简整理小组：《睡虎地秦墓竹简》，文物出版社，1978年，第259页。
[4] （清）王先谦：《荀子集解》，第280页。

为之也,以便从事而已"一句所做出的严正反驳和厉声斥责[1]。秦国虽然发展了经济,国富兵强,但是其民众依然疲弱不堪。国家富,不算富;民众强,国才强。靠强制手段维护政权的稳定,根本不是什么长久之计。威权震慑、铁腕统治的背后往往都是危机四伏,当政者都如坐针毡,草木皆兵,唯恐滋生出一丁点的反叛力量而措手不及。这是秦国的内在危机,隐而不现,所以一般人是看不到的。而秦国的外部风险则在于,积怨已久的六国反秦势力集结起来,联手共同对付秦国,那则是秦国抗御不了的灾难。所以,秦之君王"常恐天下之一合而轧己"[2],诚惶诚恐,忧心忡忡而不得安身安心。能够治理好天下的圣君明主应该坦然轻松,悠闲自得,而一定不是秦人首领当前所表现出来的这一副心理状态。[3]

秦国目前的形势是喜忧参半,成就与缺点同在,危机与希望并存。【D】中"兼是数具者而尽有之",说明秦国在上述的两个方面都表现得淋漓尽致,都快要到极限了。荀子或许是最先从强秦的一

---

1 荀子也反驳了韩非的"以便从事"之说。其云:"非汝所知也。汝所谓'便'者,不便之便也;吾所谓仁义者,大便之便也。彼仁义者,所以修政者也。政修则民亲其上,乐其君,而轻为之死。故曰:'凡在于军,将率,末事也。'"卢文弨以为,"军"当作"君"字。参见(清)王先谦:《荀子集解》,第280页。法家的"以便从事"是不讲原则的随机应变,只要方便把事情做成,怎么办都行,可以不择手段,可以实行"无底线"包抄,可以不顾伦理道德,可以违抗法禁律条。这就是法家可以做出反文明、反人类行径的要害之处。荀子的批判只从利己主义角度进行,似乎还没能击中要害。法家是以便于自己为"便",把国家或政府的充分自由凌驾于民众的完全不自由的基础之上,只强调便于己而根本不顾是否便于别人。儒家以便于别人为便。法家的"便"皆以不便于别人、甚至侵占别人权益为前提条件,只要求别人服从、服务于自己的欲望需要。其付诸政治生活的"不变之便"一般都是以有组织、有计划、强制性的方式实现的,往往表现出一种极度的利己、自私,因而容易引起人们的深恶痛绝。任何一个人,或任何一个组织都不应该为了实现自己的自由,去剥夺他者的自由,否则就是不人道、非正当的。

2 轧,杨倞解曰:"践轹也"。转引自(清)王先谦:《荀子集解》,第280页。《说文·车部》曰:"轧,辗也"。

3 其实这个时候的秦国无疑依然是非常强大的,其力量是东方六国难以比拟的。但它的这种强大与当年秦灭六国的大好形势可形成鲜明反差。

派繁荣中看到它的灭亡的智者，荀子可能最先"唱衰"秦国，矮化秦政。圣人看因，凡人看果，伟哉，荀子！

四、"殆无儒邪"，"无一焉而亡"

正因为秦政得失对开，所以荀子便觉得为李斯所沾沾自喜的"兵强海内，威行诸侯"那么点成就，比起"王者之功名"来（当然是指上古圣王而非一般今王）差得太远太远了。民众积弱的"强国"，仁道丧失殆尽的"厉害国"，有什么值得炫耀的呢！"县"，通"悬"，王先谦解曰："犹衡也。谓衡之以王者之功名则不及也。"[1] 意指衡量、比较。而追究秦政与王道相差太远的原因，荀子则旗帜鲜明地指出了【E】："殆无儒邪"。这里的"殆"是谦称，主人面前不好意思直陈原因，只怕太过刺痛对方而已，并非荀子思考不成熟，或态度不确定。【E】是当前秦国的问题所在，弊病所在，当局者迷，执掌秦国大政的范雎是看不到的，而作为外来旁观者的荀子则看得非常清楚。对于君王治理天下而言，如何使用好儒家学说始终是一个不小挑战，任之则误国，弃之则亡国。历代帝王大多耍"两面派"手腕，阳儒阴法，外儒里法，或显儒隐法，其实就是努力在任儒和弃儒之间拿捏出一个合理有效的分寸，维持一种富有弹性的张力。王莽新朝、赵宋政权之任于儒，国家或不期而亡，或积贫积弱。嬴秦、蒙元主导意识形态皆明确不用儒，其最终灭亡也很惨烈[2]。所以，真正聪明的统治者的做法往往是尊儒、崇儒，把儒术当作一面旗帜而招摇于世，笼络天下人心，而在实际操作层面上则"以便从事"，儒、道、墨、法、阴阳五行等，哪家顺手就用哪家，并不愚忠于儒家的旨意，甚至用尽法家酷治之术，无恶不作。

---

1 （清）王先谦：《荀子集解》，第 303 页。
2 元朝由北方游牧民族起家，虽不用儒道治国，但仍开科举考试，所用教材一仍赵宋，皆以朱熹《四书集注》为标准答案。

接下来的【F】一句，荀子则进一步分析秦政之失的具体原因。"粹"，杨倞解曰："全用儒道"。[1] 杨柳桥解为"纯粹的"。粹，作为名词，指精华、国粹、粹要、粹语、粹学、粹藻；而作为形容词，则指美好、粹雅、粹善、粹温、粹质。这里的"粹"，当指选择一种精要而善良的道术来治理国家，而与后文的"驳"相对。《天工开物·粹精》有曰"播精而择粹"[2]，也是强调籭取其精而择其粹要，不可饥不择食、信手拈来。"驳"，一作"駮"。范望《太玄》注："駮，不纯也。"杨柳桥按曰："借作驳。"[3]《说文·马部》："驳，马色不纯也。从马，爻声。"[4] 駮、驳，都指不纯、不净、庞杂、混搭。在荀子看来，治理国家，如善于选择良好的道术，就能够实现王道主义；而庞杂、混搭的道术则容易成就霸道主义。不同于孟子只讲王道，荀子是既尊王道，也崇霸道。

在《荀子》一书中，"霸道"始终不是一个贬义的词汇。《荀子·大略》曰："君人者，隆礼尊贤而王，重法爱民而霸，好利多诈而危。"在荀子，霸者有术，既要"重法"，又要"爱民"，霸道的结果也不是坏事，起码人民还是可以得到一些好处的，获得感比较强，而远不是孟子所想象的那样糟糕。《荀子·王霸》曰："义立而王，信立而霸，权谋立而亡。三者，明主之所谨择也。"[5] 圣明的君王应该在"义""信""权谋"之间做出正确的选择，而不是误选、差选，贻害社稷国家。对照王道、霸道，秦国近百年来的政治道路和发展模式选择既不合王道，因为它不用儒术，只注重以力服人；也不合霸道，因为它国强民弱，国富民穷，百姓过得很苦逼。王道与霸道，秦国两边都不沾，所以荀子断定："无一焉而亡"。依

---

1 （清）王先谦：《荀子集解》，第304页。
2 （明）宋应星：《天工开物》，上海古籍出版社，2008年，第340页。
3 转引自杨柳桥：《荀子诂译》，第438页。
4 转引自（清）桂馥：《说文解字义证》，齐鲁书社，1987年，第828页上。
5 参阅（清）王先谦：《荀子集解》，第480、202页。

靠当政者对黎民百姓要耍"权谋",玩弄权术,释放淫威,让人民胆战心惊而整天生活在极端恐惧之中;国家、政府的所作所为则无不"好利",汲汲于搜刮藏于民间的财富,始终以所谓的"国家需要""集体利益"为追逐目标,榨干民众血汗,对百姓敲骨吸髓,以养肥庞大的特权阶层,而呈现出"多诈"的特点,则肯定让民众觉得靠不住。这些都是"秦之所短"的具体表现,不可不察!而凡是"不以百姓为事"的政权,都是要有现世报的,最终都不会有好的下场。

五、"贵名白而天下治"

无儒而任于法、术、势,成为秦政的一大败笔。看来,还得让秦国的君王充分认识到儒术对于治国理政的重要性和必要性。

《荀子·儒效》记,秦昭王问荀子:"儒无益于人之国?"[1] 荀子曰:

> 儒者法先王,隆礼义,谨乎臣子,而致[2]贵其上者也。人主用之,则埶[3]在本朝而宜;不用,则退编[4]百姓而悫,必为顺下矣。虽穷困冻馁,必不以邪道为贪;无置锥之地而明于持社稷之大

---

[1] 秦昭王与荀子这段著名的对话,后来被刘向收录在《新序》一书中,文字则稍有出入。可参阅(汉)刘向:《新序》,见《百子全书》第一册,岳麓书社,1993年,第501-502页。
[2] 杨倞解曰:"致,极也。"转引自(清)王先谦:《荀子集解》,第117页。
[3] 埶,杨倞解作"权埶"。而王先谦则不同意,并引王念孙:"埶者,位也。"例证则有:《礼记·礼运》:"在埶者去",郑玄注曰:"埶,埶位也。"《荀子》之《儒效》:"埶在人上。"《仲尼》:"埶不在人上,而羞为人下。"《正论》:"埶位至尊。"这些"埶"皆与"位"同义。王先谦按曰:"二义相成。埶,'势'本字。有埶必有位也。"引文参见(清)王先谦:《荀子集解》,第117页。但这些例证仍然解释不了荀子在这里为什么不用"位"而用"埶"的疑问。
[4] (唐)颜师古《汉书》注:"编,列次也。"转引自杨柳桥:《荀子诂译》,第154页。

义；呜呼而莫之能应[1]，然而通乎财[2]万物、养百姓之经纪。埶在人上，则王公之材也；在人下，则社稷之臣，国君之宝也。虽隐于穷阎[3]漏屋，人莫不贵之，道诚存也。仲尼将为司寇，沈犹氏不敢朝饮其羊，公慎氏出其妻，慎溃氏逾[4]境而徙，鲁之粥[5]牛马者不豫贾[6]，必蚤[7]正以待之也。居于阙党，阙党之子弟罔不分，有亲者取多，孝弟以化之也。儒者在本朝，则美政；在下位，则美俗。儒之为人下如是矣。[8]

这里，荀子所说的每一句话似乎都有针对性，都是冲着法家的诸多缺陷有感而发的。所以，我们完全有必要把这段文字放在儒、法比较的语境里加以解读，便显得更有思想意义和学术价值。按照荀子的理解，不同于法家的"以便从事"[9]、不讲原则、只求效用，儒家治政则始终是有规矩、有根据的，宁可取法于先王之道，也不轻易自以为是。儒家一向尊崇礼义道德，重视并维护人伦基本秩序，而不允许破坏社会生活的纲常规范。儒家也强调"为臣之道"，

---

[1] 呜呼，杨倞作"叹辞也"，不通。杨柳桥则作"呼唤"，可从。

[2] 财，杨柳桥解曰："体裁"，见《荀子诂译》，第156页，似乎不通。财，通裁，指安排取舍，考虑判定，推测决断。《管子·地形》："裁大者众之所比也。"《穀梁传·序》："《公羊》辨而裁。"

[3] 杨倞解曰："阎，里门也。""穷阎，穷僻之处。"转引自（清）王先谦：《荀子集解》，第118页。

[4] 逾，杨柳桥作"踰"，见《荀子诂译》，第153页。

[5] 粥，古同"鬻"，指卖。《礼记·王制》有曰："田里不粥，墓地不请。"

[6] 杨倞解曰："豫贾，定为高价也。"《孔子家语》之《相鲁篇》："孔子为政三月，则鬻牛马者不储贾。"

[7] 清人俞樾称："'蚤'字无义，疑'脩'字之误。'脩'字阙坏，止存右旁之'备'，故误为'蚤'耳。"王先谦引《荀子》之《荣辱篇》"脩正致辨矣"，《非十二子》"脩正者也"，《富国》"必先脩正其在我者"，皆以"脩正"二字连文，可以为证。（清）王先谦：《荀子集解》，第119页。蚤正，章诗同则解作："预先改正"，因为"蚤"通"早"。见章诗同：《荀子简注》，上海人民出版社，1974年，第62页。

[8] 参见（清）王先谦：《荀子集解》，第117–120页。

[9] 参见（清）王先谦：《荀子集解》，第280页。

要求臣下谨慎从事,善待人民,敬重君上,且始终是以君应该成其为君作为基本前提的。儒家"正名"学说应该是有力量的,它可以运动人群,可以指导实践,可以操控政治社会。"名不正则言不顺,言不顺则事不成。"[1] 法家主张臣对君的绝对忠诚和无限忠心,即便君王有错、有过、有恶,臣下也必须无条件服从。儒家则强调如果君王是独夫民贼,就可以直接予以推翻,至少在战国时期,孟、荀都有类似的正义主张。

君王任用臣下,臣下就会在本朝坚守岗位,忠于职责,事事都能够处理得妥当圆融。杨倞解曰:"儒者得权埶在本朝,则事皆合宜也。"即便有权有势,也能够把握住分寸,对上、对下皆有节度,争取做到左右逢源,而不像法家,上级对下级颐指气使,咄咄逼人。即便不被君王所任用,儒者还可以退居乡里,心甘情愿地成为"普通群众"中的一员,而不会产生失落感,丝毫也不丢弃诚实忠厚、温驯服从的品格。然而,与儒家臣道不同的是,自古以来的法家臣子似乎大多没有好下场,昨日还在堂前坐,今朝已是阶下囚,比比皆是。人生的命运动辄一落千丈,结局凄苦、悲惨者不计其数,深究原因则不难发现,主要则归之于其行事、其为人德性欠缺,不讲情义,极端残酷、冷漠而伤透人心。

法家可能身背一个穷怕了的命,因为身陷困顿,急于改变自身,便不择手段,顾不上其他,而一心只想着尽快尽早摆脱眼前的危难现状,行事无耻,即便挑战伦常底线也在所不惜。而儒家虽然一时穷困冻馁,甚至贫穷到吃了上顿无下顿、居处没有立锥之地的程度,也一定不会走上邪路。儒家要求"君子爱财,取之有道"[2];

---

[1] 正名,往往是有代价的,甚至经常还是非常昂贵的代价。在儒家那里,为了一个合法、正当的名分,可以千里追杀,可以人头落地,可以发动战争,可以血流成河。钱穆称:"君君臣臣、父父子子,必先正其名。"见氏著《论语新解》,第329页。

[2] 朱用纯修订:《增广贤文》,书海出版社,2001年,第28页。

"先义而后利者荣，先利而后义者辱"[1]；"仁者以财发身，不仁者以身发财"[2]。儒者不会贪图利益、成功而不顾道义原则和人性天条，他会忠实守护基本伦常定律，不懈致力于社会秩序的巩固和完善。

"呜呼而莫之能应"一句，按照清儒郝懿行的理解："呜，俗字，古止作'乌'。乌呼而莫之应，言儒虽困穷冻馁，若不以礼聘致，欲呼召之而必不能应也。此对秦昭王轻儒而言。"[3] 荀子此言暗示秦王不识才俊，而自己空怀一身的治国才能。良禽释放出了择木而栖的信号，秦王却因为内心轻视、鄙夷儒家而不予以任用。尽管如此，作为儒者，也依然追求设计一份既能够取舍天地万物、又可以安养世间百姓的政治纲领，不敢有丝毫的懈怠。

作为儒者，其出仕为官，职位如果在别人之上，则会成为王公大臣；而如果在别人之下，也会成为社稷之良臣、国君之宝瑞。他们虽然隐居在穷乡僻壤或简陋的住所，周围的人们没有不尊敬他们、不以他们为珍贵的。之所以如此，就在于儒者始终怀揣着一份对王道正义的忠实追求，不会因为外在环境的恶劣而有所减退或有所改变。

作为儒家的标杆式领袖，孔子担任鲁国的司寇一职，摄行相事。《孔子家语·相鲁》记载：

> 初，鲁之贩羊有沈犹氏者，常朝饮其羊以诈市人。有公慎氏者，妻淫不制。有慎溃氏，奢侈逾法。鲁之鬻六畜者，饰之以储价。及孔子之为政也，则沈犹氏不敢朝饮其羊，公慎氏出其妻，慎溃氏越境而徙。三月，则鬻牛马者不储价，卖羊豚者不加饰。男女行者别其涂，道不拾遗。男尚忠信，女尚贞顺。四方客至于邑者，不求有司，皆如归焉。[4]

---

1 参阅（清）王先谦：《荀子集解》，第58页。
2 参阅陈戍国点校：《礼记》，岳麓书社，1989年，第534页。
3 转引自（清）王先谦：《荀子集解》，第117页。
4 参阅王国轩、王秀梅：《孔子家语注》之《相鲁》，中华书局，2011年，第13页。

这段记载意在描述孔子治鲁之政绩，包括《荀子·儒效》在内，《吕氏春秋·先识览·乐成》[1]、刘向《新序·杂事》都有类似文字，其中当然不乏美化孔子的渲染。《孔丛子·陈士义》则不断有"吾先君之相鲁，三月而后谤止""先君初相鲁，及三年政成，化既行民"之类的讴歌和颂扬。[2] 后来《文选》卷五十九《齐故安陆昭王碑文》亦曰："邑居不闻夜吠之犬，牧人不睹晨饮之羊"。[3] 似乎都充满着想象、夸张的成分。生意人不敢弄虚作假，皆能诚实经营，遵守信用，可能都是儒家始终以正道对商贾之人进行规劝、教育的必然结果。

"罔不分"，王先谦以为"不"即"罘"字。刘台拱亦解作"罔罘分"。而"罘"指捕兔或鹿的网。[4] 孔子闲居于老家，老家的子弟们但凡田猎所获没有不被公平分配的，并且有父母双亲的人家还能多拿一点，这显然是孔子用儒家孝弟之道训导、教化他们的结果。法家注重成效，奖励耕战，论功行赏，结果只能是多劳者多得，少劳者少得，那么，贫富分化则是必然的。强者越强，弱者越弱，应该是法家政治的逻辑归宿，所以，优胜劣汰、适者生存的"丛林法则"可能比较适合于法家。但儒家却在社会财富的分配过程中强调对弱势群体的关照，要求适度削损强者的势力，以维持天下整体秩序、王权政治的稳定和社会局面的安宁。法家注重对个体行为进行奖惩，设立利益激励机制，有劳者有获，不劳者无获，这其实也是一种公正，但却是微观循环中的"小公正"。而儒家所看中的则是整体的和谐，侧重于宏观性秩序的稳定，追求的是体系性的结构统

---

[1] 《乐成》篇曰："用三年，男子行乎途右，女子行乎途左，财物之遗者，民莫之举。"见杨坚点校：《吕氏春秋》之《先识览·乐成》篇，岳麓书社，1989年，第132页。

[2] （汉）孔鲋：《孔丛子》，见《百子全书》第一册，岳麓书社，1993年，第270、271页。

[3] （南朝·梁）萧统：《文选》卷五十九《齐故安陆昭王碑文》，上海古籍出版社，1986年，第480页。

[4] 《礼记·月令》："田猎：罝、罘、罗、罔、毕、翳、馁兽之药，毋出九门。"《尔雅》曰："兔罟，谓之罝。"高诱曰："罘，麋鹿罟。罔，其总名也。"

一与完整,因而是一种"大公正"。法家要求个体无条件服从大局,集体利益至上,而国家利益、政权稳定是最大的局。儒家则在个体与集体之外,在国家利益、政权稳定之上,设置了一个更大的局,即世道系统。它强调上下、内外的和谐共处,政经体制的协调运行,社会共同体的可持续推演,人类自身文明的不断提高。小治者治国,善治者治世。把世道系统治理好,这才是最大的局。其中各个部分都必须无条件服务、服从于这个大局,才是最妥当的。

六、儒者为王,无思不服

荀子所说的"在本朝"、"在下位"都是描述儒之"为人下"者,而秦昭王所关心的当然还是"为人上"者应该如何行事,如何才能符合儒家的仁道主义要求。荀子回答曰:

> 其为人上也,广大矣。志意定乎内,礼节修乎朝,法则、度量正乎官,忠信爱利形乎下。行一不义,杀一无罪,而得天下,不为也。此君[1]义信乎人矣,通于四海,则天下应之如讙。是何也?则贵名白而天下愿也。故近者歌讴而乐之,远者竭蹶[2]而趋之。四海之内若一家,通达之属莫不从服,夫是之谓人师。《诗》曰:"自西自东,自南自北,无思不服。"此之谓也。[3]

这里,荀子勾勒、描绘出了儒家理想圣王的全部要件,诸如能够修身养性,朝政有礼节章轨,法则制度昭明于百官之间,对臣民能够忠厚、诚信、爱怜而利益均沾。并且,还得具有不忍人之心,

---

[1] 转引自(清)王先谦:《荀子集解》,第120页。
[2] 王念孙以为,"君"当为"若"字之误。盖有刘向《新序·杂事》"若义信乎人矣"为证。转引自(清)王先谦:《荀子集解》,第120页。备此说,供参考。
[3] 竭蹶,杨倞解曰:"颠倒也。"又云:"远者颠倒趋之,如不及然。"转引自(清)王先谦:《荀子集解》,第121页。

关爱生命，把人当人。"行一不义，杀一无罪，而得天下，不为也"一句，显然是针对强势政府和威权国家而言的，很能够击中要害。其实，这也是儒家衡量任何一个政治领袖功德过失的重要标准，无论如何，生命都是最珍贵的，能不杀，最好不杀；如果一定得杀，那也得尽量少杀。联想起孟子对梁惠王所说"不嗜杀人者能一之"[1]，爱惜生命、仁政而王应该是战国儒者面对天下兼并、杀伐无度、尸横遍野的时局而形成的一大基本共识。世事繁复，评判一个政权的好坏，最重要的一条就是看它手上有没有血债，杀人越多，越不得人心；杀人越少，口碑越好，至于国家富强、军事霸权、经济腾飞、财富积累等因素都得退居次要或次次要的地位。

作为理想圣王的为政效果，一国之君王有道有义而又能够见信于其所治之下的民众，其影响扩散到四海之内，天下之人都会欢呼着而纷纷响应他。"謹"，杨倞解曰："喧也。言声齐应之也。"[2] 圣王之威，在仁政而不在武力。以善德感化四海之民，绝不是用强权震慑，让人恐惧。究其原因，应该归结于圣王采纳了一向具有高贵、雅致气质[3]的儒者方略——而不是那种草野起家、身份低微、即用即扔、违背人性的法家路线——进行国家治理，名声当然显著了，进而容易达到天下大治、氛围和洽的安定局面。

"近者歌讴而乐之，远者竭蹶而趋之"是在描述远近国家的民众对圣王的崇拜、向往，趋之若鹜，犹怕赶不上趟。儒家的圣王具备把四海民众团结得就像一家人那样的号召力和感染力，可以让凡

---

[1] 参见章诗同：《荀子简注》，第62-63页。
[2] 转引自杨柳桥：《荀子诂译》，第155页。
[3] 儒家为什么具有高贵、雅致的气质？荀子也曾说过："故君子无爵而贵，无禄而富，不言而信，不怒而威，穷处而荣，独居而乐，岂不至尊、至富、至重、至严之情举积此哉！"参见章诗同：《荀子简注》，第66页。儒家的尊贵是因为它始终都能够站在道义的一边，而与威权势力、霸凌主义相抗争。孔子著《春秋》，完成王道正义的"素王"之业，空手无剑，兵戈不执，但竟然可以使后世之乱臣贼子惧怕万分。这就是儒家之"贵"的力量。

是交通方便的地方都愿意服从、归顺于他的领导，而不会有任何的例外。而这恰好就印证了《诗经·大雅·文王有声》对周武王的赞美："自西自东，自南自北，无思不服。"武王作邑于镐京，成功之日行辟雍大礼，四方来观者皆感化于其德，无不归服。[1] 心悦诚服，而不是强力折服，才是一种真正的王者无敌。而这又是法家所不可企及的治理效果。

"人师"一语，似有两解。杨倞曰："师，长也。言儒者之功如此，可以为人之师长也。"杨柳桥则解为"人民的导师"[2]。中国传统的政教合一体制下，儒家的圣王不仅应该是政治领袖、军事统帅、社会总管，而且还必须是人民的精神导师，以解决他们的思想文化生活之需要。但郝懿行则指出："师者，众也。言合四海若一家，成为大众，谓众所归往也。"而王先谦则对郝说表示了怀疑："夫是谓之人众，不词甚矣。"然而，王先谦说："师长之义甚古。长，亦君也。"[3] 他说《荀子》之《王制》《正论》《礼论》等篇都出现"君师"一词，皆可以作"君长"解。汉代之后中国的帝王，表面上还是尊儒、崇儒的，所以都非常乐意视君师为一体而以圣王并称。

至于"夫其为人下也如彼，其为人上也如此，何谓其无益于人之国也"一句，则是荀子对儒者对于国家治理的作用和贡献的总结。在他看来，儒者位居别人之下是那个样子（"美政""美俗"），身处别人之上又是这个样子（"四海一家""无思不服"），怎么会像秦王所说的"无益于人之国"呢！直逼得秦昭王无话可说，只能连声说"好"！不过，这当然是出于荀门儒家弟子单方面的文献记录罢了。秦王如果真的认可并接受荀子的治理建议，秦朝后来也不至于因"仁义之不施"而迅速灭亡了。在荀子看来，儒家与法家的分殊就在于"仁术"与"力术"的差别，所以他积极建议秦国当政者

---

1 参阅雒江生：《诗经通诂》，三秦出版社，1998年，第725页。
2 转引自杨柳桥：《荀子诂译》，第157页。
3 （清）王先谦：《荀子集解》，第121页。

"力术止,义术行"[1]。及早摒弃暴政,而施行仁政,把人当人,别以国家的名义和政府的强权欺凌庶人黎民,秦国似乎还有药可救。

七、结束语

儒者如果居官,则能够推施仁德,而使国家、政府的每一次行为都具有一种可欣赏、有意境的美学性质,让治理天下变得更加愉悦;而如果没权没职,身处社会底层,也并不消极颓废,仍能够找到自己的作用点和贡献空间,沉潜下去,淳化世风民俗,改善社会习气,使之变得更加美好。法家主政,只把时间和精力放在富国强兵,硬件建设被突出到一个显著地位,而往往忽略或罔顾软性力量、世道人心、文明素质、可持续发展、人性限制与德性修炼等因素。法家为政如急火爆炒,见效甚快,但亡得也快,司马谈称其为"可以行一时之计,而不可长用也"[2]。儒家治理则属于慢火细工,不能在短时期内见效,得慢慢炖,慢慢煨,慢慢熬,结果却能维持长治久安。法家追求的目标比较单一化,国家利益绝对优先,为了积累财富,生产效率提高最为重要,把人当成工具使唤;而儒家的理想则比较复杂,黏附性大,相关程度比较高。这是儒、法两家为政的一大显著不同,不可不察。

然而,从孔子到孟子、荀子,儒家一直都在不遗余力地推销自己的天下治理方案,可惜都没有遇到识货的君王。但为什么法家人物自商鞅开始,到李斯,其治理方略却都能够为秦王所接受和采纳呢?最根本的原因则是它能够满足非常迫切的现实需要。"荀子入

---

[1] 参阅(清)王先谦:《荀子集解》,第300页。这或许是荀子当着秦相李斯的面为秦国政治现状把脉之后所开出的一剂药方。据杨倞称,刘向《新序》载:"李斯问孙卿曰:'当今之时,为秦奈何?'孙卿曰:'力术止,义术行,秦之谓也。'"但却为今本《新序》所脱。

[2] (汉)司马迁:《史记》卷一百三十《太史公自序》,第942页。

秦",置身第一强国,面对一统整齐的治理效果,荀子心灵受到的震撼和冲击无疑是不小的,其所做的理性反思也是切中秦政的要害的。然而,儒家的政治理想从来就没有实现过。孔子不得志,抑郁而终,孟子、荀子也都没有施展过经邦济世的治理才能,甚至连一个合适的舞台都没有找到过。问题可能还出在儒家方案本身,其设计只有理想性是远远不够的,还必须提高可操作性、现实可能性和有效性。当初商鞅是带着"帝道""王道""霸道"三套方案去见秦孝公的,孝公对前两个丝毫不感兴趣,因为它们压根就没有市场,不可能有效解决现实问题,光好听、好看却不中用,是不行的。所以,儒家从来就没有机会跟法家博弈,也没有能力进行较量,尽管其始终掌握着正确的政治方向和很高的道义标准。而这恰恰又是非常值得儒家自身检讨和反思的。把自己的仁道理念主动推销出去,而不是守株待兔,坐等君王赏识和接纳,应该也是儒之为儒的一种能力要求。

解蔽·治心·圣王
——《荀子·解蔽》的哲学论旨
宋金明（复旦大学）

《荀子·解蔽》以"解蔽"为篇名。析其内涵而言，"解"和"蔽"在认知之维分别包含认知的方法与认知的对象的意义，而无论是作为认知方法的"解"，抑或是作为认知对象的"蔽"，都无法脱离具有认知能力的"心"这一概念。与此相关，在"解蔽"的背后，荀子所关注的更为实质的问题，是人心的认识能力问题。通过人之蔽与心之知的分析，荀子考察了"蔽"的具体呈现形式及人心知性能力的根据；通过对"心不使焉"与心知且不蔽的"心"发用与否进行分疏，荀子探讨了心的两种可能状态及心"知道"的具体实现过程；最后，基于治心之道和学至圣王的内在相关性，荀子进一步考察了认识能力与道德目标之间的双重互动。

一、人之蔽与心之知

荀子首先从"蔽"的层面关注人的认识能力："凡人之患，蔽于一曲而暗于大理。治则复经，两疑则惑矣。天下无二道，圣人无两心。今诸侯异政，百家异说，则必或是或非，或治或乱。"荀子这里所谓"蔽"，即是指主体的认知偏溺于一端，不能窥见道理之全体，也可称之为"思维方式上的片面性"[1]。究其根源而言，一则天下之道固然为一，但必有与之相为淆乱者。若人不能详加分辨，则必有疑惑而不能见道。二则荀子所处之百家扰攘、"道术将为天下裂"（《庄子·天下》）的具体现实，亦使得窥见完整之大道无法成为可能。在这一层面，为"蔽"所惑已然成为主体认知层面所无法摆脱的一种必然性存在。这里的"或是或非，或治或乱"，既是对"道不能一"这一现实的真实写照，也同时呈现出人处于蔽与不蔽的两种状态下所得到的截然不同之后果：不蔽则人皆能是其所是，天下由之得治；而蔽则人皆是其所非，天下自此更迭混乱。

然而，"蔽"的必然存在与人必然被"蔽"之间往往并不具有一致性，荀子对此作了较为详尽的考察："昔人君之蔽者，夏桀、殷纣是也。桀蔽于末喜、斯观，而不知关龙逢，以惑其心而乱其行。纣蔽于妲己、飞廉，而不知微子启，以惑其心而乱其行。""成汤监于夏桀，故主其心而慎治之，是以能长用伊尹，而身不失道，此其所以代夏王而受九有也。文王监于殷纣，故主其心而慎治之，是以能长用吕望，而身不失道，此其所以代殷王而受九牧也。"尽管依照"蔽"的普遍必然性，人总是会在各个不同的层面为"蔽"所遮盖，如同夏桀、殷纣为末喜、斯观、妲己、飞廉所蔽而惑心乱行一般。然而，在实际的生活过程中，却又确乎存在着如同成汤、文王一样能够"主其心而慎治之"从而"身不失道"的主体，这样的人能够不为"蔽"所蔽，乃至最终成就至盛之世。在荀子看来，之所以如此，是因为主体本身同时具备着能够"解蔽"的理性认知之能力。这里包含两个方面的内涵：其一，作为本然存在的各种"蔽"本身是可以被"解"的；其二，人又具备打破这些遮蔽的"解蔽"之能力。上文提及的情形，即夏桀、殷纣为末喜、妲己

---

[1] 杨国荣：《从"志于道"到"壹于道"：略议孔子与荀子关于道的论说》，《杭州师范大学学报》（社会科学版）2013年第1期。

等人所遮蔽,以及后面荀子所提到的唐鞅、奚齐为欲所蔽,以及墨子、宋子、慎子、申子、惠子、庄子等分别为用、欲、法、势、辞、天所蔽,但是这种种的"蔽"却能为成汤、文王、鲍叔、宁戚、隰朋、孔子所避免,其根源就在于他们能够"解蔽"。在荀子看来,"解蔽"的实现首先与"知"相联系,所谓"知"是人心的一种能力,即思虑辨别、分析推断。荀子"心有征知"(《荀子·正名》)意义上的"知",主要表现为一种理性的考量(指理性进行比较、分析、判断的活动[1]):对外在的欲、恶、终、始等可能遮盖心之知的"蔽"做出审慎的思考,并谨慎地规避等等,这都是理性考量的具体表现。按荀子的理解,作为本然存在的各种"蔽"和心的理性认知能力对于主体而言皆是必然性存在。而正是人心的理性的认知能力,却能够使主体突破层层"蔽"的遮拦,从而做出理性判断后的合理行为。

与以上情形相对,如果主体未能"主其心而慎治之"则势必导致消极的后果:为人君者不免与夏桀、殷纣一般"群臣去忠而事私,百姓怨非而不用,贤良退处而隐逃,此其所以丧九牧之地,而虚宗庙之国也";为人臣者不免如唐鞅、奚齐一般"逐贤相而罪孝兄,身为刑戮,然而不知"。乃至即便是"蔽"于一家之言的墨、宋、慎、申、惠、庄诸子,亦不免于"内以自乱,外以惑人,上以蔽下,下以蔽上"。从具体经验言之,一旦排除自身的思虑能力,只依赖自身的情感或是经验来主导行为,则往往导致主体无法获得正确认识,从而役于外物。可以看到,从正面讲,如果合理发挥人心的认识能力,尽心思虑、审慎抉择,那么无疑可以获得"不蔽之福"。反之,如果理性未能得到彰显,主体为"蔽"所掩,则势必导致"蔽塞之祸"。

诚然,在荀子的语境中,人心的理性的思虑能力不仅仅表现为

---

[1] 冯契:《中国古代哲学的逻辑发展》,华东师范大学出版社,2012年,第211页。

君主能明辨奸佞、任用贤能；臣子能节制欲望、知贤辅贤；学者能不蔽于"成积"，而且在更广的层面也表现为主体能够对"道"有所把握，从而"体常而尽变"。荀子说："心不可以不知道。心不知道，则不可道，而可非道。人孰欲得恣，而守其所不可，以禁其所可？以其不可道之心取人，则必合于不道人，而不合于道人。以其不可道之心与不道人论道人，乱之本也。夫何以知？曰：心知道，然后可道；可道，然后能守道以禁非道。以其可道之心取人，则合于道人，而不合于不道之人矣。以其可道之心与道人论非道，治之要也。何患不知？故治之要在于知道。"可见，相对于"欲为蔽，恶为蔽，始为蔽，终为蔽，远为蔽，近为蔽，博为蔽，浅为蔽，古为蔽，今为蔽"等等因万物相异而导致的小蔽而言，"不知道"才是真正的大蔽。以"道"为形式，人的理性认知能力已不仅仅呈现为在特定境域中的思虑审查，其在更为宏大的层面表现为对普遍真理的把握，后者对整个自然存在以及人类社会而言具有更普遍的规范、引导作用。作为普遍的"道"，既涉及社会领域的国家、天下之稳定，又关涉自然领域的万事万物之和谐。因此荀子说："故君子壹于道而以赞稽物。壹于道则正，以赞稽物则察；以正志行察论，则万物官矣。"不难看出，一方面，荀子对"蔽"的不同形式和人的理性认知能力作了对照；另一方面，他又将关于具体行为的审慎思考和更广意义上对大道的把握加以区分。在后一层面，理性认知能力所能达到的对真理性的"道"的体认是"心之知"的极高表现。

当然，无论是关于具体行为的审慎思考，还是对真理性之道的把握，都是主体理性能力的具体展开。"蔽于欲权"、"蔽于道之一隅"等诸多的遮蔽，具有自发、本然的特点。"主其心而慎治"、"正志行察"则分别表现为自觉的理性活动及自觉的理性规范。人固然有对欲、物、权的追求，但人之为人的更根本的特点，则体现于自觉的理性活动以及对理性规范的把握和依循。人自身的分别，也体现于对理性规范的不同理解。从可能性上说，以上理性能力人人皆可具有，但就现实性而言，它又并不是自然而然地达到的，其形成离不开人本身的努力。所谓"勉之强之，其福必长"，便表明了能够如成汤、文王、孔子一般将理性的认知放在主导的地位绝非易事，也同时说明自觉的"治心"已然成为形成理性认知能力的前提。

二、心之使：虚壹而静

以上所述首先表明，人总是要面临各种形式之"蔽"的遮盖。按荀子的理解，"蔽"既然是作为"人之患"而存在的，那么在这方面，人与人之间就没有根本的不同，即便是"德道之人"，也会面临"乱国之君非之上，乱家之人非之下"的被遮蔽的局面。与此同时，人心又本然地具有理性的认知能力。这种认知能力既表现为人能够实现对各种"蔽"的洞察，同时又呈现为心对"道"的把握。"被遮"与"能识"这二重本然状态对人的规定，构成了主体的原初设准，并为圣与凡，夏桀、殷纣与成汤、文王所共有。

如此，"蔽"是人人都要面对的，但既然人之心皆有理性认知的能力，主体甚至可以凭借此能力把握天地之大道，那么现实中何以还会有主体困于蔽的情况产生呢？在荀子看来，这是因为，人究竟能否解蔽而得道，既不取决于"蔽"的本然规定，亦不取决于人心固有的"知"之能力，而是关乎"心之使"，倘若"心不发挥作用，则不能正常认识外物"，[1]这也即是荀子所说："心不使焉，则白黑在前而目不见，雷鼓在侧而耳不闻，况于使者乎？"[2] 人之心固然具有"解蔽"的能力，然而这种能力本然地隐含于人的存在

---

1 梁涛：《荀子人性论的历时性发展：论〈修身〉〈解蔽〉〈不苟〉的治心、养心说》，《哲学动态》2017年第1期。
2 王先谦：《荀子集解》，中华书局，2012年，第375页。

之中，其现实的呈现则需要具备具体的条件，所谓"心之使"，便涉及这一方面。"心之使"也即心的发用过程，它与人的理性自觉和意志能力相联系。所谓理性自觉，即是主体自觉能够认识到自身的"心"具有理性认识之功用，从而能够"使心"；所谓意志能力，即是主体认识到"心"具有理性认识能力后，能够自愿地用其审视周围的"蔽"。倘若主体不能认识到其"心"所具备的认识能力，或是明知"心"能够明辨审查而不用，那么即使"心"能知大道，人不使之，则仍然无法解蔽。"心"在荀子那里本身便具有主宰的含义，荀子说："心者，形之君也，而神明之主也，出令而无所受令。自禁也，自使也，自夺也，自取也，自行也，自止也。故口可劫而使墨云，形可劫而使诎申，心不可劫而使易意，是之则受，非之则辞。"因此，作为主宰的"心"对自身所具有的功能的发用与否也就就具有决定意义。以夏桀、殷纣等为人所蔽者为例，他们的"心"本身亦具有理性认知的能力，然而他们却不知或是不愿将这种能力进行发用，从而导致"心不使焉"，以至"丧九牧之地而虚宗庙之国"。就其不知"心"的理性认知能力从而无法解蔽言之，我们可以将其视为缺乏理性之自觉；就其知"心"具有的理性认知能力而不愿解蔽言之，我们可以将其视为缺乏意志能力（意志软弱）[1]。统上述二者言之，解蔽之要固然在于"心"，然而"心"亦有"使"与"不使"之分，心若使之，则能知道乃至于能赞稽万物；心不使焉，则白黑在眼前尚不能分辨，更无论乎明察于蔽而解之矣！由此，荀子解蔽之关键也便自然由对"心"之能力的肯定过渡到如何"治心"这一层面来。

那么如何能够令心"使"，也即如何能使心发挥其本身具有的"知"之能力呢？荀子认为，这需要在"心"本身做功夫。荀子认为主体之"心"应当做到"虚壹而静"，若能达到虚壹而静，则

---

[1] 杨国荣：《论意志软弱》，《哲学研究》2012年第8期。

"心"的"知"之功能便能自然发用,这也即是其所谓的"治心之道":"心何以知?曰:虚壹而静。心未尝不臧也,然而有所谓虚;心未尝不两也,然而有所谓壹;心未尝不动也,然而有所谓静。人生而有知,知而有志。志也者,臧也。然而有所谓虚,不以所已臧害所将受谓之虚。心生而有知,知而有异。异也者,同时兼知之。同时兼知之,两也。然而有所谓一,不以夫一害此一谓之壹。心,卧则梦,偷则自行,使之则谋。故心未尝不动也,然而有所谓静。不以梦剧乱知谓之静。未得道而求道者,谓之虚壹而静。"

概而言之,这里的虚壹而静是作为使心之"知"能够发用的药引而存在的。通过"虚壹而静"的功夫,主体一方面能够对"心"的认识能力有所体认,另一方面又能够自觉自愿地将这种认识能力应用于与"蔽"的交接过程中,从而实现解蔽。分别言之,虚、壹、静又分别表征着"心"之认识能力觉醒的不同侧面。所谓"虚",即是"不以所已臧害所将受",简单来说即是不以自身已经认识的事物遮蔽自身尚未认识而又能够认识的事物。人对其周围事物皆有固有认识,从诠释学的层面看,这种"所已臧"的固有认识也即是我们对事物的"前理解"。就人的认知历程来看,"前理解"对我们认识能力的进一步发用所面向的新知识确实能够提供一定的认识基础。比如关于"圆"这一概念的认识能够使我们在看到太阳时,形成"长河落日圆"的生动印象。然而,当我们在确实遇到从未认识的"所将受"事物时,若完全依靠"所已臧"的固有认识来予以理解,又往往会限制我们自身认识能力的拓展,从而形成对新事物的错误理解。比如同样是关于"圆"这一概念的认识,如果我们因太阳看起来符合"圆"这一概念的种种规定就将太阳认定为圆的,而忽视其本身之经纬之间的长短差异,并拒绝利用自身的"心"的认知能力去对太阳的本然形状做出更为深入的判断,那么我们就将永远无法正确认识到太阳的状貌,这也即是"以所已臧害所将受"。以荀子所批评的蔽于末喜、斯观、妲己、飞廉而不自知的夏桀、殷纣视之，就二者最初而言，其未必真不知人，否则便不会以关龙逢、微子启等忠良死节者为近臣，而其后来之所以为上述四者所蔽，或许恰恰就在于自身不愿再发用固有的认识能力去对尚未认识的末喜、妲己等四人做出理性的评判，乃至于最终"桀死于鬲山，纣县于赤斾"。荀子形容其为"倚其所私，以观异术，唯恐闻其美也。是以与治虽走，而是己不辍也"，恐亦是有见于此。因此，若主体能够在认识事物的时候做到"虚"，便能够"不满足已有的知识"[1]，从而不断地使自身的认识能力得到发用而不至于拘泥在某些固有认识之中，心之知不断地被扩充、运用，人之蔽也便逐步地被解构。

而所谓"壹"，意为"不以夫一害此一"，这是对主体自身"不自是也"提出的要求。在荀子的视域中，人"心生而有知，知而有异"，也即是说，每个人的心皆有"知"的能力，倘若人人运用"心"的功能来识别事物，则往往会形成不同的看法。寻其根本来看，这是由于每个人虽然都有认识能力，但认识能力的发用过程又与每个人的知识背景、观察角度、思维方式紧密相关，也由此产生了不同的认识视角，不同的认识视角又决定了多重多样的认识结果。而如果主体只重视自身的认知结果，却对他人的认识经验弃之不顾，则通常只能看到事物之一偏，而无法获得对其完整的认识。以盲人摸象为例，每个盲人只经验到象的不同部位，如耳、腿、身等等，若仅以自身经验到的结果来判定象的形状，则自然会得出象形体如扇子、柱子、墙壁的荒谬结论。而如果能做到"同时兼知之"，便不会被一己之私意所遮蔽，从而获得正确的认识。荀子在阐释"乱国之君，乱家之人"丧其国、丧其身、丧其道的原因时曾指出其"身不先知，人又莫之谏，此闭塞之祸也"，这就十分清晰地说明了，综合不同的看法，不"私己所积"对做出正确认识的重

1　廖名春：《荀子"虚壹而静"说新释》，《孔子研究》2009年第1期。

要性。所谓兼听则明,偏听则暗,对于他人认识能力以及认识成果的肯定及运用,本身亦是自身认识能力跃升的关键所在。假使主体所要面对的"蔽"是固定的,那么越是能从不同的角度获得关于"蔽"之成因、性质以及克服方法的认识,主体也便越能祛"蔽"而知"道",这事实上也构成了荀子强调以"壹"获"知"的内在意旨所在。

相对于"虚"的能动与"壹"的兼知,"静"则尤为突出了对"心"之理性能力的涵养这一侧面。荀子曰:"心,卧则梦,偷则自行,使之则谋。故心未尝不动也,然而有所谓静,不以梦剧乱知谓之静。"王先谦解之曰:"处心有常,不蔽于想象、嚣烦,而介于胸中以乱其知,斯为静也。"[1]这也即是说,作为主体理性分析判断之主宰的"心"虽有思虑之能力,但也受外在之干扰,从而时刻处于动荡的状态当中。人心若有所思则睡觉时往往做梦,若有所偏爱则往往有所放纵,若被役用则往往有所谋虑,如此一来,处在迷乱幻想、驰骋谋划中的"心"自然无法将其本有的理性能力给释放出来,却反而会使得"己为物役矣"(《荀子·正名》)。以孟子所举"弈秋诲二人弈"之事为例,其中有一人虽听弈秋之教诲,然"一心以为有鸿鹄将至,思援弓缴而射之"(《孟子·告子上》),如此则其心知为其所欲牵制,则自然无有所获。因此荀子主张,要使心达到"静"的状态,若没有清净的思维,则感受的真实与否便无法被确定,[2]"吾虑不清,则未可定然否也"。而当心处于"静"时,便能够把握住一以贯之之道,不为幻想、扰攘所干扰,从而能够在正确认知的基础之上,获得合理的判断。因此"静"就是主体"心"之荡尘涤欲的过程,通过"静"的功夫,人能随时保持"心"的无染状态,使之能够理性地进行思考。后世儒者多强调于"心"上下功

---

[1] 王先谦:《荀子集解》,中华书局,2012年,第384页。
[2] 冯契:《中国古代哲学的逻辑发展》,华东师范大学出版社,2012年,第212页。

夫，无论是阳明的"拔本塞源"论，抑或是阳明后学的"先天正心"论，乃至于近世谭嗣同之"心力"说，熊十力的"仁心本体"诸说，追溯其源而言之，似在荀子这里已有端倪。

从总体上说，"虚"、"壹"、"静"的完成与否是"心"能否"使"的标志，而主体在"心"上施行"虚"、"壹"、"静"的行为则是其"治心"而欲令心"使"的表现，因此，荀子评价欲"虚壹而静"之人是"未得道而求道者"也。然而，要想获得真正的大道，"虚壹而静"的治心过程又是必由之路："则将须道者之虚则人，将事道者之壹则尽，尽将思道者静则察。知道察，知道行，体道者也。"[1] 一旦通过虚壹而静的养心去欲过程使心发动开来，那么主体便能由此进入到"大清明"的超然境界之中。在"大清明"的境界中，"万物莫形而不见，莫见而不论，莫论而失位"，主体可以"坐于室而见四海，处于今而论久远。疏观万物而知其情，参稽治乱而通其度，经纬天地而材官万物，制割大理而宇宙里矣"。整个世界由之呈现出"恢恢广广，孰知其极？罢罢广广，孰知其德？涫涫纷纷，孰知其形？"的开阔景观。能够进入这样场景的主体，必然是"明参日月，大满八极"之"大人"，其心为神明之主，全无遮蔽。

通过"虚壹而静"来"治心"，从而使心"知"，是一个复杂的过程，其中涉及多重因素，包括自我理性能力的彰显，对外部之蔽的多方位认知，对心能知之功能的涵养等等。就"虚壹而静"的具体实现而言，虚、壹、静各有其自身的内容与实践方式；从个体的作用来看，三者又共同熔铸为"治心之道"的整体展开。在心由"不使"到"使"的过程中，一方面主体将"心"的力量彻底释放出来，从而能够不蔽于万事万物，另一方面主体通过学习治心之道，超越妄人之域，走向圣人之境，也由此呈现了其具体性。

1　王先谦：《荀子集解》，中华书局，2012年，第384页。

三、治心之道与学至圣王

对荀子而言，心的知性能力与主体的道德成就问题是紧密关联在一起的。荀子在陈述成汤、文王之所以为圣王时，强调二者具备"仁知且不蔽"的特征，这本就已将"心知道"作为了圣王之所以为圣王的根据；与此同时，在论及人心认知过程的最终目标时，荀子又十分明确地将其指向了成就圣王境界这一层面："故学也者，固学止之也。恶乎止之？曰：止诸至足。曷谓至足？曰：圣王。圣也者，尽伦者也；王也者，尽制者也。两尽者，足以为天下极矣。"既然"知"乃是"人之性也"而"可以知"乃是"物之理也"，那么"以可以知人之性，求可以知物之理"必然有所指向而不能成为无目的的认识过程，在荀子看来，这一认识过程的目的指向就是成就"尽伦尽制"的"圣王"，如此，则治心之道已然是作为成就圣王的过程而存在着。甚至我们可以进一步说，在荀子的理论视域中，主体由本然形态向圣王境界的转换是以人心认知能力的发用过程及其目标指向为依据的。如果将荀子"心使之"的整个认知发用过程以表格的形式呈现出来，通过分析其认知的基础、认知的对象、认知能力的发用、认知结果的实现以及认知目标的指向等问题之间的关联，治心之术与成就道德境界之间的贯通便能获得更为清晰的展现（见下表）：

荀子心"使"与否关系对照表

主体	认识能力	心的对象	治心与否	心使与否	解蔽与否	成就目标
人	心	知（内在本有）	治心（虚壹而静）	心使（知作主宰）	解蔽	圣王
		蔽（外在本有）	不治心（是已不辍）	心不使（蔽作主宰）	被蔽	妄人

由上表可见，荀子"治心之道"的出发点是基于知性层面的"解蔽"，而其理论所指向的目标则包含了德性层面的"圣王"，前者构筑了后者的必要根据，后者指明了前者的理论方向，"治心"与"成圣"之间保持着紧密的内在相关性。除《解蔽》篇外，荀子在《礼论》《儒效》诸篇当中也多次谈到上述两个层面的互动问题："故学者，固学为圣人也，非特学为无方之民也"（《荀子·礼论》）；"匹夫问学，不及为士，则不教"（《荀子·儒效》），在这里，"学"作为一种认知能力的扩充过程，其指向已然无法避开在德性层面的成就要求，认识能力与道德成就在荀子这里无疑获得了某种共融。

当然，荀子并非毫无根据地将知性与道德进行捆绑，就如何拓发理性能力进而使其成就道德目标这一问题，荀子给出了如下进路：

首先，荀子认为主体理性能力之"知"与德性能力之"仁"并非是二分的存在，而是互相依存、共生共成的。所谓"知而不仁，不可；仁而不知，不可"（《君道》）是也。如此一来，任何主体都无法单独成就"知"与"仁"当中的任何一个侧面，而理性之认知和道德之要求实际上最终又熔铸为一个共同的目标——那便是"圣王"，圣王不仅是人类知性能力的顶点，亦是人类道德追求的极致。如此，就成就"圣王"这一终极的目标言之，人心"知"之能力的完善发用与否，自然同时成为德性能力能否实现的关键。或者更进一步言之，荀子的"治心之道"已不单单是要恢复"认知心"，在其更深刻的意旨上也囊括了对"道德心"的成就。因此荀子又强调说："齐明而不竭，圣人也"（《荀子·修身》）。"知之，圣人也"（《荀子·儒效》）。就"明"与"知"同时作为"圣"的本质规定言之，若离开了这两种内在认知能力的要求，则圣人自然也失去了作为圣人的根据。

其次，"圣王"固然是荀子"解蔽"理论所指向的对象，但荀子同时认为成就圣王不是一蹴而就的，"个体德性的养成要透过后天不舍须臾的师法积习而善化"[1]，也即是说应当通过"积善成德，而神明自得，圣心备焉"(《荀子·劝学》)的"积"的过程来实现。所谓"积"是主体积习、涵养的过程，在荀子看来这种"积"不单单表征知识的积累，同时又展开为道德的养成过程。因此，就人"积"而成圣这一进路视之，人的知性能力与道德要求同样是彼此交融存在着的，且知性能力的养成是成就理想人格这一总目标之实现不可或缺的要件。由此可以看出，荀子在言说"积"至圣王的理论目标时，一方面强调知性层面要做到"不穷穷而通者积"(《荀子·修身》)，另一方面又要求道德层面实现"积善而全尽"(《荀子·儒效》)，其对经由知性能力之发用进而成就道德目标的肯定，当亦是有见于"治心之道"与"学至圣王"的内在相关性。

最后，就荀子所要成就的终极目标"圣王"来看，其本身又展开为"内圣外王"的二重指向。"内圣外王"具体来说就是其不但要在"内"具有极高的道德根基，同时又有能力在"外"实现所谓的"王天下"，也即《孟子》所谓的能够"保民而王"。如此一来，内在道德品性的完成事实上仅仅达到"学为圣王"中"学而为圣"的功夫，而真正建立外王之功，才能够达到完全意义上"即圣即王"的圣王一体之域。在这一规定之下，"圣"与"王"的交融势必要求在道德养成的同时必须拥有知性能力之基础，也即是侧重"内在智力、德性与能力"的整合，[2] 由此圣王方既能不蔽于人，"尚贤使能，等贵贱，分亲疏，序长幼"(《荀子·君子》)，又能明察诸事，"修百王之法，若辨白黑；应当时之变，若数一二；行礼要节而安之，若运四枝；要时立功之巧，若诏四时；平正和民之善，亿万之众而博若一人"(《荀子·儒效》)。顺是，荀子才会在总结"圣王"的特征时说："圣也者，尽伦者也；王也者，尽制者也。两尽

---

1 陈林：《"化性起伪"何以可能：荀子工夫论探析》，《道德与文明》2012 年第 2 期。
2 吴根友、刘军鹏：《荀子的"圣王"观及其对王权正当性的论述》，《浙江学刊》2013 年第 5 期。

者,足以为天下极矣"。其所谓的"伦"即是圣王的道德要求,其所谓的"制"则是圣王的政治要求,"圣王作为'圣'与'王'兼具的人格,在语意和逻辑上皆表征着道德权威与政治权威(权力)的统一"[1],而"尽"既是对"伦"与"制"的彻底认识,又是在理性认识基础上的践履的展开,这也自然构成了荀子"治心之道"的最高境界所指。

不难注意到,在荀子看来,人的本然存在固然无法避免"蔽"的多重束缚,但人心又以能够"知道"的方式规定了人的存在样态。庸君虽惑心乱行,诸子虽拘于一隅,而圣王却能"主其心而慎治",其主要原因就在于其心能"知道",后者同时要求必须将人心的"知道"能力彻底发用出来。人的理想人格(圣王)的形成,既需要内在道德品格的养成,也离不开外在认知能力的功用,就后者言之,人"心"的理性思虑能力事实上构成了道德目标实现的必要前提。外在之蔽与内在之知,虚壹而静的治心方式和学至圣王的理想目标,它们的相互作用,展现了人心与外物、知性与道德之间的多维关系。

---

[1] 东方朔:《荀子的"圣王"概念》,《杭州师范大学学报》(社会科学版)2018年第6期。

荀子伦理学的理论特色
——从"国家理由"的视角说起
东方朔（复旦大学）

一、引言

本文尝试从荀子独特的问题意识出发，借由"国家理由"（reason of state）的角度来探讨荀子伦理学的理论特色，并由此来反显我们对荀子思想之理解可能存在的某些虚欠。本文的目的在于说明，尽管学者把"礼义"看作是荀子伦理学的核心概念，但在荀子论述先王（圣王）创制礼义的特殊语境中，先王的目的和着眼点乃在于政治国家的建立，故而礼义所具有的止争去乱的功能以及规范行为的性质，其实质是以"国家理由"的形式出现的，换言之，使"礼义"（道德）获得"国家理由"的形式，构成了荀子伦理学的一个重要的理论特色。

为了说明此一特色，我们需要先行解释两个问题，此即何谓"国家理由"？荀子如何理解"国家"？

我们先看第二个问题。荀子思想中的"国家"，由于牵涉到"天下"与"国家"的关系问题，较为复杂，笔者已有另文处理[1]。简言之，在《荀子》一书中，"国"与"天下"皆是出现十分频繁

---

[1] 有关荀子的国家观的研究，学者可参阅王廷洽《论荀子的国家观》，《中国史研究》，1999年第2期。

的词[1],依荀子,天下是"大具"(《正论》),指的是地理空间的范围;同时,"天下"更意味着某种政治秩序,故荀子重"天下","一天下"、"治天下"成为荀子政治哲学关注的主题。不过,《荀子》一书虽有大量的"天下"的论述,但"天下"概念多表现为一种文化或价值意味的概念,而"国家"概念反倒是一种实体性的概念,依荀子,"国家者,士民之居也……无土则人不安居,无人则土不守,无道法则人不至,无君子则道不举。故土之与人也,道之与法也者,国家之本作也。君子也者,道法之总要也"(《致士》)。荀子认为,国家的成立和稳定取决于领土、人民、道法和君子的集合,而在各种社会组织和团体中,国家的力量和作用最大,故云"国者,天下之大器也,重任也","国者,天下之(制)利用也","国定而天下定"(《王霸》)。在孟子之时,实现天下一统的王道理想已寄托在各诸侯国身上,到荀子时则表现得更为明显,对此萧公权有一观察可作证明,其云:

> 在秦始皇统一以前,至少从春秋战国时代的情形看来,中国的政体是"封建天下"。这种政体是以列国为单位而以天下为全体,天子虽为"元后",其实也是群后之一。群后奉他为共主,却未必受他的统治。政治上主要的工作,如安民理财等事都由列国各自办理。天子除了在"王畿"内办理同样的政事以外,并未在"天下"范围内施用治权。所以封建天下的"大一统"徒具形式,未有实质。诚然,在周朝八百年的长时期中,统一的程度先后颇有高低。在西周盛世,天子的实力较强,列国奉命较谨。此后宗周日趋衰微,到了春秋时代已呈尾大不掉的病态,到了战国就完全成为割据局面。然而就政治工作的本身看,政治生活的重心始终寄托在列国之中,而不在元后所临御的"天下"。这是封

---

[1] 据学者统计,在《荀子》一书中,"天下"一词出现370余次,"国"和"国家"出现340余次。由于统计方法不同,其间不免会有出入。

建天下的第一个特点。[1]

当然,这里需要说明的是,在荀子那里,"国家"虽然是一个实体性的概念,但荀子思想中并没有现代意义上的"国家论",换言之,荀子意义上的国家乃是由于民众出于欲求满足的需要而有的保护性制度,国家的法度准则乃是民众为了避免强害弱、众暴寡乃至悖乱相亡的结果而由统治者加在民众身上的约束,故黑格尔把这种不成熟的国家称为"外部的国家",屈从于"需要"的国家[2],这种意义上的国家大体相当于我们今天所说的专制政治的国家。

在大体了解了荀子所说的"国家"以后,我们再说"国家理由"。学者通常把"国家理由"概念看作是欧洲近代国家理论的一个重要概念,按照迈内克(Friedrich Meinecke)的说法,"在十七世纪头十年的意大利,在市场挑夫和客栈工匠中间有着关于'国家理由'的种种讨论",而马基雅维利(Niccolò Machiavelli)即被认为是发现"国家理由"之真正性质的第一人[3]。在马基雅维利那里,"国家理由"意味着,作为国家最高权力的代表,统治者(君主)为了实现国家的利益,可以使用非常规的手段,表现

---

1 萧公权:《中国君主政体的实质》,《宪政与民主》,清华大学出版社,2006年,第67-68页。
2 黑格尔云:"利己的目的,就在它的受普遍性制约的实现中建立起在一切方面相互依赖的制度。个人的生活和福利以及他的权利的定在,都同众人的生活、福利和权利交织在一起,它们只能建立在这种制度的基础上,同时也只有在这种联系中才是现实的和可靠的。这种制度首先可以看成外部的国家,即需要和理智的国家。"见氏著《法哲学原理》(范扬、张企泰译),商务印书馆,1982年,第198页。
3 迈内克:《马基雅维利主义》(时殷弘译),商务印书馆,2008年,第200、103页。迈内克此书对"国家理由"有十分充分的说明。此外,学者亦可参阅 The reason of states, ed by Michael Donelan, Abingdon: Routedge, 2016; H Dreitzel, "Reason of state and the crisis of political Aristotelianism: an essay on the development of the 17th century political philosophy", History of European Ideas, Vol.28, Issue3, 2002, pp.163-187。

出君主绝对权力的性质[1]。"国家理由"总是表现为一套国家治理的法则规范，作为一种手段，是在一个充满偶然性的世界中旨在为维护政治共同体的利益而采取的措施；作为一种论证依据，"国家理由"为这些措施进行道义上的辩护[2]。不过，对于"国家理由"概念，不同的学者有不同的理解，用以说明问题的意图也不尽相同，而且连译名也有争议[3]，可以说是一个歧义颇大的概念。本文无意对"国家理由"作穷本溯源式的探讨，也无意呈现"国家理由"的种种学术史的含义，我们借用此一概念意在表明，作为对"国家为何必须"的一种新的政治和伦理的思考，"国家理由"概念的核心在于为国家利益和国家行动提供合法性叙事和正当性说明，因而对秩序重建或对国家的"有用性"成为考量政治和伦理选择的首要标准[4]。本文采用"国家理由"此一概念只是在此泛指的意义上而不是在别的严格的意义上使用，这也是首先要向学者作出交待的。

---

1. 迈内克认为："如果一位国务活动家感到自己迫于'国家的必需'，要去违背法律和伦理，那么他仍然能觉得自己在他本人良心的审视面前是道德上有理的，只要在这么做时，他根据自己个人的信念，考虑的首先是被托付给他来关照的那个国家的利益。"氏著《马基雅维利主义》，第57-58页。
2. 参阅郑红：《"国家理由"的缘起和历史意义》，《中共福建省委党校学报》2008年第3期。
3. 有学者认为，此一概念应译为"国家理性"，它是与现代早期西方世界的"理性化"紧密相连的一种新的理性观，它意味着传统的"道德理性"的消失以及作为"工具理性"的"国家理性"的兴起，标志着一种新的政治与伦理分家的"政治观"。参阅周保巍：《"国家理由"还是"国家理性"——思想史脉络中的"reason of state"》，《学海》2010年第5期；但也有学者不同意，参阅岳成浩：《"国家理由"的现代意蕴——对"reason of state"的历史解读》，《西北大学学报》2011年第3期。
4. 迈内克认为，"在权势与道德，权势冲动驱使的行为与道德义务激励的行为之间，有着位于国家之巅的一座桥梁——'国家理由'，亦即关于什么是有利、有用和有益的考虑，关于国家为了不时臻于其存在的巅峰而必须做什么的考虑。在那里包藏着'国家理由'难题的巨大意义（不仅是历史的，也是哲学的巨大意义），还远未得到适当的评价。"氏著《马基雅维利主义》，第56页。

二、"国家"与"礼"

那么,荀子的伦理学在何种意义上表现出"国家理由"的特色?在理论上,要说明某一伦理理论具有"国家理由"的表现形式,我们可以从明确该理论所设定的目的、为此一目的所提供的理据以及为达成此一目的所提出的方法等方面着眼,此当然是最系统最稳妥的说明途径,但也有一种最有效同时也最简便的方式,那便是从荀子伦理学最核心的概念出发来加以分析。

在论及荀子伦理思想的核心概念时,学者会不约而同地指出,与孔孟之重仁义相比,荀子则明显地表现出重礼义的特点。现在我们要问,荀子是从何种脉络上论述礼义?"礼义"(或曰"礼")作为我们通常所说的"道德"概念,其首出的意义究竟是什么?[1] 对此,我们先行提出根源义的了解方式,即此而言,我们所要追问的是,假如作为"道德"概念的"礼"具有"国家理由"的特色,那么,在荀子以其特殊的理论语言所构筑的思想世界中,荀子是如何凸显"国家为何必须"的问题意识?若国家必须,"礼"又在何种意义上构成"国家理由"?

综合《礼论》《性恶》《富国》《王制》等篇的相关论述,我们不难看到,荀子事实上为我们描述了政治国家存在之前的"自然状态",用荀子的话来说,就是"群众未县"、"君臣未立","无君以制臣,无上以制下"的状态。依荀子,在前政治国家的生存状态中,人与人之间聚族而居,"同求而异道,同欲而异知",每个人对生活的要求相同,每个人好利恶害的欲望也相同,但满足要求和欲望的方法及知识却因人而异;每个人都有判断能力,但判断的结果却有智愚之别。如是,社会中人群地位相同而知见各异,若谋取私

---

[1] 荀子有关"礼"与"礼义"的关系本文不作具体的梳理,只是大体把两者看作意思相通的说法,学者也可参考陈大齐《荀子学说》,中华文化出版事业社,1956年,第143-144页。

利,无所忌惮,而又不受惩罚,那么,人人都将奋起争夺而谁也不能说服谁[1]。在这种"势同知异"的社会中,人群中的智者并没有机会行其治道,因为人人地位相同,谁也管不了谁[2],天下的祸害就会因为人的纵欲行私而不断发生。问题还在于,为了逃离这种生存祸害,我们可以去过一种离群索居的生活吗?荀子认为不能。依荀子,人虽"最为天下贵",但在宇宙万物中人的生命又显得十分弱小,人"力不若牛,走不若马",但若要以"牛马为用"(《王制》),依靠单个人的力量来满足自己的欲望并不可能,所谓"能不能兼技,人不能兼官,离居不相待则穷",故云"人生不能无群"。然而,在自然状态下,人之"结群"乃是人为生存所不得不采取的选择,其动机和动力纯出于满足人性的自然欲望,故而难于形成统一的有序安排的意志,也不能产生出稳定有效的政治和道德约束力,换言之,人类并不能通过自然群合和欲望的天然一致性即能组成群而有序的社会。依荀子,"人生而有欲",而且人的欲望还具有贪得无厌的特点[3],但满足欲望的物品又有限,若"从人之欲,则埶不能容,物不能赡也"(《荣辱》)。同时,人之情又是如此,人人厌恶做事干活,却喜欢做事干活得来的劳动成果,如果人的职业没有名分规定,那么,人们就会以建立自己的事业为苦事,而又有争夺他人劳动成果的祸患。至此,荀子为我们描述了一幅以根于人的自利本性为原因、以"争"为表象的人类生存图景,荀子云:

  人生而有欲,欲而不得,则不能无求。求而无度量分界,则

---

[1] 《富国》篇"则民心奋而不可说也",杨倞释"说"为"悦",李涤生同之(《荀子集释》,学生书局,1979年,第197页);而获生徂徕、北大本《荀子新注》(中华书局,1979年,第139页)不与,谓"言说"、"说服";而王天海释为"解脱"(《荀子校释》,上海古籍出版社,2005年,第421页)。今取获生徂徕、北大本的解释。

[2] 荀子云:"势齐则不一,众齐则不使"、"两贵之不能相事,两贱之不能相使"(《王制》)。

[3] 《荣辱》篇云:"人之情,食欲有刍豢,衣欲有文绣,行欲有舆马,又欲夫余财蓄积之富也;然而穷年累世不知不足,是人之情也。"

> 不能不争。(《礼论》)
>> 欲恶同物，欲多而物寡，寡则必争矣。(《富国》)
>> 埶位齐，而欲恶同，物不能澹则必争。(《王制》)
>> 人生不能无群，群而无分则争。(《王制》)[1]

在此，"争"是一种被描述出来的现象或状态，而这种状态的发生是以"没有任何法和国家制度以及其他形式的社会强制"[2]等措施为前提的。那么，这种状态发展到极致又将会是怎样的一种结果呢？荀子在《性恶》篇为我们给出了描述：

> 今当试去君上之埶，无礼义之化，去法正之治，无刑罚之禁，倚而观天下民人之相与也。若是，则夫强者害弱而夺之，众者暴寡而哗之，天下悖乱而相亡，不待顷矣。

在对此段给出具体的解释之前，我们应当回到前面所提出的问题，亦即荀子是如何凸显"国家为何必须"的问题意识？现在荀子给出了清晰和确定的答案：国家之所以必须，根本原因在于为了避免人类强害弱，众暴寡，乃至天下悖乱相亡不待顷的结果。然而，在上一段中我们从何处可以看出荀子的"国家"概念？这便是荀子所说的"君上之势"、"礼义之化"、"法正之治"、"刑罚之禁"，我们有足够的理由把此泛称的四个方面理解为散开来说的国家概念。事实上，凝聚地说，相对于"无君以制臣，无上以制下"的自然

---

[1] 荀子此说的确蕴含了"有分则无争"的意思，本文则着眼于"无分"的前政治社会状况。人类因满足欲望而群居，但因"无分"而必起争。

[2] 赫费（Otfried Höffe）：《政治的正义性》(庞学铨、李张林译)，上海译文出版社，2014年，第208页。这是赫费对自然状态的定义，赫费特别强调，自然状态中的"自然"一词，"既不是历史也不是社会或文明的反义词，而是法和国家或其他具有强制能力的社会秩序的反义词"。（同上，第210页）而依柯雄文，在荀子那里，争夺乃是指没有（outside）制度之准则、规范所造成的争夺，是一种缺乏规则管控的无序状态。参阅 A. S. Cua, "The Quasi-Empirical Aspect of Hsün-Tzu's Philosophy of Human Nature", *Philosophy East and West*, Vol.28, No.1（Jan., 1978），p.6。

状态而言,"君上之势"的确立本身便意味着政治国家的成立[1],而"礼义、法正、刑罚"等等只是国家所以为国家的功能要素,或者说是国家为了止争去乱,实现和平、安全与秩序("正理平治")的法则规范等手段。如是,在荀子,国家是以"圣王"和"礼义"来表现的[2]。依荀子,国家之所以必须,不仅是现实的,其现实性即是其必要性,亦即非国家则不足以避免人类相处的丛林法则,不足以避免人类的悖乱相亡;同时,国家之所以必须,还是必然的,其之所以必然,乃是因为其深深地植根于人的性恶的天性之中,若"从人之性,顺人之情,必出于争夺,合于犯分乱理,而归于暴";故必当有"圣人之治,礼义之化"(谓"政治国家"也)然后可(《性恶》)。由此看来,荀子所说的人性的"恶"并不是在特定的伦理或道德意义上的恶,毋宁说,"恶"的确切含义应当被理解为政治意义上的"偏险悖乱"。

当然,这种理解可能并不一定是对荀子思想的决定性的理解,更不是对其思想的最深刻的理解,尽管"性恶说"被认为是荀子思想的一个标志性主张,但其最具哲学史意义的地方在于,对荀子而言,他要透过性恶说,为政治国家的存在提出合理性辩护,并借此存在以实现其秩序重建的目的。盖依荀子所预设的自然状态的逻辑,政治国家的存在已然是人类生存的宿命,根本无可逃避;而人的天性又根本承担不起作为任何政治和道德规范的基础,荀子明确宣称:"今人之性,固无礼义,故强学而求有之也;性不知礼义,

---

1 迈内克认为:"权势属于国家的本质。没有权势,国家就无法贯彻自己维护正义和保护社会的任务。"参阅氏著《马基雅维利主义》,第66-67页。在先秦儒家中,荀子可以说是认识到政治国家的本质在权力的第一人,如荀子云:"人主者,天下之利势也"(《王霸》),又云:"今圣王没,天下乱,奸言起,君子无势以临之。"(《正论》)此处"势"指的就是权势,亦即国家的本质。

2 这种说法依然是随顺荀子批评孟子"性善,则去圣王,息礼义"(《性恶》)亦即取消国家而来的分别说,实即在荀子,礼义为圣王所制作,圣王和礼义具有一体关系,皆象征着政治国家之总体。

故思虑而求知之也。""故顺情性则不辞让矣,辞让则悖于情性矣。"(《性恶》)相反,在《性恶》篇中,荀子反复强调的主题是,人之性恶当下即意味着人需要统治[1],而根据迈内克的说法,"任何统治事业总是根据'国家理由'进行的"[2],如是,依荀子"礼义之谓治,非礼义之谓乱"(《不苟》)的逻辑,礼义便已确定无疑地获得了"国家理由"的形式,这种形式的本质则表现为一种政治权力,换言之,荀子的"礼义"概念虽然通常被人们认为是一个伦理学概念,但它的出场却首先是一个政治学的概念,其本质即是由"国家理由"来表现的政治权力,此荀子所以云"国之命在礼"(《强国》)、"礼义生而制法度"(《性恶》)的究竟义和真实意思[3];与此相应,凡"不顺礼义"、"不是礼义",皆为"不知是非治乱之所存者",皆不足于合文通治,不可以经国定分,因而,在逻辑上也皆可以"国家理由"的名义为"圣王之所禁"(《非十二子》)。由是我们看到,在荀子所预设的自然状态及对自然状态之解脱的逻辑中,人的满足欲望的需要转变成为被统治的需要,亦即人若要满足欲望而又不至于酿至争夺即需要接受统治,被统治构成了人满足欲望(及生存)的结构性前提[4]。荀子的此一思路颇近于西方

---

1 《性恶》篇中,因为人性恶而需要统治的说法反复出现,似乎生怕人们不加注意,但学者似乎察之不深。如荀子云:"古者圣王以人性恶,以为偏险而不正,悖乱而不治,是以为之起礼义,制法度,以矫饰人之情性而正之,以扰化人之情性而导之也,始皆出于治,合于道者也。""古者圣人以人之性恶,以为偏险而不正,悖乱而不治,故为之立君上之埶以临之,明礼义以化之,起法正以治之,重刑罚以禁之,使天下皆出于治,合于善也。""今人之性恶,必将待圣王之治,礼义之化,然后始出于治,合于善也。"
2 迈内克:《马基雅维利主义》,第81页。
3 "礼"的首出意义为政治学的意义并不意味着其不含伦理学的意义,参阅拙著《差等秩序与公道世界》,上海人民出版社,2016年,第172页。
4 荀子云:"君子以德,小人以力;力者,德之役也。百姓之力,待之而后功;百姓之群,待之而后和;百姓之财,待之而后聚;百姓之埶,待之而后安;百姓之寿,待之而后长;父子不得不亲,兄弟不得不顺,男女不得不欢。少者以长,老者以养。"(《富国》)迈内克则认为,"国家的由来可以追溯到两个源泉:一是统治者的个人权势追求,二是臣民的需要,这些臣民听任自己被统治,因为他们反过来得到某种补偿……。"氏著《马基雅维利主义》,第62页。

政治哲学的"保护-服从"（protection-obedience）关系。人需要保护，就无法拒绝服从。保护总是以"国家"的形式出现，而服从则以服从"国家理由"（"礼"）为实质。依荀子，人之所以需要保护，则在于在"欲多而物寡"的自然状态下，人性的自然必然性将不可避免地将我们卷入剧烈的争夺和冲突之中，导致欺凌、暴力、悖乱相亡的危险；为了避免这种危险，人必然会寻求保护。由于人一定需要获得保护，使得"国家为何必须"获得了正当性的根据。这种基于"保护-服从"而形成的权力关系，一方面构成了政治秩序的基础，另一方面，国家赖以保护民众的原则和措施（"礼义"）也获得了"国家理由"的形式，故荀子云："礼义者，治之始也"（《王制》），"人莫贵乎生，莫乐乎安，所以养生安乐者莫大乎礼义"（《强国》）。在此，"礼义"之所以具有"国家理由"的性质，其根本原因在于礼义是民众的生命得以维持、生活得以安乐的保障，同时也是国家治理的根本和基础，所谓"国无礼则不正"（《王霸》）、"国家无礼则不宁"（《修身》），所谓"隆礼贵义者，其国治；简礼贱义者，其国乱"（《议兵》）。国正则民正，国宁则民宁，国治则民治，而所以"正"之者、"宁"之者、"治"之者，悉因礼义而有[1]，则"礼义"非"国家理由"而何所是？荀子正是通过此一论证，使得政治国家存在的合理性和必要性在先秦儒家思想中获得了前所未有的严肃性：只有在荀子那里，政治国家的存在才真正成为政治哲学关注的根本主题；也只有在荀子那里，"礼义"以最名正言顺的方式取得了"国家理由"的身份。

---

[1] 依罗娜，荀子的礼为人们提供了可靠的、共享的安全以及行为的社会保障的准则，同时礼也为人们提供了放弃快速满足欲望的动机，将他们从面对新环境时决定做什么的重负中解放出来。Loubna El Amine, *Classical Confucian Political Thought—A New Interpretation*, Princeton: Princeton University Press, 2015, p.94.

三、"公共善"的建立

明乎此，我们看到，在荀子那里，"国"与"礼"的关系获得了全新的理解，这种"新"与其说是一种创始意义的"新"，毋宁说是荀子通过对历史的回溯在其特殊的理论架构中重新赋予此一关系以解释的"新"，盖将"国"与"礼"的关系关联起来说明在中国思想史上源远流长，《左传》对此便有丰富的论说，而学者也早已指出，荀子的相关主张与《左传》具有密切的关系[1]。对《左传》而言，荀子看重的惟是"礼"的"经国家，定社稷，序民人"（《左传·隐公十一年》）的作用，故荀子特重"礼宪"，以之作为国家治理的准则和法册。然而，荀子却断然抛弃了《左传》中将"礼"看作是"天之经，地之义"的说法[2]，礼义已不再是天地"自然秩序"的一部分，而是圣王"人为"的制作。天只是"自然"而已，与人间秩序无涉，没有赏善罚恶的意志；人间秩序不出于天之"自然"，而出于"人为"，这便可以解释何以《天论》篇在论述天地自然的脉络中，忽而转笔而突出"国之命在礼"的原因[3]，很明显，荀子要通过彰显"自然"与"人为"的差别，突出礼义的"人为"意义和地位。荀子的此一论述与《性恶》篇的论述如出一辙：随顺人性之"自然"只会产生争夺，而国家的治理，民众生活的和平和安全只能来自"人为"，"古者圣王以人之性恶……是以为之起礼义，制法度"明确表示出礼义是人为的制作，而礼义又是国家的托命，是治国之要和正国之具，

---

1 参阅拙著《差等秩序与公道世界》，上海人民出版社，2016年，第176页，注2。
2 《左传·昭公二十五年》："夫礼，天之经也，地之义也，民之行也。天地之经，而民实则之。则天之明，因地之性，生其六气，用其五行，气为五味，发为五色，章为五声。淫则昏乱，民失其性，是故为礼以奉之。"
3 《天论》篇云："在天者莫明于日月，在地者莫明于水火，在物者莫明于珠玉，在人者莫明于礼义……故人之命在天，国之命在礼。""人之命在天，国之命在礼"一说亦见《强国》篇。

已然表现出一种客观精神。依牟宗三，客观精神必在现实之组织一方面显，而国家则为其典型。客观精神即尊成群体之义道，义道落实于现实组织中即表现为作为"国家理由"的礼义（法度）。如是，义道、国家理由和礼义（法度）说法不同，但实质则一，"何以必尊此义道？由于不安于生命之毁灭也，由于不安于全顺天生而类同禽兽也"[1]。换言之，作为政治理性的人为创制，"礼义"一方面拒绝了天道"自然"和人性"自然"所可能包含的任何政治和道德哲学的意义，另一方面则突出了"礼义"在保全生命（政治）和转化生命（道德）中的核心地位，我们也可以说，避免生命之毁灭和人类类同禽兽，进而使人类过上"群居和一"的秩序生活同时也构成了"国家理由"的本质方面。

把"礼义"上升并理解为"国家理由"，是荀子对他所处时代的、被视为儒家正统的"知识背景"（Hintergrundwissen）的一种颠覆和瓦解，这种"知识背景"就是当时在儒学思想中居于主导地位的孟子的主张。依孟子，"君子所性：仁义礼智根于心"（《尽心上》），"仁义礼智，非由外铄我也，我固有之也"（《告子上》），据此认识，孟子认为，国家之治理，政治秩序之重建，只需"以不忍人之心，行不忍人之政"，则"天下可运之掌上"（《公孙丑上》），所谓"举斯心加诸彼而已"（《梁惠王上》），故"人人亲其亲，长其长，而天下平"（《离娄上》）。然而，面对孟子这种对人性信心满满的主张，荀子却提出了完全相反的看法。在荀子看来，"今人之性，固无礼义"（《性恶》），"夫好利而欲得者，此人之情性也"，"人之生，固小人，无师无法，则唯利之见耳"（《荣辱》），"故顺情性则不辞让矣，辞让则悖于情性矣"（《性恶》）。由此观之，无论是政治秩序的重建还是道德秩序的实现，"必将待圣王之治，礼义之化，然后皆出于治，合于善也"（《性恶》）。如

---

[1] 牟宗三：《名家与荀子》，台湾学生书局，1979年，第218页。

前所云，在荀子那里，"圣王"和"礼义"是国家的另一种说法，"国家为什么必须"乃根源于人之性恶。如是，在"礼义"和"政治国家"的关系上，我们从荀子的说法中可以得出的结论是，礼义不是"天之就"的人性的自然流露，礼义也不是超乎政治国家之上的产物。相反，政治国家的存在反倒是礼义得以可能的前提和保证，换言之，只有在政治国家的状态下，一个性恶之人才有可能变为"善人"，故荀子云：

> 今人之性恶，必将待师法然后正，得礼义然后治。今人无师法，则偏险而不正；无礼义，则悖乱而不治。古者圣王以人之性恶，以为偏险而不正，悖乱而不治，是以为之起礼义，制法度，以矫饰人之情性而正之，以扰化人之情性而导之也，始皆出于治，合于道者也。(《性恶》)

此处所谓"起礼义，制法度"之实义正是赫费所强调的"法和国家制度以及其他形式的社会强制"措施，依荀子，若人只任由其本性而行而没有度量分界，"则悖乱在己"，亦即在其身上只存在背离正道和混乱，故必须"立君上，明礼义"（谓"政治国家"也）(《性恶》)才能真正出于治，合于善。然而，什么是荀子所理解的"善"？按荀子的说法，"凡古今天下之所谓善者，正理平治也"(《性恶》)，如是，"善"被理解为或定义为"正理平治"，而所谓"正理平治"的确切含义乃是指"规正、有序、平和与（得到有效的）管控"[1]。不用多大的思辨力即可看出，这样一种对"善"的定义确切无疑地表现出一种政治学的意味，其本质即是以国家利益和

---

[1] 有关"正理平治"的解释，各注本理解不同，笔者采取 E. Hutton（何艾克）的理解，意为"correct, ordered, peaceful, and controlled"，参阅 E. Hutton, "Xunzi: Introduction and Translation", *Readings in Classical Chinese Philosophy*, ed by Philip J. Ivanhoe and Bryan W. Van Norden. New York: Seven Bridges Press, 2001, p.288. 学者可参阅拙著《差等秩序与公道世界》，第 181-183 页。

目的为核心的政治权力，构成"国家理由"的本质性规定，故陈大齐认为，"荀子所谓善恶，是就国家的治乱、社会的安危说的"[1]。但如果我们把此处所说的"善"理解为一种伦理学的概念[2]，那么，从"正理平治"（"善"）的具体含义上看，荀子正是从"国家理由"的角度来规定道德的。

假如上述理解有其确定的理论根据，那么，荀子对孟子的批评便可以得到新的合理的解释：尽管在《性恶》篇中荀子用了很大的篇幅和气力来论证孟子性善论的"不然"，但荀子的问题意识和真实意图并不在于在理论上彻底驳倒性善论，而是在于，他对孟子忽视政治国家的存在表达强烈的不满[3]。依荀子，如果性善论能够成

---

[1] 陈大齐：《孟子性善说与荀子性恶说的比较研究》，中央文物供应社，1953年，第12页。

[2] 从荀子此处言"善"的言说脉络上看，荀子是在反驳孟子"人之性善"的主张上说的，而孟子的"人之性善"显然是一个伦理学的概念，换言之，荀子是从政治学的角度反对孟子的伦理学。今撇开荀子对孟子的主张是否有恰当的理解不论，荀子如此立论，恰恰与其强调"国家为何必须"的主张一脉相承。

[3] 荀子对孟子性善论的批评已然成了一个"学术公案"，引发学者间无数争议，它无疑有独立的理论意义。但学者于此却常常忽视了荀子立言的问题意识，造成不能对荀子的思想有"同情"的了解。徐复观当年就曾质疑："我根本怀疑荀子不曾看到后来流行的《孟子》一书，而只是在稷下时，从以阴阳家为主的稷下先生们的口中，听到有关孟子的传说……他（指荀子）对于孟子人性论的内容可说毫无理解。假定他看到《孟子》一书，以他思想的精密，决不至一无理解至此。"（徐复观《中国人性论史》，台湾商务印书馆，1994年，第237页）就《性恶》篇荀子对性善论质疑的实际内容上看，徐氏出此语固可理解，但徐氏显然对荀子何以如此持论、批评的原因缺乏"通观"的了解，以致龙宇纯不得不进行反驳。龙氏云："我想荀子性恶之说显然不是因为他所见人性与孟子全不相同，于是据理力争；只是有鉴于圣王礼义与性善说不能相容，乃不得不斟酌取舍……而改言性恶。换言之，性恶说乃是有所为而发，故表面上虽然与性善说相对，出发点则不在性本身，而是在圣王礼义；不在性之果为恶，而在圣王礼义之不可无。学者不达于此，竟有人怀疑说：'荀子根本没有读过孟子书，只是游学稷下时，从以阴阳家为主的稷下先生们口中，听到有关孟子的传说，而他对于孟子人性论的内容，可说毫无理解'……说这种话，不仅是污蔑了颇有科学精神的荀子，也太轻看了齐国的稷下先生。"（龙宇纯《荀子论集》台湾学生书局，1987年，第74页）龙氏要人们跳开狭义的"性善性恶"之论，而应着眼于荀子的"圣王礼义"之说，这种看法无疑有合理性，也更能让人把握到荀子的问题意识，但龙氏的一些说法诸如"不是因为他所见（转下页）

立，那么，政治国家的存在就会变得毫无意义：

> 孟子曰："人之性善。"曰：是不然……今诚以人之性固正理平治邪，则有恶用圣王，恶用礼义哉？虽有圣王礼义，将曷加于正理平治也哉？(《性恶》)

> 故性善，则去圣王，息礼义矣；性恶，则与圣王，贵礼义矣。(《性恶》)

面对"性善性恶"之论，荀子不断提示"圣王、礼义"，其间必有理绪。很显然，荀子强调"与圣王"与"贵礼义"正是在性恶论的前提下对"国家何以必须"的最确切的注脚，而孟子的性善论却会导致对政治国家的否定。在荀子看来，无论是秩序的重建还是道德的实现都离不开政治国家，因而性善论并不能充当秩序重建和道德实现的理论前提。用荀子的话来说，即是"无辨合符验，坐而言之，起而不可设，张而不可施行"[1]，而所谓"起而可设，张而可施行"即是立其纲纪法度，公布而施行之，这便是政治国家的权力制度及其所具有的"辨合符验"的作用特点。荀子重"辨合符验"，强调"五官簿之"、"心徵之"，而非玄想测度，揣摩影响，其目的在于求得一种客观可靠的确定性；进一步，荀子寻求客观性和确定性的目的，究其实亦原非在于真实知识之界定，而在于验证一种学说的可行性。如是，荀子批评性善论并非其目的，毋宁说其真实的目的在于排除那些非礼义之说的现实可行性。依个人恻隐之心的兴发，长于内容之表现，可以成就德性之个人，发为人格的尊严与光

（接上页）人性与孟子全不相同"、"不得不斟酌取舍……而改言性恶"等却并非谛义，至于荀子强调的"圣王礼义"究竟指向何种理论问题立论，则已在龙氏的视野之外。当前许多学者的讨论亦未能有效把握到荀子所以如此立言的问题意识。

[1] 史华慈则对此评论道："孟子向他那个时代的统治者作了如下说教：要与他们自己心中的善的根源保持接触。但这些似乎全都是无用的，只能使得不同情这种学说的人们确信：儒家几乎完全脱离了现实。"参阅氏著《古代中国的思想世界》(程钢译)，江苏人民出版社，2004年，第327页。

辉，但相对于政治国家的秩序重建而言，它却短于制度的安排，且了无崖岸，难于坚成，尤无法建立起形式化的、普遍有效的法度准则。用牟宗三的话来说，孟子之教只表现为道德的个人形式，只是个人精神与天地精神的来往，不能有客观精神作国家组织的表现。而这种客观精神表现于国家组织，则化为实现国家利益和目的所需的制度准则，在荀子，即尤表现为"礼宪"，所谓礼宪，即是治国之纲纪和法册，是"国家理由"与国家意志之体现，故云："不道礼宪，以诗书为之，譬之犹以指测河也，以戈舂黍也，以锥餐壶也，不可以得之矣。"（《劝学》）因而，站在荀子的立场看孟子的学说，就其所欲达成的秩序重建的时代课题而言，似乎不由得让人想起当年霍布斯对苏格拉底的理论的评价，与其说这是一种科学，"不如说是一场梦幻"[1]。《非十二子》篇中荀子抨击孟子的主张"甚僻违而无类，幽隐而无说，闭约而无解"，学者解说万端，但其核心主张盖在于批评孟子的思想不足于力济苍生，不足于经国定分，此断无可疑者[2]。的确，兼善有兼善之道，力济有力济之法，但"此道此法非只圣君贤相德慧之妙用，亦非只大圣贤恻怛之悲怀"[3]，而必当有作为"国家理由"的礼义法度，统而一之，连而贯之，贞而定之，方可言治道之落实，方能见其庄严隆重，充实饱满，故荀子云"礼者……强国之本也"（《议兵》），"礼者……道德之极"（《劝学》）。

由此观之，我们可以说，荀子的思想与他所处时代思想的不符，不仅仅只是概念词汇上的不符，而是一种对道德的理解方

---

1 施特劳斯等主编：《政治哲学史》（李天然等译），河北人民出版社，1993年，第335页；又见施特劳斯：《自然权利与历史》（彭刚译），三联书店，2003年，第169页。

2 一个可以确定的事实是，《非十二子》篇对各家的批评皆围绕着是否足以合大众、县君臣、经国定分的核心展开。在荀子看来，思孟之"罪"亦无过于此，虽未明言，实已言之。学者致力于从五行、德性的角度并配合新出土的文献加以解读，颇有意义。但若离开上述宗旨，总有一间未达之病。

3 牟宗三：《名家与荀子》，第200页。

式上的不符。孟子的道德观在本质上是个人德性的养成，而荀子的道德观则着眼于社会的"公共善"（common good）的建立。在荀子，这种"公共善"的建立，在本质上是借由政治权力以"国家理由"（"礼"）的方式来实现的，对此，柯雄文（Antonio S. Cua）指出："在效果上，以礼为中心的荀子思想中，我们所能得到的，与其说是个人主义的道德，毋宁说是权力主义的（authoritarian）道德。"[1] 与此相应，在对道德与政治的理解上，孟子和荀子也代表了两种截然不同的看法，前者是以道德来理解政治，后者则以政治来理解道德。以道德来理解政治，则政治国家的独立性及其意义不能得到保证，而这与荀子精心构筑的"自然状态"理论格格不入；以政治来理解道德，逻辑上使得道德（"礼"）获得了"国家理由"的性质，在理论上满足了建构统一的政治国家的需要，同时也赋予了道德以强而有力的法度准则的形式，故云礼者"治辨之极也"。平情地说，荀子的主张契合和顺应了战国中后期历史发展的大势，同时，也为未来统一帝国的崛起提供了适切的理论准备和武装。然而，孟子式的以个人的意志自由和自决为基础的那种道德却也同时被荀子排除出去了。以"国家理由"的形式言礼说礼，则礼不免在"国家利益"的名义下沦为"人主之柄"[2]，致使荀子的伦理学成为典型的政治化的伦理学。德效骞（Homer H. Dubs）便指出："只有在荀子那里，那种作为权威和外在道德（external morality）的典型的儒家原理，在逻辑上达到了登峰造极的地位。"[3] 而徐复观则认为，

---

[1] Antonio S. Cua, "Dimensions of Li(Propriety)", *Human Nature, Ritual, and History: Studies in Xunzi and Chinese Philosophy*, Washington, D. C.: The Catholic University of America Press, 2005, p.46.

[2] 荀子云："礼者，人主之所以为群臣寸、尺、寻、丈检式也。"（《儒效》）杨倞注："礼可以总统群臣，人主之柄也。"

[3] Homer H. Dubs, *Hsüntze: The Moulder of Ancient Confucianism*. London: Arthur Probsthain 1927, p.132.

荀子主性恶，所以礼是成立于利害争夺比较之上，没有得到人道良心上的保障：

> 礼义既由先王圣王防人之性恶而起，则礼义在各个人的本身没有实现的确实保障，只有求其保障于先王圣王。先王圣王如何能对万人与以此种保障，势必完全归之于带有强制性的政治。这样一来，在孔子主要是寻常生活中的礼，到荀子便完全成为政治化的礼。礼完全政治化以后，人对于礼既失掉其自发性，复失掉其自主性，礼只成为一种外烁的带有强制性的一套组织的机栝。在此机栝中，虽然有尚德尚贤以为其标准，亦只操之于政治上的人君，结果只会变成人君御用的一种口实。于是荀子的"朝无幸位，民无幸生"的理想社会，事实上只是政治干涉到人的一切，在政治强制之下整齐划一、没有自由、没有人情温暖的社会。[1]

四、作为"权力"与"道德"的"礼"

无疑的，将"礼"理解成"国家理由"，荀子凸显了政治权力与道德（"礼"）的亲和一体关系，这与荀子强调"国家何以必须"的主张密不可分，但这并不意味着在荀子那里道德已纯全成了国家利益论证的工具，至少在形式上荀子始终坚持国家的利益和目的必须以道德为根本基础。故国家之治理应"厚德音以先之，明礼义以道之，致忠信以爱之"，然后"赏贤使能以次之，爵服赏庆以申重之，时其事、轻其任以调齐之，潢然兼覆之，养长之，如保赤子"（《王霸》），如是，则可以胜残去杀，民众则能归之如流水："故上好礼义，尚贤使能，无贪利之心，则下亦将綦辞让，致忠信，而谨

---

[1] 徐复观《荀子政治思想的解析》，见氏著《学术与政治之间》，华东师范大学出版社，2009年，第94-95页。

于臣子矣。如是则虽在小民,不待合符节、别契券而信,不待探筹投钩而公,不待冲石称县而平,不待斗斛敦概而啧。故赏不用而民劝,罚不用而民服,有司不劳而事治,政令不烦而俗美。"(《君道》)这种夫子式的"众星拱月"或"风吹草偃"[1]的理想图景从一个侧面说明了荀子的学说何以依然保持了儒家的道德理想主义特色、何以依然停留在"实践哲学"(practical philosophy)范围的重要原因。事实上,假如我们追踪荀子所谓先王创制礼义的过程,我们发现,先王制礼义虽在"救患除祸"的目标下强调"礼义"作为政治权力的角色和作用,但在动机上却是出于"恶乱"的道德情感,所谓"先王恶其乱也"[2];在目的上则是出于一心为民众谋福祉的道德考量,所谓"彼固天下之大虑也,将为天下生民之属,长虑顾后而保万世也。其流长矣,其温厚矣,其功盛姚远矣,非顺孰修为之君子,莫之能知也。故曰:短绠不可以汲深井之泉,知不几者不可与及圣人之言"(《荣辱》)。荀子对作为"礼义"之制作者的圣王的品格构造更规定为"道德纯备,智惠甚明"(《正论》)[3],故云"志意致修,德音致厚,知虑致明,是天子之所以取天下也"(《荣辱》)。故而"德音"和"知虑"一方面是圣王的品格规定,另一方面又构成了国家治理的道德基础[4]。也正因为如此,和孔孟一样,荀

---

[1] 荀子有云:"今人主有能明其德者,则天下归之,若蝉之归明火也。"(《致士》)

[2] 至于在荀子那里,"第一个圣人是如何产生"的问题,学者可参阅拙文《"化性"如何可能——荀子的性恶论与道德动机》,该文首发于2017年"中央研究院"中国文哲所的学术会议,又见于邓辉、郭美华主编:《东方哲学》第十一辑,第43-83页,上海书店出版社,2019年。

[3] 荀子类似的说法很多,如云:"全道德,致隆高,綦文理,一天下,振毫末,使天下莫不顺比从服。"(《王制》)恕不一一援引。

[4] 或许正是因为此一原因,荀子虽极力提示政治国家存在的地位和意义,但其本人及后世儒者始终未能发展出一种独立的国家论议题。陈大齐认为:"荀子于此所最置重的,是志意、德音和智虑,后二者尤为其所重视。德音要能化人民,抚百姓。智虑要能治国家,应万变。总结起来,要'既知且仁'。故可推知,能'既知且仁'的,才足于当治人之称。"参阅陈大齐《荀子学说》,第178页。

子特别注重为国者的道德品质的修养，认为道德之威至，则"百姓贵之如帝，高之如天，亲之如父母，畏之如神明"(《强国》)，故而孔子"政者，正也。子帅以正，孰敢不正"(《颜渊》)，或孟子"君仁莫不仁，君义莫不义，君正莫不正，一正君而国定矣"(《离娄上》)的教言，的确成了荀子接纳的共同遗产。荀子云："请问为国？曰：闻修身，未尝闻为国也。君者仪也，民者景也，仪正而景正。君者盘也，民者水也，盘圆而水圆……君者，民之原也；原清则流清，原浊则流浊。"(《君道》)另一方面荀子又说，"仁人之用国，将修志意，正身行，伉隆高，致忠信，期文理。布衣紃屦之士诚是，则虽在穷阎漏屋，而王公不能与之争名；以国载之，则天下莫之能隐匿也。"(《富国》)荀子的类似说法十分强调国家利益和国家行动必须有坚实的道德作为基础，即便以"国家理由"方式行使权力也常常强调道德的榜样和指导[1]，荀子甚至也有"先仁后礼"的说法，认为"人主仁心设焉，知其役也，礼其尽也。故王者先仁而后礼，天施然也"(《大略》)。

表面上看，荀子的这种主张与其在自然状态的逻辑结构中突出"礼义"本质上是一种政治（权力）的概念似乎有些相互扞格。实则，在荀子，"礼义"作为"国家理由"的一般实践原则，亦即以一切必要的手段实现政治国家的利益和目的，本身就是道德的。其中的一个重要原因在于，荀子坚信，由"道德纯备，智惠甚明"的圣王所制作的"礼义"不仅是一种政治（权力）的表现，同时且更为重要的是，它也是一种道德精神的表现，今观《王制》一篇，荀子论"王者之人"、"王者之制"、"王者之论"、"王者之法"、"王者之用"等等，无不透露出此一消息，故荀子强调王者"仁眇天下，义眇天下，威眇天下。仁眇天下，故天下莫不亲也；义眇天下，故

---

[1] 荀子鄙视"无礼义而唯权势之嗜者"(《非十二子》)的说法可作一个侧面的证明。此处与"权势"相对而说"礼义"，此礼义侧重从道德方面说。

天下莫不贵也；威眇天下，故天下莫敢敌也"(《王制》)。由此看来，在荀子那里，"国家理由"（"礼义"）完全可以同制度、法律和道德本身保持一致，或者说"国家理由"本身就是道德精神的极致的表现。相比之下，迈内克的说法则显得更为谨慎，在他看来，国家理由"只是作为获取公共福祉——社会之物质的、道德的、精神的健康——的一个手段而被追求"[1]，也因此，"'国家理由'有可能同正义和道德保持和谐"。[2]

后面的论述我们将会点出何以迈内克会认为"国家理由"只是"有可能"同正义和道德保持和谐，这对我们来说并不是主题而只是问题的引子。我们关注的是至少在荀子那里，我们看到，就"礼义"作为"国家理由"而言，它表现出政治（权力）的特点；就"国家理由"同时就是"道德精神"而言，政治（权力）与道德（礼义）又是一个合体。这样，荀子的"礼义"在本质上便具有了"权力"与"道德"的双重身份[3]。正是这种双重身份使得以"礼义"为核心的荀子的伦理学具有了鲜明的特点。

首先，在荀子，政治国家的成立在于为民众救患除祸，使民众获得和平、安全与秩序。因此，在逻辑上，为国家和"国家理由"（"礼义"）辩护的真正根据，在于国家和"国家理由"所具有的那些性质和要求，而不是我们的同意。在自然状态的预设中，由圣王所创制的国家自身即是"正当"的（"合理"），其最大的"正当性"来自为民众解除威胁，为民众带来福祉，而所有这一切又都寄托在圣王所创制的"礼义"之上。因此，任何思想和行为如果不为国家的利益和目的服务，不符合"礼义"的要求，便会丧失其"正

---

[1] 迈内克：《马基雅维利主义》，第57页。
[2] 迈内克：《马基雅维利主义》，第67页。
[3] 荀子理论的此一特点与荀子强调圣王（礼义的制作者）作为"尽伦尽制"的人格相一致，所谓"尽伦尽制"即是集道德权威与政治权威为一体。参阅拙文《权威与秩序的实现——荀子的"圣王"观念》，《周易研究》2019年第1期。

当性"。荀子说:"传曰:'天下有二:非察是,是察非。'谓合王制与不合王制也。"(《解蔽》)何谓"王制"? 依荀子:"天下之大隆,是非之封界,分职名象之所起,王制是也。"(《正论》)其意是说:"天下大中至正的标准,事理是非的分界,名分、职位、名言、法象等所由建立的根据,就是先王的礼。换言之,先王的礼是一切事物的最高准则。"[1] 这种准则排除了民众意志选择的"同意",生民百姓只需要接受礼义,只需要行义守礼,而不必论知礼义之由来及其道理,其中的原因固然首先在于礼义本身就是政治和道德"权威",就是大中至正的标准,民众只需照章办事,依法而行;其次也是因为民众只是一群愚陋无知且自私好利之人,但可引之于大道,而不可与其共明事理。[2] 依荀子,必须透过"礼义"使民众建立起对秩序本身应该存在的共识,因此,国家理由便是国家道德,而国家道德便是个人道德。对此,萧公权认为:

> 在孔孟仁本之政治思想中,私人道德与政治生活虽先后一贯,而内外可分。有道则见,无道则隐。达则兼善,穷则修身。纵使天下大乱,犹可避世为贤。故政治生活之外,个人得有独立的道德生活。荀子欲以君长之礼义,救人性之偏险。若君道或缺,则暴乱随起。个人于此,方救死之不遑,岂能妄冀独善。故立政以前,无以修身,而政治生活之外,不复有私人道德生活之余地。[3]

审如是,在某种程度上我们可以说,荀子的伦理学取消了道德在"根据意义"上的"为何",只强调"实践意义"上的"如何",一切以服从礼义为标准:"凡事行,有益于理者,立之;无益于理者,

---

1 李涤生:《荀子集释》,台湾学生书局,1979年,第411页。
2 如荀子云:"彼众人者,愚而无说,陋而无度者也。"(《非相》)又云:"夫民易一以道,而不可与共故。"(《正名》)
3 萧公权:《中国政治思想史》(一),辽宁教育出版社,1998年,第103页。

废之。夫是之谓中事。凡知说，有益于理者，为之；无益于理者，舍之。夫是之谓中说。事行失中，谓之奸事；知说失中，谓之奸道。奸事、奸道，治世之所弃，而乱世之所从服也。"（《儒效》）所谓"理"者，即治道之理，亦礼义也，故而荀子的结论是："不法礼，不足礼，谓之无方之民；法礼，足礼，谓之有方之士。"（《礼论》）所谓"法礼"之"法"者即是"效"和"从"而已。

其次，如果说，道德（"礼义"）作为"国家理由"对民众而言只是"要求"而不是"同意"，那么，作为民众在道德实践中所要遵从的"行动理由"，道德（"礼义"）在发生作用时便表现出强烈的"排他和独断"（content-independent and peremptory）的性质。可以确定，在荀子的思想中，政治哲学和伦理学分享着人性恶的共同前提，人的好利恶害的本性与社会的"公共善"（"正理平治"）之间不存在天然的和谐与协调，解决此一矛盾的唯一方法就是依靠圣王所制作的礼义。我们知道，礼义为圣王所制作，所以，尊圣王与尊礼义便具有相同的意义[1]；而圣王因其"尽伦尽制"的特点，本身即是道德权威与政治权威（权力）的合体；依圣王所言行动与依礼义行动，其行动理由是一致的[2]，而且这种理由是内容独立或自足的，亦即没有任何别的理由强于这个理由。但是，我们在前面说过，礼义作为至上标准和权威，包含"权力"与"道德"的双重身份[3]，因此，礼义作为"道德"行动的理由就需要做进一步的分析。因为在理论上，当礼义作为"道德命令"的行动理由时，礼义之被

---

[1] 在荀子那里，尊圣王又常常与尊君融在一起，或者说尊君乃是尊圣王落实在现实的国家制度层面的逻辑使然。就天下而言，荀子言尊圣王；就国家而言，荀子言尊君，故其云："君者，国之隆也；父者，家之隆也。隆一而治，二而乱。自古及今，未有二隆争重而能长久者也。"（《致士》）
[2] 依荀子，圣王所言即是礼义，原无需分别说，但《荀子》一书常常分开来说明，故有此说。
[3] 在荀子，礼义作为"政治权力"，并未经过现代意义上的合法化的方式成为权威，其权威性质是由圣王作为道德权威来赋予的。

实践是诉诸行动者意志的自由和自决的；但我们知道，在荀子，礼义又同时被赋予了"权力命令"的性质，当权力命令体现为行动理由时，民众的意志同意和自由自决就被压倒乃至被吞噬。因此，荀子的伦理学与孟子的不同之处，在于他强调了由圣王所制作的、既成（given）的法则规范，而不是个人的道德意识，这些法则规范如同法律条文一样，并不因个人的好恶而转移[1]。所以，即便我们同意，在荀子那里礼义可以作为"道德命令"的行动理由存在，但合符概念意义上的"道德"已经被虚置了，虚无化了，剩下的是，作为"国家理由"的礼义（道德），表现在行动理由方面，只是排他的、强制的（peremptoriness），而其排他性和强制性则源自礼义作为"权力命令"的性质[2]。具体地说，在道德实践上，"礼义"作为"行动理由"是要在根本上排除和切断（cut off）人们所可能做出的关于为何如此行动的任何反思性的独立思考[3]；任何有别于圣王、礼义或出于人们内心所想的理由皆需加以断然的摈弃，"凡言议期命是非，以圣王为师"（《正论》）。如是，我们看到，在荀子那里，一方面，道德修身和实践无非是按照礼义的要求和规则去行动，圣王之所"是"，便是民众的"应当"；"是"不仅构成行为的最好的理由、最强的理由，而且也是唯一的理由，故云"学至乎礼而止矣，夫是之谓道德之极"（《劝学》），"学者以圣王为师，案以圣王之制为法，法其法以求其统类，以务象效其人"（《解蔽》）。另一方面，礼义所具有的强制性和排他性则不仅在内在方面要求人们放弃自己的判断，亦即放弃自己作为道德主体的主体性，在外在方面，

---

1 朱伯崑：《先秦伦理学概论》，北京大学出版社，1984年，第95页。
2 劳思光认为："就礼义生自一'在上之权威'而论，则礼义皆成为外在（荀子论性与心时，本已视礼义为外在）；所谓价值亦只能是权威规范下之价值矣。"参阅氏著《新编中国哲学史》（一），台湾三民书局，1984年增订初版，第340页。
3 王阳明在《答罗整庵少宰书》中说："夫学贵得之心。求之于心而非也，虽其言之出于孔子，不敢以为是也。"可作对照。

荀子则要求，凡违逆于圣王、礼义的"奸言、奸说、奸事"，皆应被禁止和打击。荀子云：

> 故劳力而不当民务，谓之奸事；劳知而不律先王，谓之奸心；辩说譬谕，齐给便利，而不顺礼义，谓之奸说。此三奸者，圣王之所禁也。知而险，贼而神，为诈而巧，言无用而辩，辩不惠而察，治之大殃也。行辟而坚，饰非而好，玩奸而泽，言辩而逆，古之大禁也。知而无法，勇而无惮，察辩而操僻，淫大而用之，好奸而与众，利足而迷，负石而坠，是天下之所弃也。（《非十二子》）

最后，"礼义"作为"国家理由"，在使得礼义以道德的形式被赋予了"权力命令"的性质后，其直接的理论后果是使荀子的伦理学具有了政治化伦理的特点，此点我们在前面已经点出。问题在于，政治化伦理与伦理政治化是学者常用但又常常不加区分的两个词汇，但它们之间究竟有何差别？依我们的看法，这两种说法差别很大，主要表现为方法与方向的差别，前者是把道德问题当作政治问题来对待和处理，后者则正好反过来。在荀子，政治化伦理在具体表现上有不同的层面和层次，最为人们所熟悉的就是在荀子的伦理学中，作为道德规范的"礼"已经明显具有了客观外在的法度准则的意思，荀子云：

> 国无礼则不正。礼之所以正国也，譬之犹衡之于轻重也，犹绳墨之于曲直也，犹规矩之于方圆也，既错之而人莫之能诬也。《诗》云："如霜雪之将将，如日月之光明，为之则存，不为则亡。"此之谓也。（《王霸》）

荀子强调礼之正国犹如"衡"、"绳墨"、"规矩"，显然是将礼看作一个客观外在的标准。只不过我们需要强调指出的是，当荀子将这种客观外在的标准比喻为"如霜雪之将将，如日月之光明"

时，在突出礼的严正肃杀、公正无私的同时，也剥落了礼原本所具有的温情脉脉的面纱。礼之于正国须臾不可离，为之则存，不为则亡。由国之存亡说礼，突出了礼作为"国家理由"的核心意义，因为国家之成立原本就是为了为民众谋取公共福祉、精神健康以及保证国家的正常运作，而礼正充当了此一角色[1]。国家治理如此，个人修身亦复如是："凡用血气、志意、知虑，由礼则治通，不由礼则勃乱提僈；食饮、衣服、居处、动静，由礼则和节，不由礼则触陷生疾；容貌、态度、进退、趋行，由礼则雅，不由礼则夷固、僻违、庸众而野。故人无礼则不生，事无礼则不成，国家无礼则不宁。"（《修身》）许多学者已经注意到，荀子的上述言说已在某种程度上脱落了孔子"人而不仁，如礼何"（《八佾》）的内在真实的情感，而更多地强调了人的"法礼"、"足礼"的一面，它强化了道德的客观形式和实际效果，使得作为道德的"礼"具有了国家的法和制度的特征，故学者云："荀子的'礼'，已经从靠内心感情和舆论调节的道德观念，演变成客观的靠国家机器维系的法律规范，从而标志着家族世界的'礼'受到国家政权的拱卫。"[2]

以"礼"受到国家政权的"拱卫"来描述荀子伦理学的特征，就现象上看似乎是合适的。不过，正如我们的分析所指出的，荀子的伦理学之所以具有上述表象，并不是被动地受到国家政权的"维系"和"拱卫"，而是根源于荀子的"礼"作为"国家理由"原本就具有"权力"与"道德"的双重身份，故荀子云："礼者，政之挽也；为政不以礼，政不行矣。"（《大略》）又云："礼者，治辨之极也，强国之本也，威行之道也，功名之总也"（《议兵》），学者指出："这段引文再度显露了'礼'不仅限于自然形成的社会规范，还包

---

1 《礼论》中也有类似的说法，荀子云："故绳墨诚陈矣，则不可欺以曲直；衡诚县矣，则不可欺以轻重；规矩诚设矣，则不可欺以方圆；君子审于礼，则不可欺以诈伪。故绳者，直之至；衡者，平之至；规矩者，方圆之至；礼者，人道之极也。"

2 武树臣：《儒家法律传统》，法律出版社，2003年，第83页。

含了'威行之道'——国家具有强迫性的政令制度。"[1]假如我们翻阅《荀子》一书,所谓圣王事业之竟其成功,令天下人心普遍归慕,乃必有"礼"作为权力之"令"、"禁"在发挥关键的作用,荀子云:

> 听政之大分:以善至者待之以礼,以不善至者待之以刑。两者分别,则贤不肖不杂,是非不乱。贤不肖不杂,则英杰至。是非不乱,则国家治。若是,名声日闻,天下愿,**令行禁止,王者之事毕矣**。(《王制》)
>
> 故礼及身而行修,义及国而政明,能以礼挟而贵名白,天下愿,**令行禁止,王者之事毕矣**。(《致士》)
>
> 故凝士以礼,凝民以政;礼修而士服,政平而民安;士服民安,夫是之谓大凝。以守则固,以征则强,**令行禁止,王者之事毕矣**。(《议兵》)

似乎不用多大的努力即可看出,"王者之事毕"离不开国家权力意义上的法令制度,这种法令制度并不只是作为"礼"的后盾而存在,而是其本身就为"礼"所具有,此荀子屡言"令行禁止"的原因。

不仅如此,当"礼"在其娘胎中带着"权力"的基因问世后,作为"国家理由","礼"在合大众、一制度、齐国家、正人心的同时[2],也为统治者垄断权力乃至合法使用暴力创设了条件。迈内克曾这样认为,"虽然国家是法律的捍卫者,虽然它像其他任何种类的共同体一样依赖伦理和法律的绝对合理,但仍然做不到在自己的行

---

[1] 陈弱水:《立法之道——荀、墨、韩三家法律思想要论》,刘岱总主编:《中国文化新论·思想篇二·天道与人道》,北京三联书店,1992年,第85页。

[2] 《王制》篇云:"天地者,生之始也;礼义者,治之始也;君子者,礼义之始也……无君子,则天地不理,礼义无统,上无君师,下无父子,夫是之谓至乱。君臣、父子、兄弟、夫妇,始则终,终则始,与天地同理,与万世同久,夫是之谓大本。故丧祭、朝聘、师旅一也;贵贱、杀生、与夺一也;君君、臣臣、父父、子子、兄兄、弟弟一也;农农、士士、工工、商商一也。"

为中遵守之",因为"'国家理由'精神的一个本质部分,在于它必然始终因违背伦理和法律而玷污自己"。[1]

我们暂且搁置迈内克对"国家理由"精神必然违背伦理法律之原因的话述,迈氏自有其自己多角度的观察,但迈氏点出"权势"乃其中的"祸因"却看到了问题的本质所在[2]。对我们来说,重要的是,当荀子以"礼"作为"国家理由"时,"礼"本身具有了"权力"与"道德"的双重身份,而站在国家利益的立场,作为道德的"礼"也就成为"国家治理术"的一部分。这种治理术(由统治者掌握)出于秩序的需求和保证,或出于为了国家利益和目的的"责任压力",最终总是会以不同的形式,或者是以"权力"和"道德"的"合谋"(conspiracy)为结果,或者是以"权力"对"道德"的销蚀为代价,为统治者以"道德"的名义合法使用暴力开启方便之门[3]。前面我们说过,在荀子的伦理学中,"礼义"对于民众而言只是"要求"而不是"同意",它要求人们切断自己的思考,放弃自己的判断,不折不扣地以礼义规范生活和行事。而按照梅斯

---

[1] 迈内克:《马基雅维利主义》,第65-66页。

[2] 迈内克认为:"凡掌权之人都不断受到一种精神上的诱惑,那就是滥用权势,越过正义和道德的界限。当我们分析由'国家理由'激励的行为时,我们就足够清楚地看到这一点。"见《马基雅维利主义》,第67页。这大概可以解释前面迈内克何以认为"国家理由"只是"有可能"同正义与道德保持和谐的一个重要原因。不过,诺韦尔托·博维奥从另一个角度的观察得出了与迈内克近乎相同的结论,其云:"历史经验已经——至少是从引起了安提戈涅反对克瑞翁的那场冲突以来——表明,由于政治家以不同于共同道德的方式行动似乎已经得到常识的默许,一种道德上不正当的行为可能被视为政治上正当的。简言之,这种经验表明,政治可能遵循着一种不同于或部分地不相容于道德行为准则的准则或规范。当马基雅弗利对科西莫说(而且似乎是同意他说)国家不可能以手中的符咒来治理时,他就以某种方式考虑并且承认了一个让步,即政治家不可能按照主导的道德准则来行动。"参阅氏著《伦理与政治》(廖申白译),载《哲学家的休息》(《第欧根尼》中文精选版编辑委员会编选),商务印书馆,2007年,第108-109页。

[3] "权力"不一定就是恶,但它容易导致恶,所以阿克顿爵士说:"在所有使人类腐化堕落和道德败坏的因素中,权力是出现频率最多和最活跃的因素。"参阅氏著《自由与权力》(侯健等译),商务印书馆,2001年,第342页。

特（Joseph de Maistre）说法，"让人们完全生活于社会规范之中的唯一办法，是禁止他们发问，而禁止他们发问的唯一办法，是恐吓"。[1] 当然，恐吓的极端形式就是以"合法"的方式使用暴力。其实，"禁止人们发问"也有内外两种方式：对内而言，是要人们切断对如此行动的理由的任何独立思考，以强力乃至"强迫"的方式让人们树立起对"礼义"的唯一信念；对外而言，即要明确立场，辨明是非，划清界限。故荀子云："析辞而为察，言物而为辨，君子贱之。博闻强志，不合王制，君子贱之。"（《解蔽》）又云："凡言不合先王，不顺礼义，谓之奸言；虽辩，君子不听。"（《非相》）"贱之"和"不听"表达的是对不合"礼义"的言论的鄙视和拒绝。当然，在荀子，限制人们发问的方法和措施甚多，但借由此种内外结合的方式，荀子正欲以排他性的"礼义"正天下之视听，强天下之必从，进而达到"天下无隐士，无遗善，同焉者是也，异焉者非也"（《正论》）的目的，所谓"善"之"正理平治"，其实义莫过于此。由此观之，在荀子那里，所谓的"礼义教化"本质上乃表现为"政"与"教"的结合，是以政说教，以教辅政，故云："人之百事，如耳目鼻口之不可以相借官也。故职分而民不慢，次定而序不乱，兼听齐明而百姓不留。如是，则臣下百吏至于庶人，莫不修己而后敢安止，诚能而后敢受职；百姓易俗，小人变心，奸怪之属莫不反悫：夫是之谓政教之极。"（《君道》）

不过，对于汲汲于"礼义"秩序之实现的目的而言，荀子不会只停留于对于异见、异行的"不允许"上，他还心生"不能忍"乃至倾向于用暴力铲除类似现象，这似乎已不止于"恐吓"而是"恐怖"了。《非相》篇云："听其言则辞辩而无统，用其身则多诈而无功，上不足以顺明王，下不足以和齐百姓，然而口舌之均，噡唯则节，足以为奇伟偃却之属，夫是之谓奸人之雄。圣王起，所以先诛

---

[1] 转引自陈文洁：《荀子的辩说》，华夏出版社，2008年，第71页。

也,然后盗贼次之。盗贼得变,此不得变也。"此言不免让人心生怖慄,这就难怪牟宗三会认为:"若惟是从对治之功利处着眼,则落于现实,凡巧便于功利者无不可为,不必礼义也。是刻薄者终将由荀学转而为法家,李斯、韩非是也。"[1]

世间道理大抵如此,落叶缤纷之中,总可见秋风萧瑟,此亦"因不虚弃,果无浪得"之谓也。

五、"礼":"说明"抑或"证成"?

最后,我们还需要对荀子圣王制礼义的说法作一点简单的讨论。

从本文的论述脉络上看,当"礼义"作为"国家理由"时,它本身获得了"权力"与"道德"的双重身份。尽管此礼义是由"道德纯备,智惠甚明"的圣王所制作,因而浸透着道德精神,但作为伦理学的概念,在荀子对自然状态的预设中,对礼义的辩护却主要是以礼义施行的结果和功效的合理性来代替礼义作为道德规范在根据上的正当性的。对民众而言,礼义是外在的,是由圣王制作和给定的。所以,荀子说:"圣人化性而起伪,伪起而生礼义,礼义生而制法度。然则礼义法度者,是圣人之所生也。"(《性恶》)我们且撇开圣人如何化性起伪而生礼义的具体过程不论,礼义为圣人所生乃荀子所凿凿言之者。事实上,当荀子标举人之性恶和自然之天时,他已经将孔孟伦理学的价值源头作了瓦解,它意味着荀子在伦理学上必须另立价值源头。但当荀子说礼义是圣人之所生时,他意欲向我们表达何种意思?学者对此有各种不同的解说,而李泽厚的观点最值得我们注意,影响也最大。他认为:"'礼'到荀子这

---

[1] 牟宗三:《名家与荀子》,第215页。我们此处未讨论《宥坐》篇记孔子诛少正卯及其涉及的人有五恶的论述,原因在于学者一般认为此篇非荀子所著,是出于其门弟子之手。

里，作为社会法度、规范、秩序，对其原起已经有了高度理知的历史的理解。'礼'这个'贵贱有等，长幼有差，贫富轻重皆有称者'的'度量分界'，被视作是'百王之所积'，亦即是久远历史的成果，而并非只是'圣人'独创的意思。"[1] 依李泽厚，圣人生礼义并不是"独创"礼义，而是对"百王之所积"的历史理性的总结，所谓"高度理知的历史的理解"说的大体就是这个意思。

李泽厚是否把作为礼义之来源的"久远历史的成果"或"先王之道"作为荀子伦理学的价值的根源，似乎可以有不同的理解，但从其使用"原起"的字眼看，如此理解也有其理由，况且荀子也的确说过"彼先王之道也，一人之本也，善善恶恶之应也，治必由之，古今一也"(《强国》)。此处"先王之道"即是"百王之所积"的意思，也就是李泽厚所说的"久远历史的成果"。我们暂且撇开在尚未有礼义文明或"先王之道"的情况下，第一个圣人是如何产生的问题不论，在人类进入政治文明后，个人的道德实践总是预设了社会情境和历史脉络中的规范。在荀子，这种规范之群集即典型地表现为"先王之道"，换言之，人是先在"先王之道"的意义世界中，然后才尝试去探究、理解和实践"先王之道"[2]。因此，"先王之道"对个人的成就道德具有优先性，由"先王之道"所构成的规范世界是人的自我理解和实现得以展开的前提[3]。即此而言，李泽厚强调荀子的"礼"为"百王之所积"，是历史理性的体现，而不是圣人的独创，至少从哲学诠释学的角度上看无疑有其合理性。

但如果把作为"百王之所积"的"先王之道"看作道德规范

---

[1] 李泽厚：《中国古代思想史论》，人民出版社，1985年，第111页。

[2] 牟宗三云："夫一人之经验有限，心智有限，而吾人心智之用，又必生息于文化背景之中，无有孤离独处而尽可以自我作古者也。"《名家与荀子》，第257页。

[3] 伽达默尔认为，"早在我们通过自我反思理解我们自己之前，我们就以某种明显的方式在我们所生活的家庭、社会和国家中理解了我们自己。主体性的焦点乃是哈哈镜。个体的自我思考只是历史生命封闭电路中的一次闪光。"参阅氏著《真理与方法》，上海译文出版社，1999年，第355页。

("礼")之所以具有普遍有效性的理由,那就可能犯了理解性的错误,亦即只以"说明"(explanatory)来代替"证成"(justification),或者说以生成原因的解释来代替有效理由的解释[1]。盖即便"礼"是"百王之所积"的历史成果,这种历史成果也只能通过个人的道德实践具体地表现出来,并完成其作为道德规范之根据的最后奠基。因此,通过"百王之所积"的"先王之道"来说明"礼"所具有的超越传统和历史之外的规范的普遍有效性,在理论上不仅要求我们提供一套规范,还必须对之提出规范证立以说明其普遍有效的合理性理由。换言之,我们不能停留在"礼"作为规范在"历史的理解"中的合理性,而应在历史和传统之外寻求"礼"作为规范的普遍有效性。要确立"礼"的道德规范的"根据",既不能轻易与现实妥协,也不能放过对任何历史之所积淀的或任何约定俗成之传统的批判和检讨。胶固于对"礼"的历史合理性的解释,很有可能导致用作为规范的"礼"的生成原因代替对其有效理由的解释,其症结大概就在这里[2]。

相比之下,陈来对《荀子》文本的解读,似乎并未停留在对"礼"的历史合理性的解释上面,而大大推进了一步。依陈来,荀子始终坚持先王制礼说,以突出政治权威和历史实践的作用,"用哲学的话说,理性通过政治权威和历史实践来发生作用"。但是,陈来又说:

> 如果突出政治权威,则人对礼义的知能只是对政治权力及体制的服从,价值上的认同又从何而来?……如果礼义只是某几

---

[1] 这种看法并不一定是李泽厚的主张,但他的说法影响所及,在一些学者中有此流弊。康德始终坚持,哲学的责任不在解释事物生成的原因,而在关注事物之所以如此的理由,而这种理由并不是通过历史解释或经验解释所能得到的。

[2] 本文作者曾经指出,在荀子那里,"如果人是礼仪性的存在物,即荀子对自我的证成,是否能够突破其自己所说的'群'或'社群'而被反思出来?"参阅拙著《合理性之寻求:荀子思想研究论集》,台湾大学出版中心,2011年,第47页。

个圣王的创制,为什么人们会接受礼义、认同礼义?是因为圣王作为早期历史的政治领导者代表政治权威?或其创制的礼义法正成了人们的既定社会环境和传统?还是人们普遍认识到礼义是社会生活的需要?如果说人们因为尊崇政治权威和制度传统而接受礼义制度,但人们如何能在内心认同它?在这些方面,荀子的论断,往往在逻辑上并不一致,有的论述含混不清,他似乎并没有完成对他的根本论断所做的论证,各篇的论证也有时脱节。[1]

陈来的论述有其特定的脉络,我们不必累言重述,而他所谓"人对礼义的知能只是对政治权力及体制的服从"云云,则显然在理论上触及到"建制论"问题。从建制论的立场看,道德规范是从属和依附于特定建制的,对此我们不必展开论述。对我们来说,陈来已敏锐地认识到,荀子的"礼义"无论是作为历史理性、政治权威还是制度传统,都有一个无法逃避的核心问题,亦即:"人们如何能在内心认同它?"此一问题,依我的理解,涉及"礼"作为道德规范的道德性和义务性的最终的理性根据问题,而正是此一问题,依陈来,荀子"似乎并没有完成对他的根本论断所做的论证"。如此看来,陈来对"礼义"的理解已不仅仅只是对"礼义"的历史知识或生成原因的理解,而是已上升到对"礼义"的理论知识或理性根据的理解,而他的疑问也构成了我们理解荀子伦理学必须正视的问题。

这或许就是荀子的伦理学遗留给后世的问题。

六、简短的结语

本文的主旨在讨论荀子伦理学的理论特色,在论述方法上则聚

---

[1] 陈来:《情性与礼义——荀子政治哲学的人性公理》,原载《中国社会科学季刊》,2009年夏季卷,又见氏著《从思想世界到历史世界》,北京大学出版社,2015年,第115-116页。

焦于荀子的"礼（义）"概念，并假途于"国家理由"的视角。虽然我们以荀子的"礼义"概念作为讨论的主要线索，但我们并没有呈现荀子论礼的全部内容，毋宁说我们只是从"国家理由"的角度来提领和说明荀子"礼义"论的伦理学的特色。

元代刘埙在《隐居通议》中说："古人作文，俱有间架，有枢纽，有脉络，有眼目。"所谓"眼目"，大体指的是作者著书立说的目的或问题意识。荀子的目的或问题意识是什么？用荀子的话来说，就是如何建立一个"正理平治"或"出于治，合于善"的社会。问题意识既明，接下来的问题自然就是方法的寻求，亦即如何以一种适切可行的方法实现"正理平治"的社会？与孟子借重恻隐之心不同，荀子在方法上则假途于圣王所制作的礼义，而"圣王"与"礼义"乃是政治国家的别名。上述两个问题我们也可以简洁地称为"为何说"与"如何说"的问题。在某种程度上，"如何说"取决于对"为何说"的认知与理解；"为何说"则限制和规定着"如何说"的性质和方向。

然而，鉴于孟荀之间性善、性恶的争论，学者似乎渐次模糊了他们所以如此持论的理论诉求，逮至宋明，此一争论似乎纯全成了伦理学内部的理论问题。实质上，性善论在孟子的思想中充当的是秩序实现的前提和基础，而性恶论在荀子的思想中凸显的是政治国家存在的必要。我们再次重申，面对秩序重建的时代课题，在先秦儒家中，是荀子第一次明确地为政治国家的存在提出了逻辑清晰的辩护，在"为何说"与"如何说"之间或者说在"目的"与"手段"之间建立了合理有效的联系。我们必须紧紧抓住荀子思想中的这种严密和一贯，非如此则不足于把握到荀子思想的精髓。

审如是，以确立政治国家作为秩序重建的有效途径，从而赋予"礼义"以"国家理由"的形式，一方面构成荀子"自然状态"之理论预设的必然的逻辑结论，另一方面也为我们显示出恰当理解荀子伦理学之理论特色的要钥。正是基于此一观察，我们有理由超越孟荀之间狭隘的性善、性恶的争论,在更为广阔的视域中来了解荀子对孟子的批评。在秩序重建的问题上,荀子必须瓦解孟子所建立的"知识背景",诉诸客观有效的制度法则以使社会的"公共善"得以真正地落实。故而荀子凸显政治国家存在的必要性,将"礼义"赋予"国家理由"的形式,并使其获得"权力"与"道德"的双重身份,这正是荀子的伦理学所以具有鲜明特色的秘密所在。然而,如果说以"圣王"和"礼义"为代表的政治国家,其创立之初意原在遏制人之性恶的话,荀子似乎对此一政治国家抱持了过分的道德期许,未及严肃思考政治国家本身可能就是一种恶,尽管是一种必要的恶;另一方面,礼义作为道德,其实践过程固然需要讲求理性之"自觉",但在奠基的意义上却始终不离意志之"自由"。奈何当荀子赋予礼义以"权力"和"道德"的双重身份后,随着权力对道德的独占,"自觉"便压倒乃至取代了"自由"。如是,权力的专制化与道德的国家化在荀子那里便成了一个钱币的两面,而且二者之间达到了令人吃惊的对称。

《孟子》"天下之言性也"章研究与检讨
——从朱陆异解到《性自命出》"实性者故也"

丁四新（清华大学）

一、问题的提出

《离娄下》"天下之言性也"章，是《孟子》一书中最难训解的一章。是章曰：

> （孟子曰）天下之言性也，则故而已矣，故者以利为本。所恶于智者，为其凿也。如智者若禹之行水也，则无恶于智矣。禹之行水也，行其所无事也。如智者亦行其所无事，则智亦大矣。天之高也，星辰之远也，苟求其故，千岁之日至，可坐而致也。

对于此章，自宋代以来学者大起争议，训解即多有不同。朱子曾与门人反复答问此章之意，陆九渊云此章"人多不明其首尾文义"，而焦循《正义》则汇集了多种训解[1]。傅斯年曾说他读不懂此章，徐复观则断然认为"从来的注释家，都注释得很牵强"[2]。可见

---

[1] （宋）黎靖德编、王星贤点校：《朱子语类》卷57，中华书局，1986年，第1351-1354页；（宋）陆九渊：《象山语录上》，钟哲点校：《陆九渊集》卷34，中华书局，1980年，第415页；（清）焦循撰、沈文倬点校：《孟子正义》卷17，中华书局，1987年，第584-593页。

[2] 转引自梁涛：《性情论与〈孟子〉"天下之言性"章》，"新出楚简与儒学思想国际学术研讨会"论文，北京，2002年3月31日—4月2日。徐复观：《中国人性论史·先秦篇》，九州出版社，2014年，第151页。

《孟子》此章难解，乃不争的事实。自上博竹书《性情论》（即郭店简《性自命出》篇）整理、出版后，《孟子》此章应当如何训解的问题被再度激活，学界陆续发表了十多篇相关文章。不过，在笔者看来，当前的研究不但未使旧的争讼平息，反倒平添了新的争端。

在拜读了相关论著后，笔者认为颇有必要再梳理和检讨《孟子》"天下之言性也"章的古今注疏及今人的相关训解。大致说来，古人的注解可分为三类，一类从赵岐到二程、朱子，一类为陆九渊，一类为清人。清人的风气自由，意见多样，批评前人及彼此间展开批评，乃常见现象。今人的有关论著则集中在楚竹书《性情论》（《性自命出》）出版以后，学者对于《孟子》"天下之言性也"章及竹书"实性者故也"发表了诸多意见。不过，在笔者看来，其中没有一种说解或观点是足以令人信服的。

归纳起来，如下学术问题仍有待讨论：第一，梳理和辨析朱陆对于《孟子》"天下之言性也"章的训解和观点；第二，重新讨论《性自命出》"室性者故也"，并由此检讨当代学者对于《孟子》"天下之言性也"章的新解释；第三，探讨《孟子》"天下之言性也"章的本意，并平议朱陆训解之是非。同时，就探讨"天下之言性也"章的本意来说，如下问题是非常关键的：其一，孟子对"天下之言性也，则故而已矣"是持肯定还是否定的态度？其二，章中的前两个"故"字是何义？且后一个"故"字与前两个"故"字是否同义？其三，孟子对于"利"字持肯定还是否定态度？而本章"利"字应当如何训解？这些问题，直接关系到我们如何理解《孟子》此章的本意。本文将着重结合竹书《性自命出》（《性情论》）篇重新讨论和回答这些问题。

二、从朱陆异解到今人的解释

（一）朱陆异解

从东汉至宋代，对于《孟子·离娄下》"天下之言性也"章的解释，可以分为两大派系，一派为赵岐、程伊川和朱子，朱子为其代表；一派为孙奭和陆九渊，陆九渊为其代表。这两派的解释对后人产生了深远的影响。其中，对于《离娄下》"天下之言性也"三句，孟子是持肯定还是否定的态度？乃是两派首先要面对的问题。而对于"故"字和"利"字的训解不同，在一定程度上也影响了人们对于《孟子》此章大意的理解。

朱子的训解是继承赵岐和程子而再作变化的结果。赵岐注见于《十三经注疏》[1]。伊川的训解主要见于《孟子精义》[2]。朱子的训解见于《孟子集注》和《朱子语类》卷五十七、卷五十九[3]。大致说来，赵岐、伊川和朱子的训解是这样的：首先，对于"天下之言性也，则故而已矣，故者以利为本"三句，赵、程、朱三人都认为孟子持肯定态度。这一点非常重要，它奠定了整章解释的基调。其次，赵、程、朱三氏一贯，都以《孟子》此章的主旨在于"皆为智而发"，不过有轻重的不同：赵氏说得轻，程子说得重，朱子则更加锱铢。再次，对于"故"字，赵氏训为"故常"，伊川训为"已然之迹"，朱子在"已然之迹"的基础上又训为性情之"情"和"有所以然之意"，显示他们的训解虽然出自同一脉络，但在不断变异。至于晚年，朱子将本章的解释直接笼罩在性情论的理论背景下。最后，对"则"与"利"的训释，三氏有异有同：赵氏训"则"为"不过是"，"利"为"循顺"；程子认为"则"是语助词，训"利"为"顺"，同时又训为"利益"；朱子则训"则"为"即"（"不过是"），训"利"为"顺"，他大体上放弃了"利益"一义。从训诂

---

1 见（汉）赵岐注、（宋）孙奭疏：《孟子注疏》卷8，（清）阮元校刻：《十三经注疏（清嘉庆刊本）》第5册，中华书局，2009年，第5938页。

2 见（宋）朱熹：《孟子精义》卷8，朱杰人、严佐之、刘永翔主编：《朱子全书》第7册，上海古籍出版社、安徽教育出版社，2002年，第741-742页。

3 （宋）朱熹：《四书章句集注》，中华书局，1983年，第297页；（宋）黎靖德编、王星贤点校：《朱子语类》卷57、59，第1351-1354、1380页。

变化看三氏解释的变化，《孟子》此章的解释在不断深入理学的思想背景之中。反过来看，理学化的解释可以说改变了《孟子》此章某些关键字的训诂。

对于《孟子》"天下之言性也"章，陆九渊的解释与赵岐、伊川和朱子的训解大异。据《象山语录上》[1]，对于此章，陆九渊大起异议，推翻故训，别出新解。其一，他训"故"为"故旧"和"陈迹"。陆九渊崇尚日新、生生之道。其二，陆九渊认为，孟子对于"天下之言性也"三句持否定态度，即不同意所谓"以故言性"的观点。在此，"则"字，陆九渊训为"大抵""不过"；"利"，他训为"利害"之"利"。其三，陆九渊将孟子"千岁之日至，可坐而致也"两句作反诘句来读。这是一个崭新的读法，但可惜未必正确。其四，对本章的宗旨，陆九渊不像程朱那样强调"此章专为智而发"，而是强调所谓"新故孰为知性之本"这一点[2]。

总之，在南宋，朱子和陆九渊对于《孟子》"天下之言性也"章的解释已分为两系。

（二）清人的训解：毛奇龄、焦循和俞樾

在清代，毛奇龄、焦循和俞樾的相关训解比较重要。据《孟子正义》卷十七引毛奇龄《四书賸言补》[3]，毛氏训"则故而已矣"之"故"为"智故"，与赵、朱、陆之训不同。不过，毛氏的训解是错误的，不合《孟子》文意和孟子思想。焦循本人的训解，则见于《孟子正义》卷十七[4]。对于"故"字，焦循主要以"事""往事""已往之事"或"故迹"训之，同时兼训"故常"之

1　（宋）陆九渊：《象山语录上》，钟哲点校：《陆九渊集》卷34，第415页。
2　（汉）赵岐注、（宋）孙奭疏：《孟子注疏》卷8，（清）阮元校刻：《十三经注疏（清嘉庆刊本）》第5册，第5838页。
3　（清）焦循撰、沈文倬点校：《孟子正义》卷17，第585页。
4　（清）焦循撰、沈文倬点校：《孟子正义》卷17，第584—589页。

义。"故"训"事"。对于"利"字,焦循有多种训解,但以"顺利"为主。从总体上看,焦氏是这样解释的:将《易传》所说天道变化及其已往之事迹作为人性之本,在"故事"之中能知其变化和知其利,则知人性之善。不通、不察、不明其故,不知其利,则不知人性之善。由此诸子或言性恶,或言性善恶混,或分性为气质之性和义理之性。这种解释以易理为统帅,比较迂阔,应该说它离孟子本意较远。比较起来,程朱的解释似乎更贴近孟子本意。

俞樾的训解,见《群经平议》卷三十三"天下之言性也则故而已矣"条按语,今引述如下:

> 《荀子·性恶篇》曰:"凡礼义者,是生于圣人之伪,非故生于人之性也。"杨《注》曰:"故,犹本也。言礼义生于圣人矫伪抑制,非本生于人性也。"孟子言性善,则人性本有礼义,故曰:"天下之言性也,则故而已矣。"犹曰但言其本然者足矣,与荀子之语正相反。荀子又引舜之言曰:"妻子具而孝衰于亲,嗜欲得而信衰于友,爵禄盈而忠衰于君。"盖以证人性之恶。乃自孟子言之,则孝也、信也、忠也是其故也。妻子具而孝衰,嗜欲得而信衰,爵禄盈而忠衰,非其故也,无失其故斯可矣。故又曰:"故者以利为本。"言顺其故而求之,则自得其本也。孟子论性大旨其见于此。[1]

首先,俞樾认为,孟子对于"天下之言性也"三句持肯定态度。其次,俞樾训"故"为"本"或"本然",与赵岐训"故常"相通。林桂榛从俞樾说,云:"《孟子》此章的'故'系'原本'义。"[2] 其实,在此之前,程伊川即训为"本如是者也",与俞樾的

---

[1] (清)俞樾:《群经平议》卷33,顾廷龙主编、《续修四库全书》编纂委员会编:《续修四库全书》,上海古籍出版社,2002年,第178册,第537页。

[2] 林桂榛:《〈孟子〉"天下之言性也"章辨正》,《孔子研究》2014年第4期,第71页。

训解相同。需要指出，从语法功能来说，《荀子·性恶》篇"非故生于人之性也"之"故"字为副词，而《孟子》"则故而已矣"之"故"字为名词，后者是"本故""原故""本然""本如是者"之义。再次，俞樾训"利"为"顺"，这是传统注疏的解释，赵岐、伊川和朱子都作此训。最后，俞樾对于"天下之言性也"三句是这样解释的：天下之言性，但言其本然而已矣，顺其本然则得性善之旨。应该说，俞樾的解释不但贴近孟子的思想，而且能够与传统注疏相贯通。

（三）今人的解释

在郭店简出版以前，对于《孟子》"天下之言性也"章的当代训解中值得注意者出自黄彰健、徐复观和杨伯峻三位先生。黄、徐二氏的训解大抵同于陆九渊，今不赘述[1]；而杨伯峻的解释则属于朱子一系。杨氏的训解见于《孟子译注》一书。此书初版于1960年，发行量巨大，影响甚广[2]。杨氏的翻译如下：

> 天下的讨论人性，只要能推求其所以然便行了。推求其所以然，基础在于顺其自然之理。我们厌恶使用聪明，就是因为聪明容易陷于穿凿附会。假若聪明人像禹的使水运行一样，就不必对聪明有所厌恶了。禹的使水运行，就是行其所无事，（顺其自然，因势利导。）假设聪明人也能行其所无事，（不违反其所以然而努力实行，）那聪明也就不小了。天极高，星辰极远，只要能推求其所以然，以后一千年的冬至，都可以坐着推算出来。[3]

---

1 黄彰健：《释孟子"天下之言性也则故而已矣"章》，见氏著：《经学理学文存》，台湾商务印书馆，1976年，第224页；徐复观：《中国人性论史·先秦篇》，第151-152页。黄文原发表在《大陆杂志》10卷第7期（1955年）上。

2 杨伯峻：《孟子译注》，中华书局，1960年，第196页。

3 杨伯峻：《孟子译注》，第196页。

在此，杨伯峻首先认为孟子对于"天下之言性也"三句持肯定态度。进而，他认为三个"故"字同义，训"故"为"所以然"，训"利"为"顺"。"故"训为"所以然"，这即是"原故""本故"的引申。从总体上看，他的解释是通达的，但在整体上也受到现代语境的明显影响。如"苟求其故"，赵岐释为"苟求其故常"，此"故常"之义与"所以然"有相当差距；而程朱解为"已然之迹"，则与杨训的差别更大。同样，"则故而已矣"，杨氏训解为"只要推求其所以然便行了"，这是在故训的基础上跳转了一步，在字面上与故训存在一定的差距。对于"故者以利为本"一句，杨伯峻的翻译主要依从程朱，云："推求其所以然，基础在于顺其自然之理。""推求其故"的意思，即以循顺自然之理为基础。这与赵岐《注》存在一定的差距。赵《注》曰："以言其故者以利为本耳。"赵氏以所顺者为"故"，"故者以利为本"即顺其故常之意。衡量这两种训解，赵岐《注》更为素朴，似乎更接近于孟子本意。

三、《性自命出》"室性者故也"辨疑

竹书《性情论》(《性自命出》)释文的出版，引发了学者对于《孟子·离娄下》"天下之言性也"章的热烈讨论。这场讨论，首先是从梁涛那里发轫的，随后裴锡圭接过此一话题，由此引起了学者的较大关注。近十五六年，不断有学者讨论《孟子》此章，试图解决此章的文本和文意问题。多数学者肯定援引竹书来讨论此章训解的必要性，但也有部分学者表示异议，否定此一做法的必要性和有效性。

（一）《性自命出》"室性者故也"辨疑

学者援引竹书《性自命出》来解释《孟子》"天下之言性也"

章，其相关文本的关键问题集中在"室性者故也"一句及其相关文字上，特别在"室"字的释读、"室性"的读法及"故"字的训释上。

先看文本"室"字的释读。竹书"凡性或动之"章，《性自命出》在第9—14号简，《性情论》在第4—7号简，今依《性自命出》引出此章释文（引文从宽式）：

> 凡性，或动之，或逆之，或室（实）之，或厉之，或屈之，或养之，或长之。凡动性者，物也；逆性者，悦也；室（实）性者，故也；厉性者，义也；屈性者，势也；养性者，习也；长性者，道也。凡见者之谓物，快于己者之谓悦，物之设者之谓势，有为也者之谓故。义也者，群善之蕝也。习也者，有以习其性也。道者，群物之道。

引文中的"性"字，原皆写作"眚"，《性情论》亦是如此。在《性自命出》中，"性"字一律写作"眚"，与"生"字明确相区别[1]。"室"字，郭店简原释作"交"，上博简释作"态"，读作"交"[2]，皆误。裘锡圭首先指出，上博简的那个字，其实从室从心，上下结构，而不是所谓从交从心；郭店简的那个字，其实从交从又，上下结构，而不是"交"字。他根据上博简的那一字认为，郭店简的此字乃"室"字的误摹[3]。"交"字在《性自命出》（交）或《性情论》（交）中出现多次，其写法确实与此字不同，裘先生的判断是对的。因此，凡据"交"字来解释这段简文者，都是错

---

1 参见拙文：《生、眚、性之辨与先秦人性论研究之方法论的检讨》，载《先秦哲学探索》，商务印书馆，2015年，第19-20页。拙文原载《中国哲学与文化》第6、7辑，广西师范大学出版社，2009、2010年。
2 荆门市博物馆编：《郭店楚墓竹简》，文物出版社，1998年，第179页；马承源主编：《上海博物馆藏战国楚竹书（一）》，上海古籍出版社，2001年，第226-227页。
3 参见裘锡圭：《中国出土古文献十讲》，复旦大学出版社，2004年，第260-276、308-316页。

误的。

再看"室性"的读法。裘锡圭先认为郭店简的"室"或上博简的"宯"字"似应读为实",训为"充实"。同时,裘先生又列二说,一读"室"(宯)为"窒";又作如字读,云"室性"为"为性筑室""给性一个框架"[1]。后来,裘先生放弃了"实性"和"窒性"的读法,而将"室(宯)"字读为"节"。"节"即"节制",他说:"'室(宯)性'就是'节性'。"[2]

裘先生以上训释或说法,哪一个是正确或可靠的?这是需要慎重回答的问题。笔者认为,竹简中"室(宯)"读为"实"的说法是可取的;读为"窒"或"节",是不可取的。从声韵来说,"室"(书纽质部)、"实"(船纽质部)可以通假。《说文·宀部》曰:"室,实也。"段玉裁说,"人物实满其中"故谓之"室"。"室"在竹简中当读作"实"。《说文·宀部》曰:"实,富也。"段《注》曰:"以货物充于屋下是为实。"[3] "实"作为动词,即充实、充满之义。李锐赞成"室"读为"实"的意见,他说:"笔者倾向于将'室性'读为'实性',即是充实、扩充、完成性……'实性者,故也',是指用圣人有为而制作的人伦规范来充实性。"他并引《孟子·公孙丑上》"知皆扩而充之"、《尽心下》"充实之谓美,充实而有光辉之谓大"为证[4]。在观念上这即是所谓实性。笔者认为,李锐的读法是值得肯定的。《论衡·气寿篇》曰:"人之禀气,或充实而坚强,或虚劣而软弱。充实坚强,其年寿;虚劣软弱,失弃其身。"

---

1 上引裘说,见氏著《中国出土古文献十讲》,第 312、313 页。
2 上引裘说,见氏著《中国出土古文献十讲》,第 260–261 页。
3 (清)段玉裁:《说文解字注》,上海古籍出版社,1988 年,第 338、340 页。
4 上引李锐文,见氏著《郭店简〈性自命出〉实性说》,载丁四新主编《楚地简帛思想研究(三)》,湖北教育出版社,2007 年,第 446 页。李锐在《郭店简与〈孟子〉"天下之言性"章的"故"字》一文中有相同意见,见《北京师范大学学报(社会科学版)》2009 年第 3 期,第 142 页。

从实质的意义上说,《论衡》此篇即存在所谓"实性"的观念[1]。

回头再看"窒性"和"节性"的说法。如果"窒"如字为训,那么"窒性"的说法不仅古书无一见,而且与竹书《性自命出》的文意不相符合。"节性"的说法虽然已见于先秦古书,但郭店简《性自命出》的"节(節)"字无一例外地都写作"即",或写作从辵之"即",上博简《性情论》则一般直接写作"节(節)",只有一例写作"即"。这说明,裘锡圭将简文"室(或窒)"读为"节(節)"字确实很成问题。而且,在古典语境中,"节性"是针对情欲来说的,此义显然不符合竹书《性自命出》的文意。而如果"室性"是所谓"为性筑室"或"给性一个框架"的意思,那么这种解释难免给人以生涩、怪诞之感,而事实上,先秦秦汉传世古籍从未出现过此词。总之,读作"节性",或如字读作"室性",都是讲不通的。

最后看竹简"故"字的训释。裘锡圭先说竹简"故"字之义与"故典""故事""故俗"相当[2]。后来,他对此字之义作了繁杂的训解:(1)简文以"有为也者"来解释"故",跟荀子作"人为"讲的"伪"字的意义很相近;(2)竹简"不同方而交以故者也"的"故"字,是"有目的的考虑"之义;(3)所谓"故"主要应指合乎儒家思想的各种礼制和伦理道德规范,可用当"有为也者"讲的"故"来指称;(4)简文"节性者故也"的"故"字,应该指"能节制人性的成例、规范、制度之类的东西","与《左传》《公羊传》《礼记》中当'旧典''故事''故俗'讲的'故'相类"[3]。裘氏的这些说法值得重视,但是他对于竹简"故"字的训释未必精当,

---

1 《春秋繁露》有《实性篇》,但其所谓"实性"是"质性"之义,与竹简的"实性"一词根本不同。竹简"实性"一词,为动宾结构。

2 裘锡圭:《谈谈上博简和郭店简中的错别字》,载《中国出土古文献十讲》,第312页。

3 裘锡圭:《由郭店简〈性自命出〉的"室性者故也"说到〈孟子〉的"天下之言性也"章》,见氏著《中国出土古文献十讲》,第264—269页。

仍需检讨。竹书一曰"实性者，故也"，再曰"有为也者之谓故"，而"有为也者之谓故"即见于竹书下文"凡道心术为主"章。从这两章文本来看，竹书"故"字其实包含三重含义：（1）"有为"之义，"为"读去声，"有为"即有目的、有意图之义；（2）竹书作者对"有为也者之谓故"的"故"字持肯定态度，它与《性情论》第25号简"不同方而交，以故者"（《性自命出》应在第57号简）的"故"字明显不同，后一"故"字大体上属于中性词，但包含着一定的贬义成分。裘锡圭混淆了这两个"故"字的价值色彩。（3）有心、有目的的活动可以外化为"道"之"术"，竹书称为诗、书、礼乐三术，裘氏谓之为"旧典""成例"。同时，"故"字的含义还需与"物""悦""义""势""习""道"作适当区分，不能彼此混淆。总之，竹书"实性者故也"之"故"字，首先指有为（有目的、有意图）的活动，其次指其外化的产物，如诗、书、礼乐，且后者必须通过前者才能充实其性，才能产生相应的教化作用，如《性自命出》第18号简曰："教，所以生德于中者。"

下面顺便检讨梁涛、李锐对竹书"室性者故也"的训解。梁涛在一个会议论文中先据郭店简《性自命出》"交性者故也"，训"交"为"更"，训"故"为"有意识、有目的的行为"，并将此句译作"教导、完善它的是有意识的人为"[1]。后来，他正式发表这篇论文时改从裘锡圭说，所引简文作"节性者故也"[2]。对于"故"字的训解，他也吸纳了裘先生训为"成例""规范"的意见，只不过他是按照荀子的思路来作解释的。他说："作为外在规范的'故'之所以能够'节性'，显然是靠'化性起伪'，是靠积习、习惯的力量来实现的。"由此，他将竹简此句翻译为："节制、完善它的是礼

---

1 梁涛：《〈性情论〉与〈孟子〉"天下之言性"章》，"新出楚简与儒学思想国际学术研讨会"论文，北京，2002年3月31日—4月2日。
2 梁涛：《竹简〈性自命出〉与〈孟子〉"天下之言性"章》，《中国哲学史》2004年第4期，第72页。

义典故。"[1] 正如上文所云,"室"读为"节"是不对的。同时,用荀子的思路来理解竹书"室性者故也"这句话,也是不恰当的。

就"室性",李锐批评"节性"的读法而赞成"实性"的读法,这是可取的。他说:"《性自命出》强调对天命之性的充实,有可能启发了孟子。"并引《孟子》"充实之谓美"等来作证据[2]。不过,需要指出,孟子的"充实"说或"扩充"说以人性善为前提,其工夫路数是由内向外的扩充。这一点,与《性自命出》"实性者故也"显然不合。当然,我们可以说,孟子有可能创造性地吸收和转化了竹书的"实性"说。《性自命出》的写作在前,《孟子》的成书在后。对于竹简"故"字,李锐同意裘锡圭的说法,并将其应用到《孟子》"天下之言性也"章"故"字的训解上[3]。

总之,对于竹简"故"字,裘锡圭、李锐的训释大体相同,而梁氏训为"习惯",且以荀子思路作解,这是不恰当的。而对于竹简"室"字,大多数学者盲从裘锡圭的"节性"说,但此种读法未必是可靠的。在笔者看来,"实性"的读法其实更为可靠,更为恰当。

(二)梁、裘、李三氏的做法与学者的批评

援引竹书的实性说及对"室性者故也"的"故"字作解诂,能否有效地解释《孟子》"天下之言性也"章的本意,使得《孟子》此章训解的困惑涣然冰释呢?这是一个值得追问的问题。

梁涛、裘锡圭和李锐三人先后引入《性自命出》的相关文本及其"故"字的训诂来解释《孟子》此章的本意,在三氏看来,他

---

1 梁涛:《竹简〈性自命出〉与〈孟子〉"天下之言性"章》,《中国哲学史》2004年第4期,第73页。

2 李锐:《郭店简〈性自命出〉"实性"说》,丁四新主编:《楚地简帛思想研究(三)》,第443-447页;李锐:《郭店简与〈孟子〉"天下之言性"章的"故"字》,《北京师范大学学报(社会科学版)》2009年第3期,第142页。

3 李锐:《郭店简与〈孟子〉"天下之言性"章的"故"字》,《北京师范大学学报(社会科学版)》2009年第3期,第143页。

们的这种努力无疑是有效的[1]。不过，与三氏的意愿相反，大多数学者却否定了他们的做法，即否定引入竹书以解释《孟子》此章的有效性。田智忠说："近来出土的文献，不但没有使该问题得到解决，反而加剧了这场争论。我们不能对于借助出土资料来解决传世文献的训诂问题过于乐观。"[2] 李世平说："利用《性自命出》并不能解决'天下之言性也'章的难解问题，反而会增加一些不必要的缠绕。"[3] 林桂榛说："仅依靠新出土的楚简《性自命出》篇'节性者，故也''有为也者之谓故'就像发现了新大陆似地以为'天下之言性也，则故而已矣，故者以利为本'之'故'也是'有为'之'故'，进而在这个判断的基础上解'天下之言性也'章，这很缺乏'内证'方法及力量，流于外部论证，说服力明显不够……解'故'字须先看内证，内证才是最有效的。"[4] 此外，近年来徐克谦、陶晓春等人的相关文章根本没有提及竹书《性自命出》篇，这更谈不上赞成裘、梁、李三氏的做法[5]。

（三）检讨与看法：援引竹书以解决《孟子》"天下之言性也"章的理解问题其实未必有效

笔者认为，梁涛、裘锡圭和李锐三氏援引竹书《性自命出》

---

1 梁涛：《〈性自命出〉与〈孟子〉"天下之言性"章》，《中国哲学史》2004年第3期，第72、76页；裘锡圭：《由郭店简〈性自命出〉的"室性者故也"说到〈孟子〉的"天下之言性也"章》，《中国出土古文献十讲》，第273页。李锐：《郭店简与〈孟子〉"天下之言性"章的"故"字》，《北京师范大学学报（社会科学版）》2009年第3期，第141页。

2 田智忠、胡东东：《论"故者以利为本"——以孟子心性论为参照》，《福建师范大学学报（社会科学版）》2007年第5期，第48-49页。

3 李世平：《"天下之言性也"章再释——兼与梁涛博士商榷》，《学术界》2013年第1期，第110页。

4 林桂榛：《〈孟子〉"天下之言性也"章辨正》，《孔子研究》2014年第4期，第69页。

5 徐克谦：《〈孟子〉"天下之言性也"章探微》，《南京师范大学学报（社会科学版）》2011年第2期，第118-123页；陶春晓：《从"天下之言性也"章看孟子的人性论》，《辽宁广播电视大学学报》2014年第4期，第118-120页。

(《性情论》)篇来讨论《孟子》"天下之言性也"章,从动机来看有其必要性,但这一做法是否有效,则是值得严格检讨的。

裘锡圭认同陆九渊对《孟子》此章的解释,他将竹书"故"字解释为"人为的规范、准则",并以此去解释《孟子》"天下之言性也"章的前两个"故"字。他说:"《性自命出》的以'故'节制人性的说法,告子'以人性为仁义,犹以杞柳为桮棬'的说法,也显然是孟子的批评对象,说不定还是他心目中的主要批评对象。"通观裘氏的做法,有几点是应当怀疑甚至否定的:一者,上文已指出,既然他的竹书"节性"说不能成立,那么他由"有为也者之谓故"推及"故"字应当训解为外在的"人为的规范、准则"的说法亦未必能够成立。二者,既然《性自命出》说"诗、书、礼乐,其始出皆生于人",那么作为"有为"之"故"的诗、书、礼乐三术真的是完全外在于人的吗?这样看来,所谓"外在"只是一个相对的概念,从究竟义来看,诗、书、礼乐三术不但来源于人自身,而且其目的正在于"生德于中"。其三,对于《孟子》"天下之言性也"章的第三个"故"字,裘锡圭训释为"星辰运行的常规",则与前两个"故"字的含义不一致。最后,他认为"天下之言性也,则故而已矣"的意思是:"一般讲性的人,把人性所固有的仁义礼智,仅仅看成外在的人为的规范、准则了。"[1] 但这很难说是孟子的准确看法。在孟子之前,有多种人性论主张:一种像告子主张"仁内义外",但从孟子的"内外"概念来看,告子所说"仁内"其实也是外在的;一种主张人性可以为善、可以为恶,仁义跟人性的内外关系不明;还有一种主张人性有善有恶,其中就其性纯善之人来说,其仁义内在则皆属于孟子意义上的。相关文献参见《孟子·告子上》。就《性自命出》来看,第4—5号简曰:"善不善,

---

[1] 以上引文,俱见裘锡圭《由郭店简〈性自命出〉的"室性者故也"说到〈孟子〉的"天下之言性也"章》,见氏著《中国出土古文献十讲》,第271-272页。

性也('善性也'三字据上博简补);所善所不善,势也。"人具有善恶评价(道德评价)的天赋,这正是人性之所以为善的前提。第39号简曰:"笃,仁之方也;仁,性之方也。性或生之。"这是说"仁"是内在于人性的。另外,郭店简《语丛二》说"爱生于性""慈生于性""智生于性""情生于性,礼生于情",也即爱、智、礼皆是内在的,都出于人性。总之,在孟子之前,"仁"内在于人性的观点是很流行的,而"义"内在于人性的观点也并非没有。由此可知,将"天下之言性也,则故而已矣"理解为当时诸子普遍将人性"仅仅看成外在的人为的规范、准则"的观点,这显然是不对的。也因此,裘氏训《孟子》此"故"字为"外在的人为的规范、准则"的说法,很难说是正确的。

梁涛对《孟子》"天下之言性也"章的解释从总体上看属于赵岐、程朱一系。梁氏一开始训前两个"故"字为"修习",后一个"故"字为"运行规律",并将"利"训为"顺"[1]。在受到裘锡圭的批评后,他将前两个"故"字训为"积习",将后一个"故"字仍旧训解为"运行规律"。他的翻译是这样的:"人们所谈论的性,往往不过是指积习而已。积习的培养要以顺从人的本性为根本,人们之所以厌恶智,是因为用智的人往往穿凿附会(不从事物本身出发)。如果用智的人能像大禹治水一样,那么人们就不会厌恶智了。大禹治水(顺从水的本性,采用疏导的办法),不有意多事。如果用智的人也不有意多事,那么智的作用就大了。天极高,星辰极远,如果了解它们的运行规律,千年之内的日至,坐着都可以推算出来了。"[2] 很明显,这是以荀子解释孟子,或者说,以荀子惑乱孟子。孟子的人性工夫论,不过操存、存养、求其放心、扩充、寡欲

---

[1] 梁涛:《〈性情论〉与〈孟子〉"天下之言性"章》,"新出楚简与儒学思想国际学术研讨会"论文,北京,2002年3月31日—4月2日。

[2] 梁涛:《〈性自命出〉与〈孟子〉"天下之言性"章》,《中国哲学史》2004年第3期,第74页。

和尽心知性之类而已，与荀子重积习、化性起伪的主张大殊。另外，梁氏"积习"和"运行规律"之训解相差很大。最近，在《孟子"天下之言性"章与孟子性善论》一文（《中华读书报》公众号，2018年4月26日推文）中，他将后一"故"字训解为"习惯"，试图统一全章的三个"故"字义，但问题同样存在。而且，"习惯"是一个主观色彩很浓厚的词语，以其来描述天体运行的状态，这属于典型的用词不当。

李锐的解释在总体上属于陆九渊一系。他借用竹书《性自命出》来训解《孟子》"天下之言性也"章的"故"字，认为前两个"故"字指"有为、有目的、有原因、有缘故（的言论）"，而后一个"故"字"可以解释为原因、原故、有为的缘故、有目的而为的原因，引申为规律"；并且训"利"为"利害"之"利"[1]。从其论证来看，其一，李锐认为《性自命出》的"故"字义合乎《孟子》"天下之言性也"章的"故"字义，然后在引申的基础上直接作了挪用。这种做法难免有武断之嫌。不仅如此，李锐认为此"故"字在《孟子》此章中是贬义的，是为孟子所批评的，因此此"故"字其实即"诈故""巧故"之"故"字。但是，作"诈故""巧故"讲的"故"字，真的符合《孟子》此章的文意吗？在笔者看来，李锐训解的错误正与毛奇龄同。其二，李锐对于后一"故"字所作的引申，很难说是可靠的。从"有为也者"之"故"到"原因""原故"，再到"规律"，这种引申其实滑转得很厉害。实际上，《性自命出》"有为也者"之"故"，是一种有目的、有意图的主观之"故"，与纯粹表原因的"故"字有较大差别，而表示天体运行的"规律"一词，则与之相差更大。需要指出，古人表达"规律"义时一般使用"道""则""法"

---

[1] 李锐：《郭店简与〈孟子〉"天下之言性"章的"故"字》，《北京师范大学学报（社会科学版）》2009年第3期，第143页。

等字词。而且，单纯表原因的"故"字不是由"有为为之"的"故"字义引申的，它实际上来源于"使为之"的"故"字。"故"是"古"字的孳乳字。《说文·攵部》曰："故，使为之也。"此其本义。段玉裁《注》曰："今俗云原故是也。凡为之，必有使之者，使之而为之则成故事矣。引申之，为故旧。故曰：'古，故也。'《墨子·墨经上》曰：'故，所得而后成也。'"[1] 反观竹书"有为也者之谓故"，它应当是"使为之"之"故"字义的引申。综合来看，李锐在应用竹书"故"字义以解释《孟子》"天下之言性也"章的前两个"故"字和后一"故"字时，在语义上都作了或大或小的改变；而其做法是否有效，则是非常令人怀疑的。

总之，以竹书《性自命出》的"实性者故也"一段文字来疏通《孟子》"天下之言性也"章的文意，其有效性颇令人怀疑；在笔者看来，它至多提供了一种全新的解读思路，即以所谓"二重证据法"来解决学术史的疑难问题[2]。这种做法是否有效，还是要回到《孟子》本章及其全书中作检验。

四、两系说之总结与本文的结论

（一）《孟子》"天下之言性也"章研究：肯定系与否定系的观点

众所周知，《离娄下》"天下之言性也"章是《孟子》一书中最令人费解的一章，其难解之处不仅在于对其章意大旨早有争议，而且在于学者对于某些文字和文句的训解自宋代以来即众说纷纭，莫衷一是。不过，总结古今训解，大体形成了两系意见。而这两系意见的形成，俱以孟子对"天下之言性也，则故而已矣，故者以利

---

1 （清）段玉裁：《说文解字注》，第123页。
2 王国维：《古史新证·总论》，谢维扬、房鑫亮主编，骆丹等副主编：《王国维全集》第11卷，浙江教育出版社，2010年，第241-242页。

为本"三句持肯定或持否定态度为基础，认为孟子持肯定态度者为一系（简称"肯定系"），反之为另一系（简称"否定系"）。在南宋时期，陆九渊断然抛弃传统注疏，别出新解，他认为孟子对"天下之言性也"三句持否定和批判的态度。朱子则继承了赵岐、伊川的说法，认为孟子对"天下之言性也"三句持肯定态度。这样，朱陆各自成为当时"肯定系"和"否定系"的代表人物。在清代，焦循、俞樾属于"肯定系"，而毛奇龄则属于"否定系"。在20世纪五六十年代，杨伯峻属于"肯定系"，而黄彰健、徐复观则属于"否定系"。最近十余年来，"否定系"的人马大增，裘锡圭、徐圣心、李锐、田智忠、徐克谦、任新民、丁为祥等学者加入其中；而"肯定系"则门庭冷落，目前可见梁涛、林桂榛、李世平、陶春晓四位。不过，真理的本性是，肯定或否定人数的多寡，与真是真非没有必然的联系。

不仅如此，"肯定系"对"天下之言性也，则故而已矣，故者以利为本"三句，在具体训解上也不尽相同。赵岐训"故"为"故常"，乃就人性本然如是、恒常如是者而言之；"利"，赵氏训为"顺利""循顺"[1]。伊川训"故"为"本如是者"，又说"故者旧也"，训"利"为"顺利"，同时兼取"利害"之"利"义。在他看来，《孟子》"天下之言性也"三句是说：谈论人性之本如是者，应当以循顺之而不害为原则[2]。在此，伊川的训解与赵岐《注》是相通的，不过略有推阐而已。朱子继承了伊川的训解，同时将《孟子》此章置入性情论中来作解释，认为"性、故"犹如"性、情"，是已发与未发的关系。"故"，他训为"已然之迹"；"利"，他训为"循

---

[1] （汉）赵岐注，（宋）孙奭疏：《孟子注疏》卷8，（清）阮元校刻：《十三经注疏（清嘉庆刊本）》第5册，第5938页；（清）焦循撰、沈文倬点校：《孟子正义》卷17，第584–593页。

[2] （宋）朱熹：《孟子精义》卷8，朱杰人、严佐之、刘永翔主编：《朱子全书》第7册，第740–742页。

顺"[1]。这一训解与他的解释理论是一致的。应该说,朱子沿着程子的解释而向前进,达到了此系训解的极限。反过来看,赵岐的训解相当朴素,而朱子的解释则叠床架屋,并生挠曲。焦循的训解依违于朱陆之间,他认为孟子未必赞成"天下之言性也,则故而已矣",但欲以"故者以利为本"来规范"往事"("故"),因此在他看来,"故者以利为本"才是孟子此章思想的重点。所谓"故",焦氏训为"事""迹",又将"则故"之"故"训为"往事"("已往之事"),"苟求其故"之"故"训为"故迹",两训之间有不小的距离。所谓"往事"("则故而已矣"),焦循指为《孟子·告子上》公都子所述三种人性论及《荀子·性恶篇》所说曾参、闵子骞等行孝之"往事";"利",他训为"顺利""和顺""通顺"和"有利"等义;"故者以利为本",即谈论往事应当以顺利人性本身为基本原则[2]。俞樾训"故"为"本故""本然",又将"利"训为"顺"[3],他的解释非常接近程伊川和赵岐的解释。杨伯峻训"故"为"所以然"(即训"故"为"原故"),训"利"为"顺"[4]。训为"顺",是赵岐、程朱的故训。按之《孟子》原文,杨氏"所以然"的训解不但能自圆其说,而且与赵岐、程伊川、俞樾的训解是相通的。总之,在此系中,赵岐、程伊川、俞樾和杨伯峻的解释非常接近,而朱子的解释受到儒家性情论、已发未发理论的严重影响,焦循的训解则与上述诸人的解释多有差异。

"否定系",即认为孟子否定和批判"天下之言性也,则故而已矣,故者以利为本"之一系,在具体训解上亦不尽相同。陆九渊是

---

1 (宋)朱熹:《四书章句集注》,第297页;(宋)黎靖德编、王星贤点校:《朱子语类》卷57、59,第1351-1354、1380页。
2 (清)焦循撰、沈文倬点校:《孟子正义》卷17,第584-589页。
3 (清)俞樾:《群经平议》卷33,顾廷龙主编、《续修四库全书》编纂委员会编:《续修四库全书》,第178册,第537页。
4 杨伯峻:《孟子译注》,第196页。

朱子的论敌，他倡导异说，训"故"为"故迹""陈迹"，"利"为"利害"之"利"，认为"天下之言性也"三句是孟子批评战国诸子据陈迹言性不过是以利害言性罢了。在义理上，陆九渊阐扬"新故之理"，与朱子迥异。正因为以"新故之理"为训，所以陆九渊将《孟子》此章末二句作反诘疑问句来读，他说："孟子言'千岁之日至，可坐而致也'，正是言不可坐而致，以此明不可求其故也。"[1]需要指出，迄今为止，陆氏的读法是独特的，没有人跟从他的这一读法。"故"字，清人毛奇龄又出新解，训为"智故""诈故"或"伪故"；"利"，他训为"利害"之"利"[2]。审察毛氏的训解，其实属于望文生义，不合孟子和先秦儒家之本意。儒家不是反智主义者，对"智故"的态度与道家根本不同。今人黄彰健训"则故而已矣"之"故"字为"故事""有所事"，训"苟求其故"之"故"为"原故"，二字异训；"利"，训为"利害"之"利"[3]。徐复观训"则故而已矣"之"故"字为"习惯"，训"苟求其故"的"故"字为"本"；"利"，训为"义利"之"利"[4]，与陆九渊、毛奇龄、黄彰健同训。其实，黄彰健不但在"故"字的训诂上有误，两"故"字之训大相龃龉，而且他以道家之说来解释《孟子》此章，都说明他的解释是不可靠的。徐复观同样将"则故"和"其故"的两个"故"字异训，他将前一字训为"习惯"，这显然超出了故训的范围。总之，此一系的训解者均有先入之见，大胆否定传统注解，有故标新意之弊。检讨下来，他们的训诂多不严谨，解义多不通贯，因此可以断定他们的解释是不可靠的。

在上博简《性情论》（郭店简《性自命出》）出版后，裘锡圭、

---

1 （宋）陆九渊：《象山语录上》，钟哲点校：《陆九渊集》卷34，第415页。
2 （清）焦循撰、沈文倬点校：《孟子正义》卷17，第585页。
3 黄彰健：《释孟子"天下之言性也则故而已矣"章》，氏著：《经学理学文存》，第222-226页。
4 徐复观：《中国人性论史·先秦篇》，第151-152页。

梁涛和李锐都援引《性自命出》的相关文本来疏通《孟子》"天下之言性也"章的本意，并认为这一做法是有效的。其实，竹书"实性者故也"的"故"字是否在字义上即为《孟子》"则故而已矣"和"苟求其故"的"故"字，这首先是一个问题。裘锡圭训"故"为"外在的人为的规范、准则"，这不但对竹书"实性者故也"之"故"字存在一定的误解，而且很难据此认为它可以纾解《孟子》此章训解之困。对于"苟求其故"的"故"字，裘氏训为"星辰运行的常规"。这样，在他那里，不但"则故""其故"之两"故"字义不能统一，而且"常规"其实与竹书《性自命出》的"故"字义无关。李锐的训解接近裘说，不过对于"则故""其故"这两个"故"字，他的训解不一，前一个"故"字他训为"有为、有目的、有原因、有缘故（的言论）"，且以为贬义，其实这即是训为"诈故""巧故"。梁涛对于这两个"故"字的训解亦不一，他将"则故"之"故"字训为"习惯"，这是继承徐复观之说。归纳起来，正如一些学者所云，援引竹书《性自命出》来解释《孟子》此章文意，不但无益，反增纷扰。笔者认为，《性自命出》的实性说对了解《孟子》此章本意具有一定的启示意义，但不可以随意夸大。目前看来，此种做法确实激发了学者的研究兴趣，使人们在一段时间内聚焦于《孟子》此章应当如何训解的问题。

（二）批评与结论

权衡这两派学者的相关训解和讨论，笔者认为"肯定系"的训解更为可靠。"故"，是"古"的孳乳字。《说文·攴部》曰："故，使为之也。""使为之"，即俗语"原故"一词。这是"故"字的本义。"故"还有"事""变故""故事""成例""旧""原来"等义，皆是"原故"的引申义。《孟子·离娄下》"则故而已矣"之"故"字，训"故常""本如是""本然"或"本故"，于义为近；训为"事""故事""已然之迹""旧迹"，甚至"成例"，亦在允许的范围内;唯训为"智故""巧故"或"伪故",不合于《孟子》此章大旨,而训为"习惯"则超过了故训范围。"利",乃"犁"字之初文[1]。《说文·刀部》曰:"利,铦也。""利"即"锋利",此为典籍中"利"字的本义。由此引申,"利"有"财利""利润"等义;其中由"财利"再引申,"利"有"有利""利益""顺利"等义[2]。《孟子·离娄下》"故者以利为本"之"利"字,主要有两种训解,一种训"顺利",见赵岐、程伊川、朱熹、焦循、俞樾、杨伯峻等的训解,一种训为"利益""利害"之"利",见陆九渊、毛奇龄、黄彰健、徐复观和裘锡圭等的训解。持后一训的人除了固执于自己的臆度外,他们还认为,《孟子》其他诸"利"字均无一例训为"顺利",由此否定前一训解。其实,这个理由是难以成立的,因为某字之某一义项在《孟子》中仅出现一例的情况并不罕见[3]。

概括起来,理解《孟子》此章的难点,首先在于判定孟子本人对"天下之言性也"三句持何种态度——是肯定的,还是批判的、否定的?对于这个问题的回答,决定了解释的基本方向。其次在于如何训解"故"字和"利"字。"故"字和"利"字的训解,会影响人们如何判断孟子对于"天下之言性也"三句所持的态度和看法。陆九渊一系学者以其雄健之气蔑弃传统注解,但未必得《孟子》真诠。笔者认为,如没有确实、过硬的理由和证据,要理解

---

[1] 参见于省吾:《甲骨文字诂林》第2册,中华书局,1996年,第1422-1424页。

[2] 王力主编:《王力古汉语字典》,中华书局,2000年,第69页。

[3] 例如,"草上之风必偃"之"上"字训为"加",《孟子》仅此一例,其他无一例可训为此义者;"杀越人于货"之"于"字训为"取",《孟子》仅此一例,其他无一例可训为此义者;"得之不得"之"之"字训为"与",《孟子》仅此一例,其他无一例可训为此义者。这说明,在《孟子》一书中某字之某义的孤例未必就不能成立,或者说一字之义项在《孟子》中仅有孤例,也是大量存在的。在先秦,"利"为"顺利"义其实早已存在,《周易·坤》六二"不习无不利"、《蒙》上九"不利为寇,利御寇",《论语·里仁》篇"仁者安仁,知者利仁",诸"利"字俱训为"顺利"。回到《孟子》本文,关键在于此"利"字训为"顺利"是否通达,是否合乎文意,以及是否合乎孟子的思想。

《孟子》此章大意,尊重故训是颇为必要的。笔者认为,"肯定系"的训解是可靠的。

今参照杨伯峻的翻译,将《孟子·离娄下》"天下之言性也"章试译如下:

> 天下人谈论人性,不过是以其所以然来谈论它罢了。所谓所以然,应当以顺利其性为根本原则。我之所以厌恶用智,就是因为它容易导致穿凿附会(而无法真正认识到人的本性及判断其善恶)。如果智者像大禹治理洪水那样(运用其智),就无需厌恶智了。大禹使洪水运行,就是行其所无事(顺其自然,因势利导,从而达到治水的目的)。如果智者也行其所无事(顺其自然,因其本故),那么他的智慧就不小了。苍天极高,星辰极远,假如能用智推求其所以然,那么千年以后何日是冬至,就可以坐着推算出来了。(所以推求人之本性及判断其善恶,智是非常重要的。顺而循之即是大智。)

在上述译文中,"故"译作"所以然"。之所以采用杨伯峻的这一翻译,是因为相对于"故常""本如是""本然""本故","所以然"一词更容易被现代人所接受和理解。译文中的"所以然"当然可以换为"故常""本故"等词,但需心知其意。宋儒或以"事"为训,这其实已受到了理学观念的深刻影响,是不够准确的。此章大意,赵岐曰:"言能循性守故,天道可知;妄智改常,必与道乖,性命之指也。"朱子《集注》曰:"程子曰:'此章专为智而发。'愚谓事物之理,莫非自然。顺而循之,则为大智。若用小智而凿以自私,则害于性而反为不智。程子之言,可谓深得此章之旨矣。"[1] 皆可以参考。

---

1 (汉)赵岐注、(宋)孙奭疏:《孟子注疏》卷8,《十三经注疏(清嘉庆刊本)》第5册,第5938页;(宋)朱熹:《孟子集注》卷8,《四书章句集注》,第297页。

孟子"能"之哲学初论

胡发贵（江苏省社会科学院）

在先秦儒家中，孟子堪称一位激情四溢的思想家，他高调倡言"万物皆备于我"，宣扬"浩然之气"，主张"良知良能"。诚如李泽厚先生所论，孟子在主、客观之间，更重视主观精神[1]。对孟子这种不无高调的思想姿态，当时的梁惠王就讥为"迂远而阔于事情"（《史记·孟子荀卿列传》），稍后的荀子也颇为不满，斥之为"材剧志大"（《荀子·非十二子》）。近代也有学者认同这一评价，以为孟子这一特性，使其思想言论"夸张"[2]。其实，对孟子思想应作全面理解，他不仅讲"能"，也讲"不能"；而孟子讲"能"与"不能"，其背后还有着丰富的政治诉求，体现出一位智者的良知和人民情怀。

一、"诚不能"的规律敬畏

我们说孟子高调宣扬主观能动性，但不要误解，孟子并不是一个唯意志论者。首先，孟子强调人并非无所不能的，对人而言，世界上是存在能与不能两种现实的。"挟太山以超北海，语人曰'我不能'，是诚不能也。为长者折枝，语人曰'我不能'，是不为也，

---

1 李泽厚：《中国古代思想史论》，人民出版社，1985年，第43页。
2 杨荣国：《中国古代思想史》，人民出版社，1954年，第183-184页。

非不能也。"(《孟子·梁惠王上》)将泰山搬到北海,显然是超越人的能力,是做不到的;而为老人做个拐杖,则是人所能够做到的。由此可见,在孟子那里,人的能动性是有边界的,人并非是无所不能的神。

其次,孟子承认天地间自然法则是不可违背的。通观《孟子》一书,我们不难发现,孟子是十分重视和尊重客观规律的。他认为,事物的存在与发展都有其不可或缺的条件。他曾这样比喻说:牛山上的树木曾经很美,但因为太靠近大国,故常被砍伐。虽然树木日夜不息地生长,又有阳光雨露的滋润,不断有新芽萌生,可又经不住牛羊的啃咬,所以山还是显得光秃秃的,很丑。但这并非是山的本来面貌,而是因为树木生长丧失了其基本的条件。由此孟子推论:"故苟得其养,无物不长,苟失其养,无物不消。"(《孟子·告子上》)文中所谓的"养"正是指这种环境和条件。孟子又以种小麦为例说明:地块相同,种植时间也一样,而收获却不同,这是为什么呢?原来是"地有肥硗,雨露之养,人事之不齐也。"(《孟子·告子上》)因此,孟子总结说:"虽有天下易生之物也,一日暴之,十日寒之,未有能生者也。"(《孟子·告子上》)

不仅事物的存在和发展离不开其相应的条件,孟子还指出,事物的规律也是客观的,也是不可违背的。"王知夫苗乎?七八月之间旱,则苗槁矣。天油然作云,沛然下雨,则苗浡然兴之矣。其如是,孰能御之?"(《孟子·梁惠王上》)文中的"孰能御之"一语,意为农作物在适宜条件下的生长,是必然的,其内在的规律也是不可阻挡的。孟子设喻的宋人"揠苗助长"的故事,生动说明了这一点。他说:"必有事焉而勿正,心勿忘,勿助长也。无若宋人然:宋人有闵其苗之不长而揠之者,芒芒然归。谓其人曰:'今日病矣,予助苗长矣。'其子趋而往视之,苗则槁矣。天下之不助苗长者寡矣。以为无益而舍之者,不耘苗者也;助之长者,揠苗者也。非徒无益,而又害之。"(《孟子·公孙丑上》)文中的"宋人",违背了苗生长的客观规律，而欲人为地加速，这不仅没有"助长"，反而害死了苗，使其枯萎了。由此孟子强调，只有遵循规律，才能有所收获，有所成就。"孟子曰：离娄之明，公输子之巧，不以规矩，不能成方员。师旷之聪，不以六律，不能正五音。"（《孟子·离娄上》）文中的离娄，是远古一位眼睛极为明亮的人；公输子，即鲁班，传说为木匠的始祖，心灵手巧。师旷，古代著名的乐师。在孟子看来，虽然这些人具有极为高超的专业技能，但也同样必须遵循各自领域特有的规律，唯有如此才能有所成就，否则也会一事无成。

事物的存在和发展，有其不可缺少的条件，人的活动也是这样。孟子认为人虽为天地之灵杰，其生存和发展同样受其生存环境的影响和制约。孟子曾举例说："有楚大夫于此，欲其子之齐语也，则使齐人傅诸？使楚人傅之？曰：使齐人傅之。曰：一齐人傅之，众楚人咻之，虽日挞而求其齐也，不可得矣；引而置之庄岳之间数年，虽日挞而求其楚，亦不可得矣。"（《孟子·滕文公下》）不仅学习语言受制于环境，人的气质、品德塑造，也跟生活环境有着极大的关系。一次孟子从范国来到齐国，"望见齐王之子，喟然叹曰：居移气，养移体，大哉居乎！"（《孟子·尽心上》）何谓"大哉居乎"？朱熹注解说："言人之居处所系甚大。王子亦人子耳，特以所居不同，故所养不同，而其气体有异也。"[1] 揣孟子文意，朱子之解当是达诂。文中所谓的"居移气、养移体"，虽然字面上是讲"居"和"养"，但其寓意显然是说人的生存环境与生活条件能够改变其道德状态，结尾处"大哉居乎"的感叹，更衬现出孟子对生活环境之道德意义的高度重视。故孟子认为丰年和灾年人们的道德状况肯定是不同的，而这种不同的原因，正是社会条件的不同。"孟子曰：富岁子弟多赖，凶岁子弟多暴，非天之才尔殊也。其所以陷

---

[1] 《四书章句集注·孟子集注》卷十三。

溺其心者然也。"(《孟子·告子上》)其实不仅普通人受"凶岁、富岁"的影响,孟子认为即便如尧舜那样的圣人,也摆脱不了环境的影响:"舜之居深山之中,与木石居,与鹿豕游,其所以异于深山野人者几希。及其闻一善言,见一善行,若决江河,沛然莫之能御也。"(《孟子·尽心上》)这段话就充分揭示了环境对人的道德层次和水平的重大甚至是决定性的诱导作用。

由上可见,从他对"诚不能"的辨析、对事物存在的客观规律的尊重来看,孟子持一种现实主义的理性态度,正是这一态度,决定了其所主张的"能",不是迷狂,更不是唯意志论。"不能"限定了人之作为,但另一方面,它又为人发挥理性精神,认知规律,利用规律,呈现人的能动性奠定了逻辑前提。

二、思诚者,人之道

如上述,规律不可改变,事物的存在、人的活动依赖于一定的条件,人是有所"不能"的。那么由此"不能",又如何过渡到"能"呢?从孟子的论述来看,其中关键的转戾点正是人的理性能力,即所谓"诚者,天之道也。思诚者,人之道也。"(《孟子·离娄上》)人正是凭此"思"之能力,来认识和把握客观规律,由"不能"而进入到"能"。

(一)"乘势"与"待时"

孟子认为,规律固然是不可逾越的,但人并非无所事事,而是可以发挥主观能动性,来认识和利用规律,从而实现自身的目的。就此,孟子有很多生动的描述。如"不违农时,谷不可胜食也;数罟不入洿池,鱼鳖不可胜食也;斧斤以时入山林,材木不可胜用也"(《孟子·梁惠王上》)。文中的"不违农时",就是尊重农作物的生长规律;"数罟不入洿池",即是遵循鱼类生物的生长法则;

"斧斤以时入山林",即是尊重森林生长的节律。而这种尊重的结果,则是"谷不可胜食","鱼鳖不可胜食","材木不可胜用"。显然,在孟子看来,人类在自然规律面前并非是一筹莫展的,相反,是能够积极有为的。孟子还提出,其中的关键是要在事物存在和发展的关节点上理解并把握其本质与规律:"齐人有言曰:虽有智慧,不如乘势,虽有镃基,不如待时。"(《孟子·公孙丑上》)文中的"乘势"与"待时",所言的正是这种关节点;而这种关节点的选择本身,却正说明了人在自然规律面前的一种主观能动性。

正是出于对人的"能"的这种高度自信,所以孟子对浪费这种"能"的无所作为,非常痛恨。"孟子曰:自暴者,不可与有言也。自弃者,不可与有为也。言非礼义,谓之自暴;吾身不能居仁由义,谓之自弃。仁,人之安宅也。义,人之正路也。旷安宅而弗居,舍正路而不由,哀哉。"(《孟子·离娄下》)所谓"自暴"与"自弃",即放弃更高追求,安于现状,过一种本能的、低俗的生活,而不努力实现人性的完美与高尚。孟子"哀哉"之叹,诚如孔子不满宰予的大白天昏睡一样[1],显现出对"有为"的执着与向往。

(二)尽心、知性、知天

人在自然法则面前,为什么能有所作为呢?孟子认为这是因为人具有认识并把握自然规律的能力,即人具有"大体之心"。

孟子认为,人一身兼具"大体"和"小体"。前者指"心",后者指耳目鼻口等感觉器官。"小体"缺乏思考、审视的能力,只会"跟着感觉走",故难免牵于外物而迷失自己,按孟子的说法,只是"物交物引之而已"。但"大体"则不然,它能"思",而"思则得之",意即掌握事物的规律(《孟子·告子上》)。所以孟子说:"尽其心者,知其性也。知其性,则知天矣。存其心,养其性,所以事

---

[1] 《论语·公冶长》。

天也。"(《孟子·尽心上》)文中所谓"性",即人的本质;而所谓"天",意指一种必然性的法则。显然孟子这里强调的是,只要充分发挥人的理性精神,是可以认知事物的本质的,进而也是可以把握自然规律的。故孟子坚信"万物皆备于我":"孟子曰:万物皆备于我矣。反身而诚,乐莫大焉。强恕而行,求仁莫近焉。"(《孟子·尽心上》)

所谓"乐莫大焉",显示孟子对人的主体能力是极为自信的。他认为,即使一千年后的日食日期,人只要坐在那里,算一算就可以了。"孟子曰:所恶于智者,为其凿也。如智者若禹之行水也,则无恶于智矣。禹之行水也,行其所无事也。如智者亦行其所无事,则智亦大矣。天之高,星辰之远也,苟求其故,千岁之日至,可坐而致也。"(《孟子·离娄下》)从文意可见,孟子反对"凿",即不循规则地玩弄小聪明,他欣赏的是如大禹治水一样,尊重并善用自然法则,其结果就很好,人免除了水患,实现了人与自然的和谐相处,即"行其所无事也"。孟子认为这才是大智慧,只要发挥了这种大智慧,自然规律就是可以探询和弄明白的。此诚如朱熹所注解:"天虽高,星辰虽远,然求其已然之迹,则其运有常。虽千岁之久,其日至之度,可坐而得。"[1]

循此由"故"求"常"的逻辑,孟子尤其强调依理性行事,按规律办事,以求最佳的结果。"孟子曰:莫非命也,顺受其正。是故知命者,不立乎岩墙之下。尽其道而死者,正命也。桎梏死者,非正命也。"(《孟子·尽心上》)文中所谓"岩墙",即是要倒的危墙,站在这种墙的下面,其危险性是可想而知的。理性的人应发挥能动性而规避这种风险,也就是不要处于危墙之下,孟子认为这就是"正道",这也是"知命"的表现。显然,孟子这儿的"命",有自然法则或事物运行的规律之意,而孟子鼓吹"正命"以及"顺受

---

[1] 《四书章句集注·孟子集注》卷八。

其正",实际上即是宣扬遵循事物规律,就如不立危墙之下一样,竭力避免盲动蛮干的"非正命"。这一"知命"说,也体现出了一种自信而积极的豁达[1]。

(三)"四端之心"

那么人的"大体之心"为什么有如此巨大的认识与把握世界规律的能力呢?孟子分析说,这是因为其间有一种与生俱来的理性特质,他称之为"良知"与"良能"。"孟子曰:人之所不学而能者,其良能也;所不虑而知者,其良知也。孩提之童,无不知爱其亲者,及其长也,无不知敬其兄也。"(《孟子·尽心上》)从引文来看,这种"良知"与"良能",实际上是人在社会生活中所获得的一种社会本能,也是人之为人所表现出的一种优异的天赋本性。

如果继续追问:此"良知"与"良能"又具体何指呢?孟子以为它就是根于人心的"仁义礼智":"君子所性,仁义礼智根于心。"(《孟子·尽心上》)具体说来也就是"四端之心":"由是观之,无恻隐之心,非人也;无羞恶之心,非人也;无辞让之心,非人也;无是非之心,非人也。恻隐之心,仁之端也;羞恶之心,义之端也;辞让之心,礼之端也;是非之心,智之端也。人之有是四端者也,犹其有四体也。有是四端而自谓不能者,自贼者也;谓其君不能者,贼其君者也。凡有四端于我者,知皆扩而充之矣,若火之始然,泉之始达。苟能充之,足以保四海;苟不充之,不足以事父母。"(《孟子·公孙丑上》)

文中"人之有是四端者也,犹其有四体也"之比喻,显示出,"四端"之心是与生俱来的,是一种先验的存在。前面说过,在孟子思想中,人之一身又被分为"大体"与"小体"。虽然"小体"只知表象,难测规律,但好在人有"大体",只要充分发挥此"大

---

1 杨泽波:《孟子评传》,南京大学出版社,1998年,第222页。

体"的能力,人是完全可能认识自我与客观世界的。所以孟子宣扬:"非由外铄我也,我固有之也,弗思耳矣。故曰:求则得之,舍则失之。或相倍蓰而无算者,不能尽其才者也。"(《孟子·告子上》)

"四端之心"是人所本然具有,故孟子说"非由外铄我也,我固有之";而"心"又具备"思则得之"的强大理性能力,所以孟子疾呼要发挥人的这种能力,实即努力展现出主动性和创造性,用他的话说即"求则得之,舍则失之";所以孟子竭力主张,应最大限度地发挥人的主观能动性,即"反求诸己":"仁者如射,射者正己而后发。发而不中,不怨胜己者,反求诸己而已矣"(《孟子·公孙丑上》);他还主张"自得":"孟子曰:君子深造之以道,欲其自得之也。自得之则居之安,居之安则资之深,资之深则取之左右逢其原,故君子欲其自得之也。"(《孟子·离娄下》)不论是"反求诸己",还是"自得",都是强调发挥人的主观能动性,同时也显示了对人的这种能动性的高度自信。

孟子不否认人有所"不能",且事物存在和发展都有其不以人的主观意志为转移的客观规律和条件,这些也划定了"不能"的范围,正如人不能拔苗助长一样;但是,孟子从基于"四端之心"的人的"良知良能"出发,强调人凭恃理性能力,是可以认识事物的客观规律的,而且可以由此认知来利用和改造自然;换句话说,"不能"是客观的,但并非是绝对的,更非是窒息人的主观能动性的借口,相反,按孟子"尽心、知性、知天"的逻辑,只要人充分发挥人的理性能力,人之所"能"会有更广阔的空间。

三、"能与不能"的弦外之音

冯友兰先生曾指出,荀子代表儒家的现实主义一翼,孟子则代表了儒家的理想主义。[1] 所谓理想主义，大概就是特别注重政治的应然性，即设想一个令人满意的社会蓝图，然后以此作为发展和追求的目标。理想主义是超越现实的。在孟子那里，这一点特别明显。他四处推行"仁政"，以致当权者目之为"迂远而阔于事情"。实际上，孟子极力论"能"与"不能"，与其宣扬"仁政"是密切相关的，甚至可以说是为之张目。

（一）"王无罪岁"

前引孟子"能"与"不能"之辩，正是出于孟子奉劝梁惠王亟行仁政的讨论中。

> 孟子曰："有复于王者曰：'吾力足举百钧'，而不足以举一羽；'明足以察秋毫之末'，而不见舆薪，则王许之乎？"曰："否。""今恩足以及禽兽，而功不至于百姓者，独何与？然则一羽之不举，为不用力焉；舆薪之不见，为不用明焉；百姓之不见保，为不用恩焉。故王之不王，不为也，非不能也。"曰："不为者与不能者之形何以异？"曰："挟太山以超北海，语人曰'我不能'，是诚不能也。为长者折枝，语人曰'我不能'，是不为也，非不能也。故王之不王，非挟太山以超北海之类也，王之不王，是折枝之类也。"（《孟子·梁惠王上》）

这段对话中，孟子的直接目的显然是为动员、鼓励梁惠王等"治人者"努力实行"仁政"，告诉他们行"仁政"是不难的，只要努力做去，是能够实现的。在孟子看来，这里没有"不能"的问题，只是"不为"！就此孟子又设喻说："有人于此，力不能胜一匹雏，则为无力人矣。今曰举百钧，则为有力人矣。……夫人岂以不胜为患哉？弗为耳。徐行后长者谓之弟，疾行先长者谓之不弟。夫

---

[1] 冯友兰：《中国哲学简史》，中国画报出版社，2019年，第94页。

徐行者，岂人所不能哉？所不为也。尧舜之道，孝弟而已矣。子服尧之服，诵尧之言，行尧之行，是尧而已矣；子服桀之服，诵桀之言，行桀之行，是桀而已矣。"(《孟子·告子下》)显然，在孟子看来，是行尧舜之仁政，还是行桀之暴政，完全取决于你的"所为"；换句话说，行仁政并不难，当政者是完全有能力做到的。孟子还鼓励当权者，应像"豪杰"那样，充分发挥主观能动性，勇于超越现实的限制，将仁政付诸实践："孟子曰：待文王而后兴者，凡民也。若夫豪杰之士，虽无文王犹兴。"(《孟子·尽心上》)

正是基于对"良知良能"的坚信，孟子警告当时的统治者们，不要以种种理由和借口，来推诿和拖延实行"仁政"。为此他提出了一个著名的命题，即"王无罪岁"。他说："狗彘食人食而不知检，涂有饿莩而不知发。人死，则曰：'非我也，岁也。'是何异于刺人而杀之，曰：'非我也，兵也。'王无罪岁，斯天下之民至焉。"(《孟子·梁惠王上》)这里孟子强调，统治者不要将社会的苦难和人民的灾难都推给老天爷，而应当主动承担起自己应尽的责任，积极行动起来，纾解人民的痛苦，增进人民的幸福。表面上看，孟子这里讲的是国家的治理，讨论的是政治家的社会责任，但其间所体现的却是对人的主体性与能动性的呼唤和期盼。

（二）与民同乐

"与民同乐"是孟子仁政思想里一项重要内容，它要求统治者节制自己的权力和欲望，与人民同欢乐、共患难。在阶级社会，这显然是有点不切实际，但作为使人民幸福的一个社会理想，孟子却矢志追求，而且还认为统治者是完全可以做到的[1]。孟子初见梁惠王，就竭力宣扬"与民同乐"。他问："是一个人独享快乐愉快呢，还是与他人分享快乐愉快呢？"梁惠王说："那当然是与人分享快

1　葛兆光：《中国思想史》第一卷，复旦大学出版社，1998年，第105-107页。

乐更为愉快。"孟子又问："是与少数人分享快乐愉快呢，还是与多数人分享快乐愉快呢？"梁惠王说："那当然是与多数人分享快乐愉快。"见梁惠王这样的态度，孟子于是进而批评他说："你虽然主张与众人分享快乐，但实际上你是'独乐'的。为什么这样说呢？因为你在王宫中一奏鼓乐，老百姓听到了这种声音，就愁眉苦脸、相互叹息地说：'我们的国王整天歌舞升平，却为什么使我们穷苦至此？害得我们父子不相见，兄弟妻子离散。'老百姓一听到国王外出打猎的车马之声，就愁眉苦脸、相互叹息地说：'我们的国王整天打猎寻开心，却何以使我们过着这种水深火热、饥寒交迫的日子？'"

为了动员梁惠王与民同乐，孟子说古代圣王都是与民有福同享的。如周文王就与民同乐，其游乐的园子方圆七十里，比梁惠王的方圆四十里的园子大多了，但人民并不感觉到大，反而以为其小，因为文王和人民共享这个园子，砍柴的可以进来，打兔子的也可以进来。正因为文王坚持与人民分享，故他起亭台、修园池，人民都很高兴，"称之为灵台、灵沼"。所以孟子非常感慨地说："古之人与民偕乐，故能乐也。……虽有台池鸟兽，岂能独乐哉！"(《孟子·梁惠王上》)

在孟子看来，要做到与民同乐也是不难的，不是能不能的问题，而是为不为，只要当权者"用恩"，发挥"不忍人之心"就足可做到："今恩足以及禽兽，而功不至于百姓者，独何与？然则一羽之不举，为不用力焉；舆薪之不见，为不用明焉；百姓之不见保，为不用恩焉。故王之不王，不为也，非不能也。"(《孟子·梁惠王上》)这里再一次显示出，孟子宣扬"能"、鼓吹主观能动性的良苦用心，正为推行"仁政"，增进人民福祉。

（三）恒产与恒心

如果说孟子宣扬"能"是着眼于规劝、游说当权者积极有为，力行仁政,善待人民的话,那么,孟子"不能"之论中所突出的条件、规则等限制性思想,则是寄意于对民生基本问题的关切,借用孟子一句著名的话来表达就是:"无恒产而有恒心者,惟士为能。若民,则无恒产,因无恒心。苟无恒心,放辟、邪侈,无不为已。"(《孟子·梁惠王上》)

文中所谓的"恒产",考其前后文,当指"五亩宅、百亩田"之类的物质财产,而"恒心",即指良心、良知。孟子的说法虽然有些厚士薄民之嫌,但其核心显然是在申论"恒心"取决于"恒产",即人的物质生活决定人的道德意识。孟子强调,如果具备了相应的物质条件("恒产"),就会产生并培养起良好的道德品质,用他的话说即"民之为道也,有恒产者有恒心"(《孟子·滕文公上》)。具备了一定的物质条件,人民也就有可能向善进德了,即"壮者以暇日修其孝悌忠信",道德培养也因此具有了现实的可行性。故孟子强调:"是故明君制民之产,必使仰足以事父母,俯足以畜妻子,乐岁终身饱,凶年免于死亡。然后驱而之善,故民之从之也轻。"(《孟子·梁惠王上》)不仅如此,孟子还声明,人民的生活水平与其道德状况是成正比的,如果老百姓家里的粮食像水火一样多,人民就会乐于践仁行义。"孟子曰:易其田畴,薄其税敛,民可使富也。食之以时,用之以礼,财不可胜用也。民非水火不生活,昏暮叩人之门户,求水火,无弗与者,至足矣。圣人治天下,使有菽粟如水火。菽粟如水火,而民焉有不仁者乎!"(《孟子·尽心上》)这里孟子明显透露了这样的意思:道德不是空谈得来的,而是源自非常实际的生活熏陶,即"菽粟"出"仁者",只有解决了民生,然后才能谈得上改善民德。也因此孟子特别强调"富民","使有菽粟如水火"。

相反,如果没有"恒产"这一物质基础,也就没有道德可言,甚至还有滑向非道德的危险。当人民连衣食问题都没解决好时,就难以顾及道德,此时更不应提出过高的道德要求。他说:"今也制民之产,仰不足以事父母,俯不足以畜妻子,乐岁终身苦,凶年不免于死亡。此惟救死而恐不赡,奚暇治礼义哉!"(《孟子·尽心上》)孟子觉得如果此时当政者再苛责人民,就更不应该了:"若民,则无恒产,因无恒心。苟无恒心,放辟,邪侈,无不为已。及陷于罪,然后从而刑之,是罔民也。焉有仁人在位,罔民而可为也。"(《孟子·梁惠王上》)这里孟子实际也是在提醒"治人者",如果人民的基本物质生活都不能保证,那么也是难以治理的,"明君制民之产",也是维护自身统治的必要基础。

孟子这里的"恒心"决定于"恒产"论,与其"养——长"的条件说是一致的,孟子强调万物得其"养"方能有其"长",显然为其"恒产—恒心"说奠定了哲学前提。孟子强调条件论、强调"不能"违背事物客观规律,实为其"恒产论"进行了理论的预设,即"制民恒产"有着符合客观规律的合理性,是不可或缺,也是不能逾越的,是"仁政"所当为、所必为的。显然,从政治意义上来解读,孟子的条件论所含的"不能",实有为人民的生活权利辩护之意。

孟子生当战国,各国互相攻伐,以国力相竞,但孟子却力倡"仁义",还督促执政者力行"仁政",此诚如李泽厚先生所论,孟子思想中有"某种'急进的'人道民主色彩"。[1] 正是这种充满人文主义精神的理想情怀,既使得孟子竭力宣扬"良知良能",以期鞭策各国当权者积极有为,力行仁政;又使得孟子着意为人民辩护,以条件论的"不能",为"制民恒产"呼吁。显然,在孟子那里,"天道"是为"人道"服务的,纾解人民的"憔悴",增进人民的幸福,是其造说立论的最大宗旨。

---

1 李泽厚:《中国古代思想史论》,人民出版社,1985年,第41页。

孟子心性论的天道理路

林桂榛（曲阜师范大学）

今天与大家交流的题目是"孟子心性论的天道理路",分四部分:一、就天言性,善乃天予(关键词:固有,天予)。二、就善言天,天非绝望(关键词:天德,五行)。三、性的心觉与天的知通(关键词:诚圣,知天)。四、元气淋漓与浩气齐天(关键词:浩气,持志)。

孟子擅长心性论,这个是大家的共识,这里不再讨论了。那么孟子讲的这个"性"是什么呢?孟子大讲"性善"云云,他为什么这么讲呢?于此,可能学人各自有自己的说法,学界的说法也已经有很多,甚至有很多分歧。今天我来谈谈我的理解,请大家批评指正。

今天我谈四个问题:**第一是孟子讲性是就天来讲性**,而这个性是天所赋的,是从天而来的,这是一个意思。**第二是孟子讲天是就善言天**,天是纯善的,甚至比仁义礼智还善,因为还有"圣",所以是天德天道;天是有希望有光明的,用孟子原话就是有仁义礼智等正面礼义的,所以孟子的天像墨子的天,是有意志有是非的。性来自天命或天赋,天善故性也善,这在逻辑上没问题,当然是哲理的逻辑,非数理的逻辑。

第三是孟子讲天赋善性靠心识去觉知,既然性是天所赋予的、人身本有的、人人具有的、是善的、是有仁义礼智的,那么心是怎样的呢?心识心知无非是觉知、觉察、回到、返回我们的性,返回、觉知我们人身天赋本有的仁义礼智,如此天性良知之仁义礼智等才不会放逐、迷失。性是天赋的,所以我说是"性的心觉与天的知通",我们要去感通、通达、上达那个天,这样心性与上天才能真正打通,程朱理学继承的就是这样一个思路。

第四是孟子讲觉知天命天道后浩气齐天,既然天是善的,性是天所赋予的,天与性是有仁义礼智而为善的(甚至有"圣/诚"),那么我们每一个人的性都是从天而来,是天所蕴赋,那么我们本有的原性,我们本有的原善,那就是"良知良能"。"良"就是充盈本有的意思,本有充足的知与能。所以孟子的性格或者说他言语的气象、精神的气象,体现出一种元气淋漓的状态。"元气"即初气、本气。孟子讲气,讲存心养气,所以在心性上是这样"元气淋漓",最后上达于天,即"浩气齐天","上下与天地同流"了。

一、就天言性,善乃天予(固有,天予)

我们先说第一点,"就天言性,善乃天予"。我们现在学界一些人解释孟子"性善",觉得人的心性也并非纯然是善的,为什么人也常干坏事呢,诸如此类。所以现在学界对孟子的"性善"论有点质疑,甚至提出新的解释,甚至说孟子不是主张"性善",甚至说孟子是讲"情善",孟子说"**乃若其情则可以为善矣,乃所谓善也;若夫为不善,非才之罪也**"嘛。还有说孟子"性善"是向善,是可以善,是能善,是有善的种子,有善或能善的因素,有善或能善的潜质,甚至说孟子心性论里的"性善"是一种引导性、生长性、目标性的概念,不是讲心性本来就是善,不是讲心性本来就是纯善。

所以孟子心性论里面的"性善",现在学界有的解释为"心善",是相对于禽兽而言,是就有善端、善根、善质而言;有人说"性善"是有善材,材不是非善,材非不善;有人说善是有善的种子,是有善的端倪,是有善的因素,有善的潜质,诸如此类的解说很多。我认为这类解释是违背孟子本意的，用孟子的话来说是没有得孟子之"大体"，不是"大人"之见，是得"小体"而已，是没有把握孟子学说的思维理路和精神气质。

因而，现在从经验主义和科学主义去解释孟子的"性善"论，甚至试图从逻辑上（数理逻辑和形式逻辑），从科学主义的角度解释、论证孟子讲的"性善"，这种思路其实有一点南辕北辙的味道。当然也不一定是南辕北辙，或者说还是用孟子的话，是不得"大体"的一种思路。也就是说，还是没有从本根和大体上把握孟子的心性论，尤其是讲善这样一种价值内涵的心性论。所以现在学界对孟子的心性论解释有很多，但问题也有很多，所谓新解大多值得商榷。

孟子的思路是很清晰的，孟子认为仁义礼智这些德或德义或道义，这些正面的良好的价值，为人性所固有，他说的很清楚："**仁义礼智，非由外铄我也，我固有之也，弗思耳矣。故曰：求则得之，舍则失之。或相倍蓰而无算者，不能尽其才者也。**"意思是我们心中能不能觉知到仁义礼智在性，取决于我们有没有思考而已；仁义礼智是我们内在的、固有的，不是外在所给予的。所以孟子说是"此天之所与我者"，我们只要"先立乎其大者，则其小者弗能夺也"，小者不能夺就是大人，"此为大人而已矣"。也就是说，仁义礼智这些德义是上天赋予我们的，那么这些上天赋予我们身心之中的、人性之中的这些仁义礼智的德义道义，孟子说得很清楚，是"人之所不学而能"，是"不虑而知"，是"良能良知"。

我们每个人都有仁义礼智，但是是否在心里面知觉、明了它，孟子认为这是心的问题，不是性的问题。在性本身，我们是有良知良能的，"良"是本有的意思，不是良好的意思。我们从甲骨文可知，"良"是本有的意思，本指充溢、充满的这样一个状态。因而，孟子《尽心》上下篇说得很清楚，他说："**尧舜性之也，汤武身之也，五霸假之也。**"仁义礼智这些德义，尧舜这样的人是性之，是天所赋予，是生性的充盈展现；汤武身上也是有的，也是践形之的。所以孟子说我们与尧舜没有区别！

尧舜"性之也"，也就是仁义礼智"性之也"，是天所赋予的这样一个状态，其实是人人一样，有点类似于荀子说的"君子小人"都有什么的意思。其实孟子是说现实中的"君子小人"本来都有仁义礼智，都有善。因而孟子《尽心上》篇继续说："**君子所性，虽大行不加焉，虽穷居不损焉，分定故也。君子所性，仁义礼智根于心。**"君子身上的性，天赋的性，是仁义礼智根于我们的心识中，我们只要用心去觉悟，那么性就流显出来了，宛如良知良能展现出来一样。所以君子或圣人要把这些本有的仁义礼智，这些根于心的、本乎性的、源乎天的道义，要把它觉知及显现出来，所以叫作"惟圣人然后可以践形"。

总之，就第一点而言，孟子认为性是本有的。仁义礼智这些德义，这些道义，在我们的性中也是与生俱来的，至于是否被遮蔽或者说人有无觉知、挖掘、明了它，那是每个人自己的事，被遮蔽或未觉知不等于它的本性是不好的。当然，从科学主义的角度，这似乎很难理解。但是孟子是循宗教主义、精神主义哲学的思路，孟子这样讲，从精神哲学的角度，从宗教意义或宗教理论的角度，它是完全顺理成章的、贯通的、没有问题的。

二、就善言天，天非绝望（天德，五行）

接下来讲第二点："就善言天，天非绝望"。孟子说我们的性是有仁义礼智的，这样的性是天所赋予的。那么天是什么呢？天为什么会赋予人以这样的仁义礼智呢？为什么仁义礼智是天所赋予的呢？天赋予人仁义礼智，那意味着天里有仁义礼智，有道义有德义，为什么孟子这么讲呢？

我想讲一个很简单的道理，比如天主教，他能说上帝是恶的吗？上天能被说成是恶的吗？这种说法很恐怖，如果说上天是恶的，那很恐怖！为什么说很恐怖？因为如果世界这样，那就没希望了，人类就要绝望了。像我们老百姓遇到苦难，最后都像《窦娥冤》故事里面讲的。上天应该是明白事理的，应该是有道义的，应该是有良知良能的，应该是支持善恶有别的，而不是善恶不分、是非不分、仁义丧失、礼智灭绝。所以孟子说善在天，或者说善的本源或终极在天，其实要表达的是这样一种信念，一种价值信念：天是一种希望、光明，不是一种绝望、虚妄！

那么对于这个问题，孟子最核心的观念是天是有道的，天是有德的，是"善"的，是有"仁义礼智"的，而贯穿这个观念的就是孟子的"五德"理论，也就是思孟学派的"五行"理论。伦理性的"五行"或"五德"是理解思孟学派尤其孟子"善天"或"天善"观念的一个最根本的概念，也是理解其言"性善"之所以然的基石。这个核心，荀子准确把握到了，尽管荀子从科学主义的角度（荀子讲"天人相分"嘛）不赞同孟子的宗教主义或精神哲学的"天善"、"天德"、"五德"、"五行"这样的观念或思想，但荀子抓到了思孟学派讲"天"的要义，讲"天"的核心。

大家知道思孟学派，知道竹简《五行》篇，它说仁义礼智："**（仁／义／礼／智）形于内谓之德之行，（仁／义／礼／智）不形于内谓之行。德之行五和谓之德，四行和谓之善。善，人道也；德，天道也。……不安则不乐，不乐则无德。**"这段话大家很熟悉很了解，那这段话什么意思呢？仁义礼智每一种德均显形于我们的心内，展现在我们的心觉之内，那么这是"德"（德＝天道）的一种"行"，是"天道"之行，宛如后人说的"天理流行"式之"天道／天德流行"。我的德中的仁义礼智（此德当然和天道天德相贯通），它们若能形于我们的心觉，这是德之行；不形显、不呈现在我们的心觉之内，那只是行。

仁义礼智不形于心，是行而已，不是德之行；形于心才是德之行，也就是天德之行，宛如天德行于心、形于觉、呈于性。五种德都是这样的德,都是德之行,都是德行于内,都是天德形于内之行,这才叫做"德(天道也)"。也就是最高的德是五种形于内的德之综合或并有,也即仁义礼智圣或者仁义礼智诚都通达、展现于身心内才是德,才是天道;光有"四行和"只是善,还不是德与天道。"德"与"善"之间的差别就是有没有一个"圣"或"诚",就是有没有天人沟通的"圣"或"诚"。仁义礼智圣五德共同展现、觉显于心知或身内,这是通天自天之"德";仁义理智四者没有"圣"或"诚",这只是人间人道之"善"。

思孟学派有很关键的一句话:**"善,人道也;德,天道也。"**这是什么意思呢?前面已经讲过"德—善"的区别了,这里再补充几句:孟子认为,人世间之人道中的善是仁义礼智,而德是仁义礼智圣并有,善到德的飞跃需要有最关键的"圣"。这样的德,这样的五种人德,五者形于心而共和共有叫天道。什么意思呢?其实很简单:思孟学派认为天道是一种德,天道就是天德,天德就是天道;那么天道、天德通过圣或诚这样一个最关键的东西,下降上通,下达上达,在天人之间上下沟通回转。

那么仁义礼智圣这样共有的东西,是我们《孟子》书里讲的什么呢?我们这些仁义礼智以及圣,是通达于天道的,这就是德,这就是天道。故孟子说:**"仁之于父子也,义之于君臣也,礼之于宾主也,智之于贤者也,圣人之于天道也,命也,有性也,君子不谓命。"**那么仁义礼智四种伦理之德,是人间的善。"圣人之于天道也",出土的竹简《五行》等证明是它本是"圣之于天道也",这个"人"字是衍文,朱熹等早已觉察出问题来了,清代段玉裁也推理校定出来了。这样"仁义礼智圣"五德相提并论,父子之间的仁,君臣之间的义,宾主之间的礼,贤者的知,天道的圣,这些都是人人所具有的,是天所赋予的,是我们天性中所有的,这是孟子他们的意思,是他们的思想或观念。

为什么荀子会批评思孟学派?为什么会在《非十二子》篇说思

孟"案往旧造说谓之五行"？思孟学派的"五行"思想，是把人间的仁义礼智圣沟通于天，并且是把故旧之说灌装成了新说（旧"五行"→新"五行"）。思孟的新"五行"说是思孟于天人之间相沟通的一个重要概念，是思孟学派最深邃的思想，是思孟精神最核心的东西。仁义礼智圣是通达于天的，是天德也是天道，这是思孟的五行。而原始的五行是什么？是历数！那么思孟学派的五行为什么改造得很好呢？思孟学派为什么改造、创造一个新的五行学说呢？这涉及五行的原始含义，这里我不具体展开，我写过很多这方面的论文，简单言之："五行"概念的本意或初义是描述天道、天体运行的一个历数概念，所以五行是和阴阳、四时、八正、九解等天文概念结合在一起讲的。

至于后来的五行概念，金木水火土或水火木金土这样的五行，那是后来的含义，是"五材→五行"的演绎或附会，这里我也不展开说了。说到这儿，我想表达什么意思呢？就是五行的本意是描述天道规律、天道现象的一个天文历数概念，是十月制历法的周年分十分五的天道历数概念。原始五行论是描述天道的，孔子的时代，尧舜的时代，夏朝的时代，一直到周秦时代，祭祀、田猎等大事都用夏历，那时候的"五行"概念就是远古十月制历法的天道历数概念。既然"五行"为大家耳熟能详，那么思孟学派把伦理性的仁义礼智圣灌入到描述天道的原始历数五行概念上，从而创造出天德、人德贯通为"五行"的新五行说，这也就再正常不过了。

为什么要这样创造学说？帛书《周易》里讲的"五行"就是历数五行，帛书《周易》里孔子讲的金木水火土其实是五材，这是确凿无疑的（详见拙著《天道天行与人性人情》）。那么为何思孟学派要这样把五德打包而整体地灌注到天道五行上？其实思孟这样做是为了让人间五德（仁义礼智圣）来沟通天道。那么五德之和的"五行"就是孟子他们所谓的"天德—天道"，而人身的"德之行"也就是"仁义礼智圣"五德之行，可谓是天道天德的人"行"。如果仁义礼智圣、仁义礼智诚就是天道的话，那么伦理天道天德就环绕运行、充盈布满，像浩然之气一样。那么这样的天不就是富有，充盈，充满着仁义礼智圣，充满着道义，充满着价值，充满着善的精神和善的价值吗？而这就是伦理之天道，人不过是"上下同流"。人德即是天德下行，天德实是人德上行，天人沟通，天人一体，精神圆满，道义弥身。

所以荀子式的天文学天道论"五行"，在思孟学派是被改造、阐释为伦理的仁义礼智圣这样的五行。因而，如果不懂得"五行"的本义是描述天道历数、天道运行，而沉湎于、遮蔽于五行是金木水火土五材之类，那么我们就永远无法理解思孟学派为什么是荀子批评的"案往旧造说谓之五行"。为什么荀子批评子思所谓"我的五行等说是先君子所言"（是孔子所言）？为什么荀子这样批评？因为孔子讲的五行和思孟讲的五行根本不是一回事。思孟讲的五行只是仁义礼智圣，因为他们不理解孔子或孔子时代的五行，或者说他们有意篡用，有意把自己的仁义礼智圣、仁义礼智诚、仁义礼智信这类人间的人德之五德灌装到旧"五行"说中。为了贯通天人，为了表述天道就是这样的善，就是仁义礼智圣之类，思孟造了一个新的五行说。

我前面大概讲了思孟学派旧瓶装新酒地造新五行说是为了以人心人德打通天道，是为了与天道主义、历数天道论对话，是为了占有历数天道论的这种天道论高度。也就是说思孟学派为了实现人间的五德与天道的贯通，就在历数五行说的这样一种外壳中注入了人德，注入了仁义礼智圣五德。为什么这么讲？为什么这样注入？为什么这样改造？因为"五行"是当时最基本的天道概念，不得不讲。既然天道历数五行说在描述天道，天道有五行，黄帝以来即有这样的天道五行思想，有这样的最基本的天道观念，那么如果五德也是五行，自然五德也是天道了，所谓"德，天道也"，"德之行五和，谓之德"，于是"仁义礼智圣（五行）＝德（五行）＝天道

（五行）",也即"仁义礼智圣（五行）＝天道（五行）"了。

最初的"五行"概念本来是描述天道的，金木水火土五材也被称作五行，则是后来的事，那是一个五材厕入、插入、衍生到五行的过程，这里不讨论了。回到话题本身，思孟的五行就是仁义礼智圣，那么思孟学派于天人之间不就打通了吗？就善来言天，就天来言性，这是很清楚的。当然，思孟学派原话是"善，人道也；德，天道也"，天道是德，兼有圣的仁义礼智五者是"德之行"。这样，思孟学派就沟通了人德与天道，人德与天道的沟通是他们一个很清晰的观念，很清晰的思路。

也就是说"五行"是理解思孟学派天人贯通论的要钥，为什么要把这样的仁义礼智圣谓之"五行"，谓之"德之行"？为什么要上升到天道五行的高度？或者说为什么要表述为天行之五行？这是一个最核心的关键处、关节点，理解了它就理解了思孟学派天人贯通的仁义礼智圣五德论或五行论，否则就难免隔靴搔痒、不知底里。

三、性的心觉与天的知通（诚圣，知天）

第三点是"性的心觉与天的知通"，那为什么说是性的心觉与天的知通呢，因为我们前面讲了，性是天所赋予的性，里面有仁义礼智等，而且这个仁义礼智等来自天，来自天德，来源于天道天行，而人本有仁义礼智圣这些道义。这个有点像墨家了，这个问题我不展开，我们继续我们的主题。

既然性与天是打通的，那么我们如何让天所赋予的这些伦理、这些天道、这些天德被人知觉到呢？仁义礼智这样的道义之性，我们如何知觉它呢？说仁义礼智等本有于人性中，在哲学理路上，在精神哲学的理路上，在宗教的意义上，这个没有问题。可是我们如何来觉知它？尤其是普通人如何来觉知它？因为一般的人未必理解，甚至未必赞同。所以思孟学派尤其孟子，主张通过性来展开、呈现、知道、知晓、知觉它。那么怎么知晓、知觉呢？因为是本有，所以要"尽心"，穷尽心以"知性"，所以说："**尽其心者，知其性也。知其性，则知天矣。存其心，养其性，所以事天也。夭寿不贰，修身以俟之，所以立命也。**"仁义礼智圣是本有的，是"有性焉"。孟子说"心之所同然者"是什么？就像耳目口鼻身有所愉悦的对象，心也一样，那就是悦于理义或道义。孟子说有的人只是先于我心而得，但是心里面大家是一样的，无非先得与否的问题，这就是孟子一再强调的先知先觉者启发后知后觉者。

所以孟子说了，我是天民之先觉者，说"天之生此民也，使先知觉后知，使先觉觉后觉"。民之先觉者是天民，一般人也是天民。天民有点像"上帝的子民"的意思，当然这类比不恰当。大家都是跟天有贯通的，都是天所生养的，天所赋予的，我只是其中的先知先觉者，我将来以这样的方式来觉醒大家，我不来觉醒，谁来觉醒？那么觉醒什么呢？肯定是觉醒道义。所以为什么说思孟学派是道统正统，因为在思孟那里就是讲道讲伦理。思孟的知"道"不是知天文之道，也不是科学之道，那怎么来觉知它呢？一个总体的说法，孟子说得很清："**学问之道无他，求其放心而已矣。**"这个学问之道肯定不是我们今天的高校里写论文的学问之道，而是精神的、伦理的学问之道；所谓"无他，求其放心"是说找到我们放逐了的、遮蔽了的、丢失了的、被外物遮蔽或掩盖的心！

那找回我们的心干嘛？是通过我们的心来找回我们的性，或来觉知我们的性，这就是《尽心上》的那句名言："**尽其心者，知其性也。知其性，则知天矣。**"通过"尽其心"来知晓、知觉本有的性。那么知那个性怎么就知天呢？因为性是天所赋的。理义之心是天所赋予的，那么我们只有通过心才能发掘、察觉、知道、明白、呈现那个性。我们人人都被赋予仁义礼智之性，这是天所赋予的，所以可以通过心来知性，通过性来知天。

所以思孟学派或者孟子说要找回我们的本心，或者说尽我们的心，求其放心，尽其心，穷尽穷达我们的心，掘进或掘尽我们的心识以逼近、复显我们的性等等。掘尽、穷达心识是为了知道那个性，知道了那个性当然就知道了那个天。所以我们觉知那样的理义之性，自然而然就觉知了、明白了、通达了那个天，也就是那个天道、天德。当然思孟学派说的五行本身就是沟通天人的，你只要认识到思孟的五行概念，那么这个地方就不需多说。

通过心来知性，通过知性来知天，基于此，所以我们要倾听于天，所以我们要尽心，所以我们要存心，然后以心来沟通，来上溯，来到达性，来到达天。这样的修养，或者说我们中国哲学的这样的工夫论，无非是说我们的仁义礼智之心性是天道、天德赋予的。所以思孟学派的修身进路，无非是理义或者宋儒说的天理的一种反转。天赋予我们性，我们上溯到达天就是了。

那怎样尽心呢？怎么样让我们的心来觉知仁义礼智之性呢？思孟学派有一个重要的概念："圣"或者说"诚"。我们知道《孟子》有一句话："**诚身有道：不明乎善，不诚其身矣。是故诚者，天之道也；思诚者，人之道也。至诚而不动者，未之有也；不诚，未有能动者也。**"那么诚身有道，诚我们的身，诚身也就尽心，就能知道那个性，就能到达那个天。而诚是天之道，圣是天之道，也就是说天道是由圣由诚以到达，天德是由圣由诚而感通。所以我们无非是来诚其身，来尽其心，然后我们就觉察或体知到天赋予我们的仁义礼智之性了。

那这样说，是不是有点含糊？好像没有说清怎么来"诚"。也就是说思孟学派的问题是怎么来"诚"？其实思孟的书或者说出土的思孟学派的书里面已经讲了，"圣"或"诚"是一个关键点，是一个根本路径。什么是"圣"？从文字上说，"圣"是有"口"和"耳"，那是繁体的"聖"字。繁体"聖"下面那个"壬"字，其实就是一个"人"字，人通过口和耳，那么这个就是声音，就是要倾听别人的声音。孟子讲"金声玉振"，思孟讲"乐"，讲"听"，讲"闻"，实际上就是讲感通，倾听就是在于感通，尤其是感通天界。

音乐或声音是人们感通上界或天界的重要媒介。

对于感通"天"(天道天德)这个问题,我做过一些研究。关于《乐记》我写过一本书,到现在也没出版,躺着五六年了。我专门讨论过"感通"这个问题。《乐记》讲感通,这是通过声音、通过音乐来感通天界或神灵;《白虎通》也讲过了,《白虎通》说祭祀里通天的音乐要金声玉振,是因为清虚的需要。"金声玉振"的音乐正是出于倾听、感通、沟通上天的需要,这样才能感动天、打动天。所以青铜器之乐是来感通、打通天的,是感通神灵的,不是纯用来享受的。如果喜欢或懂得音乐的话,这不难理解。

感通的"感"字来自"咸"字(《咸》卦即"感"卦),只是后来加了个"心"字符,以指心里面的感。那"咸"字本是什么意思呢?这个咸不是我们今天甜咸的咸,而是"咸亨酒店"的咸,这个"咸"有"都"的意思,也有"感"的意思。因为这个从"口"的"咸"字接近于"成"字(咸成皆从戍部),古字写法里它本是斧钺砍斫之相。"咸"是砍向某物,"成"是砍去某物。斧钺即斧头,砍即撼动震动,砍去即全部砍掉了,所以"咸"字除了"全"、"都"之外,就是触动感动的意思了。

那么怎样来感通呢?要精神性的倾听、体悟、冥想。所以孟子讲,不用说太多的话,要倾听,有点像民国时的音乐家讲"音乐是上界的声音",是上天的声音。上天的声音要倾听,所以金声玉振所要表达的是一种圣,是通达天的圣。告子说:"**不得于言,勿求于心;不得于心,勿求于气。**"孟子就批评他,说"不得于言,勿求于心,不可"。告子是什么意思我们先不管,孟子的意思是说我们要善于"得于言",善于倾听感悟,如此我们就可以得我们的心,我理解是这个意思。而不是说像维特根斯坦在《逻辑哲学论》中说的:"**凡是能够说的事情,都能够说清楚;而凡是不能说的事情,我们应该沉默。**"孟子的意思是我们要倾听,倾听了就理解,不是说不能得其言就不要求心。我们要通过倾听找回我们的心，我们在沉默中依然能得于心。

前面讲到感，它首先是一个砍伐、砍斫、振动的过程，有物理的震动、生理的振动、思想的振动几个层面。那么要震动就需要一个接触。孟子说"吾知言"，要我们注意金声玉振，重视圣，以感通天。天的意思何在？天呈现在某些现象。天会呈现什么现象？我们倾听，我们觉察。这个就是感知的问题、沟通的问题，那么这是一种体悟，一种感通，一种体证。既然先知先觉者来觉后知后觉者，先知先觉者先诚心，先求其放心，先尽其心，感通、倾听天的声音，体悟天的意义、意志和精神。这样他就通天了，就达性、通天、知天了。

我们通过心觉，通过感知，通过上溯，来达性，甚至来显性，甚至是孟子说的"践形"。让这些天命在我们的心上显形呈现出来，如此天人之间就沟通了。所以这个是仁义礼智这些伦理的东西，再加上"圣之于天道也"，"圣"是最根本的关键词（《中庸》《孟子》里也讲"诚"）。就是这样的一个天人沟通，天德里就有圣，而且天德里就有诚，而人可以思圣思诚而致圣致诚。

总而言之，我想表达什么呢？孟子认为要通过我们的心，通过觉识、觉省、觉悟，来找到我们本有的仁义礼智之性，来找到天所赋予的仁义礼智之性，就是穷尽善性、恢复善性、呈现善性、扩充善性，孟子性善论就是这样一个基本哲学逻辑。我们一方面要诚尽、穷尽、格致，如后儒说的"格我们的心"，然后我们就知道道了。因为我们践形，我们呈现我们的性，我们就获得了性，也就是落实了性，下达的那个天就落实了；下达天性于心，则我们就知道天了，心性就上达于天了，所以是这样的一个天人之性的知觉与天人之间的实有与知通。

孟子认为他自己感觉到了，感知到了，我相信孟子说的是实话，他不会说假话，但是别人未必能感受到、感悟到。所以现在学界很多没有达到孟子精神状态或境界的人，没有达到孟子思想、孟子气质、孟子胸怀、孟子气象的人，他们来谈思孟，我觉得不靠谱。

下面我要谈到"元气淋漓与浩气齐天"的问题。没有达到孟子境界的人，当然很难理解思孟的理路，尤其难于理解孟子对天与性的那种认识、判断、叙述或信念。我相信很多人讲孟子，但没有明白孟子思想精髓，当然有不少学者也明白了孟子（具体我就不点名妄评了）。"横看成岭侧成峰，远近高低各不同"，每个人的眼界或眼力不一样，理解孟子有多有少，有深有浅，有到位不到位，这就是孟子说的"从大体—从小体"的问题。

四、元气淋漓与浩气齐天（浩气，持志）

孟子主张：穷尽我们的心，发掘我们的心，来掘显我们的性，来明晓我们的性，来知天所赋予我们的性，即与天沟通的那种性、天性、性命等。通过这样"心→性→天"链条回溯式的内掘、上升来觉察、沟通、践显仁义礼智圣之天性、天德、天道。这个天道天德赋予人的仁义礼智圣之性是人人皆有的，本是天所赋予的，所以这个性就是如天道元气一样的东西了。

我们内心中是有本性元性的，本性元性是我们人人具有的，这些性是仁义礼智圣。所以思孟学派是元气淋漓，就是宋儒程子他们说的孟子很有"英气"，宛如身心本有仁义礼智充盈一样，宛如通体就有仁义礼智一样。所谓"通体就有"就是孟子说的：**"君子所性，仁义礼智根于心。其生色也，睟然见于面，盎于背，施于四体，四体不言而喻。"**仁义礼智等深根于我们的心，也就是在心里面就有那个仁义礼智的知觉，且这个知觉无非是"心"知觉或显现了这个仁义礼智之性，所以叫"心性"，叫"践形"（践履的践），就是"心→体"、"内→外"。如此由"天→性→心"再到"心→面背→四体"而天人一体、天心一体、心身一体、神形一体、上下一体、内外一体,总之浑然一体!

孟子的"心"和"性"不是一个意思,心更多是指心之知觉、辨识(这是心的功能,孟子说"心之官则思"),而性是本有的、与生俱来的,甚至跟"材(才)"有关,即"性"基于"材"。孟子说:"乃若其情,则可以为善矣,乃所谓善也;若夫为不善,非才之罪也。……或相倍蓰而无算者,不能尽其才者也。"又说:"君子所性,虽大行不加焉,虽穷居不损焉,分定故也。君子所性,仁义礼智根于心。"还说:"仁之于父子也,义之于君臣也,礼之于宾主也,智之于贤者也,圣之于天道也,命也,有性焉,君子不谓命也。"君子"所性"是说仁义礼智在心中了,那么这个是通体、浑身、浑体都充满了仁义礼智,那就是一种本有,是一种性体、道体,如此元气淋漓、浩气齐天。这个仁义礼智之性是天赋的,发扬天赋本性,发掘天赋本心,就是齐天、通天。孟子的元气淋漓、浩气齐天,我们一读《孟子》这书就知道了。

民国一些大学问家,比如傅斯年,其实很批评思孟,认为孟子是儒家的歧出,一个怪胎,一个异端,他有这么个批评(见《性命古训辨证》等),因为傅斯年有他的科学主义的一些立场。可是他去了台湾以后,就号召大家读《孟子》,希望大家学孟子以培养浩志浩气。在精神气象方面,傅斯年还是非常欣赏孟子的;包括胡适也是,胡适也要大家读孔子、孟子,要大家学习那个卓立不倒的精神。那么孟子的精神气象,就是我们大家都知道的那句话,"富贵不能淫,贫贱不能移,威武不能屈,此之谓大丈夫",特别大气、硬气、英气。

我们也知道孟子说"我善养吾浩然之气",孟子和公孙丑有个有关"言—心—气—志"的讨论,孟子也非常欣赏告子先达到"不动心"之境。孟子说,自己不动心是因为自己善养浩然之气。所以孟子是大丈夫气象,是浩然之气。我们看他说"浩然之气"是怎么一个情况？什么叫浩然之气？孟子说"难言也"，就像孟子说的"尽心"，你要具体怎么讲不好说，包括孟子讲的我们要"养气"，那怎么养，当然这个也是"难言也"。所以孟子说："**难言也。其为气也，至大至刚，以直养而无害，则塞于天地之间。其为气也，配义与道；无是，馁也。是集义所生者，非义袭而取之也。行有不慊于心，则馁矣。我故曰告子未尝知义，以其外之也。**"

注意他讲的气，貌似自然的气，但是他又说配道义，一语道破天机：没有道义的气，那不行呐！"是集义所生者"，他讲的气是盈塞、充塞于天地之间的气，是有道义的气，由集义所生成，是道义聚集在一块。这个就有点类似于墨家讲的"天志"，天有义的啊。所以他还批评告子什么？告子说义是外在的，孟子说告子不对，浩然之气充塞于天，是跟伦理精神、道义、礼义结合在一起的，是义的一个集合或全体。那么这个义气也在我心中，也是在我们心性中有的。不要"暴其气"，这个气就是内在的气，所以孟子说"持其志，无暴其气"。类似我们说的"志气"，要以"志"帅"气"，不要"泄气"。

我们坚守我们的志（志是心志义，这个志就是"《诗》言志"的志，相当于感情、意识、精神），就不会让我们的气泄了、跑了、丢了。那个气是至大至刚的，是塞于天地之间的。我们的心性心志是通气的，与天地完全是一体的，天地义气与我身一体，我之志气即通天地义气，这样讲是不是有点道家？咱们也不管什么家，的确思孟学派还是吸收了墨家这种讲天意、天志的思想，吸收了道家讲的上同天地万物以及存性保性的思想。思孟说性和道家言性是有些相通的，这里不展开，其他地方我专门谈过。当然我这么一谈，可能有很多人非议，咱们就先不讨论这个了。

总而言之，我想表达的是什么？就是孟子是一个元气淋漓的一种精神状态，是我身我性我心富有仁义，充塞着仁义；而且天地之间有德，天道就是天德，是有仁义的，是这样的道与德。所以孟子说了"浩气存身"的意思，塞乎天地，达乎天地，又达于、充于、施于万物，是这样个情况，是这么个意思！所以孟子要我们不要丢这个气，那我们怎么才能不丢？他说是养夜气的问题。《告子上》说"夜气不足以存，则其违禽兽不远矣"，也就丢掉了气，暴其气了，就堕落了。《告子上》还说"夜气不足以存"、"牛山之木尝美矣"，大家如牛山，本有很多花草树木，因为牛羊，因为砍伐，所以山就不美了！孟子说，人们看见它光秃秃的，便以为牛山从来没有茂美的树林，这难道是牛山的本性么？他说不是的！因为外在东西把它毁灭了，于是茂美的牛山才变光秃秃了。

孟子说人性也是这样的，我们本来就有仁义礼智，但我们可能丢掉了它们，而变没有了。他说："**虽存乎人者，岂无仁义之心哉？其所以放其良心者，亦犹斧斤之于木也，旦旦而伐之，可以为美乎？**"他还说："**苟得其养，无物不长；苟失其养，无物不消。孔子曰：'操则存，舍则亡，出入无时，莫知其乡'，惟心之谓与？**"是说仁义这些东西本来就有，操存完全靠心志，以心回到那个性，发掘那个性就是了。只要用我们的心志去控制我们的气，以回到我们的性，就能恢复如牛山之美一样的性。我们的性，像牛山这样一个森林茂密的山一样，我们不要砍伐它磨蚀它，而要养护它滋长它，然后森林长得更好，它会不断地蔓延，不断地扩张。

孟子认为山有材美之性，心有仁义之性。维护我们的"性"，要通过我们的心，他说"惟心之谓与"，并引孔子的话"操则存，舍则亡，出入无时，莫知其乡"。也就是说，我们只有依靠这个操守行动，我们的性才能存，舍了就没有了。那么存这个靠什么呢？靠我们的心。我没有心的话，我们就出入无向，不知道它的方向，乱了，乱套了，放任了，跑掉了。性或心性都放失掉了，那么心与天道也就被遮蔽了。所以要通过我们的心来操控，通过我们的心来掘进，从而来呈现那个性与天。思孟学派尤其孟子的心性论为什么为陆九渊、王阳明所强调？陆九渊说心和天道沟通，说"宇宙便是吾心，吾心即是宇宙"、"宇宙内事乃己分内事，己分内事乃宇宙内事"，王阳明说"心之理无穷尽，原是一个渊，只为私欲窒塞，则渊之本体失了；如今念念致良知，将此障碍窒塞一齐去尽，则本体已复，便是天渊了"，这都是心与天道沟通论。

各位朋友，以上就是我理解的孟子心性论的天道理路问题。总而言之想表达什么呢？孟子这个心论是孟子性论的一个延伸，而孟子的性论是孟子天论的一个延伸，是从天而降，又从地而起。天赋于我们的性，蕴含在我们的心里，我们的心又可回溯于性，回溯于天。以心知性，由性知天，天人之间就这样上下贯通了。所以思孟学派注重"求心→求性→求天"的宗教主义伦理进路，而科学主义的学理进路之派就反对他们，比如略晚思孟的弓荀学派就明确反对他们，这里就不展开了。

以上就是本人对思孟心性论、天人贯通论的看法，我个人的认识很肤浅，甚至在师长朋友看来完全是错谬荒诞的。每个人对孟子思想的理解可能有差异，以上只是我的个人理解，仅供大家参考，也供大家指正。

有位朋友曾用一句话来评价我，我觉得比较到位，说我什么呢？他说我这个人"做学问尖锐，做人厚道"，我觉得这个评价是到位的。什么意思呢？就是做学问，见解一定要鲜明，可能很尖锐，可能别人多不赞同，甚至很伤人很恼人，这都无所谓了，学术探索本来就该这样。但我们做人要厚道，待人不搞歪门邪道。"做学问尖锐，做人厚道"，我欣赏朋友给我的这个评价，我也赞同这种立场。所以前面所谈可能很尖锐，或者说是尖锐得荒诞不恭，请大家海涵宽谅吧。我的见解总体上是鲜明的，大家容易抓核心，容易明白与批评，容易提出异议或讨论。

最后说明一下，前面交流问题时涉及的引文，因为时间的关系，因为口述的关系，我多从简征引或概括性地间接引了。交流时提到的思孟学派文献，比如《孟子》之外的《中庸》，还有我多次提到的《荀子》文献,我就不展开或多引了,因为引文多反而可能会导致交流障碍。不过,我觉得我口述时也引了不少了。好,今天我的主题发言就到这里,请大家批评指正,谢谢大家!

孟子以"水"喻性善的理论张力

徐　波（复旦大学）

我国古代经典中有许多美妙而精彩的比喻，前贤往哲们往往就地取材，以生活中常见的事物为例，如山水、鸟兽、草木、瓦石等，来深入浅出地论述他们的思想。其中有一些贴切入微而发人深省的比喻，随着历代思想家们的持续讨论，逐渐获得了相对经典的属性。而这些比喻本身也随之演变为经典的一部分，进而成为整个理论范式中尤为重要的一个环节。举例而言，先秦诸子就经常利用水的各项性状，诸如水无常形、水之不争、水之就下以及水流不舍昼夜等等作喻来生动有力地阐发各自的思想。这其中比较典型且具有持续性的，即是儒家以"水"为喻体来探讨有关人性的问题。自先秦孔孟开始，到宋明之程朱、陆王直到清代戴震等思想家，对"湍水之喻"都有详细入微的阐释。通过这样一种连续的学术讨论，"湍水之喻"事实上已经成为儒家人性论言说话语体系中不可或缺的部分。这一现象不仅是传统经学史中值得注意的亮点，亦是我们今天以哲学视角重新审视理学研究进路时的重要思想资源。

一般认为，儒家对人性的看法以性善论为主，自宋代理学兴起之后尤为显著。但在儒家内部，关于人性的看法一直都有不小的争论：荀子的"性恶说"、董仲舒的"性三品说"以及兼通儒道的扬雄所提出的"善恶相混说"都为这一问题提供了来自不同角度的思考。近代以来，在西学东渐大潮的影响下，儒家传统性善论不仅受到基督教背景下西方人性论思想的冲击，更涌现了"人性向善"、"孟子非言性善"等许多新解。从解释学的观点来看，对传统的继承正是通过对经典解读的不断创新、批判与选择而实现，而这些又成为后代创新、批判与选择的对象，经典之"苟日新，日日新"正是由此一解释学的循环而实现。

在以"水"比喻人性的例子上，对这一比喻的本体——"性"已经有了许多有价值的讨论，完成了多次解释学的循环。但作为比喻之喻体的"水"，乃至以"湍水之喻"言性的这个比喻本身并未得到太多关注。而事实上，现代科学已经对水的物理性质、化学性质等方面有了更为深入的了解，语言哲学对包括隐喻（metaphor）在内的比喻以及言语行为理论（speech act theory）的研究也日趋完善。汉学家艾兰（Sarah Allan）就曾专门对"水"与"德"在先秦文献中的密切联系有过整理，她在《水之道与德之端》中，对中国古代将自然界的水和植物与道、德等概念进行各种形式比喻的情况作了细致的分析，进而认为早期中国思想是一种独具特色的整体系统（holistic system）。[1] 可以看到，前辈研究者们已经在"湍水之喻"的问题上做出了相当多的铺垫，我们也有着相当充分的"助缘"来对"湍水之喻"的整体进行更加细致而深入的分析。将这一比喻的哲学与思想史内涵进一步挖掘出来，或许能为儒家人性论的发展提供一个不同的思考方向。

---

[1] 需要指出的是，艾兰在该书中受郝大维（David Hall）与安乐哲（Roger Ames）的影响很大，其基本哲学立场之一是认为古代中国缺乏超越的（transcendent）观念，所以转而诉诸自然界，用诸如水、植物等来寻求其哲学概念得以建构的本喻。笔者对这样一种哲学立场持保留态度，其中有关对安乐哲观点的商榷可参见拙文"The Transcendent Dimension of Confucianism: Religious, Cultivating and Immanent"（《儒家思想的超越层面：宗教、修身与内在性的统一》），发表于国际中国哲学学会（ISCP）第十九届国际会议，香港中文大学，2015 年 7 月。

一、"水喻"在"孟告之辨"中的潜在问题

孔子对水的着墨并不太多,其中比较重要的有《论语》中的"智者乐水"以及"子在川上曰:逝者如斯夫,不舍昼夜"等。后世有一些学者将这些语录与孔子对人性的看法相关联,强调水的灵动性。但孔子并没有用水做比喻来阐释人性的例子。首先以"湍水之喻"来讲人性善恶的,是在《孟子》中记载的告子与孟子的讨论的一部分,史称"孟告之辨":

> 告子曰:"性犹湍水也,决诸东方则东流,决诸西方则西流。人性之无分于善不善也,犹水之无分于东西也。"孟子曰:"水信无分于东西、无分于上下乎?人性之善也,犹水之就下也。人无有不善,水无有不下。今夫水,搏而跃之,可使过颡;激而行之,可使在山。是岂水之性哉?其势则然也。人之可使为不善,其性亦犹是也。"(《孟子·告子上》)

告子以急流之水可向东流也可向西流来比喻人性可以是善,也可以是不善;而孟子则以水自然向下的这一相对普遍的自然属性来反驳告子之论,认为人性为善如水往下流一样具有明显的确定性。结合孟子与告子之间针对杍桊、杞柳之喻的讨论,我们知道,在告子看来人性只是一种中性的材料,本身无所谓善与不善的区分。但在孟子那里,善内在于人性之中,正如水自然往下流,是一种本然的属性而不是后天造成。虽然人会因为环境的影响做出各种恶行,但这就如水会因为被拍打、激发而能飞溅、上山一样,是外力的作用所致,而并不是水的本性,水自然往下流的性质也并不因此而发生根本的改变。《孟子》中并没有记载告子是如何回应孟子的辩驳,但告子"性无善恶"说与孟子"性善论"的理论架构都已经跃然纸上。我们暂且不论这两种人性论孰高孰低,仅就他们将人性比作水这一比喻本身所指向的理论内涵而言,都可成一家之言。

以往的学术讨论中，往往将关注点聚焦在"湍水之喻"这一比喻的本体，即人性论理论的差别之上，但我们如果将目光转移到这一比喻的喻体——水所涉及的有关水的性质的理解上，孟子与告子的"湍水之喻"实际上都比较粗糙，存在着或多或少的问题。这方面告子的缺失更为明显，水东流或西流主要是因为"决口"这一明显外在的因素所导致，而并不是水的自然本质属性，因此孟子的批评的确是抓到了告子"湍水之喻"的要害。而孟子的"湍水之喻"在这方面的问题则要复杂得多。他批驳告子是从"水之就下"为水的自然本质属性这个角度出发，如果结合《孟子》全书，不难发现孟子在其他地方也经常使用这些水的自然本质属性来作为其论辩的依据。如："民归之，犹水之就下，沛然谁能御之？"（《梁惠王上》）"民之归仁也，犹水之就下、兽之走圹也。"（《离娄上》）"禹之行水也，行其所无事也。"（《离娄下》）"禹之治水，水之道也。"（《告子下》）

和告子的湍水之喻一样，这些比喻或类比，如果将其看作借物言理的例子，其基本内涵是清晰而明确的。但就孟子对告子的反驳而言，孟子实际上是通过对喻体——水之本性的批驳来最终实现其对本体——告子性无善恶论进行批评的目的。由于告子对水的性质理解有所偏差，孟子的批驳就辩论的效果而言，可谓立竿见影。但从逻辑思辨的角度而言，孟子对湍水之喻喻体的成功批驳并不意味着告子在人性论上立论的当然失败。而且就孟子对喻体——水的认识来讲，虽然他比较成功地批驳了告子对水的认识，但孟子对水以及"水之道"的理解也并非无懈可击。比如按照孟子对水的理解，在当时的知识背景下，"水之就下"就难以很好地解释源源不断自地下涌出的泉水和井水。告子本来完全可以用泉水和井水的例子来反驳孟子"水之就下"的概括。

《孟子》中记载的与白圭的一段对话更能说明，孟子对水的一些理解即使在当时也已经显得有些古板。

> 白圭曰：丹之治水也愈于禹。
>
> 孟子曰：禹之治水，水之道也。是故禹以四海为壑，今吾子以邻国为壑。水逆行，谓之洚水。洚水者，洪水也，仁人之所恶也。吾子过矣。(《告子下》)

以往《孟子》的注者对水利专家白圭与孟子的这段对话往往从孟子的立场上来作解[1]，例如赵岐就认为白圭只是治理了诸侯国的小水，岂能与大禹的治水相提并论。孔颖达甚至批评白圭为"狭"为小，用以反衬大禹治水之大功。但在历史上，梁惠王之时魏国修建（或扩建）了中国历史上著名的人造水利工程——鸿沟，而此时的魏相就是白圭。[2] 根据《水经注》的记载："梁惠成王十年，入河水于甫田，又为大沟而引甫水。"[3] 孟子批评白圭治水是"以邻为壑"，这对于鸿沟而言在一定程度上也的确是事实。鸿沟引入黄河水之

---

1 赵岐认为白圭是《史记·货殖列传》中所记载的后世尊为"治生之祖"的巨商。阎若璩、全祖望以及毛奇龄等则认为当有两个白圭，孟子所说之白圭是治水之白圭，与身为商人的白圭并不是一个人。焦循对此则有保留，他一方面认为《韩非子》中记载的"白圭之行隄也，塞其穴"中的白圭和《吕氏春秋》以及《新序》记载的与惠施、孟尝君过从的白圭似乎并不是一个人；另一方面他又根据《史记》中形容白圭行商鞅之法的记载，以及《战国策》与《史记》关于白圭灭中山国的不同记载，认为两个白圭依然有可能是同一人。不过，不论这两个白圭是不是同一人，其为水利专家是一个得到公认的事实。那么，白圭究竟因何事而自夸其功愈于大禹？我们可以从《孟子》中白圭向孟子请教"吾欲二十而取一"这一点上看出，他是一个有独立思想观点并且被孟子认为值得对话的上层人士。这样一位曾经身居魏相、攻取中山国并与惠施、孟尝君往来论辩的贵族可能的确在治水方面做出了相当成就，方才有此自夸之语。在笔者看来，从《孟子》中连续两段分别记载白圭经济思想以及治水理念的记录来看，两个白圭应是同一人。

2 根据历史地理学家史念海的考证，鸿沟的修筑大约在梁惠王十年至十八年之间，之后又有梁惠王三十一年等多次施工。参见史念海：《中国的运河》，陕西人民出版社，1988年，第52页。

3 方诗铭、王修龄：《古本竹书纪年辑证》，上海古籍出版社，1981年，第114页。古本中此句辑自《水经注·渠水注》，今本中亦有此句，二者基本相同，只是古本"甫田甫水"之"甫"字在今本中为"圃"字，参见王国维：《今本竹书纪年疏证》，收入方诗铭、王修龄：《古本竹书纪年辑证》，上海古籍出版社，1981年，第282页。

后，相当于是将甫田泽等天然湖泊作为水库，而将一些周边地区作为泄洪区。一旦发生洪水，鸿沟水系能将魏国地区的洪水引流到鸿沟南边的淮河流域。而在这一过程之中，又改变了当地既有水系自西向东流向大海的自然走向，所以称之为"逆行"亦可。在孟子看来，大禹治水的成功，是因为其依循了水之就下的自然属性，并最终将其疏导至大海，而鸿沟则多少违背了这一理念。但是，相比于大禹时代治水只有相对单一的目的，水利工程发展到战国时期已经是防洪、漕运、灌溉以及军事等多方面目的统合的系统工程。正如我国现在大规模实施的南水北调以及在大江大河沿线建造各型水库，其实质亦是以妨碍甚至违背水之就下的属性以获得更大社会经济效益的实际例子。也正是在这一意义上，白圭的自夸从科技进步的角度而言也并非毫无根据。毕竟，无论从水利技术的角度还是从对自然知识的掌握而言，战国时期比之于三代已经发生了翻天覆地的变化，而孟子固守"水之就下"、"不得逆行"的治水理念，即使从当时的科学技术发展的角度来看，也已经有所缺失。

因此，以今天的科学知识来重审孟子与告子的"水喻"，告子在被孟子抓住漏洞的"喻体"层面也是可以继续回应的。我们现在已经知道，水向下流的根本原因乃是因为受到地心引力而产生的重力影响。这一向下之动力的直接原因在于地心引力，而水向东、向西或是向下也都是地心引力的作用而成，这与受到地壳压力向上涌出的泉水、受外力而"搏而跃之"的流水一样，其实并无根本差别。如果为论辩故，推论到极端，则水在无地心引力条件下的太空中所呈现的漂浮乃至上升状态，在今天已经成为路人皆知的常识。因此，倘若起告子与孟子于地下，告子或许可以继续与孟子论辩：水无分于东西，亦无分于上下，人之性无分于善与不善也。这样一种看似诡辩且多少有点苛求古人的推理，实则显示出孟子"水喻"中一个潜在的核心问题，即"水之向下"与水之"本性"之间是有相当距离的。这一点虽然在现代科学比如地心引力等介入下会更为清楚,但离开了这些科学理论,完全从思辨的角度而言,在古代的知识背景体系下也可以得出类似的结论。

二、对孟子"水喻"的多角度反思

事实上,对孟子"水喻"的反思远不止于从水本身的自然属性出发并进行延伸探讨。历史上不少儒者都从自身理解的儒学义理出发,对"水喻"有所批评和修正。其中一种较为典型的批评即刘宗周认为孟子并没有抓住告子的真正理论漏洞所在,他对告子的回应及其性善论本身并不究竟,从而对孟子以湍水之喻性善过程中存在的义理问题作出批评:

> 告子专在无处立脚,与天命之性尚隔几重公案。孟子姑不与之深言,而急急以恻隐羞恶辞让是非,指出个善字,犹然落在第二义耳。[1]

在刘宗周看来,告子的关键问题在于性无善恶说立足于无,这与传统天命之性的关键差别在于关键立足点的根基发生了错误。也就是说,孟子并未抓住告子论性在"第一义"形而上学层面的根本错误,反而跳转到具体道德实践当中"第二义"的四端发用处来讲善,从而迷失了真正需要批判的目标。

刘宗周的批评不仅在儒家内部比较具有代表性,甚至佛教在历史上对儒家人性论的批评往往也是从此一方向入手,认为儒家历史上的性善论、性恶论、善恶相混与性三品论都只是停留在"第二义"的用之层面进行讨论,并没有深入到体的层面。明末高僧永觉元贤指出:

---

[1] 黄宗羲:《明儒学案》卷62,见《黄宗羲全集》(第八册),浙江古籍出版社,2005年,第941-942页。

> 四子（笔者按：指孟子、荀子、扬雄、韩愈）之论性，皆指其用而已，譬之水焉，善则水之下行也，恶则水之上行也，善恶混则兼上下也，三品则上下而兼不上不下也。用有四种之殊，故论者亦有四种之殊。倘能识水之体，则不离四种，亦不即四种。而四种之论，不攻而自破矣。[1]

永觉元贤将孟子、荀子、扬雄、韩愈的四种在儒家人性论历史上具有代表性的观点与孟子"湍水之喻"联系起来，认为这四种说法看似各不相同，其实都是在用的层面上上下下、原地转圈。正如水在自然界根据不同的特定环境有着向下、向上、或上或下等等不同的现象，孟子的性善论、荀子的性恶论、扬雄的善恶相混说与董仲舒和韩愈的性三品说都只是纠缠于外在表现。如果能像佛家一样深入触及水之"体"以及性之"体"，那么儒家这四种不同的人性论学说不仅不攻自破，而且可以被融摄，最终以一种体用之间"不离不即"的关系来比较完满地解释人性的本然状态以及在实际生活中之所以表现出多种不同面向的原因。

永觉元贤的批评对宋代理学之前的儒学，尤其是对孟子来讲，有着相当的思辨深度。他以"体用"结构来说明孟子等儒者的学说未能深入的同时，也点出了孟子用湍水之喻来讲性善中的一个潜在软肋：在孟子的性善论中，善是与恶相对的，但在佛教看来，此类善并不是本然或本体意义上的善，而需要进一步在"体"的层面上深入探讨。不过永觉元贤的类似批评，其实在宋代理学那里已经作出了具有针对性的回应。随着唐宋孟子升格运动之后对《孟子》文本的逐渐重视，宋代理学在探讨孟子"湍水之喻"时已经发现了一些潜在的问题。针对孟子以性善论为中心展开的"湍水之喻"，程颢、朱熹等人都分别作出过多种不同的修正，从而弥补了孟子"水喻"的若干理论缺陷，下一章节将对此进行详细梳理。

1　元贤：《永觉和尚广录》卷29，《新纂续藏经》第72册，第570页上。

值得一提的是，近几十年来，一些受过西方哲学训练的学者对中国古代经典中诸如"水喻"这类借天言事、借物言理的做法有诸多批评，认为其为一种"自然主义的谬误"[1]。但事实上，虽然古人的确习惯于从天道以及万物运行之规律来探究人类自身生活的准则，但绝不是一种盲目的服从，进而将自然之"是"与伦理之"应当"相混淆。他们实际上是以天道以及万物运行之规律检验于实际生活实践当中，并作出修正。以《孟子》中的"水喻"而言，孟子和告子虽然都似乎是以一种"自然主义"的进路来对人性之善与不善进行解读，但他们二者的结论却截然相反。无论是告子还是孟子，都是以借天言事、借物言理的方式将天道及万物视为广袤的思想资源，来更有说服力地阐释自己的学说。因此，"水喻"作为一种比喻，其本体和喻体之间是可以隔离的，喻体本身是为本体之人性论所服务。告子主张性无善无恶，就以可东可西之流水为喻体；孟子言性善，则以就下之水为喻体。所以即使在受原始宗教鬼神论影响下的中国先秦哲学中，就已经将自然之"是"与伦理之"应当"有所区分，伦理之善并不能参照某一自然客体来下定义，而仅仅是以自然客体为喻，而这一为喻体的自然客体是可以在不同学说的基础上进行灵活变换的。这在另一方面也说明了，虽然在现在看来，孟子对水的性质以及在此基础之上的治水理念的理解的确有其内在的问题或疏漏，但这些在喻体上的瑕疵，丝毫不妨碍孟子对人性认识的具体阐释在后世的强大的理论活力。

三、《明道论性章》对"湍水之喻"的修正与发展

针对孟子"湍水之喻"面临的质疑，程颢在论及性善时虽然引

---

[1] 相关问题可参考王以梁、任巧华：《从自然主义谬误到反自然主义谬误——兼论进化伦理学之困境》，《自然辩证法研究》2017年第5期，第17–21页。

用了孟子的"水喻",但其解读却发生了明显的改变和修正,这其中一个突出的表现,就是将"湍水之喻"的喻体由水向下流转变为水之清浊不同。

> "生之谓性",性即气,气即性,生之谓也。人生气禀,理有善恶,然不是性中元有此两物相对而生也。有自幼而善,有自幼而恶,是气禀有然也。善固性也,然恶亦不可不谓之性也。盖"生之谓性","人生而静"以上不容说,才说性时,便已不是性也。凡人说性,只是说"继之者善"也,孟子言人性善是也。夫所谓"继之者善"也者,犹水流而就下也。皆水也,有流而至海,终无所污,此何烦人力之为也?有流而未远,固已渐浊。有出而甚远,方有所浊。有浊之多者,有浊之少者。清浊虽不同,然不可以浊者不为水也。如此,则人不可以不加澄治之功。故用力敏勇则疾清,用力缓怠则迟清。及其清也,则却只是元初水也。亦不是将清来换却浊,亦不是取出浊来置在一隅也。水之清,则性善之谓也。故不是善与恶在性中为两物相对,各自出来。此理,天命也。顺而循之,则道也。循此而修之,各得其分,则教也。自天命以至于教,我无加损焉,此舜有天下而不与焉者也。[1]

程颢在这篇后来被称为《明道论性章》的文中以清水来比喻人性之善,用水在流动的过程中夹杂污染来比喻人在现实生活中受到习气等多方面的影响而导致善性受到遮蔽,继而又以浊水通过沉淀可以变清来比喻人如果能够勤加修行就能够恢复到像元初水那样的纯然之性。从表面上看,他延续了孟子以水来比喻性善的传统思路,但实际上却并不止于此。朱熹在撰写《明道论性说》对程颢此说进行疏解时,已经意识到了程颢的讲法与孟子"湍水之喻"之间

---

[1] 王孝鱼点校:《二程集》,中华书局,1981年,第10–11页。

存在的张力。

> 水之就下处，它这下更欠言语，要须为它作文补这里，始得。它当时只是衮说了。盖水之就下，便是喻性之善。如孟子所谓过颡、在山，虽不是顺水之性，然不谓之水不得。[1]

朱熹所下的"只是衮说"、"更欠言语"以及"须为它作文补"等断语可以大概代表宋代理学重新审视孟子湍水之喻时的基本态度和立场。程颢和朱熹已经意识到了在孟子"湍水之喻"中比讨论水是否自然向下流、治水是否应该逆行等更为精微而深层次的问题。水由于外力的拍打、激发而能飞溅、上山，但这飞溅、上山之水虽然不是顺水之性而向下流的水，但其毫无疑问依然还是水。按照孟子以"水之就下"来比喻人性之善的思路，虽然人违背善的本性是因为外在的影响，但这种"恶性"却依然还是性。

这一点在孟子那里本来并不成为一个很显著的问题，因为孟子讨论性并不涉及体用的概念，而主要是从正面的角度来展开，明确了性有两个层面的含义：一方面是从人的自然属性上讲的性，例如"口之于味也，目之于色也，耳之于声也，鼻之于臭也，四肢之于安佚也"。虽然"君子不谓性"，但从本质而言依然是性，而不能用"命"来概括之。另一方面则是"仁之于父子也，义之于君臣也，礼之于宾主也，智之于贤者也，圣人之于天道也"，从人之道德义理属性上来讲的性。虽然孟子性善论由后者立论，主要以心善论性善，心善则是建立在四端的扩充之上，但孟子对前者之性亦无一种积极的否认。然而，在宋代理学那里，自张载区分天地之性与气质之性以来，性善论的另一面，"恶之来源"这一棘手而必须处理的问题则日渐凸显出来。天地之性与气质之性的划分自张载经二程而至朱熹，虽然诸人之说有所不同，但在人之所以为不善，即恶之来

---

[1] 黎靖德编：《朱子语类》，中华书局，1986年，第72页。

源这一问题上基本都倾向于归咎于气质,进而在"性即理"的框架下将性(尤其是天地之性)视为一种纯然之本体。这样一来,孟子的以水向下流来比喻性善就容易导致一种可能招来辩驳的矛盾,即水之能飞溅、上山,仅仅是因为外力的压迫?还是因为其本身就有着可以飞溅、上山的属性?人表现出来的恶,仅仅是因为外界的原因吗?还是因为人性本身就有着恶的根源所在?水因为外力而飞溅、上山显然不是天地之性的层面,但若将这种外力作用归因为气质之性的层面,那么由于理学家们无法否认飞溅之水、上山之水与向下之水同样都是水,如果继续沿用孟子"湍水之喻"的思路,天地之性和气质之性将在同一层面上同样具有存在意义,从而实际上取消了形上、形下或者是体用之分的必要。这样的推论对宋代理学,尤其是传统意义上的程朱理学来讲,显然是相当危险而后患无穷的,数百年之后来自佛教永觉元贤的质疑实际上也正印证了这一点。

通过这样一种将"湍水之喻"的喻体由水向下流修正为水之清浊的过程,程颢实际上也完成了对孟子性善论的重新解读。孟子并未区分天地之性与气质之性,孟子言性善也没有过多涉及是在"继之者善",还是在"成之者性"的层面上讨论。程颢作此划分,其意义在于一方面从性善论的立场融摄并超越了告子从性之自然属性讲"生之谓性"的思路,另一方面也在宋代理学的框架下对孟子的性善论做出了修正。除了对孟子"湍水之喻"喻体的转换之外,程颢用水之清浊与否比喻人性之善与不善,在价值判断上已经有了明显的预设倾向。而在孟子那里,水之就下本身并无价值的属性。因此孟子能够很好地消解近年来一些海外中国哲学研究者对于中国传统思想所谓"自然主义谬误"的批评[1],但在程颢那里似乎就要多费一些周折。

---

1 可参见 Janghee Lee, *Xunzi and Early Chinese Naturalism*, Albany: State University of New York Press, 2005, pp.2, 63, 71。

程颢的修正引用了《乐记》"人生而静，天之性也"以及《易传》"一阴一阳之谓道，继之者善也，成之者性也"作为依据。在程颢看来，"人生而静"以上是不可言说的，是一种本体状态的超然之性，不可以用善恶来形容。程颢进而又将孟子的性善论置于"继之者善"的层面来讲。"继之者"与"成之者"事实上又可分为不同的层面，若用比较现代的语言来表述，我们可以将"继之者"理解为一种现实意义上对天理大道的继承，类似孟子性善论所要求的那种在现实社会中的应然状态。而在"成之者"的层面，芸芸众生所表现出来的人性善恶不同正如江河湖海中清浊不一的水，我们可以将其理解为同样在现实层面，但已经具体落实到个人身上所表现出来的种种实然的世间万象。"继之者"与"成之者"这后两者的意义其实在孟子性善论中已经基本包涵，程颢真正的创新点在于专门点出了"人生而静"以上不能用善恶去衡量的维度，他在此事实上是将孟子所讲的性善彻底提升到了一种超越的层面，这点对于孟子性善论来说是一个重要的发展。

四、"元初水"、"清水"、"浊水"的三层结构

程颢通过对"湍水之喻"的修正发展了孟子性善论，在笔者看来，在梳理《明道论性章》时我们需要重视一个特别的概念——"元初水"。传统注疏尤其是朱熹的解释，并未区分"元初水"与"清水"之间的微妙而重大的差别，或者说虽然意识到"元初水"这一概念，但往往直接认为它只是"元初的清水"。如朱熹在《明道论性说》中就曾提到"惟能学以胜气，则知此性浑然，初未尝坏，所谓元初水也"[1]。然而，"元初水"这一层意思在程颢那里

---

[1] 朱杰人、严佐之、刘永翔主编：《朱子全书》（第23册），上海古籍出版社；安徽教育出版社，2010年，第3276页。

还是比较明显的,他引用的《易传》"一阴一阳之谓道,继之者善也,成之者性也"的三层递进结构分别对应了"元初水"、"清水"和"浊水"三者。我们从程颢对于"人生而静,以上不容说"的强调也可以看出在他那里,"清水"之上应有一超越的"元初水"概念,可以超脱于清浊对立之外。考虑到当时主要的污染大多是就夹杂泥沙而言,浊水通过沉淀而变为清水。程颢强调要将浊水视为水,至清的元初水并不是通过将浊水换为清水,也不是将沉淀下来的浊物取出来放在一边,而是清者自清。人性恢复本然之性时,就其性之本体而言,也只是"人生而静"这种超越善恶之性。在这样一种架构下,宋代理学所常用的天地之性与气质之性的分别就不是那么截然,天地之性对应的是元初水,而气质之性则同时对应了清水与浊水,天地之性与气质之性是一种相即不离的关系,而非二元对立。而这也正是程颢"论性不论气不备,论气不论性不明"性气一元论的又一具体表现。

一般对《明道论性章》的理解是认为"元初水"就是"清水","元初"侧重时间先后的概念,而"清""浊"是讲质地的概念,双方属于交叉的关系,没有属性上的隶属关系。如果只将重点放在"及其清也,则却只是元初水也"一句上,那么的确很容易产生以上的理解。然而我们同时还需要注意"不可以浊者不为水也"以及"理有善恶,然不是性中元有此两物相对而生也"这两句话中所透露的另外一层信息:即如果从水的角度而言,一旦有所污染,在"元初"层面看来是外在的泥沙污染已经成为水之不可分割的一部分,因此无法将浊物取出放在一隅。现实世界中的水是分清浊的,但从元初水的本体意义角度而言,并不是在元初水那里就有清浊的分野,而是在落实到现实世界中时才会发生。所以笔者是把"继之者善"的性善论视为一种人之所以为人的(应然层面)的性善,也就是孟子所言,仁义礼知"命也,有性焉,君子不谓命也"之性善层面。从这个意义上讲,"生而知之"圣人境界的那种"有流而至海，终无所污，此何烦人力之为也"的清澈之水只是理想状态，而"学而知之"以下的普罗大众所指代的则是"有浊之多者，有浊之少者"的浊水，才是（实然层面）的世间常态。而无论是理想状态，还是世间常态，清水浊水有一个共同的形上依据"元初水"，而且它的属性是不能够用形下之清、浊来形容的。同样，在性之形上层面"元不是"有此善、恶两物相对而生，在本体、形上意义来讲，"人生而静以上不容说"的层面是不可以用善恶来形容的。正如"元初水"虽然不能用清浊来形容，但它依然可以就水之本体而言成为清水、浊水的形上依据一样，性本来是"不容说"的，但到了一定要以言语表达和形容的"才说性时"，"不容说"之性已经落到了现实层面，成为区分善、恶之性的根据和依归。但这种根据和依归并不能将现实层面的善、恶价值区分加诸形上之"不容说"之性。

程颢对孟子"湍水之喻"的解读与修正是宋代理学对先秦儒家性善论进行创新发展的典型例子，这种创新不仅体现在对性善论本身疏解的详细明了，更在于对孟子"湍水之喻"喻体进行转换这一现象背后隐藏的对性善论本身解释架构的一种范式转换（paradigm shift）。在程颢的修正下，孟子"湍水之喻"中代表善恶对立的上、下之水被元初水、清水、浊水这三个关系更为复杂的概念所代替，而在孟子性善论中比较笼统的与恶相对的善，也被进一步细化为"不容说"、"继之者"与"成之者"等多个维度。这些改动与修正影响了整个宋代理学关于性善论的讨论，在这样一种全新范式的讨论语境下，后世朱熹与胡宏等人分别从不同的角度对这一架构的发展进行了开拓性的尝试。

对于程颢的修正，朱熹及其门人之间有过许多细致而精微的讨论，有学生曾专门比较了《明道论性章》中提及孟子"水之就下"与程颢修改之后以"水之清"比喻性善之间的差别，并且认为后者比较清楚。朱熹同意这种看法，认为经过程颢修改之后的"湍水之喻"更加"说得详了"。[1] 朱熹在对《明道论性章》进行疏解的《明道论性说》中有许多地方大致沿袭了程颢的思路,指出只要谈到性就必然联系到气质,特别强调"理离气不得"。不过,他的一些讲法有时又与程颢存在着细微差别。例如,朱熹在与门人讨论时将程颢所引《易传》"继之者善"解为一种"人性发用处",[2] 强调其已经掺杂了气质,而程颢其实将重点更多地放在继承超越向度天道的一面,同时指出孟子性善论正是在"继之者善"的层面上所讲。

> "生之谓性",是生下来唤作性底,便有气禀夹杂,便不是理底性了。……到伊川说"性即理也",无人道得到这处。理便是天理,又那得有恶!孟子说"性善",便都是说理善;虽是就发处说,然亦就理之发处说。[3]

在朱熹看来,明道之性论到伊川那里点明"性即理"才得以完善,但他此处又通过论证孟子性善论是"理善",批评程颢认为孟子只是在"继之者善"而非在"不容说"的性之本层面谈性善。而他在另一处则更指出孟子在谈论人性之本时忽视了气质之性,"是剔出(气质)而言性之本"[4],认为孟子在讲"性之本"的问题时没有把气质考虑在内,而离开气质之性而谈"性之本"是不究竟的。但这种批评其实更多地是朱熹自己的发挥,对孟子来讲并不公平,而且也与程颢之义有所偏差。程颢对孟子性善论及其"湍水之喻"的发展与修正主要体现在"不容说"的超越层面,在"继之者善"的层面上他认为孟子的讲法依然具有很强的解释力,对其也时有赞美。就性之本而言,其"根本"之义决定了它在程颢那里已经属于"不容说"之领域,虽然逻辑上依然保有了气质之性的可能性,但

---

[1] 黎靖德编:《朱子语类》,第72页。
[2] 黎靖德编:《朱子语类》,第2430页。
[3] 黎靖德编:《朱子语类》,第2425页。
[4] 黎靖德编:《朱子语类》,第67页。

实际上已经超越了气质之性,而是一纯然的、"人生而静"层面的天地之性。在笔者看来,朱熹之所以有此讲法,其根本原因在于孟子的"性之本"是"我固有之"、"皆备于我",因而做工夫的方向是向内的,而不是像朱熹那样通过向外格物穷理,不断去除气质中的驳杂而实现。陆九渊之后曾不点名地批评以《乐记》"人生而静"之语中的动静不同来区别天理、人欲是"不识艮背行庭之旨"[1],人为割裂了本来一体的天地之性与气质之性、道心与人心。我们不难发现,陆九渊的讲法恰好点出了朱熹以"发用"来解释"继之者善"的问题所在,[2] 而如果按照程颢所强调的从继承超越天道的面向来讲"继之者善",则并无此问题。

五、朱熹"清水"、"盐水"的二元结构与性善论的多种可能面向

有意思的是,朱熹同样也以水作喻并有进一步的发展:他将天命之性比作清水,将气质之性比作盐水,这样的比喻在《语类》中至少有两处。当然,朱熹的改动背后有着一整套理论作为支撑,这样一种改动实际上也是朱熹对儒家理论体系创新的体现。值得一提的是,"水中盐"原本也是中国佛教中的一个著名比喻,其源头至少可以追溯到梁代著名居士善慧(傅大士)《心王铭》中的"水中盐味,色里胶青。决定是有,不见其形"。这一描绘有形与无形、有相与本体之间关系的比喻之后被中国佛教徒广泛引用,不仅见于《宗镜录》《景德传灯录》等大部头著作,亦经常出现在各种禅师语

---

[1] 钟哲点校:《陆九渊集》,中华书局,1980年,第425页。
[2] 朱熹对这类问题多有摇摆,比如他曾以《易传》"继之者善"讲"未生"来区别于孟子性善论之讲"已生",但随后又否定了自己的说法,转而同意其弟子认为的《易传》与孟子都是就"天人分上各以流出处言",其实并无"未生"、"已生"的差别。参见黎靖德编:《朱子语类》,第2433页。

录中，其在佛教中的影响并不亚于孟子"湍水之喻"之于儒家的经典意义。朱熹是在对气质之性的解释中借用了这一比喻，且是以与佛教渊源颇深的其师刘子翚（病翁）之口来间接地引用："释氏云'如水中盐，色中胶'，取不出也。病翁爱说此。"[1]朱熹以此来说明气质之性在气禀之中的作用与地位，从上下文来看基本是一种完全接受的态度，并没有对这一来自佛教的思想资源进行任何批评。而在另一条语录中，朱熹更进一步，明确以盐水来直接指代气质之性。[2]

这种将"湍水之喻"喻体由程颢那里的"清水浊水"发展为"清水盐水"，看似与程颢所言并无二致，实则也有着本质上的若干差别。朱熹的修正取消了清水浊水所隐藏的前置价值判断，根据盐溶于水的特性，盐水和清水从表面上看并无不同，从而一定程度上规避了程颢"湍水之喻"中可能的"自然主义"以及诸如泥沙是否原本就在性中等等一些容易引起的误解。但是，正因为盐水和清水表面看上去是一致的，所以朱熹的"湍水之喻"在另一方面反而是侧重强调了盐水和清水在本质上的不同，而这与程颢"湍水之喻"的着重点恰好是相反的。在程颢那里，以元初水的视角来看，清水和浊水虽然不同，但他反复强调"不可以浊水不为水"，清水浊水二者虽然表面不同，但本质上相同。联系到程颢和朱熹之间在性、气、善、恶等概念上的若干微妙差别，朱熹在"湍水之喻"上的这种修正并非偶然。

程颢在《明道论性章》等著作中对于善、恶之间的差别有过一些大而化之的概括，诸如"理有善恶"、"善恶皆天理"、"善固性也，然恶亦不可不谓之性也"等。在他看来，善、恶并不是截然对立的二物，而是一种"（恶）本非恶，但或过或不及"的关

---

[1] 黎靖德编：《朱子语类》，第67页。

[2] 黎靖德编：《朱子语类》，第68页。

系。这种关系表现在"湍水之喻"之中就是程颢并不强调清水和浊水之间泥沙含量不同的差别,而是着重说明无论是清水还是浊水,其本身都是元初水的彻底本然状态,外物并不能增减一二。然而在朱熹的疏解中,其思路是首先区分形上层面的性与形下层面的气,认为"形而下者,纷纭杂揉,善恶有所分矣"。朱熹是将问题细化为形而上层面的纯善之性以及形而下层面善恶相混的气,以此更详细地说明性与气之间的复杂关系。但按照朱熹这样的疏解,在程颢那里从性和天理层面讨论的善恶就变为一种截然对立,且有明确形上形下之分的差别。在对"湍水之喻"的修正上,朱熹对程颢的解读事实上是用"清水"与"盐水"的二元解读取代了程颢原本的"元初水"、"清水"、"浊水"的三层结构。程颢对性的解读可大致分为三个层次:第一层次是性之本然状态,是一种不可言说的"不容说"。第二层次是"继之者善"的层次,这一层次的性是从不可言说之性之本然状态直接继承下贯而来,因此是一种应然下的善,孟子性善论即是在此意义下展开。这一层次也是我们可以开始讨论的范围。第三层次则是在"成之者性"的层次上讲落实到每个具体的人身上的驳杂不一、良莠相间的性。而朱熹则是用看似完全相同的"清水"与"盐水"来强调,作为天地之性的清水是一种"纯善"的状态,而作为气质之性的盐水则已经混杂了善恶。如果我们做一对比,这实际上是取消了程颢那里"元初水"和"清水"之间,即"不容说"的性之本然状态与孟子言性善的"继之者善"那种现实层面的应然状态之间两个层次的划分。而程颢的"性气一元论"得以成立的关键,就在于"元初水"的这一层次能够融摄表面不同的"清水"、"浊水",朱熹虽然在若干环节处同意程颢的一些讲法,但其学说最终是从表面相同的"清水"、"盐水"出发,在超越层面和现实层面都区分出天地之性和气质之性二者的明确差别而具体展开。陈来先生也指出,朱熹在这方面的基本立足点还是"以理气两方面解释人性，在此意义上可说仍是二元论思想"。[1]

程颢论学素来点到即止，不做过多的阐释，而由于朱熹的巨大影响力，后世对程颢《明道论性章》等著作的理解也大都沿袭朱熹的思路展开。晚明刘宗周曾批评以朱熹为代表的宋儒在人性问题上严格区分天地之性与气质之性的做法，认为这实际上是延续并扩大了儒家性善论在孟子"湍水之喻"中就已经存在的缺陷，最终将性善之善落在第二义上，未得究竟。[2] 这样的批评对程颢之学来说可能并不公平，从程颢对"湍水之喻"的解读来看，他对"元初水"的定位正是在"第一义"的层面对孟子性善论进行了重新修正与诠释。在笔者看来，如果就程颢思想本身所蕴含的义理丰富性而言，朱熹的解释可能只是其中一个比较显著且突出的面向，而并不是程颢人性论学说的全貌。[3] 从对"湍水之喻"的解读我们可以发现，程颢对于性善论在层次上的具体划分，并没有在朱熹的疏解中得到充分的体现。在这一问题上，与朱熹有所不同，发展出程颢思想另一面向的，是南宋胡宏有关天理人欲的论述。

胡宏与其父胡安国受二程及其弟子杨时思想的影响很大。胡宏在《知言》中提出了可代表其学术立场的观点："天理人欲同体而异用，同行而异情"，他继而认为诸如饮食、男女这类世间万象，顺天理则是天地之化，不顺乎天理则是人欲横流。这是继承了程颢"（恶）本非恶，但或过或不及"的思路，进而对"过或不及"所进行的详细疏解。但朱熹在《知言疑义》中却对此进行了批评，认为这实际上是一种"性无善恶"说，将天理和人欲进行了混淆。在朱熹看来，从本体上讲，应只有一个天理，而无人欲掺杂。[4] 由于胡

---

[1] 陈来：《朱子哲学研究》，华东师范大学出版社，2000年，第205页。

[2] 参见《明儒学案》卷62，《黄宗羲全集》（第八册），第942页。

[3] 关于此点，笔者曾与郭世恒学弟讨论多次。郭世恒认为，朱熹对程颢的解读在逻辑概念上有一个严重"滑转"，此点颇有新意，特此记之。

[4] 朱熹：《胡子知言疑义》，见《胡宏集》，中华书局，1987年，第329-330页。

宏之学在南宋之后长期不为人所了解，著作也多有散佚，后世对胡宏观点的评价也大多沿袭了朱熹的思路。四库馆臣甚至认为胡宏之所以主张"天理人欲同体异用"是因为其学说受到佛教的影响，并非正统儒学。[1]而牟宗三则对胡宏大为赞赏，并认为其对性之善恶的认识在儒家内部达到了极高的境界。[2]其实无论是朱熹还是胡宏，他们在当时对于佛教基本上是采取一种"拿来主义"的态度，其根本立足点及问题意识的来源依然是儒家传统经典。整个宋代理学受到佛教影响之深，已经逐渐被学术界所认识，但这种影响并非具有决定性的因素。无论是朱熹借用佛教"水中盐"的比喻，还是胡宏所论的天理人欲和善恶，都是在程颢所开创的"湍水之喻"新范式的语境中各自发展出来的不同思想进路。如果借用湍水之喻来表述胡宏的观点，"清水浊水同体而异用"应该是一个恰当的概括。而胡宏对于性善论的一大贡献就在于，他进而直接点明了性善论之"善"可以不是通常理解的与"恶"相对之"善"，而是在一定程度上超脱于世间善恶标准的"至善"："孟子之道性善云者，叹美之辞，不与恶对也。"[3]如果从经典解读的角度来看，孟子性善论的善基本是与恶相对之善。然而程颢通过将《易传》中"继之者善"等经典资源与性善论相关联，以对"湍水之喻"的修正为契机，提出了与"元初水"、"清水"和"浊水"相对应的"不容说"、"继之者"和"成之者"的三层结构，从而将性善论中的"不容说"与"继之者善"的层次重新阐释为有着超越意义的形上学来源的"性善"，而与"成之者性"中与恶相对之具体的善有所区别。这一解读为胡宏直接点明性善之善不与恶相对做好了充分的理论铺垫。虽然胡宏没有直接对"湍水之喻"做出自己的修正，但他对于孟子性

---

[1] 参见《胡宏集》，第348页。
[2] 牟宗三：《圆善论》，台湾联经出版公司，2003年，第314页。
[3] 《胡宏集》，第333页。此语最早出自胡宏之父胡安国，胡宏引用此句并表示赞同，还做了进一步的义理疏解。

善论的解读则是对程颢"湍水之喻"的直接继承、深化和发展，更为我们梳理学术概念的变迁与发展提供了重要的线索和证据。[1]

从水之就下，到水之清浊，再到清水盐水，宋代理学对于孟子"湍水之喻"的修正更多地是在传统资源的基础上所做出的不断创新，进而对"湍水之喻"的喻体本身进行微调。我们可以看到，与"湍水之喻"之演进同时发生的，是儒家性善论本身微妙而重大的变化。另外，在孟子与告子那里，"湍水之喻"本身，尤其是处于喻体的"水"还只是处于一个相对次要的位置，喻体本身的变换也较为随意。但随着时间的推移和知识的不断层积，"湍水之喻"，特别是以"水"作为指代"性善"的喻体本身也获得了一种经典属性。在历代思想家们的不断修正和改写之后，我们现在再来讨论"湍水之喻"时，水作为喻体本身已经成为经典的有机组成部分，而绝不仅仅停留在比喻这一框架之内。正如艾兰所指出的那样，当某个比喻已经形成一个基本框架之后，这多少奠定了之后整个思想流派的发展方向，"抽象概念来源于（比喻的）类比推理的过程中，而不是用比喻来说明已经形成的概念"。[2] 当我们今天提及"湍水之喻"，提及儒家的性善论，就必然连带着会涉及"湍水之喻"与性善论之间恒久弥新的紧密联系，以及其成为经典之后不断被修正的内在理路所在。而这一过程之中基于传统的创新，以及创新背后所潜藏的不同思想之间的交锋与融汇，尤其是儒释道三家不约而同以水作喻的相互碰撞，则是一个有趣并值得深究的课题。

---

[1] 晚明方以智有"至善统善恶"之说，其具体论证此说的∴结构与本文所提到的程颢"湍水之喻"的三层结构有一些类似之处，或可视为对程颢以及胡宏思想的进一步发展。方以智的∴结构可参考廖璨璨：《易学哲学视野下的方以智圆∴思想探析》，《中国哲学史》2016年第4期。

[2] （美）艾兰著，张海晏译：《水之道与德之端》，上海人民出版社，2002年，第14页。引用时据英文本对译文做了微调。

从"故而已矣"到"乃若其情"
——《孟子》"天下之言性也"章的诠释及其衍生问题[*]
何益鑫（复旦大学）

近十几年来，《孟子·离娄下》的"天下之言性也"章得到了特别的关注。此章之困难，在于孟子论证展开的内在逻辑不易把握。而问题的关键，又集中在"则故而已矣"、"故者以利为本"、"苟求其故"三个"故"字的理解。由于郭店竹简《性自命出》突出了"故"的概念，就有学者受此启发，希望重新诠释《孟子》的本义。[1]这些诠释，与诠释史既有的主张又有所不同，两相交错，异说纷呈。以至于有人认为，这是《孟子》全书最难解的一章。[2]但《性自命出》的"故"字，在文中特指《诗》《书》礼乐。[3]严格来说，它只是彼时"故"字的一种独特的用法，并不适用于《孟子》的诠释。对于经典文本的诠释来说，无论是传统注疏的资源，

---

[*] 本文系国家社科基金青年项目"孔门成德之学的演进研究"（17CZX033）的阶段性成果。
[1] 参见梁涛（《竹简〈性自命出〉与〈孟子〉"天下之言性"章》，氏著：《郭店竹简与思孟学派》，中国人民大学出版社，2008年）、裘锡圭（《由郭店简〈性自命出〉的"室性者故也"说到〈孟子〉的"天下之言性也"章》，氏著：《中国出土古文献十讲》，复旦大学出版社，2008年）、李锐（《郭店简与〈孟子〉"天下之言性也"章的"故"字》，《北京师范大学学报》2009年第3期）等学者的论著。
[2] 如丁四新、林桂榛等。
[3] 《性自命出》云"有为也者之谓故"，又云"《诗》、《书》、礼乐，其始出皆生于人。《诗》，有为为之也。《书》，有为言之也"。从逻辑上说，"故"不至于《诗》、《书》、礼乐；但察其用意，作者之所以提出"故"，正是为了说《诗》、《书》、礼乐。参见拙著《竹简〈性自命出〉章句讲疏》，上海三联书店，2020年。

还是新材料的启发,最终都要回归文本自身的内在逻辑,乃至作者思想的内在脉络。

其实,《孟子》"天下之言性也"章的理解,不但关涉此章逻辑展开的内部分析,更关涉对孟子言性之旨的综合把握。从后者来说,此章的理解与诠释,对于孟子论性之立场与宗旨的恰切领会亦具有重要的意义。

一、两种经典注释及其问题

为了了解此章诠释的关节,我们先从逻辑上给出一个概观。

> 孟子曰:"天下之言性也,则故而已矣。故者以利为本。所恶于智者,为其凿也。如智者若禹之行水也,则无恶于智矣。禹之行水也,行其所无事也。如智者亦行其所无事,则智亦大矣。天之高也,星辰之远也,苟求其故,千岁之日至,可坐而致也。"(8.26)

从逻辑上看,此章可以分为三个层次,第一层至"故者以利为本",第二层至"则智亦大矣",余为第三层。第一层的理解争议最大。其中,尤以两个"故"字、一个"利"字为关键。此问题的理解,又涉及对第一句语气的体贴:它究竟是直接表达了孟子的主张,孟子对之持肯定的态度?还是说,孟子只是描述了时人的见解,他本人持的是否定的态度?学者据此将传统以及现代各家的诠释分为"肯定系"和"否定系"两系。[1] 第二层的意思比较明了,以行水为例,阐述了孟子对两种"智"的区分:一是穿凿小智,一是因水之性,"行其所无事"的大

---

[1] 丁四新:《〈孟子〉"天下之言性也"章研究与检讨:从朱陆异解到〈性自命出〉实性说》,清华大学"孟子思想及其当代诠释"学术研讨会论文。

智。所谓"行其所无事",用赵岐的说法是:"因水之性,因地之宜,引之就下,行其虚空无事之处。"其要点在于"顺物之性"。显然,第二层是讲"智"的问题,但它如何与第一层衔接,学者有不同看法。第三层是说星辰的运行,若能"求其故",则千岁之后的日至也可以知晓。这里的关键,是"求其故"的理解。

诸说之中,赵岐与朱熹的解法最为经典、最具代表性。赵岐说:

> 言天下万物之性情,当顺其故则利之也,改戾其性则失其利矣。若以杞柳为杯棬,非杞柳之性也。恶人欲用智而妄穿凿,不顺物之性而改道以养之。禹之用智,决江疏河,因水之性,因地之宜,引之就下,行其虚空无事之处。如用智者不妄改作,作事循理,若禹之行水于无事之处,则为大智也。天虽高,星辰虽远,诚能求其故常之行,千岁日至之日可坐知也。星辰日月之会,致,至也。知其日至在何日也。章指言:能修性守故,天道可知,妄智改常,必与道乖,性命之指也。[1]

赵注似乎没有对"天下之言性也,则故而已矣"作出解释,其第一句注文就是解释"故者以利为本"。从注文看,"故"与"性"对,实指"性情之故",即性情之本然状态。"故"字训为"本然"。"利"字则是利益的利。这句话是说,顺天下万物情性之本然,则有利于万物;乖戾其性之本然,则害于万物。好比以杞柳为杯棬,非杞柳本然之性,乃是戕贼而成,故于杞柳为有害。顺此而下,所谓大智与穿凿小智的区别,也就在是否顺万物本然之性而行事。最后的"苟求其故",赵岐解为"求其故常之行"。星辰的运行有其固有的轨迹,此所谓故常之行。若能求得,则千岁日至可以推算而

---

[1] 焦循:《孟子正义》,中华书局,1987年,第584-593页。

知。总体来讲,赵注大体还是明白的。[1]

赵注有两点值得追问。其一,他对"故者以利为本"的解释,与原文的意义结构不符。原文是以"利"为"故"之本。当我们说,A是B的本的时候,一般而言,都是说A从属于B且是作为B的根本部分或根本特质。而在赵注中,利与不利是在行为相对于性情之"故"的顺违关系中给出的,是从两者关系之结果上说的。或许正是由于逻辑上的颠倒,决定了赵岐无法对原文作出直接的、同结构的解释。其二,他把前两个"故"解为"本然"性故,把"苟求其故"解为"故常之行",训释不一。这本身不是决定性的问题,但在同一语境中出现,至少应当清楚交代两种意义之间的内在关联。若借其注文"不顺物之性而改道以养之"的逻辑结构说,前者"本然性故"乃指"物之性",后者"故常之行"则指"道"。从注文看,赵岐大致是在"常"的意义上肯定两者的关联的。但毕竟,它们分属不同的逻辑环节,如何以后者去论证前者?第一层言性,第二层也以物性为核心,到了第三层则不见"物性"而只是"物道",这又如何解释?

再来看朱子的注:

> 性者,人物所得以生之理也。故者,其已然之迹,若所谓"天下之故"者也。利,犹顺也,语其自然之势也。言事物之理虽若无形而难知,然其发见之已然,则必有迹而易见。故天下之言性者,但言其故而理自明,犹所谓善言天者必有验于人也。然其所谓故者,又必本其自然之势,如人之善、水之下,非有所矫揉造作而然者也。若人之为恶、水之在山,则非自然之故矣。恶、为,皆去声。天下之理,本皆顺利,小智之人,务为穿凿,所以失之。禹之行水,则因其自然之势而导之,未尝以私智穿凿而有所事,是以水得其润下之性而不为害也。天虽高,星辰虽

---

[1] 焦循的疏,并未把握赵注的原意。

远,然求其已然之迹,则其运有常。虽千岁之久,其日至之度,可坐而得。况于事物之近,若因其故而求之,岂有不得其理者,而何以穿凿为哉?必言日至者,造历者以上古十一月甲子朔夜半冬至为历元也。程子曰:"此章专为智而发。"愚谓事物之理,莫非自然。顺而循之,则为大智。若用小智而凿以自私,则害于性而反为不智。程子之言,可谓深得此章之旨矣。[1]

朱子把"故"都训为"已然之迹"。所谓"已然之迹",指已然显现而可见的迹象;在朱子处,它是相对于背后的"无形之理"而言的。之所以解作"已然之迹",朱子认为一个重要的依据是"苟求其故"的理解:"若不将已然之迹言之,则下文'苟求其故'之言,如何可推?"[2] "苟求其故",依朱子乃是"因其故而求其理"。[3] 此"已然之迹",从物性看,"如水之下,火之上",皆是。从人性看,则落实在四端之心上:"盖性自是个难言底物事,惟恻隐、羞恶之类却是已发见者,乃可得而言。只看这个,便见得性。《集注》谓'故'者是已然之迹也。是无个字得下,故下个'迹'字。"[4] 在理学家看来,性只是理,四端之心则是性之已然发见者,故谓之"已然之迹"。朱子的解释在其自身的义理系统之内,大体可以自圆其说。以"已然之迹"解"故",以"顺利"解"利",无论对于"禹之行水"还是"千岁日至"都可以有很好的说明。

然而,若跳出理学的脉络,直接从孟子的原文看,朱子的解释也存在一些问题。其一,朱子注文的基本框架是"无形之理"与"已然之迹"的对举关系,以前者为后者背后之根据或原因。但问

---

[1] 朱熹:《四书章句集注》,中华书局,1983年,第297页。
[2] 黎靖德编:《朱子语类》卷57,"天下之言性也章"第7条。
[3] 在此,朱子对"故"(已然之迹)与"理"(所以然)的区分相当自觉。若因为看到"已然之迹"与"所以然"有相通之处,便不作区分,是不准确的(参见李世平:《"天下之言性也"章再释——兼与梁涛博士商榷》,《学术界》2013年第1期,第113页)。
[4] 黎靖德编:《朱子语类》卷57,"天下之言性也章"第1条。

题是,孟子虽然对事物的现象与事物的情实作出了重要的区分(详后),但它们的关系并不是"理"与"迹"的关系。后者有违于孟子思想的基本特质。其二,所谓"故天下之言性者,但言其故而理自明,犹所谓善言天者必有验于人也",此处朱子真正的意思是,以四端之心为已然之迹,但言四端之心则仁义礼智之性理自明。但"而理自明"以下乃朱子所加,表达的是朱子本人对此问题的看法,却不是孟子的主张,也不是"天下之言性也"的本意。[1]也就是说,朱子对此问题的理解,并没有很好地落实在文本的诠释中。其三,朱子把"利"解为顺利,认为"故者以利为本"是说,"故"必本于自然之势或事物之理,"但只顺利处,便是故之本"。[2]如此,则真正为本的乃是自然之势或事物之理。这与原文的意义结构也有差距。

总之,赵注较为朴素,问题是解释得不够通畅;朱注在其自身内部或可以自圆其说,却借用了不属于孟子本人的思维结构。两种经典的解释,都不能令人满意。不过,通过以上的分析,此章诠释的困难与症结,则已然清楚地暴露出来了。

二、从"故而已矣"到"苟求其故"

赵岐与朱子都认为,孟子对"天下之言性也,则故而已矣"是持肯定的态度。但都没有清楚交代这句话本身的意义结构。这或许不能仅仅归结于"疏忽",很可能是因为他们对孟子的语境缺乏很好的体贴。

---

[1] 其实,朱子曾指出:"但谓天下之说性者,只说得故而已。后世如荀卿言'性恶',扬雄言'善恶混',但皆说得下面一截,皆不知其所以谓之故者如何,遂不能'以利为本'而然也。"在此,朱子实际上已经在"故"与"所以谓之故者"之间作出了区分,前者是荀子、扬雄等的做法,后者是孟子的主张。但这一区分没有落实在《集注》中。
[2] 黎靖德编:《朱子语类》卷57,"天下之言性也章"第7条。

与二说不同，历史上有许多学者认为，孟子对"天下之言性也"持的是否定态度。如伪托孙奭的《孟子疏》云："孟子言今夫天下之人有言其性也者，非性之谓也，则事而已矣。盖故者事也，如所谓'故旧'、'无大故'之故同意。"[1] 陆九渊说："当孟子时，天下无能知其性者；其言性者，大抵据陈迹言之，实非知性之本。"[2] 据此，则孟子是说，天下之言性者，只是说到了故事、陈迹而已，并没有达到真正的性。毛奇龄又从语气的分辨上为之提供了证据："'天下之言性也，则故而已矣。'观语气，自指凡言性者，与'人之为言'、'彼所谓道'语同。"[3] 看原文的语气，确是如此。但仅仅从语气角度的判断，未必会说服所有人。关键是，顺此能否给出一个更合理的义理解释。

在此理解之下，"天下之言性也"乃是对时人言性状况的一个描述；相应而言，"则故而已矣"，则是孟子对此状况之实质的一个判断。在孟子看来，天下之人纷纷言性，其实只是说到了"故"而已。孟子本人对此是持保留意见的。那么，孟子时代的人究竟是如何言性的呢？在此，焦循指出："故，谓已往之事。当时言性者，多据往事为说，如云'文武兴则民好善，幽厉兴则民好暴'，'以尧舜为君而有象，以瞽瞍为父而有舜'，及《荀子·性恶篇》所云'曾、骞、孝己，独厚于孝之实，而全于孝之名者，秦人不如齐鲁之孝具敬文（《正义》误引作父）'，皆所谓故也。"[4] 焦循援引了《孟》《荀》的说法，以说明时人言性的状况。其中，《孟子·告子上》公都子所列的三种人性论，或许是最能代表孟子说"天下之言

---

[1] 赵岐注、孙奭疏：《孟子注疏》，北京大学出版社，1999年，第231页。值得注意的是，《注疏》所录赵岐注与焦循所录不同："今天下之言性，则以故而已矣。以言其故者，以利为本耳。若杞柳为桮棬，非杞柳之性也。"
[2] 钟哲点校：《陆九渊集》，中华书局，1980年，第415页。
[3] 焦循：《孟子正义》，第585页。
[4] 焦循：《孟子正义》，第585页。

性也"时的真实所指的。

> 公都子曰:"告子曰:'性无善无不善也。'或曰:'性可以为善,可以为不善。是故文武兴,则民好善;幽厉兴,则民好暴。'或曰:'有性善,有性不善。是故以尧为君而有象,以瞽瞍为父而有舜,以纣为兄之子且以为君,而有微子启、王子比干。'"
> （11.6）

公都子所列的三种人性论,应是当时最流行的观点。其中,第二种和第三种,可以说直接是对事相的简单概括,并引相关事相作为证据。由于看到了人在不同的时代有不同的表现,从而主张"性可以为善,可以为不善";由于看到了有人不受其出身和环境的影响,从而主张"有性善,有性不善"。这些无非是依据故事、陈迹而为说。至于告子主张"性无善无不善",虽没有直接以事相为证,但从其所用的"杞柳之喻"、"湍水之喻"来看,它是强调人性本无所谓善恶,受后天因素之影响则可以为善、可以为恶。告子的说法,可以视为第二种说法进一步前推的结果。而在孟子看来,这些观点都只是据陈迹、故事为说,看到了表面的现象而已。故孟子说"则故而已矣"。[1]

顺此,我们再来看"故者以利为本"的理解。历史上以"事"解"故"的学者,多把"利"解为"利益"。如孙奭说:"是人所

---

[1] 林桂榛对以"事"训"故"的解法有激烈的批评:"孙奭以'有为'解'性'并称此系孟子所欲批判的时人见解,这完全不符合孟子时代甚至整个中国先秦时代的人性论真相:古人的'性'概念很明确,'性'字源自'生'字,是生性、本性、天性之义,天下之言性是'性-习(习性)'、'性-伪(人为)'有分有别,何来指性为'事/为/故'？……故孙奭本人的见解及类似孙奭的见解皆极荒诞,不值一驳。"(林桂榛:《〈孟子〉"天下之言性也"章辨正》,《孔子研究》2014年第4期,第74页)按,这一批评并不妥帖。时人所谓的"性",自然是"生之谓性",其义与"习"、"伪"相对。但这只是"性"概念的规范义,它是言性的一个潜在要求。至于时人如何去识别和讨论人性之内容及其善恶,其角度或依据为何,则是一个更加具体而复杂的问题。

行事必择其利然后行之矣。"¹ 陆九渊说："往往以利害推说耳，是反以利为本也。"² 如此，则"故者以利为本"，是说"事以求利为本"。在焦循处又转而变成，天下"诸言性者，据故事而不通其故之利"；"于故之中知其利，则人性之善可知矣"。³ 其意以为，天下言性者只知故事，独孟子能于故事之中通"故之利"。此说颇为搅扰。若"故"以"利益"为根本，则"故"必是消极的东西。于是，又有学者联系《庄子·刻意》"去知与故"或《淮南子·原道训》"不设智故"，认为此处的"故"便是"诈故"、"巧故"之义。⁴ 总的来说，以"利益"解"利"，虽有很强的现实针对性，却不符合"天下之言性也"的原意。一来，以上公都子所举时人言性的真实状况，并没有突出"利益"二字。二来，从上下文看，若以"利益"解之，于"禹之行水"及"千岁日至"皆无着落，它变成了一句悬空的话。至于进一步以"智故"解"故"，则更不可取。因为对"智故"的排斥，乃是道家思想的特质。以"故"为"巧故"，不但为《孟子》他处所不见，且这样一来，此处的"故"与"苟求其故"的故，意义上更无法衔接。因此，"故者以利为本"不是利益的利，而应当是顺利的利。

诸说之所以解作利益，或许还有不得已的原因。一方面，若孟子对"天下之言性也"持否定的态度，则"利"字也更容易顺此作负面的理解。⁵ 另一方面，"故者以利为本"若不作"利益"解，则"'故'以'利'为本"的含义很难理解。这正是"肯定系"所面临的困境。如赵岐、朱子及其他诸家，在主张解作"顺利"的同时，

---

1 赵岐注、孙奭疏：《孟子注疏》，第 231 页。
2 钟哲点校：《陆九渊集》，第 415 页。
3 焦循：《孟子正义》，第 586 页。
4 陆九渊、毛奇龄等主其说。
5 故诸家诠释，认为孟子对第一句持肯定态度的，基本上将"利"解为顺利；认为孟子对第一句持否定态度的，基本上将"利"解为利益。这可以说明，学者都认为第一句与第二句是一种顺承的关系。

往往将"以利为本"解为"以故为本"或"以理为本",而视"顺利"为其自然的结果。如此,则"以利为本"的意义结构,事实上没有得到恰当的表达。从原文结构上看,若"本"为"根本"之义,则"利"必为名词。而"顺利"是摹状词,它不是事物本身的组成部分,不能从根本的意义上去了解。作为名词的利,则只能是利益的利。但后者又不符合孟子原文的义理逻辑。于是,"故者以利为本"的理解,陷入了僵局。

其实,这里的"本"不一定是根本的本。它可作"要"解。如《淮南子·泛论训》"治国有常,而利民为本"高诱注:"本,要。"顺此,则"故者以利为本"是说,凡事以顺利为要。换言之,顺利是行事之要。[1] 再者,诸说以为"故者以利为本"是顺着前一句说的,殊不知,两句之间实是转折的关系。前一句概说天下之人言性的常态,孟子对之持保留的态度;而"故者以利为本"及此后的论证,则已然转向了孟子自己的主张。

孟子认为,天下言性之人,都只是看到了事物的表面现象而已,却不知事以顺利为要。由后者,方可以看清事物的真实状况。因为顺利之处,乃是人物常性之表现。故于顺利之处,便可以看到人物自然之性。为了说明这一点,孟子谈了智的问题,举了"禹之行水"的例子。他之所以讨厌穿凿之智,是因为后者并不真正了解人物自然之性,往往穿凿改易其常性,拂性而行事。如大禹行水,因水之性而行之,行其所无事,则其事顺利,得行水之要。在此,得行水之要,与识水之性是一致的。于行水顺利之处,乃可以见水之性。"所恶于智者,为其凿也",让我们想到了《孟子》另外一章。

---

[1] 时人往往从"顺"的角度言人事。如《礼记·祭统》云:"福者,备也;备者,百顺之名也。无所不顺者,谓之备。言内尽于己,而外顺于道也。忠臣以事其君,孝子以事其亲,其本一也。上则顺于鬼神,外则顺于君长,内则以孝于亲。如此之谓备。"

> 告子曰:"性,犹杞柳也;义,犹桮棬也。以人性为仁义,犹以杞柳为桮棬。"
>
> 孟子曰:"子能顺杞柳之性而以为桮棬乎?将戕贼杞柳而后以为桮棬也?如将戕贼杞柳而以为桮棬,则亦将戕贼人以为仁义与?率天下之人而祸仁义者,必子之言夫!"(11.1)

告子把以人性为仁义比喻为以杞柳为杯棬。孟子对此提出反驳。在孟子看来,以杞柳为杯棬,不是顺着杞柳之性自然长成的,而是以刀斧砍琢的结果,是伤了杞柳的本性。此处,孟子凸显了一个"顺"字。所谓的"戕贼",即是"凿"。与之相对的,则是顺杞柳之性而养之,就如顺水之性而行之。两处的互发,进一步确证了,"以利为本"的利当作"顺利"解。

孟子又举了千岁日至的例子,其关键是"苟求其故"的理解。此句历史上大体有两种解释。一者,推求其故。如赵岐说"推求其故常之行",焦循说:"求其故,求日所行于星辰之分度也。日所行之分度即其故。"[1] 二者,因其故而推求。如朱子说:"因其故而求之,岂有不得其理者?"前者是以故为推求的目标,后者则是以故为推求的依据,以理为推求的目标。从孟子的原文看,前者更为顺畅。朱子之所以作此区分,是为了突出"迹"与"理"的两层结构,这是他解释此章的基础。但其实,朱子所谓"理"的实质内容,又无非是天与星辰运行的分度,与焦循所说并无区别。同样是星辰运行的分度,前者认为是星辰故常之行,是已然之迹;后者则认为是星辰运行的所以然之理,是已然之迹背后可推测而知者。两者的不同,不是实质内容的不同,而是内容之判定与识取的不同。我们若对朱子之说作同情的理解,星辰之现象与星辰运行之分度的区分也有一定的依据。因为星辰的直接现象,是局部的、片段的,我们只能观察到什么时候星辰出现什么象,什么时候日至了。唯有

---

[1] 焦循:《孟子正义》,第588、589页。

综合长期观察的结果，才可以发现，星辰运行的轨迹究竟是如何，星辰运行的周期究竟是如何，轨迹与周期之间的关系又是如何。有了后者，则前者局部的、片面的观察结果便可以把握，也可以据此预测将来相关星象的日期。从某种意义上，它作为现象背后的运行规律，也可以说是局部星象的"所以然"。[1]但说到底，它还只是一种综合描述的现象，并不是星辰何以如此运行的真正原因。[2]本质上，它是对现象的更为真实的了解。

从孟子本意看，"苟求其故"当为"推求其故"。但这个"故"，若解释为"所以然"或"运行规律"，则与前文的训释明显不一。我们认为，这里的"故"与前两个"故"具有相似的意义，指的是星辰运行的故迹。于人，则为事迹；于物，则为迹象，都是指现象层面可见的东西。这个意思与朱子"已然之迹"相近，却不预设与之相对的"无形之理"。所谓"求其故"的"故"，并不是指向迹象背后的理（作为原因）；"求其故"只是说，对此迹象加以反思和推求，其目的不是为了求得背后之理，而是为了更好地理解现象本身，它的内容、条理与秩序，从而依其顺利之处，见物之常行、常性。若能推求星辰运行的观测结果，而对星辰之运行轨迹得到一综合的了解，见其"故常之行"，则虽千岁之后的日至也是可以预测的。

以此反观此章第一句，孟子之所以否定"天下之言性也"，不是说我们不应当以人事现象为依据来谈人性；孟子其实是说，我们不能停留于人事的表象，而应当对此现象有所反思，抓住"顺利"的要素去理解它的内部条理，以此才能真正看清人的常性。换言之，孟子不是要否定现象的合理性，而是要从"以利为本"的角度重新去认识现象，反思和理解现象背后的条理与秩序，据此以言人

---

[1] 杨伯峻（见《孟子译注》，中华书局，2010年，第181页）、丁四新等皆主张将此处的"故"解为"所以然"。

[2] 如牛顿力学、天体物理的解释。

物之性。后者是对现象之情实的真正理解。

三、"乃若其情":现象之情实与人性之识取

如何更好地认识事物的实情,是孟子自觉的意识。在"天下之言性也"章,孟子认为,天下之言性者只是见了人事的表面现象,却没有看到它的内部条理。相似的见解,也见于"湍水之喻"章。

> 告子曰:"性犹湍水也,决诸东方则东流,决诸西方则西流。人性之无分于善不善也,犹水之无分于东西也。"
> 孟子曰:"水信无分于东西。无分于上下乎?人性之善也,犹水之就下也。人无有不善,水无有不下。今夫水,搏而跃之,可使过颡;激而行之,可使在山。是岂水之性哉?其势则然也。人之可使为不善,其性亦犹是也。"(11.2)

告子为了表明"性无善无恶"的主张,举了湍水作为例子。他认为,人性就像湍水,东边开个口子就往东边流,西边开个口子就往西边流;湍水本身是没有确定的流向的,一切都是取决于开口的方向。同样,告子认为,人性本身是无所谓善恶的,或善或恶的现实表现完全取决于后天的因素。

作为一个比喻来说,告子的意思还是很清楚的。但孟子没有接受这一比喻。他借湍水作了一个完全不同的比喻。在他看来,湍水之东流、西流纵然是没有定准的,但有一点是可以确定的,它们都是向下流。孟子认为,人性之善好比水之向下,是一定不变的。在自然状态之下,人没有不善的,水无有不下的。此处的"善"与"下",皆指自然条件下的实现状态。[1] 至于现实之中,人之所以有

---

[1] 下文"今夫水……其势则然也"是说反常的状况,与之相对,"人无有不善,水无有不下"应是指自然状态下的表现。此处所谓的"自然状态",是指顺其自然发生而不受外界因素干扰的状态。

不善的表现，就如水有时受迫于外在形势而向上一样，不是其本然的状态。

我们看到，同样以湍水作喻，告子是以东西言，认为人性之无分于善恶，如湍水之无分于东西；孟子则以上下言，认为人性之善，如湍水必下之趋势。仅从表达的层面上看，两者似都可以说明各自的主张。在此意义上，两者甚至可以被视为两个独立的比喻。但若果真如此理解，无疑错失了孟子的本意。

其实，孟子的本意，并不是要以一个新的比喻去取代告子的比喻，他是要顺着告子的比喻去揭示告子思想的内在问题。这里体现的是孟子与告子对于事物之真相的基本理解。告子所说，决诸东则东流，决诸西则西流，流向取决于其势能的缺口，这无疑是事实。但严格来说，这只是直接观察而未经理解的现象。告子以此比拟于人性，可以获得一个形象化表达的效果，但却不是以物之性比拟于人之性，以物之现象比拟于人之现象。事实上，湍水之东流、西流，乃是变动的、偶然的现象；与此同时，湍水还有一个不变的向下之趋势。[1]无论何时何地，水皆是如此表现，这是它的本质性的运动趋势。至于其向东流，是因为东流是从其向下的趋势；其向西流，也是因为西流是从其向下的趋势。在此意义上，无论东流、西流，皆不变其向下之趋势；或者说，无论东流、西流，恰恰是其向下之趋势的具体表现。如此者，乃可谓之水之性。所以，在湍水之喻中，告子是以湍水之现象比喻人之性，两者之间是存在错位的（对此，告子是不自觉的，若是其有意以物性对应物性，则言水，他必知水性润下）；孟子则在物之现象与物之性之间作了严格的区分，以物之现象对应于人之现象，以物之性对应于人之性。如此，孟子的比喻就不仅具有形式上的表达效果，也能够真实表达其内部的义理结构。

---

1 严格来说，这里的"下"不是空间的上下，而是势能的上下。

但所谓人物之现象与人物之性的区分，毕竟是我们的方便说法。对于孟子来说，这一区分的意义到底为何？是不是说，前者是现象，后者是现象之原因？犹朱子所说，前者是"已然之迹"，后者是"无形之理"？类似的说明，看上去可以让表述变得清晰，但问题是它们不一定是孟子本人的意识。以湍水来说，无论是东流、西流，还是向下流，都是现实可见的现象。关键是，你关注的是其东西的流向，还是其向下的流向。从现象的层面来说，东西方向的区分，并不比上下方向的区分更为原初。在此意义上，水之东流、西流，与水之下流，不具有层次上的区分，它们都是属于可观察的现象的层面。虽都是现象，两者还是有所不同。前者是没有秩序的现象，若从前者方面看，水的活动是无序的、偶然的；后者是有条理的现象，从后者方面看，水的活动是有常的：在不受干扰的情况下，水都是向下流的、必是下流的。这是水之常行，于此便可见水之性。在某种意义上，前者是可以通过后者而得以解释的，但我要指出的是，后者并不是严格区别于前者的作为前者之原因的所以然之"理"。在孟子的思维中，水之向下道出了水的运动趋势，但它本质上还是"已然之迹"，是现象层面的描述。[1]

因而，从告子到孟子，从水之东西到水之就下，并不是从现象到本质，从"迹"到"理"的转变。此处的重点，乃是现象之认识与理解问题。孟子是从"常"的视角观察和理解水之现象，由此识别出水之常行与常性。在"天下之言性也"章，时人只是以"故"言性，孟子则提出了如何理解"故"的问题。"故"以顺利为要，于顺利之处，乃可以识别、认取人物之性。从"故而已矣"到"求其故"，其实质便是从直接的现象进入现象的反思，从而认识、理解现象之常，看出现象背后的条理与秩序。在此湍水之喻中，从

---

[1] 正如朱子所说："故，只是已然之迹，如水之润下，火之炎上。润下、炎上便是故也。"（《朱子语类》卷57，"天下之言性也章"第7条。）

东西到上下,观察角度的转变,说到底也是为了更好地理解水的现象。

同样,人性的认识,也不在人事现象之外,当于人事现象之中反思之、识别之、认取之。在"天下之言性也"章,孟子认为应从"顺利"之处理解人事的现象;在湍水之喻中,孟子指出人在不受外势影响的情况下是"无有不善"的,这可以说是人性之善的"顺利"实现。而在"乃若其情"章,孟子更为明确地表达了其所以主张"性善"的原因。公都子列举了三种人性论的主张,向孟子问道:"今曰'性善',然则彼皆非欤?"

> 孟子曰:"乃若其情,则可以为善矣,乃所谓善也。若夫为不善,非才之罪也。恻隐之心,人皆有之;羞恶之心,人皆有之;恭敬之心,人皆有之;是非之心,人皆有之。恻隐之心,仁也;羞恶之心,义也;恭敬之心,礼也;是非之心,智也。仁义礼智,非由外铄我也,我固有之也,弗思耳矣。故曰:'求则得之,舍则失之。'或相倍蓰而无算者,不能尽其才者也。《诗》曰:'天生蒸民,有物有则。民之秉夷,好是懿德。'孔子曰:'为此诗者,其知道乎!故有物必有则,民之秉夷也,故好是懿德。'"(11.6)

这里最关键的是第一句。"……乃所谓善也",意即"……就是我所说的性善"。在它之前的,便是孟子自陈其性善宗旨的内容。"乃若其情"的"情",赵岐、朱子都解作"性情"的情。赵岐说:"性与情相为表里,性善胜情,情则从之。……情从性也,能顺此情使之善者,真所谓善也。"[1] 以性情相对,以性胜情,这是汉人常有的思路。朱子说:"情者,性之动也。人之情,本但可以为善而不可以为恶,则性之本善可知矣。"[2] 以情为性的发见,据此善情以言性善,这

---

[1] 焦循:《孟子正义》,第752页。
[2] 朱熹:《四书章句集注》,第328页。

是理学固有的观点。之所以都解为性情的情，恐与前后文有关。下文以"恻隐、羞恶、辞让、是非"之心言之，而此"四心"一般看来即是四情。于是，由"情"到"才"到"四心"，前后呼应。

不过，"情"字还有另一种解法。戴震《孟子字义疏证》说："孟子举恻隐、羞恶、辞让、是非之心谓之心，不谓之情。首云'乃若其情'，非性情之情也。孟子不又云乎：'人见其禽兽也，而以为未尝有才焉，是岂人之情也哉？'情，犹素也，实也。"[1] 我们认为，此说更为可取。考诸《孟子》，共四处"情"字，除了此处，便是"物之不齐，物之情"（《滕文公上》），"声闻过情，君子耻之"（《离娄下》），"人见其禽兽也，而以为未尝有才焉者，是岂人之情也哉"（《告子上》），一例皆作"情实"解。且在《孟子》书中，恻隐、羞恶、辞让、是非之心，皆谓之心，不谓之情。诚然，在孟子前后的时代，性与情的对举已是常态。其前，如郭店竹简《性自命出》"性自命出，命自天降，道始于情，情生于性"；其后，如《荀子·正名》"性者，天之就也；情者，性之质也"。但同时，这些文献中所谓的"情"，又往往被唤作"心"。原因是，性动为情之后，最终还是表现于心的。既然"性情"对举已是常态，孟子何以言心不言情呢？此处，孟子的取舍很可能与"四端"的组成有关。性情相对的"情"，在各文本中大体都是指"喜怒哀乐好恶欲"（所谓"七情"）之类，也就是现在我们所说的"情感"。而在孟子所谓的"四端"之中，"恻隐、羞恶、辞让"可以说是与"七情"相似的情感反应，但"是非"则显然不是一般的情感。[2] 严格来说，"是非"

---

[1] 焦循：《孟子正义》，第754–755页。
[2] 朱子的时候，已经有人提出了这个问题。有人问："孟子言四端处有二，大抵皆以心为言。明道却云：'恻隐之类，皆情也。'伊川亦云：'人性所以善者，于四端之情可见。'一以四端属诸心，一以四端属诸情，何也？"朱子答："心，包情性者也，自其动者言之，虽谓之情亦可也。"（《朱子语类》卷53，"人皆有不忍人之心章"第75条）按：朱子以"未发/已发"区分性情。且在朱子看来，这四端之情与一般的七情还有不同："四端是理之发，七情是气之发。"但这一思路与先秦不符。

是一种"知"。在时人看来,知是属于性的,却不是一般的情。如《乐记》所谓"夫民有血气心知之性,而无哀乐喜怒之常",心知与血气一般属于人性之所固有,与"哀乐喜怒"之情相区分。但无论"知"还是"情",都属于心的功能。或许,孟子正是在此意义上称"四端"为心,而不是情。换言之,孟子之言心不言情,取决于"四端"的内容;更往前追,则取决于思孟"五行"说的内部结构。它是孟子思想的内部要求。这一点,也导致了先秦儒家心性之学由以《性自命出》为代表的"性情-心术论",正式过渡为"孟子心性论"的理论形态。[1]

"乃若其情"的"情",作"实"解。[2] 所谓的情实,即下一句的"才";其实指的内容,又即下文所谓的四端之心。内容上看似无大差别,但背后意味却有很大不同。"乃若其情",首先是相对于前面告子所引三种人性论而言的。在此语脉背景之中,相当于说:你所列举的世人关于人性善恶的三种观点,虽有事相上的依据,却未得人事之情实。若论其实情,人(顺其自然的表现)是可以为善的,这便是我所以说性善的宗旨。此处,前一个"善",指善行或现实的善;后一个"善",指性善。此处,孟子没有直接回答公都子"然则彼皆非欤"之问,正如他也没有直接否定告子"食色性也"的观点一样。他只是以"乃若其情"的方式指出,诸说所言只是得了人事之相,未得人事之情实。真正重要的,是反思和追问人事的内在情实。而所谓的情实,须于"有常"之中见之。故在此章的最后,孟子引《诗》及孔子之言以证之。所谓"有物必有则",是于必常之中见物之则;"民之秉夷",是于秉执有常之中见民性。两者皆可于现象之中识之。

对于孟子而言,什么是人的"情实"呢?在孟子看来,人生

---

[1] 参见拙文:《儒家心性之学的转出——论子游的思想创造及其道统地位》。
[2] 杨伯峻(《孟子译注》,第241页)、梁涛(《孟子》,国家图书馆出版社,2017年,第327页)等亦主此说。

实情就是，人人本具恻隐、羞恶、辞让、是非之心；此"四心"以其质地而言，同于仁、义、礼、智；顺而养之，便是仁、义、礼、智四德。[1] 在此意义上，仁、义、礼、智之德，即儒家意义上的善，并不是外在被给予的东西，它们都是在人心上本有发端而可以顺成的内容。故孟子说："仁义礼智，非由外铄我也，我固有之也，弗思而已。故曰：'求则得之，舍则失之。'"孟子认为，这才是人的情实。至于人们不能见此、不能顺此而成就之，皆是因为"弗思"、"不求"之故。

这里出现了"思"的问题。所谓的"弗思"，可以从切身实践的角度说，也可以从理论认知的角度说。从切身的角度说，指的是对自身的生存实感、四心的发动未加反思，从而不能于己心发动之时直接肯认下来，以为己性之所固有而养之以成德。换言之，即不能反求自己的四端之心而成就之，不能据此实现为德行。从理论的角度说，指的是对人的真实的生存状况缺乏洞见，只是看到了人的生存现象，却不能看到其中体现的共有、共通的，时时发生且足以调顺人的完整生存的东西。就好比，人人"乍见孺子将入于井"，皆会生起"怵惕恻隐之心"（《公孙丑上》）。这是一个人人皆可以体认的生存感应的现象。当人们未加反思的时候，它只是如此这般地发生的东西，与其他时候的其他心念一样，属于同一个层面的情感现象。人们不会把它专门挑出来并予以特别的关切，不会据此而肯定人人皆有此不泯的恻隐之心，更不会以此认定人人皆可以顺此以成仁，顺此条理实现人的完整生存。

若是不"思"，人看到的只是偶然的、无序的现象，一切只是平平地看过；若是能思，则可以于现象之内看到其有常之处，

---

[1] 值得注意的是，此处孟子直以四心为仁义礼智，在另一处孟子则以四心为仁义礼智之端（《公孙丑上》）。前者乃是就质地而言，犹孟子言"仁之实，事亲是也；义之实，从兄是也"（《离娄上》），仁义固不止于事亲从兄，但即事亲、从兄可得仁义之质。后者是更为严格的说法，以四心为四德之端，由四心扩充为四德。

看到人生可以据以顺利之处。如此，可谓人生存在之情实。故孟子对"思"的强调，是为了深入现象的内部去反思和理解现象。"乃若其情"，便是在追问人生的情实。这个情实，看上去并不是客观中立的事实（表面所呈现的那个样子），因为它不是对现象的表面观察，而是对现象内部的结构性领会。但是，它又不是现象背后区别于现象而作为现象之原因的东西，它作为情实，仍然是对现象的一种了解和揭示。它不在现象之外，它是于现象之中有所洞见、有所肯定，从而看清现象、理解现象，使现象带着它内部的条理和秩序一道呈现出来。而要对现象之内部拥有结构性的领会，则必须找到一个视角、一个起点。对于孟子来说，便是"以利为本"。孟子是以"顺利"为标准，于现象的顺利之处指认人物之性。这里的"顺利"，是一个历时性的表述；若将它铺平了看，也便是现象内部之"条理"与"秩序"。这个"顺利"，既是相对于人物自然的活动方式而言的，也是相对于人物最终的完成和实现来说的；[1] 它是由一个基点出发，在不受干扰的情况下，奔向一个固有的、确定的终点。于人，便是仁、义、礼、智之德。

综上所述，他人只是看到了人事的现象，便直接推论人性的善恶，其对人的真实生存实际上并没有内部的理解；孟子于人的生存现象之内，洞见并肯认人人皆具四端之心，可以作为人之生存得以顺利、得以为善之基点，据此以言人性之善。他人论其事，孟子论其"情"。两者的区别，是"弗思而已"与"求则得之"的区别，也是"故而已矣"与"苟求其故"的区别。

---

[1] 方朝晖认为："性善论的主要依据之一是指孟子发现了生命健全成长的一条法则——为善能使生命辉煌灿烂。"（方朝晖：《从生长特性看孟子性善论》，《北京师范大学学报》2016年第4期，第100页）这也是从结果的角度理解性善论。这种内在的目标指向性，确实是孟子确认何为人性的潜在考虑。

四、小结：从生存论的视域到形而上学的立场

孟子不停留于事相表面的描述，而是深入现象的内部去认取现象的实情。这个实情的认取，一方面是洞见，一方面也是决断。洞见，是于现象之中"看见"真正有常的东西；决断，是选择它作为起点，以顺利实现人的生存。但洞见仍然是现象的洞见，而不是于现象之外寻求现象之所以可能的原因。于水的运动中，见其有必下之趋势，如此，则可以行水；于人的生存感应中，见人人皆有四端之心，顺此，则可以成德。同样的，决断也发生于现象之内，是于众多的感应现象之中肯认此四端之心，以之作为生存的基点，从中顺利引导出完整的人生。[1] 了解了这一点，便可以理解孟子对当时言性者的不满。在孟子看来，他们对人性善恶的主张，都是基于表面的局部的观察，只是"故而已矣"；他们没有深入现象的内部，从其有常之处、顺利之处去理解它。而理解现象，是要让现象以一种有条理的方式呈现出来。他人以事相论人性，孟子求情实以识性，两者在层次上拉开了差距。不过，孟子论情实、识人性，又不离于人的现实生存。在此意义上，我们可以说，孟子的性善论完全是生存论的，它扎根于对人的实际生存的反思。

---

[1] 孟子肯定了四心之有常，却没有否认人也有不善之心。对此，孟子应是默认的，正如他默认"口之于味也，目之于色也，耳之于声也，鼻之于臭也，四肢之于安佚也"（《尽心下》）是人之常情。于是，问题便是：既然人同时具有善心与不善之心，人何以必须顺善心而行事，何以不能顺不善之心而行事？为此，我们说，孟子的"大体小体之辨"、"人禽之辨"、"君子所性"，都是在回答这个问题，其本质是一种生存的决断。除此之外，我们也可以从"故者以利为本"所包含的"事"与"利"本身的规范性要求去理解，不是所有的活动方式都能得"事"之"情"，也不是所有的"因循"都是"事"之"利"。不过，孟子没有在此方向上发挥，反而是荀子关于性恶的论证，恰可以补足这一点："今人之性，生而有好利焉，顺是，故争夺生而辞让亡焉；生而有疾恶焉，顺是，故残贼生而忠信亡焉；生而有耳目之欲，有好声色焉，顺是，故淫乱生而礼义文理亡焉。"（《荀子·性恶》）顺不善之心而行事，结果就不顺，也不能成事。这就违背了"故者以利为本"的规范性要求。

孟子的这一生存论的立场和用心,却没有得到后人的理解。在此,尤为值得反思的是以朱子为代表的理学的诠释思路。朱子对"天下之言性也"章的解释,建立在"迹"与"理"的层次区分之上。他以"故"为可见的"已然之迹","苟求其故"是因其已然之迹而求其无形之理。诚然,"苟求其故"确实是"推求其迹"的意思,但"推求"的目的,乃是得其迹之实、其故之"情",而不是得其迹之原因(所谓"理"或"所以然",皆是求其原因)。此处,"无形之理"完全是朱子依据"迹"与"理"的二分添加上去的,于文本没有证据,于孟子思想更无着落。并且,所谓"迹"与"理"的区分,在星辰运行这一具体问题上,其实是无法区分的。与之相关的,现代学者也多将"故"解释为"所以然"。但事实上,所谓星辰运行的分度,并不是严格意义上的星辰现象之原因,它只是对现象的一种综合描述,是对星辰运行轨迹之情实的了解。所以我们说,孟子的"苟求其故",乃是推求现象本身,其目的是为了更好地了解现象的情实,而不是于现象之外寻求现象之所以可能的原因,不是以形而上的"理"为现象重新奠基,以至于消解了现象的首出性。朱子对"乃若其情"章的解释,以"性情"的对举为基本的框架。在理学内,性是未发,情是已发。四心属情,乃人性发动而见于外者。于是,"乃若其情",便是"看得情善,则性之善可知"。[1] 这一解释看上去很通透,但问题是没有落在孟子的思想脉络之中。他不了解,这里的"情"字在其上下文的语境之中,首先是相对于他人据事相以论人性而言的,它指向了人的生存之情实。在此基础之上,"情实"之具体内容才指涉了下文所说的四心。这一思想逻辑表明,孟子不是从理论上先行肯定、直接宣布人有善性而发为善情;他是于人世现象之中洞见、识别和肯认人生之情实,据此以言人之性。所谓"民之秉夷,好是懿德",必于民心之常中,

---

[1] 黎靖德编:《朱子语类》卷53,"人皆有不忍人之心章"第38条。

乃可以识性。在此，人的实存是第一位的。"人见其禽兽也，而以为未尝有才焉者，是岂人之情也哉？故苟得其养，无物不长；苟失其养，无物不消。"（《告子上》）人的生存现象，不等于人的生存实情；在孟子看来，人皆有仁义之心、四端之才，养而致之可以成四德，这才是人的生存实情。

孟子在生存的视域中，反思现象，追问它的情实。从根本上说，这是对现象的一种理解活动。但理解现象，不等于追寻现象的原因。诚然，后者是理解现象的重要方式。但在它之前，还有一种更为原初的、更为本源的理解方式，即：让现象自身显示出来，使之可见。这种理解，不是对现象背后之根据的了解，而是对现象内部之条理与秩序的把握。由此，现象成为了可以理解的东西，成为了有内部结构和文理的东西。可以说，孟子对事物之情实的反思和追问，便是这样一个从生存论的立场去重新看待现象，使现象带着它的条理显示出自身的过程。至于后世学者以因果的思维，以"迹"与"理"、"性"与"情"的架子去解释孟子，则是于现实生存之外寻求其可能性的原因，这是形而上学的思路。

孟子对人性恶端的认识[*]

强中华（西华师范大学）

古人谈"性"，有时笼统指生而具有某一性状，有时具体言说生而具有某些内容的属性。[1]孟子亦不例外，其视域中的"性"指与生俱来之性状，具体内容则是人人生而具有善端，人人可以自我扩充善端，使之发展壮大。孟子以上思想广为学界熟知，本文将不再赘述。其实，孟子还认识到，人性具有恶端，需要通过教育才能充分达成现实之善。可惜学界对此并未充分关注，有鉴于此，本文试图做出系统阐发。

一、感官之性亦属人性

人人生而具有善的发端，这是孟子一再强调的重点。除此之外，孟子其实还认识到，人人生而具有不同于善端的其他属性。

> 口之于味有同耆也，易牙先得我口之所耆者也。如使口之于味也，其性与人殊，若犬、马之与我不同类也，则天下何耆皆从易牙之于味也？至于味，天下期于易牙，是天下之口相似也。惟

---

[*] 本文为国家社科基金一般项目"宋代荀学史及文献汇编"（20BZX062）及国家社科基金重大项目"中国诸子学通史"（19ZDA244）的阶段性研究成果。
[1] 参见阮元《性命古训》、傅斯年《性命古训辨证》、徐复观《中国人性论史》（先秦篇）的相关梳理。近些年公布的郭店楚墓竹简《性自命出》、上博简《情性论》亦为如此。

耳亦然。至于声，天下期于师旷，是天下之耳相似也。惟目亦然。至于子都，天下莫不知其姣也。不知子都之姣者，无目者也。故曰：口之于味也，有同耆焉；耳之于声也，有同听焉；目之于色也，有同美焉。至于心，独无所同然乎？心之所同然者何也？谓理也，义也。圣人先得我心之所同然耳。故理义之悦我心，犹刍豢之悦我口。(《孟子·告子上》)

毫无疑问，孟子此处强调的重心是，人人生而具有大致相似的、热爱理义的心。但孟子的论说过程同时也清晰地表明，作为同类，人人生而具有大致相似的感官能力与感官倾向。只要是人，只要人的感觉器官未出问题，那么，人人都会具有味觉、听觉、视觉等感官能力。而且人的口、耳、目的感官倾向也会大致相当，也就是说，味觉都喜欢好吃的，听觉都喜欢好听的，视觉都喜欢好看的。

孟子曰："口之于味也，目之于色也，耳之于声也，鼻之于臭也，四肢之于安佚也，性也。有命焉，君子不谓性也。仁之于父子也，义之于君臣也，礼之于宾主也，知之于贤者也，圣人之于天道也，命也。有性焉，君子不谓命也。"(《孟子·尽心下》)

单从字面上看，"味""色""声""臭"是一组没有情感倾向，没有价值判断的名词，因此，很难从字面上看出，"口之于味""目之于色""耳之于声""鼻之于臭"究竟是指人的感官能力，还是感官倾向，或者兼而有之。但是，"四肢之于安佚"的意思却非常明朗：四肢能够感觉出安佚，表明"四肢"这一感官具有感觉能力。同时，"安佚"要么是一个形容词，指安逸、舒服，要么是一个被形容词修饰的名词短语，指能引起安逸、舒服的事物。四肢天生追求安逸、舒服，强调的重点不再是感觉能力，而是感觉器官的感官倾向。结合上下文文气看，"口之于味""目之于色""耳之于声""鼻之于臭""四肢之于安佚"在表述方式上是平行对等的，因此，可以推断，这五个短语既包括了口、目、耳、鼻、四肢的感觉能力，也包括了这五种感觉器官的感官倾向。赵岐注释说："口之甘美味，目之好美色，耳之乐五音，鼻之喜芬香。臭，香也，《易》曰：'其臭如兰。'四体谓之四肢，四肢懈倦，则思安佚不劳苦。此皆人性之所欲也"。[1] 在赵岐看来，"味""色""声""臭""安逸"不是一组没有感情倾向、价值判断的词汇，而是指美味、美色、美声、香气、安逸。口、目、耳、鼻、四肢自然倾向于美味、美色、美声、香气、安逸，这正是人之天性中自自然然存在的感官欲望。朱熹引程子语云："五者之欲，性也。"[2] 认为孟子此处讲的正是五种感官欲望属于与生俱来的天性。清人焦循亦如是看，他甚至敏锐地看到，孟子此处的看法其实与荀子存在一致性。他说："《荀子·王霸篇》云：'夫人之情，目欲綦色，耳欲綦声，口欲綦味，鼻欲綦臭，心欲綦佚。'此与《孟子》义同。"[3] 今人杨伯峻也说："口的对于美味，眼的对于美色，耳的对于好听的声音，鼻的对于芬芳的气味，手足四肢的喜欢舒服，这些爱好，都是天性"[4]。毫无疑问，孟子认为，五种感官欲望属于与生俱来的天性。

既然孟子说，口、目、耳、鼻、四肢的感觉能力与感官倾向属于"性"的范畴，都是与生俱来的，为什么又说"君子不谓性"呢？关于此，流行的阐释大约有两类。

第一类是宋儒的普遍看法。他们大多认为，口、目、耳、鼻、四肢之性乃是气质之性，气质之性，君子不纳入"性"的范畴。而"性善"之"性"，指的是天地之性、天命之性，此性无往而不善。

比如，张载说："性于人无不善，系其善反不善反而已，过天

---

[1] 赵岐注、孙奭疏：《孟子注疏》，北京大学出版社，1999年，第393页。
[2] 见朱熹：《四书章句集注·孟子集注》，中华书局，2011年，第346页。
[3] 焦循：《孟子正义》，中华书局，2017年，第1067页。
[4] 杨伯峻：《孟子译注》，中华书局，1960年，第333页。

地之化,不善反者也;命于人无不正,系其顺与不顺而已,行险以侥幸,不顺命者也。形而后有气质之性,善反之则天地之性存焉。故气质之性,君子有弗性者焉。"[1] 根据饶双峰的理解,张载眼里,"人之性亦即天地之性"[2]。

朱熹以"理"言"性",认为"性只是理","本原之性无有不善","孟子所谓性善,周子所谓纯粹至善,程子所谓性之本,与夫反本穷源之性,是也"[3]。

二程的看法与张载、朱熹有同有异,他们结合《中庸》说:"'生之谓性'与'天命之谓性'同乎?性字不可一概论,'生之谓性',止训所禀受也。'天命之谓性',此言性之理也。今人言天性柔缓,天性刚急,俗言天成,皆生来如此,此训所禀受也。若性之理也则无不善,曰天者,自然之理也。"[4] 认为天命之性是纯善的,此与张载、朱熹同。但他们又说:"人生气禀,理有善恶,然不是性中元有此两物相对而生也。有自幼而善,有自幼而恶,后稷之克岐克嶷,子越椒始生,人知其必灭若敖氏之类。是气禀有然也。善固性也,然恶亦不可不谓之性也。盖'生之谓性'、'人生而静'以上不容说,才说性时,便已不是性也。凡人说性,只是说'继之者善'也,孟子言人性善是也。"[5] 认为善恶均谓之性,孟子的性善不是指"天命之性",而是指"继"天命之性,即禀受天命之性。我们认为,二程的看法学理上更加圆润一些。理由如下:

假设诚如张载、朱熹等人所说,口、目、耳、鼻、四肢的感官欲望虽然与生俱来,但这只是后起的气质之性,而仁义礼智则是无

---

[1] 林乐昌编校:《张子全书》卷一,西北大学出版社,2015年,第15页。
[2] 见张载:《张子全书》卷一,《影印文渊阁四库全书》第697册,台湾商务印书馆,1985年,第94页。
[3] 朱熹:《朱子语类》卷四,中华书局,1986年,第66页。
[4] 程颢、程颐撰,潘富恩导读:《二程遗书》卷二十四,上海古籍出版社,2000年,第370页。
[5] 程颢、程颐撰,潘富恩导读:《二程遗书》卷一,第61页。

往而不善的天地之性。这一说法其实并非没有逻辑漏洞。按照某些理学家的说法,天理虽然体现于万事万物,但天理本身却是超越于万事万物之具体存在的"理",万事万物不管出不出现,消不消失,"天理"都永恒存在。万事万物都是"天理"在不同时空下的具体产物,都由"天理"决定。仁义礼智正是"天理"的表现。[1]那么,请问,口、目、耳、鼻、四肢之"气质之性"是否属于具体存在的事物?若说不属于,显然自欺欺人,因为它们本身就客观存在着。若说属于,请问,有无决定这类"气质之性"的形而上的"理"?若说这类"气质之性"是后起的,不存在形而上的"理",那么,所谓"天理"也就不再是决定万事万物存在的"理",而仅仅是决定部分事物存在的"理"了,这种"理"又何来绝对超越?若说"气质之性"也存在形而上的根据,也是由"天理"决定的,那么,这又与他们仅仅把仁义礼智之"性"纳入"天理",而把"气质之性"剥离于"天理"之外的做法自相矛盾。总之,宋儒关于"天命之性""气质之性"的说法难以彻底圆满解释孟子"君子不谓性"的内涵。既如此,到底应该如何理解?且看第二类阐释。

第二类是今天的主流阐释。当今学者大多认为,孟子的意思是,人生而具有多种属性,但只有仁义礼智之"性"才是人之所以为人的本质属性,其他口、目、耳、鼻、四肢之"性"虽然与生俱来,却不能纳入人性的范畴。比如陈来先生说:"孟子所说的'性'是专指道德感知与判断能力而言,是一个纯粹的伦理学概念。人性本指人的本质、特性,孟子的人性特指人的道德本质与特性,而不考虑生理本质与生物特性,而此种人性正是人与禽兽不同之所在。孟子承认有两种性的概念,一是欲望,二是道德本性;故孟子的人

---

[1] 比如朱熹说:"未有天地之先,毕竟是先有此理。""若无此理,便亦无天地。"(《朱子语类》,中华书局,1986年,第1页)"做出那事,便是这里有那理。凡天地生出那物,便都是那里有那理。"(《朱子语类》,第2582页)

性论是一种'君子谓性'论,是在君子的特殊立场上讲的。"[1] 毫无疑问,这一主流的阐释彰显了孟子性善论的创新意义及其理论价值。不过,主流的阐释并非唯一的阐释,这一阐释仍然存在以下三个困境:

第一,"性"包括一切与生俱来的属性,这是流传已久的古老看法。比如,根据王充《论衡》的记载,周人世硕认为:"人性有善有恶,举人之善性,养而致之则善长;恶性,养而致之则恶长。"[2] 郭店楚墓竹简《性自命出》也说:"喜怒哀悲之气,性也。""好恶,性也。所好所恶,物也。善不善,性也。所善所不善,势也。"[3] 都把善恶纳入人性的范畴。假设如同主流观点理解的那样,孟子只是把人之所以为人的特殊性称为"性",而不是把与生俱来的所有属性纳入"性"的范畴,那么,孟子的界定则不顾传统,自起炉灶。

对于本来已经长期稳定使用的概念,如果不顾传统,仅凭个人的意愿,赋之以全然不同的内涵,这样做往往会造成思想界的混乱。[4] 当然,对于一个已经固化的概念,后来的思想家并非完全不可以突破这一概念的内涵与外延,赋予其全新的意义。但是,在赋予新的意义时,必须充分考虑以下两个条件:一是这一概念是否符合基本的客观事实,二是这一概念的内涵与外延在自己的理论体系中是否自始至终前后一致。首先,我们来看第一个条件,如果孟子一方面承认,耳、目、口、鼻、四肢之性属于"性"的范畴,另一方面又说耳、目、口、鼻、四肢之性不能称为"性",这一说法就

---

[1] 陈来:《孔子·孟子·荀子:先秦儒学讲稿》,生活·读书·新知三联书店,2017年,第162页。

[2] 黄晖撰:《论衡校释》,中华书局,1990年,第132页。

[3] 荆门市博物馆编:《郭店楚墓竹简》,文物出版社,1998年,第179页。

[4] 荀子已经意识到这一问题,他在《正名篇》中说:"名无固宜,约之以命。约定俗成谓之宜,异于约则谓之不宜。"(王先谦:《荀子集解》,中华书局,1988年,第420页)

与人之天性确实包括耳、目、口、鼻、四肢之性的客观事实不相符合。再看第二个条件，如果孟子仅仅把仁义礼智的端倪称为"性"，那么，他就应该不会同时又说，"口之于味也，目之于色也，耳之于声也，鼻之于臭也，四肢之于安佚也，性也"。否则，就会造成"性"这一概念内涵与外延的前后冲突。

基于以上理由，我们认为，孟子恰恰既充分尊重了文化传统，把仁义礼智之性与耳、目、口、鼻、四肢之性均纳入人性之内，又尊重了二者都属人性的客观事实。

第二，张岱年先生曾说，"不以一偏的概念范畴统赅总全"乃是"哲学之圆满的系统"必备的特征之一。"如果一全体包括若干相异之部分，则不可以其中某一部分之特性为全体之本性。亦即，如两类现象相异甚为显著，则不当将一类消归于另一类，亦即不以适用于一部分经验之概念范畴为解释一切经验之根本范畴。"[1] 假设孟子一方面承认仁义礼智之性与口、目、耳、鼻、四肢之性这两大"相异之部分"都是出于人之天性，且人人同时集这两种天性于一身，另一方面却只把前者纳入"性"的范畴，而把后者驱逐于"性"之外，那么，他在理论上又犯了"以一偏的概念范畴统赅总全"的毛病，其论说就缺乏"哲学之圆满的系统"。

第三，退一步讲，即使孟子为了强调人之异于禽兽的本质特征，不把口、目、耳、鼻、四肢之性纳入君子所说的"性"，他也并未否认时人已经普遍把口、目、耳、鼻、四肢之性纳入"性"的范畴，更没有否认人人生而具有口、目、耳、鼻、四肢之性这一基本事实。

基于以上理由，本文认为，孟子所谓"君子不谓性"的说法还存在着其他解释的可能。

按照赵岐的说法，孟子的真实意图是说，五种感官的感官欲

---

[1] 李存山编：《张岱年选集》，吉林人民出版社，2005年，第60页。

望是否能够得到充分满足,这不是作为行为主体的个人能够完全掌控的,而是受制于命运的摆布。能够充分满足这五种感觉欲望的快乐,是谓"有命禄"。但是,受客观条件的限制,"人不能皆如其愿也"。"凡人则有情从欲而求可身,君子之道,则以仁义为先,礼节为制,不以性欲而苟求之也,故君子不谓之性也。"[1]

清人戴震在赵岐基础之上,进一步阐释说:

> 人之血气心知,原于天地之化者也。有血气,则所资以养其血气者,声、色、臭、味是也。有心知,则知有父子,有昆弟,有夫妇,而不止于一家之亲也,于是又知有君臣,有朋友;五者之伦,相亲相治,则随感而应为喜、怒、哀、乐。合声、色、臭、味之欲,喜、怒、哀、乐之情,而人道备。"欲"根于血气,故曰性也,而有所限而不可踰,则命之谓也。仁义礼智之懿不能尽人如一者,限于生初,所谓命也,而皆可以扩而充之,则人之性也。谓性[2]犹云"藉口于性"耳。君子不藉口于性以逞其欲,不藉口于命之限之而不尽其材。后儒未详审文义,失孟子立言之指。不谓性非不谓之性,不谓命非不谓之命。由此言之,孟子之所谓性,即口之于味、目之于色、耳之于声、鼻之于臭、四肢于安佚之为性;所谓人无有不善,即能知其限而不踰之为善,即血气心知能底于无失之为善;所谓仁义礼智,即以名其血气心知,所谓原于天地之化者之能协于天地之德也。[3]

戴震的意思是,声色臭味之欲,本来也是出自天性,孟子之所以说"君子不谓性",并非说声色臭味之欲不是出自天性,不属于"性"的范畴。而是说,按照常人的逻辑,声色臭味之欲既

---

[1] 赵岐注、孙奭疏:《孟子注疏》,第393页。
[2] 原文无此"性"字,整理者何文光云:"'谓'下疑脱'性'字。"(戴震:《孟子字义疏证》,中华书局,1982年,第37页)其说甚是。
[3] 戴震:《孟子字义疏证》,第37–38页。

然出自天性,那么,追求声色臭味之欲也就存在某种合理性。而君子则与常人恰恰相反,不以声色臭味之感官欲望出于天性为理由,从而不加节制,一味逞其感官欲望。由此可见,孟子的本意并非否认口、目、耳、鼻、四肢的感官欲望出自天性,也并非要把口、目、耳、鼻、四肢之"性"逐出于人性的范畴,而是要告诫人们不能以感官欲望出自天性为借口,顺势毫无限度地追求感官欲望的满足。正确的做法应该是,充分发挥人性中的理性善端,去调控感官欲望。

二、感官之性含有恶端

孟子把人的四端之善性及感官欲望均纳入"性"的范畴,两类不同性质的属性孰多孰寡?孟子讲得非常少,但《离娄下》载孟子语云:"人之所以异于禽兽者几希,庶民去之,君子存之。"显然,孟子的重点在于强调人之区别于动物的那些属性。但我们从"人之所以异于禽兽者几希"这句话推导,则是人之同于禽兽者甚多。孟子充分认识到,人人普遍具有与动物相似或相通的众多属性,而人之异于动物的属性却非常稀少,而且大多数普通民众往往都会丧失这一点儿稀少的属性,只有君子才能一直保存这一属性。

孟子在《尽心上》中亦有类似看法,他说:"形、色,天性也。惟圣人然后可以践形。"赵岐解释说,"形谓君子体貌尊严也""色谓妇人妖丽之容""此皆天假施于人也。"[1] 把"形"解释为君子特有的"体貌尊严","色"解为妇人特有的"妖丽之容",过于窄化了"形""色"的内涵。程颢的解说似乎更到位:"'惟圣人然后践形',言圣人尽得人道也。人得天地之正气而生,与万物不同。既为人,

---

1 赵岐注、孙奭疏:《孟子注疏》,第373页。

须尽得人理。众人有之而不知,贤人践之而未尽,能践形者,唯圣人也。"[1]"'惟圣人可以践形'者,人生禀五行之秀气,头圆足方以肖天地,则形色天性也,惟圣人为能尽人之道,故可以践形。人道者,君臣、父子、兄弟、夫妇之类皆是也。"[2] 由此可见,"形"指包括感觉器官在内的身体,"色"指形体生发出来的感觉能力。人的形体、感觉能力都是生而具有的,此谓"形、色,天性也"。人人都具有形体与感觉能力,但是只有极少数的圣人能尽人伦之道,而绝大多数人"有之而不知",那些贤人则"践之而未尽"。为什么对于人伦之道,"众人有之而不知""贤人践之而未尽"?程颢在此没有展开讨论。如果我们依据孟子前面的说法进行推论,不难得出如下的结论:人人生而具有感官欲望,普通人未能有效调控这些欲望,只有极少数的圣人才能充分以义理之心去控制感官欲望。可见,对于大多数人来说,理性的光芒多么微弱,感官欲望的力量多么强大。[3]

由以上分析足见,孟子认识到,人人生而具有两种不同性质的天性,而且类似于动物的感官欲望远远强于理性端倪。孟子把人与生俱来的那一点儿理性端倪归于善的范畴,却未明言与生俱来的感官欲望是恶的,还是不善不恶的。不过,孟子明明白白把感官欲望等同于禽兽的欲望,而且一再强调必须以理性去调控它。这实质上就暗含了感官欲望对于成就理性之善并不完全可靠的逻辑前提,[4] 进一步引申则是,这些并不完全可靠的感官欲望中蕴含了自然趋恶、遮蔽善端的因子。试想,如果这些感官欲望并不蕴含趋恶的因子,

---

1 程颢、程颐撰,潘富恩导读:《二程遗书》卷十八,第262页。
2 程颢、程颐撰,王孝鱼点校:《二程集·二程外书》卷四,中华书局,1981年,第372页。
3 正如朱熹所说:"人之有形有色,无不各有自然之理,所谓天性也。践,如践言之践。盖众人有是形,而不能尽其理,故无以践其形;惟圣人有是形,而又能尽其理,然后可以践其形而无歉也。"(《四书章句集注·孟子集注》,第338页)
4 注意,孟子并未完全否定感官欲望,他只是说感官欲望并不完全可靠。

那么就完全没有必要去控制它、引导它。可见，孟子屡次强调人人生而具有善端的同时，并未否认人之天性中具有趋恶的因子。

三、自觉成善与教而成善

既然生而具有的善端如此微弱，易于趋恶的因子又是那么强大，人如何实现相对之完善呢？

学界在阐释孟子性善论时，往往认为，孟子主张人人能够自发向善。这一阐释大致不差，但意犹未尽。

孟子确实说过，每个人都有大致相同的、倾向于"理""义"的心："理义之悦我心，犹刍豢之悦我口。"这里所谓"刍豢之悦我口"代指人的感觉能力与感觉倾向。前面已经论述过，孟子认识到，人的感觉能力与感觉倾向往往是自然而然发用出来的，不需要心的有意识参与。孟子既然说，"理义之悦我心，犹刍豢之悦我口"，那么也就意味着，心倾向于"理义"也是自然而然发用的。对此，孟子还用了其他比方来说明这一道理。在《告子上》中，孟子说："人性之善也，犹水之就下也。人无有不善，水无有不下。"延伸孟子的意思，水自然向下流是水自然而然的属性，人性亦如水，自然而然向善。孟子在《公孙丑上》中又说，人人都知道把四端之善心"扩而充之"，而且四端之心的扩充，"若火之始然，泉之始达"，似乎也在说明人是自然向善的。

其实，孟子对于人如何才能实现相对完善，还有其他表述。《告子上》载，公都子曾问孟子，均是人，为什么却有"大人"与"小人"的区别。孟子回答说："从其大体为大人，从其小体为小人。"公都子进一步深究："钧是人也，或从其大体，或从其小体，何也？"孟子回答说："耳目之官，不思而蔽于物，物交物，则引之而已矣。心之官则思，思则得之，不思则不得也。此天之所与我者。先立乎其大者，则其小者不能夺也，此为大人而已矣。""大体"指"心思理义","小体"指"纵恣情欲"[1]。孟子在这里强调,心能思考的功能是"天之所与我者",即与生俱来的功能。但心与生俱来的思考功能并不像"纵恣情欲"一样"不思"而自发,而是有意识的、自觉的、主动的思考活动。心的这种活动又可以称为"存其心""尽其心"[2]。只有自觉"存其心""尽其心",才能把与生俱来的善端扩而充之,使之从萌芽状态发展成为相对的完善。

同时,孟子虽然特别强调"人皆可以为尧舜",人人都有自成其善的能力,但他同时也充分认识到,如果不接受来自他者的优质教育,人是很难自我成就其善的。他在《滕文公上》中说得很清楚:"人之有道也,饱食暖衣,逸居而无教,则近于禽兽。圣人有忧之,使契为司徒,教以人伦:父子有亲,君臣有义,夫妇有别,长幼有叙,朋友有信。"可见,人虽然生而具有善端,但如果自由发展,不施加来自他者的良好教育,最终还是与禽兽相差无几。正因为如此,孟子一再强调,要"谨庠序之教,申之以孝悌之义"(《梁惠王上》)。

综合来看,孟子强调教化的重要性在于塑造人性。塑造人性的基本方式有两种:一种是正面的方式,即激活、显发、弘大天赋的善端;另一种方式,即抑制恶端,使人有意识地别于禽兽,远离禽兽。后一种方式孟子讲得较少,但并不意味孟子不重视,更不意味孟子没有认识到。

四、人性善恶混论的价值

由前面的分析足见,孟子特别强调,人人生而具有善端,且人人都可以自我扩充善端,这是孟子性善论的重心。但孟子同时也清

---

[1] 此为赵岐的解释。见赵岐注、孙奭疏:《孟子注疏》,第314页。
[2] 《孟子·尽心上》载孟子语云:"尽其心者,知其性也。知其性,则知天矣。存其心,养其性,所以事天也。殀寿不贰,修身以俟之,所以立命也。"

楚地看到，人之天性中具有强大的趋恶因素，而且这一因素常常会遮蔽善端的有效扩充。因此，综合起来看，孟子其实充分认识到人性善恶混的基本事实。从这个角度上讲，其认识又与人性善恶混论颇多相通，甚至可以说，孟子的人性论实质上也是人性善恶混论。显然，孟子的人性论是接着孔子的人性论而来的。孔子讲天赋人性相近，但后天习染相远。不过，孔子并未讲天赋人性到底有哪些具体内容。而孟子则用大量笔墨，揭示了天赋的相近的人性里面，蕴含了"相近"的"善端"。同时，其论说中又暗示了天赋相近的人性里面也蕴含了"相近"的"恶端"。只不过，对"恶端"的暗示不是他立论的重心与目的罢了。待到战国末期，荀子接续孔孟，毫不掩饰地把人性中的恶端揭示了出来。

承认孟子的人性论实质上也是性善恶混论，不仅不会拉低孟子人性论的理论高度，反而能够更好地从理论上回答现实善恶之本源的问题，而且也更加符合人类生命现象的本真状态，同时，承认人性善恶混也更加有助于德性培养与社会治理。

众所周知，某一事物之所以如此，必然存在之所以能够如此的根据。这种根据，前人或称之为"道"，或称之为"理"。从人之所以如此的"道""理"上讲，既然人生而具有各种属性，那么，决定各种属性存在的"道""理"就必然存在。这种"道""理"是超越具体形而下存在的形而上存在，"道""理"本身超越于善恶之上，无所谓善恶。[1]

不过，只要人类存在，决定人生而具有之各种属性的

---

[1] 不少思想家认为，超越伦理之善恶的状态才是至善，且常常直接称之为"善"，同时又把伦理之善也称为"善"。比如，王阳明说："无善无恶者理之静，有善有恶者气之动。不动于气，即无善无恶，是谓至善。"（吴光、钱明、董平、姚延福编校：《王阳明全集》，上海古籍出版社，2014年，第33页）诸如王阳明等思想家的这种做法造成了概念的互相缠绕，甚至理论的混乱。为了避免缠绕与混乱，方便表述与理解，我们认为，不如大大方方地把超越伦理之善恶的状态直接称为"无善无恶"。

"道""理"就不可能空悬而无着落，而是最终要发用于人身。发用于人身的具体属性如果尚未对他人产生任何影响，其实也本无所谓善恶。善恶应该界定为人与人之间发生某种互动之后，人类社会约定俗成的对这种互动产生之影响进行的伦理评判。[1]

作为人，发用于身的具体属性不可能存在于真空之中，而是往往会对他人产生一定的影响，人类社会进而会对这些影响做出或善或恶的价值判断。假设我们除去后天的影响因素不考虑，仅仅从与生俱来的天性方面追寻导致或善或恶之影响的根源，无疑是这些与生俱来的属性最终导致了或善或恶的影响。进一步讲，本来无所谓善恶的那些与生俱来的属性，却可能导致或善或恶的影响。换句话说，本来无所谓善恶的那些与生俱来的属性具有导致或善或恶影响的可能性。事实上，这种可能性极其复杂，体现在每个人身上，至少同时具备导致向善发展、向恶发展、向不善不恶发展这三类不同性质的可能性。除去后天影响因素不考虑，从或善、或恶、或不善不恶的结果追溯导致这些结果的人之天性的根源，则是因为原本无所谓善恶的属性却蕴含了或向善、或向恶、或向不善不恶发展的可能性，善的结果发源于善的因子，恶的结果发源于恶的因子。毫无例外，任何人身上都生而具有这三种属性，从这个意义上讲，人之天性中趋善趋恶的两种因子又是同时并存的。

再从个体生命在社会现实中的具体表现来讲，情况则更为复杂。从人与人之间的横向对比来看：有善多于恶的人；有恶多于善的人；有善恶大致相当的人。从每个人的生命历程来讲：有此时此境善者，彼时彼境恶者；有此时此境善多于恶者，彼时彼境恶多于善者；有此时此境、彼时彼境善恶相当者……种种情形，不一而足。但无论怎么讲，从个体的整个人生历程来看，唯全善无恶、

---

[1] 今天一些主张"性朴论"的学者，也许正是认为，人天生具有的属性还未对他人产生任何影响，无所谓善恶，故应称为"性朴"。

全恶无善之人绝不存在,而善恶并存则更加接近生命现象的实际状况。

不惟如此,承认人性善恶混,还更加有助于德性培养与社会治理。承认人有善性,作为行为主体,就应自觉扩充本有的善性,使之发展壮大;作为社会的管理者,就应充分信任他人具有自我向善的能力,而不总是怀疑他人,进而处处干预之。承认人有恶性,作为行为主体,就应努力发挥心的主动性,努力控制自身的恶性,使之不膨胀,不对他人和社会造成伤害;作为社会的管理者,则需充分认识到人的恶性,进而以道德化育之,以制度、法律规范之。总之,充分认识人性善恶混的事实,最终目的仍然是"教人以善"。[1]

---

[1] 钱大昕云:"孟子言性善,欲人之尽性而乐于善;荀子言性恶,欲人之化性而勉于善:立教虽殊,其教人以善则一也。"(见王先谦《荀子集解·考证上》,中华书局,1988年,第15页)也就是说,认识到人性善恶混,目的亦是"教人以善"。

内圣外王的四种诠释
——兼论孟荀之异

张子立（复旦大学）

一、引言：内圣与外王关系之定位

在儒家理论的讨论中，有关"内圣外王"之争议一直未曾停息。笔者以为，若能先对此予以明确的概念界定，无疑可省去许多无谓的纠缠与争端。因为内圣与外王两概念可以衍生出诸多诠释，对两者关系认定之差异，也往往由这些不同的诠释导致。更清晰的概念界定，不但有助于我们更深入地探究内圣与外王两个概念之相互关系，也可帮助我们对孟子与荀子之同异有新的体认。

基于以上理由，为了概念使用上的统一，我们不妨以内圣指涉道德领域，外王专表政治领域，如此，内圣与外王的讨论，就成为锁定道德与政治两者相互关系之研究。从这个概念界定出发，传统所谓内圣外王可以先归纳为以下三种解释：

首先，内圣外王是指政治制度来自人之仁心，不忍人之心为不忍人之政的先决条件。这种道德意识作为政治典章制度所从出之基础的说法，是孟子与荀子的共识，但以孟子的论述较为完备。西方当代政治哲学家那格尔（Thomas Nagel）也持类似意见，他指出，政治上的正当性建立在一个伦理条件之上，就是能兼顾公正与合理的偏私,而没有人可以合理地提出异议。[1] 在此可以说是内圣开外王,道德为政治之基础。

其次,道德意识驱使我们将他人、国家与社会视为个人自我生命之延长与扩充,孔子所谓"安人"、"安百姓"即为修己之最高表现,孟子先养民、再教民的仁政主张,与《大学》由格物、致知、诚意、正心,经由齐家之过渡,再到治国、平天下的向往,都是这种内圣开外王之诠释的发挥。

在传统帝王政治格局中,圣君贤相成为儒家内圣外王架构的理想政治运作模式。内圣外王之说最常为人所诟病的也就是这一点。如果将其理解为治人重于治法的思路,就会不重制度,导致缺乏客观法律体系,既造成礼教吃人,亦不能妥善处理权利问题。但事实上,孟子与荀子都强调治人与治法须并重,而不采取这种片面的说法,尤其是通过荀子对礼法的重视,就可以了解儒家并非不重制度。但儒家德治毕竟不同于法治,也是一个理论事实。

最后,若换个角度思考,我们可以再进一步追问:道德层面是否无条件地对政治层面具有优位?政治步入正轨的社会,是否也可提供其成员在其中不断提升道德素质之有利条件,而思考由外王开内圣之可能呢?笔者以为,美国政治哲学家罗尔斯(John Rawls)的相关论述可以供吾人参考。他注意到人因具有正义感,才会接受正义二原则,从而道德意识相对于政治原则具有优先性;却同时认为,政治制度的安排不但造就了良序社会(a well-ordered society),在这社会中,经过道德发展的三阶段过程,人的价值观与正义感也趋于一致,亦即这政治制度良好的社会,同时顺成了其成员道德修养的高度发展。如此一来,政治制度就成为道德修养之根本,而实现外王开内圣。以此来看荀子礼义师法与化性起伪的主张,我们发现他也是在强调外王可以开出内圣。因此,对内圣外王的理解,除了以往内圣

1　Thomas Nagel: *Equality and Partiality*, New York: Oxford University Press, 1991, p.52.

开外王的三种诠释之外,也应该补充外王开内圣的第四种思路。

二、内圣开外王的三种解释

如引言所述,若在讨论中对概念之意涵作出明确界定,以内圣表述道德领域,外王指涉政治领域,将会有利于我们对内圣与外王之关系作更清楚的分析,减少不必要的争议与误解。事实上,牟宗三就曾经指出,宋明儒在弘扬内圣之学方面有功,衡之"内圣外王之道"之全体则有所不足。其标准正在于以"内圣"专指道德实践的圣贤工夫,"外王"表述儒家的政治思想:

> "内圣"者,内而在于个人自己,则自觉地作圣贤工夫(作道德实践)以发展完成其德行人格之谓也。"内圣外王"一语虽出于《庄子·天下篇》,然以之表象儒家之心愿实最为恰当。"外王"者,外而达于天下,则行王者之道也。王者之道,言非霸道。此一面足见儒家之政治思想。[1]

基于概念用法统一的理由,本文在论述脉络中也将承袭此用法,以"内圣"指涉道德领域,"外王"专表政治领域。内圣外王的讨论,就成为对道德与政治两者相互关系之研究。然而在此基本方向上,仍然蕴含了可更细致划分的理论主张,必须予以分别处理。依据以上概念界定,传统"内圣外王"理论至少又可先区分出三种解释,以下将依序说明之。

(一)道德良能为政治制度之基础

儒家内圣外王之道,特别强调道德意识或道德禀赋乃政治制度之基础。礼乐仁政皆根于仁心,所要回答的是"良好政治制度

---

[1] 牟宗三:《心体与性体(一)》,台湾正中书局,1968年,第4-6页。

如何可能"问题。一切政治制度和社会建制、法律规范，乃是由人内在的道德感之驱使而产生，仁心是制度与法律之可能条件。孔子强调"人而不仁，如礼何；人而不仁，如乐何"[1]正点出这个关键。一切礼制，须以人心之仁为基础。故孔子又曰"君子义以为质，礼以行之"[2]，这告诉我们礼仪制度是落实义的表现。孟子接着主张"仁义礼智根于心"[3]，顺着心之本性，才能有客观化的礼制产生。于是他又说："先王有不忍人之心，斯有不忍人之政矣。以不忍人之心，行不忍人之政，治天下可运之于掌上。"[4]"不忍人之心"作为"不忍人之政"的先决条件，就是承认在道德意识的驱使下，才会拟定好的制度与政策，作为政治运作管理众人之事的指导方针。

这种思想倾向之特性与优点，若参考当代西方政治哲学中的类似思路，则更为明显。那格尔（Thomas Nagel）认为讨论政治理论时，必须兼顾个人（personal）与非个人（impersonal）两种立场。非个人立场产生强有力的对普遍公正与平等的要求，而个人立场只顾及个人的动机与需求，形成追求以及实现非个人立场的障碍，合理的政治安排必须调和个人与非个人这两种立场。那格尔指出："政治问题解决之道虽必诉诸政治手段，其理论本质上却是道德的。政治制度之正当性建立在一个伦理条件之上，就是能兼顾公正与合理的偏私，而没有人可以合理地提出异议。"[5]他并补充说："个人之间利益的冲突，要以伦理地而非政治议价地方式解决，正来自非个人亦即公正立场的要求。"[6]一些明显表现在政治生活上的实践问题

---

1 《论语·八佾》。
2 《论语·卫灵公》。
3 《孟子·尽心上》。
4 《孟子·公孙丑上》。
5 Thomas Nagel: *Equality and Partiality*, p.52.
6 Thomas Nagel: *Equality and Partiality*, p.47.

有其理论与道德上之根源。"道德信念是政治选择之驱动力,道德意见缺乏共识达到严重程度的话,会比纯粹的利益抵触引起更多的不和。"[1] 那格尔强调道德直觉的重要性在于:即使我们不知道何者为是,这种直觉仍可告诉我们何者为非。并说出以下这段发人深省的话:

> (道德)直觉的确可能会被习俗、自我利益或对理论的坚持所败坏,却并不如此,而一个人的直觉往往提供给他证据,证明他个人的道德理论有所缺失,或是他从小到大视为自然不过的社会安排实际上并不公正。道德直觉对政治理论之不满及其理论形成之必要来源。它可以在不必指出如何修正错误的情况下,告诉我们哪里出了问题。对甚至是现有最理想版本的政治举措,它也可以提出合理的响应。[2]

道德直觉虽有被私心与成见败坏的可能,但还是可以在不受这些因素影响的情况下,对道德及政治理论发挥检视的作用。道德意识对政治制度与安排的不满,正是政治理论不断前进的动力,此无疑已点出道德意识实为政治举措之先决条件,而与儒家礼乐仁政皆根于仁心的说法不谋而合。

道德意识作为政治举措之先决条件,事实上也是荀子的主张。荀子指出"圣人化性而起伪,伪起而生礼义,礼义生而制法度"[3]。礼义生而后能制法度,正是说明道德意识为催生政策制度之前提。但是当荀子将性恶的论断与礼义法度之说联系起来之后,就陷入了一种理论困难。《荀子》书中论性其实有三层意义,分别指涉三种人之所生而有、无待而然的特性。一是指饥而欲饱、寒而欲暖、劳

1　Thomas Nagel: *Equality and Partiality*, p.6.
2　Thomas Nagel: *Equality and Partiality*, p.7.
3　《荀子·性恶》。

而欲休[1]、好利而恶害[2]的生理本能。二是能辨别声音、颜色、味道、触觉的耳目口鼻之官能的能力。[3] 第三种，也是荀子讲性最常为人所忽略的一种意义，即是其所谓可以为尧禹，可以为桀跖，可以为工匠，可以为农贾等"可与如此、可与如彼"的人格及能力之可塑性。[4] 至于荀子对"性恶"之断定，是就第一层的生理本能而言。因为其指出，若随顺生理本能而不加节制或转化时，就会有各种罪恶产生：

> 人之性恶，其善者伪也。今人之性，生而有好利焉，顺是，故争夺生而辞让亡焉；生而有疾恶焉，顺是，故残贼生而忠信亡焉；生而有耳目之欲，有好声色焉，顺是，故淫乱生而礼义文理亡焉。然则从人之性，顺人之情，必出于争夺，合于犯分，乱理而归于暴。故必将有师法之化，礼义之道，然后出于辞让，合于文理，而归于治。用此观之，然则人之性恶明矣。其善者伪也。[5]

生理欲望本身是价值中立的，无善恶之分。其之所以为"恶"，乃在于人沉溺于其中而不加节制。亦即引文中"顺是"一语。徐复观对荀子此说的解释是：官能欲望的本身不可谓之恶，不过恶是从欲望这里引发出来的。问题全出在"顺是"两个字上。这与孟子"物交物，则引之而已矣"的说法，实际没有多大出入。[6]

至于人之所以能够化性起伪，则是依赖第三种性：人格之可塑性。因为荀子认为"性者本始材朴也，伪者文理隆盛也"，两者之关系是"无性，则伪之无所加；无伪，则性不能自美"。[7] 因人具有

---

1 《荀子·性恶》。
2 《荀子·荣辱》。
3 《荀子·天论》。
4 《荀子·荣辱》。
5 《荀子·性恶》。
6 徐复观：《中国人性论史（先秦篇）》，台湾商务印书馆，1994年，第238页。
7 《荀子·礼论》。

可塑性，所以经由"师法之化，礼义之道"，就能使人"出于辞让，合于文理，而归于治"。此人格之可塑性亦即荀子所谓"可以能仁义法正之具"，所以能够借由仁义法正之伪，而逐渐向善，此亦被荀子用来说明其"涂之人可以为禹"之理论基础。[1]

但是这种人格之可塑性，只说明了人可以被教化为圣人，却无法解释"生礼义之圣人如何可能"问题。由于荀子认为礼义法度是圣人之所生，而由于人之性恶，又"必将待师法然后正，得礼义然后治"。首先，必得借由礼义法度之导正与教化，才能产生圣人，"圣人者，人之所积而致矣"[2]；但礼义法度之产生，又来自圣人，这就成为一种循环论证。其解决之道，不能藉助一种人格可塑性之解释，而必须仰赖一种不需外铄而内在于己的道德禀赋，如孟子所谓良知良能，如此才能解决此循环论证问题。

（二）"修己"之极致为"安人"、"安百姓"

儒家内圣外王的另一种解释，是强调道德修养必得印证在"成己成物"的行为表现，尤其是政治成就上，而在个人与社群之间力求平衡。孔子所谓"修己以安人"、"修己以安百姓"[3]正是典型表述。这种理路认为：真正的道德实践要从修身出发，但不能只局限在个人修养，必扩充至他人他物，亦即安人、安百姓上。所以孔子说"夫仁者，己欲立而立人，己欲达而达人"[4]，由己立、己达进而要求立人、达人。这种"与天地万物为一体"的精神最明显的表现就是在政治上，因此，孔子才会说修己以安百姓。顺是，政治上的效验就成为儒者道德实践不可或缺的一环，治人乃修己之具体落实，而非各不相干。这种视政治生活为道德生活之延长的观点，在

---

1 《荀子·性恶》。
2 《荀子·性恶》。
3 《论语·宪问》。
4 《论语·雍也》。

《大学》之三纲领、八条目中表述得最为系统而清楚,由格物、致知、诚意、正心、修身之内圣功夫,达致治国、平天下之外王事业,正是一由本而末、贯彻始终的理论。[1]

牟宗三以肯定人民为"存在的生命个体"作为儒者在政治思想与政治实践上所立的最高准则,即为这种思路之发展。从内圣开外王的角度出发,儒家思想一样肯定个体,这种肯定是由具有权力的君王或以道德修养作为表率的君子这两种角度出发,肯定人民作为个体的价值与权利:

> "存在的生命个体"是首出的观念,是直下须肯定的观念……这是儒者在政治思想、政治实践上所立的一个最高的律则。而这个律则是直就人民为一存在的生命个体而注意其具体的生活、价值、与幸福,而被体认出的。不是通过西方所首先表现的政治意义的自由、平等、人权、权利诸形式概念而立的。此种尊生命、重个体,是理性之内容的表现,而通过政治意义的自由、平等、人权、权利诸形式而来的尊生命、重个体,是理性之外延的表现。……在"理性之内容的表现"之路数中尊生命、重个体,那些外延表现中的形式概念可以一起含藏于所尊之"存在的生命个体"中而不自觉地或无容疑地被肯定。[2]

牟氏认为西方通过政治意义的自由、平等、人权、权利诸形式而来的尊生命、重个体是理性的外延表现。儒者则直就人民"存在的生命个体"而注意其具体的生活、价值与幸福,此种尊生命、重个体是理性之内容表现。在理性之内容表现中虽不能直

---

[1] 余英时先生曾于《儒家思想与日常人生》一文中提到"齐家"乃"内圣"与"外王"之间的一种过渡,今从之。详细内容可参阅氏著:《现代儒学论》,美国八方文化企业公司,1996年,第176页。
[2] 牟宗三:《政道与治道》,台湾学生书局,1996年,第118页。

接开出民主，但从其尊生命、重个体的态度出发，那些外延表现中的形式概念可以一起含藏于所尊之"存在的生命个体"中而被肯定。而且不但肯定人民作为个体之价值与权利，还要帮助人民实现其个别价值，满足其需求。亦即所谓"民之所好好之，民之所恶恶之"，也就是《中庸》"以人治人"的表现[1]。牟宗三对此的说明是：

> 主观敞开，服从客观，则客观方面即全散开而落在"存在的生命个体"之"各适其性，各遂其生"之"各正性命"上。无骚扰，无矫揉，无悬隔，无设计，个体落实地还其为个体，此为儒者"理性之内容的表现"之德治之极致。此种全幅让开散开的德治亦可以说是内容表现上如实理的个体主义之极致（个体主义是重个体，不是唯是个体）。[2]

由理性之内容表现所肯定的"个体主义"，是一种基于道德修养而来的待人处事之道，它不但要维护个人自己的权利，更力求保障与实现他人的价值与自由，不会只是一种唯是个体的"个人主义"（individualism）。[3] 牟宗三以上论点，与孟子对"仁政"的论述若合符节。仁政的实践原则是先要能养，再求能教。就前者而言，"要以满足现实生活的基本条件为基础"，所以孟子强调"养生丧死无憾，王道之始也"[4]，"民之为道也，有恒产者有恒心，无恒产

1　牟宗三：《政道与治道》，第120页。
2　牟宗三：《政道与治道》，第117–123页。
3　儒家的"个体主义"，事实上还可以作为调和西方自由主义与社群主义之争的桥梁。依照这种思路，社群不只是反映人彼此间关系的外在组合，个人之权益与自我必须在社群中才得以完全实现；个人也不致被社群的一切内容所渗透而淹没其中，仍可对其保有相当的自主性与选择能力。笔者在另一本专著中对此有较为详细的论证。请参见张子立：《从逆觉体证到理一分殊：试析现代新儒学之内在发展》，台湾五南出版社，2014年，第158–163页。
4　《孟子·梁惠王上》。

者无恒心"¹,"明君制民之产,必使仰足以事父母,俯足以畜妻子,乐岁终身饱,凶年免于死亡"²。但这只是仁政之必要条件,非充分条件,盖"饱食暖衣,逸居而无教,则近于禽兽"。故又须能教,借道德理想的追求,来提升人之所以为人的存有价值。³若以柏林(Isaiah Berlin)所谓"消极自由"(negative liberty)与"积极自由"(positive liberty)两概念而言⁴,孟子先能养然后能教之见解,是要先确立人民有不受外在限制、得遂己欲的消极自由,再引导人民追求积极的内在道德良心之自由。此外,孟子又强调君主须能与民同乐,"古之人与民偕乐,故能乐也"⁵,"与百姓同乐,则王矣"⁶。要执政者与民同享乐,与百姓同享幸福。

综上所述,正如徐复观所言:"儒家治人必本之于修己,而修己亦必归结于治人。内圣与外王,是一事的表里。所以儒家思想,从某一角度看,主要是伦理思想;而从另一角度看,则亦是政治思想。伦理与政治不分,正是儒家思想的特色。"⁷李明辉亦强调:"儒家思想底实践性格并不以个人道德为限,也要通向政治及社会的领域。……在'内圣'与'外王'之间,'内圣'必为'外王'之基础,'外王'则为'内圣'之延伸。故儒家底实践以道德实践为本,由此再延伸到社会与政治中的实践。"⁸在此可以说内圣为外王之基础。

---

1 《孟子·滕文公上》。

2 《孟子·梁惠王上》。

3 曾春海:《儒家哲学论集》,台湾文津出版社,1989年,第64-65页。

4 Isaiah Berlin: *Four Essays on Liberty*, New York: Oxford University Press, 1969, pp.122-132.

5 《孟子·梁惠王上》。

6 《孟子·梁惠王下》。

7 徐复观:《儒家政治思想的构造及其转进》,收入氏著:《学术与政治之间》,台湾学生书局,1980年,第48页。

8 李明辉:《当代儒学之自我转化》,"中央研究院"中国文哲所,1994年,《导论》,第12页。

（三）圣君贤相之德治

前述内圣外王的第二种诠释，主张成德是由个人推扩至群体国家，以安民、安百姓，或是立人达人。这种要求落在政治人物上，则形成圣君贤相之理想。这种道德在政治上的效验，强调的是一种德治。要求执政者自修其德，才能风行草偃，令人民见贤思齐。孔子要由"民免而无耻"的"政"与"刑"，进步至"有耻且格"之"德"与"礼"的境界，正反映出此种态度。既然德治不把重心放在良好的法律制度上，而是期望在位者自修其德，成为人民的表率，一起在现实人生中建立一道德国度、大同世界，圣君贤相自然成为人格典范。孔子"为政以德，譬如北辰，居其所，而众星拱之"[1]的说法，正希望在上位者以身教实行一种刘述先所谓"吸引的政治"[2]。这种德治的最高理想是"恭己正南面"的"无为而治"[3]，要求执政者不把自己的意志强加于人民身上，此为德治之消极面；就其积极面而言，则表现在上述孟子先养民、再教民之"仁政"的论述中。

圣君贤相之德治，有别于现代诉诸良好制度与法律之法治，引发不少批评。张灏从其"幽暗意识"说出发，提到儒家人人可体现至善的"乐观人性论"，造成圣王与德治的思想，把政治权利交给已经体现至善的圣贤手中，让德性与智慧来指导和驾驭政治权利，即为中国传统之所以开不出民主宪政的一部分症结。[4]何信全也指出："儒家对政治生活中的人性，则抱持乐观态度。此种乐观态度，表现在由性善论导出德治。德治一方面相信一般人民可以'导之以德'，犹如'草上之风必偃'；另一方面亦相信政治人物会'为政

---

1 《论语·为政》。
2 刘述先：《论儒家"内圣外王"的理想》，《理想与现实的纠结》，台湾学生书局，1993年，第144页。
3 《论语·卫灵公》。
4 张灏：《幽暗意识与民主传统》，台湾联经出版公司，1989年，第28-29页。

以德'、'子帅以正'。在这种对政治生活中天理必胜人欲底乐观预期之下,使得法治观念毫无落脚之处。"[1]

事实上,儒家亦并非完全不重视法治,徐复观就提醒我们,孟子"徒善不足以为政,徒法不足以自行"一语就指出治人与治法不可偏废之理。若将法解释为政治上所应共同遵守的若干客观性的原则,及由此等原则而形成为制度,见之于设施,则孟子乃至整个儒家实具法治思想,儒家在政治上所说的礼都是法治。[2] 荀子更可说是儒家重视礼法制度的代表。荀子与孟子同样认为治人与治法需并重,因此指出"法不能独立,类不能自行,得其人则存,失其人则亡"[3]。他以"圣王"概念综合二者,强调"非圣人莫之能王"[4]。得位之圣人,才有实施仁政所必需的权力与地位。所以说"大儒者,善调一天下者也,无百里之地,则无所见其功"[5]。但荀子对礼法制度之注重更胜孟子,他不断重申圣王制定礼法,借以教育人民,治理国家:

> 扁善之度,以治气养生,则后彭祖;以修身自名,则配尧禹。宜于时通,利以处穷,礼信是也。凡用血气、志意、知虑,由礼则治通,不由礼则勃乱提僈;食饮、衣服、居处、动静,由礼则和节,不由礼则触陷生疾;容貌、态度、进退、趋行,由礼则雅,不由礼则夷固、僻违、庸众而野。故人无礼则不生,事无礼则不成,国家无礼则不宁。[6]

---

1 何信全:《儒学与现代民主:当代新儒家政治哲学研究》,"中央研究院"中国文哲所筹备处,1996年,第145-146页。
2 徐复观:《孟子政治思想的基本结构及人治与法治问题》,收入氏著:《中国思想史论集》,台湾学生书局,1993年,第138-140页。
3 《荀子·君道》。
4 《荀子·正论》。
5 《荀子·儒效》。
6 《荀子·修身》。

荀子不但点出礼的关键角色，也对法之客观性与公正性多所着墨。"庆赏刑罚欲必以信"[1]表明法制的施行必须确实，不因人设事。"君法明，论有常，表仪既设民知方"[2]在强调法制的设计，首先必须明确无误，人民才有办法切实遵行，作为一切言行举止的标杆。君王在执行法治的过程中必须严守分际，公正不阿，所谓"怒不过夺，喜不过予，是法胜私也"[3]。不得以个人情感因素干预刑赏制度的客观与公正，定罪量刑概以"法"为准绳。但要注意的是，荀子与法家仍有不同，法家重法而不重德；荀子"治之经，礼与刑，君子以修百姓宁。明德慎罚，国家既治四海平"[4]这段话，告诉我们礼与刑虽是治礼国家之所须，但还是要"明德慎罚"，以道德教化为先，量刑、用刑必须谨慎，本质上仍是以德为先的儒家思路。

然而，以上论述充其量也只具备法治之基本精神，传统所谓"礼"与"法"仍与现今之制度及宪法不同。[5]牟宗三也强调传统所谓法只是"维持五伦之工具，赏罚之媒介，其本身无独立之意义"[6]。质言之，"礼"之主要意涵是日常生活的基本道德规范、应对进退之礼仪、典礼之仪式程序；就"法"而言，中国传统之法，是各朝依其统治实际需要所定，是行政机关之内规或命令。美国法律学者昂格尔（R.M. Unger）即把中国传统之礼与法归入其所谓"官僚法"范畴中，以与现代意义上严格的法律秩序或制度区隔。[7]综合来看，笔者以为传统之礼法与现代所谓法制有以下不同[8]：

---

1 《荀子·议兵》。
2 《荀子·成相》。
3 《荀子·修身》。
4 《荀子·成相》。
5 徐复观：《孟子政治思想的基本结构及人治与法治问题》，第136-138页。
6 牟宗三：《政道与治道》，第49页。
7 （美）R.M. 昂格尔著，吴玉章、周汉华译：《现代社会中的法律》，译林出版社，2001年，第82-104页。
8 张子立：《从逆觉体证到理一分殊：试析现代新儒学之内在发展》，第168-169页。

(1) 非代表民意之立法机关所定，民意基础低或是全无。

(2) 无宪法、法律、命令之分。所有规定之效力依主张者之官位高低而定，不具稳定性。

(3) 法条之修改纯由执政者之自由心证，无公开、民主、客观、公正之程序。

(4) 一改朝换代，法律则可大幅修改，缺乏一致性。

(5) 法之地位仍在执政者之下。

(6) 无依法独立审判之机关。刑部等并非独立之司法机关，执事者并非民选，也非专业之法律人才。

平心而论，传统儒家以正人心为重，亦有其独到之处。李明辉指出，以性善说为基础的民主理论可以针砭过分相信民主机制的制度论者。他以英国学者沃尔海穆（Richard Wollheim）的说法为例，后者认为民主制度有一种"预计到的危险"，可能来自为了施行它而设计的机制或社会中其他因素之影响，因此无法自我保证。李明辉亦补充说："传统儒家并非不重视制度，但亦不相信制度是万能的。……对于制度本身的弱点保持警觉，或许才是民主制度之最佳保障。"[1]

事实上，对民主制度所应警觉者，在于要意识到法律制度是人所制定、由人来推行，若人无心遵守，则违法乱纪乃至玩法自利的现象将层出不穷。余英时在讨论儒家之未来的时候，提到修身可以在日用常行中发挥为己之学的正面功能，成为社会上领导阶层的修身论，而在公共领域中有其贡献。他强调："'徒法不足以自行'终究是一条经得起历史考验的原则，制度离不开人的运作，越是高度发展的制度便越需要高质量的人去执行。"[2] 可见孟子"徒善不足以为政，徒法不足以自行"，以及荀子"（法）得其人则存，失其人则

---

1 李明辉：《性善说与民主政治》，《儒家视野下的政治思想》，台湾大学出版中心，2005年，第69页。
2 余英时：《现代儒学的回顾与展望》，《现代儒学论》，第42页。

亡"的建议还是具有现代意义的。

但不可讳言的是，缺乏法律制度产生的流弊更为严重。人重于法就会使律令之尊严不显、稳定性不够而缺乏客观独立之裁决标准，如此一则会产生徐复观所谓政治上"二重主体性"现象，亦即政治的理念，民才是主体；而政治的现实，则君又是主体。[1] 二则应验劳思光所谓忽略众多主体并立境域本身之特性，结果在主体交互关系中之一切问题，均不能如分解决。[2] 礼与法因为僵化或被私心自用，不是造成礼教吃人，就是在面对复杂事态之际，显得缓不济急或无法调解利益与思想观念上的冲突，也就是说对各自权利问题难以妥善处理。孟子治人与治法并重，是道德修养与政治制度皆已成熟并相互交融之最高境界，但在达到此理想前，道德只能用在修己，政治则必须有制度保障。徐复观对此已有清楚体认，指出要解除中国政治上二重主体性的矛盾，必诉诸制度。[3] 实有其眼光独到之处。

三、划分三种"内圣外王"诠释的理论意义

本文之所以花费相当篇幅来划分出以上三种诠释，除了要进一步分析孟子与荀子之同异，还因为这将有助于厘清内圣外王相关的一些理论问题，不致为了其中某个面向，而全盘否定或肯定此说。我们可以借由余英时对内圣开外王的讨论为例，说明这三项区分的功能。

余英时在其《现代儒学论》一书中指出，一般对内圣外王的解释，认为由内圣直接开出外王具有必然性，其实并不正确。余氏

---

[1] 徐复观：《中国的治道》，《儒家政治思想与民主自由人权》，台湾学生书局，1988年，第224页。

[2] 劳思光：《文化哲学论集》，香港中文大学出版社，2000年，第125-137页。

[3] 劳思光：《中国的治道》，第247页。

赞同陈确的看法，陈确认为"古之人慎修其身也，非有所为而为之也。而家以之齐，而国以之治，而天下以之平，则固非吾意之所敢必矣"。也就是说，古人以修身为目的，并不预期内圣与外王之间有任何必然关联。余英时进一步指出，孔子说"德之不修，学之不讲，闻义不能徙，不善不能改，是吾忧也"，正是视修身为目的，而非实现外王的手段。孟子"天下之本在国，国之本在家，家之本在身"的说法，虽与《大学》的修、齐、治、平相似，但并不蕴涵《大学》原文中内圣必然推出外王的一番意思。尤有甚者，晚清谭嗣同质疑齐家何以能推至治国，并指出这种说法是封建宗法背景下的产物。因为在宗法制度下，国等于是一家氏族之扩大，自秦汉以来，封建制度崩溃，则有家齐而国不治，或家不齐而国治的情形出现。顾颉刚指出《大学》中的齐家并非一般人民之家，而是如鲁之三家，即一国中之贵族，具有左右国家之政治力量者。[1] 这些都说明了内圣与外王二者可以各自独立。

余英时以上论述可以归结为两个重点：一是内圣未必可以直接开出外王；二是内圣工夫有其独立性，不可视为实现外王的手段。若依照以上对内圣外王的三种解释，我们可以肯定"德之不修，学之不讲，闻义不能徙，不善不能改，是吾忧也"这段话，是孔子强调修身为目的，而非实现外王的手段。因为这与上述内圣外王的第一、二两种解释完全一致。第一种解释说道德良能为政治制度之基础。一切政治制度和社会建制、法律规范，皆是以人内在的道德感为基础。第二种解释告诉我们，真正的道德修养，表现在政治成就上，也是要以修身为核心，认为修身虽为基础，但为避免使人变成自了汉，故强调成己成物才是修身的最高表现。可见我们不但可以同意余英时的看法，还可更进一步指出：道德相对于政治领域具有奠基性，不但并非实现后者之手段，甚至应成为其根本。我们也可

1　余英时：《儒学思想与日常人生》，《现代儒学论》，第176-177页。

以承认齐家与治国的直接联系具有其时代限制，并不具有必然性。内圣与外王可以各自成为一个独立领域，皆具有本身的特性，不必一味坚持外王即是内圣的直接延伸。牟宗三指出，内圣开外王必须曲通，而非直通，已经呼应了余英时的看法。牟氏进一步区分道德与政治两领域，以养民为治人之政治领域原则；教民为修己之道德领域原则。王道不能只是德，还必须重视人民的幸福：

> 从王道方面讲，正德必函厚生。正因为德是指道德的真实心、仁义心言，故一夫不获其所，不遂其生，便不是仁义心所能忍。从个人道德实践的立场上说，律己要严；从政治王道的立场上说，对人要宽，要恕。正德求诸己，利用厚生归诸人，而亦必教之以德性的觉醒。[1]

依牟宗三之见，儒家实有区分修己与治人的理论向度，修己属道德领域，要注重的是实践工夫；治人属政治领域，最优先的是人民的生存与权利。徐复观也呼应牟宗三的讲法，认为孔孟与先秦儒家在修己与治人两方面所提的标准完全不同，修己方面总是要将自然生命不断向德性上提，绝不在自然生命上安顿人生价值；谈到治人，则首先是安设在人民的自然生命要求上。若以修己的标准治人，会演变成思想杀人之悲剧；相反地，若以治人的标准律己，则将误解儒家修己以立人极的道德工夫。[2]

另外，我们也可看出，牟、徐二位与余英时具有另一个共识：圣君贤相的德治已不能符合当前时代的需求。余氏基于其史学家的研究成果，告诉我们明代中叶以后儒家的基础动向是下行而非上行，是面对社会而非面对朝廷：

---

[1] 牟宗三：《政道与治道》，第28页。
[2] 徐复观：《儒家在修己与治人上的区别及其意义》，收入氏著：《儒家政治思想与民主自由人权》，台湾学生书局，1988年，第203-205页。

以前儒者把希望寄托在上面的"圣君贤相",现在则转而注重下面的普通百姓怎样能在日常人生中各自成圣成贤。……他们已逐渐了解:普通百姓都能为自己的利益作最大的努力,这远比等待"圣君"从上而下的施德为可靠。所以顾炎武说:"天下之人各怀其家,各私其子,其常情也。为天子为百姓之心,必不如其自为。此在三代以上已然矣。"这句话说得十分透辟。"三代以上"正是儒家所谓圣君尧、舜的时代,尧、舜为百姓之心尚且不如百姓自为,则后代的帝王便更不必说了。明清儒家日常人生化发展至此事实上已打破了"内圣外王"的古老神话。[1]

依照上述解释,可看出余英时是以圣君贤相之德治之不合时宜,作为内圣外王说破灭的例证。也就是说,他反对的是上述内圣外王的第三种解释,并借由历史证据澄清明清儒家已不再抱持这种圣君贤相的理想,转而将希望寄托在老百姓自我的进德修业、自我照顾上。我们可以承认,圣君贤相格局的确有其限制而不合时宜,但这只是内圣开外王三种解释的其中一种,并非全部重点。牟宗三与徐复观亦提出要放弃圣君贤相格局,以民主法治取而代之,可见双方对此问题实有共识。

四、第四种内圣外王诠释:外王开内圣与"良序社会"

上面指出,尽管本文目前探讨的三种诠释,都属于内圣开外王的型态,以内圣为基础,外王为内圣之落实与扩充。但若以道德与政治的关系来看内圣与外王,两者又可以各自独立,均具有本身的特性,不必一味坚持外王即是内圣的直接延伸。事实上,从其他角度来看,外王也可以具备优先性,而开出内圣。在这方面,美国政治哲学家罗尔斯(John Rawls)的"良序社会"(a well-ordered

---

[1] 徐复观:《儒学思想与日常人生》,收入《儒家思想与民主自由人权》,第175-176页。

society）论点，实颇具参考价值。

在解释"良序社会"之前，必须先提及"原初位置"（the Original Position），因为在罗尔斯的正义论中，两者具有一种相互对照的关系。基于传统社会契约论预设的自然状态，因缺乏历史现实证据而饱受抨击，罗尔斯以"原初位置"的假设性契约取而代之。在此位置中由于"无知之幕"（a Veil of Ignorance）的遮蔽，它成为一种完全隐藏个人经验属性的状况。其情形是：

> 没有人知道他在社会中的处境、阶级地位或社会阶层，也不知道自然禀赋于他的能力、智力、体力等等，甚至不知道他的价值观及特殊的心理倾向。正义原则是在"无知之幕"遮蔽下被选择。如此安排，在于确保正义原则的选择中，没有人会因为自然机运或社会状况的偶然性而获益或受害。[1]

无知之幕是一种对个人经验属性完全无知的状态。其用意在于排除各种自然或社会条件对选择正义原则之干扰，避免任何人出于私心作抉择，确保协议之公平性。不过，在这状态下做抉择的人们仍是一种"道德人"（moral persons），是"具有自身目标的理性存有，并且设定其具有正义感"[2]。前一项特性意指"道德人"具有理性地寻求目标实现的价值观，所以会追求各种社会及自然的基本善[3]，因为这些基本善皆有助于其实现理性的人生计划；而在正义感（a sense of justice）之驱使下，才会"采纳在原初位置选择的任何原则（在此亦即正义原则）并依以行之"[4]。其次，罗尔斯"原初

1　John Rawls: *A Theory of Justice*, Cambridge, Mass.: Harvard University Press, 1971, p.12.
2　John Rawls: *A Theory of Justice*, Cambridge, Mass.: Harvard University Press, 1971, p.12.
3　John Rawls: *A Theory of Justice*, Cambridge, Mass.: Harvard University Press, 1971, p.62. 所谓社会的基本善包括权利与自由、权力与机会以及收入与财富；自然的基本善则有健康与精力、才智与想象力。
4　John Rawls: *A Theory of Justice*, Cambridge, Mass.: Harvard University Press, p.19.

位置"中的"道德人"之设计,除了要求公平的出发点之外,也欲避免哲学上的"强预设",所以"道德人"运用的理性,不是康德的实践理性,而是"互不关心的理性"(mutually disinterested rationality)[1]。这种理性属于一种工具理性之应用,各人只求尽量实现自己的目标,而未考虑他人。但由于对本身在现实世界之处境毫无头绪,就会以"小中取大原则"(maximin rule)[2]做抉择,而在此原则指导下,正义二原则就成为"原初位置"的"道德人"之选择。

质言之,罗尔斯以互不关心之理性证成正义二原则,即是从人民如何满足本身各种需求的切身利益出发,再借由工具理性之助,以证成正义原则作为政治基本原理之合理性。可见照顾人的实际需求与基本善应为政治原理可行性之判准,这是直接就政治领域本身特性而论,与牟宗三、徐复观以养民为政治领域基本原则不谋而合;就正义感而言,它是接受正义原则之基础,可以说,正义原则之具有规范性、束缚性,正系于此正义感。在此,罗尔斯显然认为道德能力为政治原理得以运作的条件之一,是以道德相对于政治有一种奠基性。这又与前述内圣外王的第一种诠释相契合。

罗尔斯从原初位置的道德人之选择,推导出正义二原则之后,又接着说明在这种根据正义原则行事的社会中,人的道德如何发展的情况。这样的社会,罗尔斯称之为"良序社会"。此社会被设计为一个"促进其成员的善且为一个公共正义观有效规约的社会"。在这社会里,每个人都接受并知道其他人亦接受相同的正义原则,也知道基本社会制度满足了这些原则,是以其成员皆具备依正义原则行事的强烈欲望。[3] 在这种落实了正义原则的社会中,成员历经

1　John Rawls: *A Theory of Justice*, p.144.

2　John Rawls: *A Theory of Justice*, pp.152-153. 简言之,此原则意指:我们要设想在最坏的情况中获取最大利益(亦即俗语"不幸中之大幸")的方式来作选择。

3　Jong Rawls: *A Theory of Justice*, pp.453-454.

服从父母命令的权威道德,到遵守群体之规范与标准的团体道德,慢慢地发展至具备成熟的道德感,到达为了法则自身而遵守法则的原则道德阶段。这三个阶段的基本特性分别是:在权威道德中,道德理想及其意图与动机的相关性并未被理解,真正的罪恶感也不存在,是以其内容由父母的一套训示所组成;到了团体道德阶段,道德感与友谊及特殊个人或团体之信任有关,道德行为大多建立在想获得团体认同的基础上。只有发展至原则道德,道德感才不仅与他人或团体之福祉、认同有关,而且独立于这些经验偶然性之上,达到为原则而遵守原则之境界。可以说,这最后阶段包含了前两阶段,并以一些普遍原则将所有附属的理想组织为一融贯系统。[1]

在原则道德阶段,可以说,运用并依据正义原则行动已成为良序社会成员的价值观之一。罗尔斯表示,良序社会中的道德人格(moral personality)以两项能力为特征:

> 一个是拥有价值观,另一个是具备正义感。当这两项能力实现之际,第一项能力展现在理性的人生计划上;依据某些正当原则(certain principles of right)行事之规约性欲望则为第二项能力之体现。于是道德人是一个主体,此主体有其选择之目的,对某些条件亦有基本的偏好,这些条件能使他形构一种生活模式,使其在情况允许时,能充分表达其作为自由平等之理性存有的本质。至此,人格的统一性就表现在其计划之融贯中,建立在遵循一种高阶欲望(higher order desire)之上,在与其正当感或正义感乃至理性选择之原则一致的方式中表露无遗。[2]

从这段说明来看,若将道德人在原初状态与良序社会中的特性作一比较,可知原初状态的道德人单单使用工具理性以行事,但在

---

[1] John Rawls: *A Theory of Justice*, pp.462–479.
[2] John Rawls: *A Theory of Justice*, p.561.

良序社会中，由于正义感渐渐发展成熟，正义感成为理性存有的目的之一，正义感与价值观趋于一致，作为公平的正义与计算理性选择下的善遂汇合为一。是以相对于原初状态追求社会及自然的基本善，罗尔斯强调，对良序社会之道德人而言："最重要的基本善则是'自尊'。此'自尊'之意涵有二：其一是本身之价值观与人生计划乃值得完成的；其二为对完成本身目的之能力具有信心。"[1] 此追求自尊、自我实现的良序社会，于是也成为一种合乎自律原理的社会。学者对此的分析是："在良序社会中，则于平等与自由之外，强调人是道德的（moral）。联系两者之间，乃是在合乎正义原则的社会制度中个人道德心理的发展过程。"[2] 可以说，罗尔斯在此强调的是政治生活的良好安排亦有助于道德素质的提升，因为在制度完善的社会中，个人即使出于自利而行事，在良好的分配正义原则指导下，却可各为其私而全其公，且随着知识、经验之增长，正义感亦日益发展成熟。因此，道德修养是政治生活的结论与理想境界，政治制度相对于道德修养反而更为基本。

这种实然与应然，善与对的合辙，正是在良好政治理念与制度的安排下，使原初状态行事出于自利的道德人，提升至以正义原则为价值观的真正道德主体。这种将道德由外在规范与理想内化为个人行事理念的过程，不是一种内在心性修养日趋坚定且推己及人的工夫论，而是由社会制度以潜移默化的方式将道德根植于成员心中的教化论。这正是一种"良序社会"如何能作为"心性修养"之基础的论证。就罗尔斯来说，要实现由外王开内圣，适当的教育与制度当然不可或缺，然而不能仅止于此，更需要正义原则作为良好的制度与法律之基础；这种社会亦非纯粹的民主法治社会，而是一种个人价值观与正义感汇合之良序社会；这个社会维系发展之最后根

---

1 John Rawls: *A Theory of Justice*, p.440.
2 何信全：《儒学与自由主义人观的对比：以孟子与罗尔斯为例》，《台湾哲学研究》，第 2 期（1999 年 3 月），第 156 页。

据，既非某种纯粹的道德约束，也非保障自身利益的工具考虑，而是人经由道德发展三阶段之后，所产生的对正义原则之尊敬，与他所追求的最高基本善——自尊。

之前谈到荀子强调礼法，是儒家中最具备法治意识的大家。由罗尔斯的良序社会理论，更可以看出荀子之重视礼法对内圣外王概念的理论贡献。荀子的化性起伪与礼义师法两个核心概念，正是一种外王开内圣的理论模式。荀子虽未提出以正义二原则作为施政与制度的指导原理，但也主张必须以礼法制度规范人的行为，使社会不致失序。这就是他所谓"出于治"、"归于治"：

> 今人之性恶，必将待师法然后正，得礼义然后治。今人无师法，则偏险而不正；无礼义，则悖乱而不治。古者圣王以人之性恶，以为偏险而不正，悖乱而不治，是以为之起礼义，制法度，以矫饰人之情性而正之，以扰化人之情性而导之也，始皆出于治，合于道者也。[1]
>
> 然则从人之性，顺人之情，必出于争夺，合于犯分乱理而归于暴。故必将有师法之化，礼义之道，然后出于辞让，合于文理，而归于治。[2]

荀子认为要导正人之情性，才能成就君子，此处所谓情性，是指人的情感欲望，这在精神上与罗尔斯从互不关心之理性出发，经过循循善诱而将其转化为实践理性有合辙之处。依荀子之见，君子与圣人都是经由道德教育不断"积"与"渐"的过程所致。而由礼法所规制的社会，就是此过程中人得以修身成德、化性起伪的优良环境：

> 故积土而为山，积水而为海，旦暮积谓之岁。至高谓之天，

---

[1] 《荀子·性恶》。

[2] 《荀子·性恶》。

至下谓之地,宇中六指谓之极。涂之人百姓,积善而全尽,谓之圣人。彼求之而后得,为之而后成,积之而后高,尽之而后圣。故圣人也者,人之所积也。人积耨耕而为农夫,积斫削而为工匠,积反货而为商贾,积礼义而为君子。[1]

罗尔斯认为,道德理性的养成是从权威道德到团体道德,再到原则道德的进步过程,荀子也指出真正的道德人格需要不断积累,循序渐进方能成就。两者皆认为其中之关键在于良好政治制度或礼法之导正与教育作用,因此皆为外王开内圣之理论模式。

五、结论:内圣外王的四种诠释

传统儒家内圣外王学说的特点是:由个人道德心性自证自明之修养工夫,使个人之内在性与殊别性,提升至超越性及普遍性,去应对生活中周遭的事事物物,由此易简工夫顺成个人至家庭、社会乃至国家之生命扩大历程。我们可以借由内圣开外王的三种解释详细分析其意蕴,并借以检视孟、荀两位儒学大家之理论异同。

首先,内圣开外王的第一种解释,强调道德良能为政治制度与原则之基础,孟子之人性论与"有不忍人之心,斯有不忍人之政"之见解为其代表。这种将道德正当性作为政治制度成立之合法性基础的观点,也为当代西方政治哲学家那格尔所强调。荀子亦属此种思路,但荀子人性论在"良好政治制度之建构何以可能"问题上,无法提供适当解答。

其次,内圣开外王的第二种解释,以孔子"修己"之完成乃"安人"、"安百姓"为主轴,主张外王成就乃内圣工夫效验不可或缺之一环。此"己立立人,己达达人"的化成志业,孟子将之诠释为先养民、再教民,以及与民同乐的仁政理想。牟宗三点出,此即

---

[1] 《荀子·儒效》。

肯定人民为"存在的生命个体",从尊生命、重个体的态度出发,不但肯定人民作为个体之价值与权利,还要帮助人民实现其个别价值,满足其需求。就此而言,道德修养为政治成就之基础。

最后,内圣开外王的第三种解释,乃提倡圣君贤相的"德治"。孔子"恭己以正南面"的"无为而治"与孟子主张的"先养民,再教民"的仁政,可视为儒家"德治"的内容。此有别于聚焦在政治制度与法律的"法治",以致有二重主体性之矛盾以及无法妥善处理权利事务之内在理论问题。孟、荀的共识是:只诉诸道德修养的治人要求,或仅注重客观建制的政治效果,都有所偏差,而须治人与治法并重。但本文指出,在未达此道德与政治皆高度发展而交融之理想境界前,道德最好只针对修己,政治要步入正轨还是要寄望法制而非圣君贤相。体认到这一点,可见荀子重视礼法之治的观点虽不如现代法治制度完备,但仍有其先见之明。

整理出这三种内圣开外王的诠释,也有助于我们确切评断其理论得失,不至于因为其中某个或某些问题,就予以全盘肯定或否定。例如余英时曾对内圣外王说提出三个判断:一是内圣未必可以直接开出外王;二是内圣工夫有其独立性,不可视为实现外王的手段。三是圣君贤相之理想已被放弃。这些论点其实都已涵盖在对内圣开外王的三种诠释及其优缺点的讨论之中,而无损于其理论贡献。尤其以修己作为道德领域之要求,养民作为政治领域之要求,已经更明确地划分出两者之不同特性。

经由以上分析,可知传统以来一直把重心放在内圣开外王之工夫,并未拓展外王开内圣之理论向度。当代政治哲学家罗尔斯提出正义原则之具有规范性、束缚性,正系于道德人之正义感,在此罗尔斯显然认为道德能力为政治原理得以运作的条件之一,是以道德相对于政治有一种奠基性,这与内圣开外王的第一种诠释不谋而合。另外,罗尔斯论良序社会之道德发展三阶段说,说明人由互不关心之工具理性发展至为原则而原则的道德实践理性的过程。他指出政治制度可作为培育道德品格之基础的面向，这种以制度进行潜移默化的理论，也帮助我们了解荀子的化性起伪与礼义师法两个核心概念，正是一种外王开内圣的理论模式，而于儒家内圣外王之说有所补充。如此一来，儒家不但应该强调在什么意义下必须谈内圣开外王，因而坚持这种立场；也宜再跨出一步，吸纳外王可以开内圣的见解，使内圣外王二者成为双向的互动，而非单向的扩充。

最后，我们可以总结道德与政治关系之定位如下：若把内圣归诸道德领域，外王归诸政治领域，二者应是双向互动之关系，而非单向发展之模式。就道德作为政治之基础而论，一则政治制度之产生与采纳实基于道德良能之驱使；二则道德修养可扩及家国天下，视社群为个人不可分割的一部分。此二种由内圣开外王之模式证明，道德对政治具有理论上之优先性。就良好政治制度可在道德上形成一种潜移默化之教化力量，使成员之道德修养渐渐发展成熟而论，是由外王开内圣，这种政治制度的开出反而成为道德提升之基础。于是我们可以说，儒学对道德与政治关系之正确表述，应是内圣与外王互济互动的"两行"之理，而非内圣开外王或外王开内圣的单向推扩。

荀子《性恶篇》的"可以"与"能"区别的分析

庄锦章(香港科技大学)

有些评论家认为,荀子批判孟子的"性善论",在于其对"性"概念的定义多于实质的论证。这些评论也说,荀子在批判孟子的过程中,已经接受孟子的"性善论"。为了反对这些说法,本文将提出我对荀子的孟子批判论的一些观点。我的做法是,详细论证荀子在其《性恶》篇中使用之"可以"及"能"的区别。

一、荀子:"涂之人可以为禹"

《荀子·性恶》说:"'涂之人可以为禹',曷谓也?""涂之人",指的是一般人。"禹"指的是圣人。"可以"在此指成为禹或圣人的条件。

二、为禹的条件

荀子说:"凡禹之所以为禹者,以其为仁义法正也。"此话的意思就是说,凡成圣的人,都因为他实现了"仁义法正"。荀子又说:"今使涂之人伏术为学,专心一志,思索孰察,加日县久,积善而不息……故圣人者,人之所积而致也。"由此,此处的"为"对一般的人来说,是有努力学习的意思,即荀子所言的"积而致"的意思。

荀子说:"然则仁义法正有可知可能之理,然而涂之人也,皆有可以知仁义法正之质,皆有可以能仁义法正之具,然则其可以为禹明矣。"此处所言的"理",就是"仁义法正"的外在条件。此处所言的"质",指的是一般人能知"仁义法正"之理的条件,也是一般人认知的内在条件。此处所言的"具",指的是能行"仁义法正"之理的条件,也是一般人实践的能力。(在这里,荀子有两个 hypothetical argument,请看下文。)

三、涂之人不能为禹

有人说:"圣可积而致,然而皆不可积,何也?"此处所言的"皆不可积",即指一般人都做不到"积而致",只有圣人可以。这种说法与上面所说便有矛盾。我认为要解决此问题,须将"圣"读成做圣人的条件或形容词,而不是圣人或名词。这里的意思就是说,这些做圣人的条件是可以累积的,可是一般人都达不到。

荀子的第一个答案是:"可以而不可使也"。荀子举了一个例子说明此意。他说:"小人可以为君子,而不肯……小人、君子者,未尝不可以相为也;然而不相为者,可以而不可使也。"此意就是说,可以做到而不肯做。为了要了解"不肯"的意思,我们必须了解"相为"的意思。在下面我会回到这个问题。

荀子说:"故涂之人可以为禹,则然;涂之人能为禹,未必然也。虽不能为禹,无害可以为禹。"在此荀子的意思是,"可以"不等于"能"。他举例说:"足可以遍行天下,然而未尝有能遍行天下者也。"为了要了解此例,我们要将它与《孟子》中类似之例做一比较。

在《孟子·梁惠王章句上》中,齐宣王问孟子,"不为"与"不能"有何不同?孟子举一例解释"不能"说:挟太山以超北海是"不能"。但不尊敬长者,"是不为也,非不能也"。王"可以"为王,因为他有"不忍"之心。王不保民是因为"不用恩"。羽毛不举是"不用力"。

对孟子来说,"可以"与"能"是一样的概念。挟太山以超北海是力气的问题:"不可以"也"不能"。另外,《孟子·告子章句下》中,曹交问曰:"人皆可以为尧舜,有诸?"孟子曰:"然。"在这里,孟子也用"有力"跟"不为"的例子来形容一个人"可以"或"能"做某事,甚至成为圣人:"夫徐行者,岂人所不能哉?所不为也。尧舜之道,孝悌而已矣。子服尧之服,诵尧之言,行尧之行,是尧而已矣。"我们可以说,孟子使用"可以"及"能"二词的情形是没有什么区分的,它们可以交换使用。

为了了解荀子的意思,我们必须分析"足可以遍行天下"。这有两种英文解释:

"Walking to every corner of the earty",即:走到天下每一个角落。(Watson)

"Travel by foot across the width of the whole world",即:以足横行过天下。(Knoblock)

若依 Watson 的解释,"足可以遍行天下"是一个事实上不可能发生的事(empirical impossibility)。这就符合孟子说的"挟太山以超北海"。但问题是,这里是比喻任何人,包括禹,都不可以为禹(圣人)。

若依 Knoblock 的解释,"遍行天下"是事实上可以发生的事。(那时候"天下"的概念不是现在"地球"的概念。)换言之,有些人可以为禹,也能为禹。如果这样解释,荀子的说法就跟孟子不同:虽然每个人都可以为禹,但不是每个人都能为禹。由此,我们可以说,荀子区别"可以"与"能"二词是对孟子思想的一个批判。他作出下面的结论:"能不能之与可不可,其不同远矣,其不可以相为明矣。"

四、"相为"与"相为事"

除了"足可以遍行天下"的例子之外,荀子也说了另外一个例子:"夫工匠农贾,未尝不可以相为事也,然而未尝能相为事也。用此观之,然则可以为,未必能也;虽不能,无害可以为。"

每个人都有一些基本的认知和实践的能力。但这不等于 A 能作为 B(相为)或做 B 能做的事(相为事)。这如何解释?有一种解释就是,每人都有不同的"质",换言之,君子之"质"与小人之"质"不同。在《荀子·劝学》,荀子提到此例:香草的根虽然是香的,但若将之浸于臭水,没有人会想接近它。荀子说:"其质非不美也,所渐(浸)者然也。"此话的意思是说,香草有其"香"的本质。同样的,虽然一个农人可以学习做一个商人(相为事),但他不一定能成功,因为他没有做商人须具有的个性和能力。

除了本质以外,环境也很重要。荀子说:"夫人虽有性质美而心辩知,必将求贤师而事之,择良友而友之。"意思是说,虽然一个人有好的本质,但如果没有老师、朋友的帮助,也不一定能完全发挥这个潜能。

五、荀子对孟子的批判

由上述,我们或以为荀子和孟子的论点还是没有什么区别,因为荀子也认为人是有"可以"的潜能。这甚至与孟子的"四端"说一致。最近有些西方学者引述《荀子》各篇来证明这一点。譬如,在《礼论》中荀子提到,"有知之属莫不爱其类",这种说法和孟子一样,都认为人皆有某种爱亲的本能。王制中,荀子说:"人……有义"。在《乐论》中他又谈到"人之善心"。

荀子虽然谈到这些,可是并不表示他的论点和孟子一致。在《性恶》中,荀子如此"诊断"孟子的看法:"所谓性善者,不离其朴而美之，不离其资而利之也。使夫资朴之于美，心意之于善，若夫可以见之明不离目，可以听之聪不离耳。"

荀子认为孟子的"善"是离不开人的原始、自然之身体的功用。就像"眼明"离不开"眼"的功用，"耳聪"离不开"耳"的功用一样，"善"是离不开身体的有机功能（organic function）。恶的现象是由于人脱离了原本的性。荀子认为孟子这种说法，太朴素，太简单。于是，荀子如此辩驳这个说法："今人之性，生而离其朴，离其资，必失而丧之。"人一生出来，就会自然而然地脱离于（孟子所说的）性。这等于说，事实上没有这种自然善的性，若有的话，也是空白的。

荀子还有一个很重要的论点。他预测，有人会问："人之性恶，则礼义恶生？"或者："礼义积伪者，是人之性，故圣人能生之也。"当代学者（如 A.C. Graham, David Nivison, D.C. Lau）也有类似的对荀子的批评。荀子的答案是："陶人和土而成瓦，那么土瓦难道是生于陶人之性？木工砍木而成器，那么木器难道是生于工人之性？圣人之创制礼义和陶人之制造瓦片，道理完全相同，那么，礼义积伪怎能是生于人之性？"（按：此处据李涤生译文。）

我的看法是：在这里，荀子不止强调瓦片是被制造出来，或者礼义是积伪的成果。这里有更重要的逻辑论点：每样东西都有它的形象与架构（form and structure）。这形象与架构不是原有的。荀子的意思是说，礼义的整个架构跟产生这个架构的原料与过程是完全两样的。从此观之，我们就不能说礼义是原有的性。在逻辑上，我们可以把这个论点归属于"发生学谬误"（the genetic fallacy）。即是一种不恰当的结论：譬如，良药虽由毒素所造，但良药并不是毒药。前面所谈过的"可以"与"能"的分别也应该属于这类逻辑。

在《礼论》中荀子说："性者，本始材朴也；伪者，文理隆盛也。无性则伪之无所加；无伪则性不能自美。"荀子认为，虽然"性"是"本始材朴"，然而这是不够的，人还需要人为（伪）来造出"文理",以美化它。没有"性"就不能做出"文理"。可是,我们也别忘记:若没有"文理","性不能自美"。

在《礼论》及《乐论》中,荀子多次谈论如何美化人性。"善"是学习外在的"礼"而成就的。由此,"善"与"礼"不是离不开"性"。"礼"可以违背我们的性。荀子说:"今人之性,饥而欲饱……今人饥,见长而不敢先食者,将有所让也……反于性而悖于情也……礼义之文理也。"

六、结论

许多学者认为,荀子的人性论与孟子没有交叉点。这是因为荀子注重"伪",孟子则注重心的"四端"。由以上的分析来看,可以得出以下结论:

(1)荀子不否认人具有一些(孟子所说的)为善的基本条件。但对荀子来说,这些只是潜能而已。若没有其他的条件,如,一些外在的环境资源,如教师、贤友等,就不能发挥这些潜能。从这个观点来看,荀子只是补充孟子而已。

(2)荀子对孟子有一个比较基本的逻辑性的批判。如果荀子对孟子的"诊断"没有错的话,孟子认为"善"是一种天生的有机功能(natural organic function)。从这个角度来看,荀子之"可以"与"能"的区分是很有效的。由上面的分析,孟子是犯了一个属于"发生学谬误"(genetic fallacy)的错误。

(3)从上面的第一种结论来看,也许荀子和孟子对"性"的定义并不相距太远。荀子的定义是:"凡性者,天之就也,不可学,不可事。"荀子比较注重人的欲望,孟子则重人的"四端"。虽然如此,荀子还是认为孟子对性的定义太朴素、太简单。所以荀子将性的概念扩展、扩大,使其不局限于基本"善"的感觉(如"义""爱其类"等)、认知的内在条件和实践能力。荀子所谈的

"性"还包括人的个人本质、人格及一般的欲望。一个人虽然有一些基本的知识和实践能力,可是如果他的本质是倾向小人的话,他就不能变成君子。

总而言之,上述第二种结论值得多考虑:譬如我们刚刚提到所谓"基本'善'的感觉"。若我们真的了解以上的分析,我们就不会轻易使用这样的说法。所谓"善"或"礼义"有它独特的形象与架构。这形象和架构跟产生它的基本原料与过程是两样的。所以我们不应该说这个原始质料——性是"善",是有"礼义"的。

补注：

荀子用 hypothetical argument 来强调：(1) 仁义法正的理的存在；(2) 一般人皆有可以知与可以能(实践)的能力。这种 argument 的结构是：

If p then q	若 p 则 q
Not q	不是 q
Therefore not p.（modus tollens）	所以不是 p

(1) 今以仁义法正为固无可知可能之理邪？然则唯禹不知仁义法正,不能仁义法正也。

若 p：[仁义法正无可知可能之理]
则 q：[禹不(能)知也不能(实践)仁义法正]
不是 q：[禹(能)知也能(实践)仁义法正]
所以不是 p：[仁义法正有可知可能之理]

(2) 将使涂之人固无可以知仁义法正之质,而固无可以能仁义法正之具邪？然则涂之人也,且内不可以知父子之义,外不可以知君臣之正。不然。今涂之人者,皆内可以知父子之义,外可以知君臣之正,然则其可以知之质,可以能之具,其在涂之人明矣。

若 p：[涂之人无可以知(能)仁义法正之质(具)]

则 q：[涂之人不可以知父子（君臣）之义（正）]
不是 q：[涂之人可以知父子（君臣）之义（正）]
所以不是 p：[涂之人有可以知（能）仁义法正之质（具）]

王霸之辩与儒家公共性思想的限度[*]

朱 承（华东师范大学）

围绕如何运用公共权力来进行治理和统治的问题，儒家归纳出了王道与霸道两种治理之道，思想史上一般称围绕权力运作模式、政治治理之道所展开的争辩为"王霸之辩"。在儒家话语体系里，所谓"王道"，往往指儒家理想中的先王之道，意味着运用合乎道义、仁爱、德性的政治原则来进行礼乐教化与温和治理；所谓"霸道"，则是指儒家所抵制的非德性的统治之道，即通过暴力征服、武力威吓、权谋算计等手段获得现实的统治效果，如民众顺从、称霸天下、威加海内等。在中国传统思想里，王霸之辩往往被置于公共权力运用的场域，即公权力通过何种方式进行运作，掌握公权力的人其政治动机如何，这些讨论既涉及国家内部的公共治理，也涉及国与国之间的相互关系。一般而言，与义利之辩、天理人欲之辩等相比较，王霸之辩主要涉及公共生活领域，较少与个人的私人生活关联，即使是涉及具体的个人，也往往指那些代表公共权力或者权力符号的帝王诸侯。就此而言，王霸之辩是儒家公共性思想在政治领域中的具体反映。从公共性的维度对王霸之辩进行审视，讨论儒家公共政治中的治理之道及其背后所蕴含的价值观念，反思儒家政治哲学的基本主张及其存在的问题，对我们认知儒家公共性思想

---

[*] 本文系国家社科基金一般项目"儒家公共性思想脉络及其体系研究"（18BZX078）的阶段性成果，本文曾发表于《理论探索》2019年第6期，此次出版有增改。

及其现代转化具有一定的意义。

一、王霸与德力

在儒家传统政治哲学里，围绕人民为什么会服从君主统治的问题，形成了两种答案：一是人民悦服于圣王的道德品质和超群才能，如尧舜禹汤、文武周公这样的圣王，即悦服于"德"；一是人民屈服于君主的暴力统治，如对桀、纣等暴君以及霸主型诸侯的臣服，即屈服于"力"。可见，在现实政治中，德、力都是推行政治意志、实现政治统治所依赖的资源或工具，也是儒家所强调的王霸之分的重要标志。在儒家政治哲学里，"德"意味着凭借统治者个人的道德魅力以及具有道德色彩的政策措施来治理国家、教导人民，"力"则意味着统治者依靠武力作为后盾来建构统治秩序并威吓人民服从其统治。依赖"德"还是依赖"力"来进行公共管理和政治统治，是儒家王霸之辩中首先要回应的问题。

孔子力主依赖"德"来进行政治统治，并提出"为政以德"（《论语·为政》）的公共治理主张。孔子认为，在政治治理中，有基于德性的"德礼之治"与基于暴力的"政刑之治"的分别，"道之以政，齐之以刑，民免而无耻；道之以德，齐之以礼，有耻且格"（《论语·为政》）。在孔子看来，政、刑之具与德、礼之教，都可以作为行使公共权力的手段和工具，其区别在于：政刑之具通过制造令人恐惧的刑罚来推行政治意志，德礼之教则是通过激发人们的道德情感来落实政治意志。不同的手段带来的效果是不一样的，政刑之具使得人们因为恐惧而服从，人们因为担心遭到暴力的惩罚而屈从一定的秩序；德礼之教则是人们因为自律而营造出良好的秩序，实际上是人们经过教化后自己服从自己的意志。孔子显然是赞成德礼之教的，因为德礼之教不仅在表面上营造了和谐的秩序，更为重要的是赢得了人们发自内心的悦服，这样的秩序更加具有真实性和长久性。孔子虽然没有明确提出"王霸"之分,但其崇尚德礼之教的政治思想则影响了儒家在政治权力运行方式上的基本立场。

在儒家思想史上,孟子提出的王霸之分具有深远的影响。孟子将王、霸对举,并将其中所蕴含的治理或者统治方式上的对峙明确地呈现出来。孟子说:"以力假仁者霸,霸必有大国。以德行仁者王,王不待大,汤以七十里,文王以百里。以力服人者,非心服也,力不赡也。以德服人者,中心悦而诚服也,如七十子之服孔子也。"(《孟子·公孙丑上》)结合对历史和现实的理解,孟子提出两种统治方式,一是"以德服人"的王道,一是"以力服人"的霸道。如所周知,"仁"作为一种崇高的价值,是人们普遍能接受的共识,故而王道、霸道都声称在推行"仁",那么如何区分王道、霸道呢?从现实上来看,孟子说以暴力作为后盾来推行"仁"就是霸道,以"德"来推行"仁"就是王道;从历史上来看,春秋大国都是推行霸道的,而商汤、周文王推行的是王道;从人们的社会心态来看,让人恐惧的是霸道,让人心悦诚服的是王道。通过现实、历史和社会心态三个维度,孟子深刻地揭示了王道与霸道的分歧,并阐明了他本人崇尚王道的立场。孟子所揭橥的王霸之辩,提出了这样一个问题:对于君主来说,究竟何种统治方式最富有效果?在孟子的阐述里,他先说"霸必有大国","大国"显然对于君主是有吸引力的;但他接着又说,像汤、周文王这样的圣王所领导的国家刚开始都是"小国",但是他们推行王道,后来都成为人们敬仰的"圣王",他们所领导的"国"也成了天下之共主,对于君主来说,汤与文王的成就同样可以构成吸引力。这样,孟子列举了两种获得政治成就的可能性,一是推行霸道迅速成就"大国",二是推行王道收服天下人心并最终"王天下"。孟子主张推行王道,对现实中的"大国霸道"不以为然。他推崇历史上的"王道",认为现实政治中的霸道对历史上的王道造成了损害,使得现实政治不如人意,所谓"五霸者,三王之罪人也"(《孟子·告子下》)。在公共政治生活中，君主的统治方式，无论是对内还是对外，都需要考虑主要依托的资源是什么的问题，孟子列举了两种可能性，通过比较，他主张依托德性作为政治统治的资源，认为这样的统治才能长久，并在公共生活中真正的收获人心。换言之，孟子主张王道反对霸道，主张"德治"反对"力压"，实际上给君主们指出了更加有利的且具有长远性的统治方式。关于这一点，萧公权先生在《中国政治思想史》中也曾指出："孟子必以仁义之言强聒时君者，非欲沮其囊括宇内之雄心，而正欲授之以避难就易之途径，促其雄心之早日实现。"[1]

对于君主来说，建立并巩固统一的权力，使海内宾服、万民来归是他们实行统治的共同理想，但实现的途径有王霸之别。尽管孟子也承认"霸者之民"也有欢愉，但与王道相比，这不过是"小补"，不如王道统治得那么彻底。他说："霸者之民，欢虞如也。王者之民，皞皞如也，杀之而不怨，利之而不庸，民日迁善而不知为之者。夫君子所过者化，所存者神，上下与天地同流，岂曰小补之哉。"（《孟子·尽心上》）同为治国之道，霸道是"小补"，而王道是能与天地同流的"大化"，二者高下立判。质言之，孟子认为王道更有利于统治理想的实现，这是孟子在公共政治上的一个根本观点。从较为宽泛的意义来说，孟子的王霸区分，既具有理论上的根据，也有历史上的验证，对于公共政治生活具有较强的解释力度，也代表了儒家对于宽厚和平的统治方式之向往，符合人们对公共政治生活的期待，故而在思想史上为人们所瞩目，成为王霸之辩的经典观念。

孟子主张"王道"，在当时的历史语境下，是十分难能可贵的。在诸侯并存的战国时代，以武力谋求霸主地位，是当时政治上的通行做法，"凡明君之治，任其力，不任其德"（《商君书·错法》）。

---

[1] 萧公权：《中国政治思想史》，辽宁教育出版社，1998年，第92页。

也就是说，对于当时的诸侯国来说，扩充武力才能维护并扩大其统治，而不是依靠德性来实现良好统治。韩非曾归纳道："上古竞于道德，中世逐于智谋，当今争于气力。"(《韩非子·五蠹》)韩非对于战国时期政治形势的概括，反映了武力已成为战国时代政治统治依托力量的历史事实，其认知和判断具有一定洞见性意义。在这种形势下，孟子依然坚持强调对待内外公共事务要依靠"德"，而不要依靠"力"，这种呼声虽然略显无力，但对于陷于穷兵黩武的诸侯来说，也具有一定的警醒和告诫意义。

孟子之后，荀子进一步扩大了王霸之辩。荀子在王霸对立的基础上，又提出了政治统治上王道、霸道、亡（危）道的三分法。荀子说："故用国者，义立而王，信立而霸，权谋立而亡。三者，明主之所谨择也，仁人之所务白也。"(《荀子·王霸》)又说："君人者，隆礼尊贤而王，重法爱民而霸，好利多诈而危。"(《荀子·大略》)在荀子看来，王道政治依靠的是德义，德义能够促使君主隆礼重贤；霸道政治依靠的是诚信，诚信使得君主重法爱民；亡（危）道政治凭借的则是权谋，权谋则使得君主好利多诈。同时，德义、诚信、权谋又反过来影响政治统治的效果："故与积礼义之君子为之，则王；与端诚信全之士为之，则霸；与权谋倾覆之人为之，则亡。"(《荀子·王霸》)大致可见，荀子在讨论王霸时，在王道主张上与孟子相同，都是用道德礼义为其张目；但孟子认为霸道赖之以"力"，对霸道持否定性立场，而荀子则认为霸道的根本在于其诚信，君子通过礼法制度所确立的诚信，有利于政治统治，具有合理性，这就和孟子的观点大大不同了。对于王道和霸道的具体内容，荀子都有较为详细的论述。关于"王道"，荀子认为：

> 挈国以呼礼义而无以害之，行一不义、杀一无罪而得天下，仁者不为也……故曰：以国齐义，一日而白，汤、武是也。汤以

亳，武王以鄗，皆百里之地也，天下为一，诸侯为臣，通达之属，莫不从服，无它故焉，以济义矣。是所谓义立而王也。(《荀子·王霸》)

荀子所主张的"义立而王"，与孟子的言论差别不大，甚至也是以商汤和周代早期统治作为历史依据，来说明推行王道可以使小国最终一统天下。在重视王道上，荀子和孟子几无差别。关于霸道，荀子和孟子则差别较大，荀子赋予霸道以合理性。当然，这也和荀子理解的"霸道"本身的内涵有关，荀子提出：

> 德虽未至也，义虽未济也，然而天下之理略奏矣，刑赏已诺信乎天下矣，臣下晓然皆知其可要也。政令已陈，虽睹利败，不欺其民；约结已定，虽睹利败，不欺其与。如是，则兵劲城固，敌国畏之；国一綦明，与国信之。虽在僻陋之国，威动天下，五伯是也。非本政教也，非致隆高也，非綦文理也，非服人之心也，乡方略，审劳佚，谨畜积，修战备，齺然上下相信，而天下莫之敢当。故齐桓、晋文、楚庄、吴阖闾、越句践，是皆僻陋之国也，威动天下，强殆中国，无它故焉，略信也。是所谓信立而霸也。(《荀子·王霸》)

荀子所讨论的霸道，关键点在于"刑赏已诺信乎天下"，也就是通过制定规则、履行规则来取信于国中并称霸于天下。建基于暴力基础上的刑赏成为制度，不会因为执行者的好恶而发生改变，这样，人们对于政治统治有着比较明确的预期，从而对于君主的统治有了信心。在荀子看来，霸道所推行的制度优先、规则优先的策略，能够取得最优化的现实统治效果，故而虽然霸道在德、义方面要不如王道，但由于其重视"诚信"，也具有一定的现实合理性。

荀子认为，在政治上推行王道、霸道还是亡（危）道，其结果自然是"求仁得仁"。他说："故道王者之法，与王者之人为之，则亦王；道霸者之法，与霸道之人为之，则亦霸；道亡国之法，与亡国之人为之，则亦亡。"(《荀子·王霸》)"王夺之人，霸夺之与，强夺之地。夺之人者臣诸侯，夺之与者友诸侯，夺之地者敌诸侯。臣诸侯者王，友诸侯者霸，敌诸侯者危。"(《荀子·王制》)简单来说，在荀子看来，诸侯遵循王道则"王天下"，推行霸道则"霸天下"，实行亡（危）道则"亡其国"，其政治结局一目了然。虽然荀子提出政治统治上的"三分"，但其核心内容还在于王霸之辩，特别是在于以政治统治上"道义"成分的多寡来区分统治的合理性与有效性，"粹而王，驳而霸，无一焉而亡"(《荀子·王霸》)。政治统治是否符合道义，道义的成分与比例的程度差异，导致了王霸之分。完全符合道义是王道，部分符合道义是霸道，彻底丧失道义就要丧失其统治的合理性。就此而言，荀子所讨论的王霸之辩，仍然与孟子所倡导的德性至上的路线是一致的。

先秦王霸之辩集中地讨论了君主如何推行其公共权力、如何处理国与国之间的关系等问题，反映了早期儒学对公共治理合法性的认知，是儒家公共性思想的重要体现。正如有论者所指出："王霸之辩是先秦儒者对政治哲学的一个核心思考，它关注政治权力的正当性和政治制度的合法性，并实际上提出了一套儒家对良好政治的系统性理解。这种理解，强调德治、强调民心、强调礼乐规范，而否定统治者的功利性和将民众工具化。"[1] 诚如此言，王霸之辩在一定程度上反映了先秦儒家在政治治理路径上坚持道德合法性的主张，坚持道义优先的公共治理思路，反对依赖武力、不讲道义的政治统治，并且坚信以道德礼义作为权力运行方式的王道必然会取得最优质的统治效果。他们相信，王道最终将长久地主导公共生活。

1　王正：《重思先秦儒家的王霸之辩》，《中国哲学史》2016年第3期，第19页。

二、王霸与公私

先秦之后,集中讨论王霸问题并具有典型意义的是南宋时期朱熹和陈亮的王霸之辩。朱熹、陈亮的王霸之辩与先秦不同之处主要在于,朱陈之争增加了统治者的理欲动机于其中,将公私之辩融进了王霸之辩,使之超越了德力之辩。理学正统高举"存天理,灭人欲"的旗帜,严守公私义利之防,在政治哲学的理论上和公共生活的实践中,强烈主张具有公共性色彩的道义之优先性,而将具有私人性的功利置于其后。正统理学认为王道指向公义,而霸道则指向(特别是统治者)的私欲或者私利,如程颢在《论王霸札子》所说:"得天理之正、极人伦之至,尧舜之道也;用其私心、依仁义之偏者,霸者之事也。"[1]通过这样的划分,正统理学把王霸的分野同公私的对立结合起来。而陈亮则针对性地提出了,霸道也具有一定历史合理性,主张在实际的公共政治中应该"王霸并用",公开为霸道做出辩护。在辩论中,朱熹和陈亮使用的都是儒家话语和思想资源,他们在王霸之辩中的各自主张,代表着中国儒家政治哲学的两种思路。按照美国学者田浩的观点,研究陈亮和朱熹的论辩对于理解中国社会的政治思想是必要的[2]。围绕政治家在公共政治问题上行事的动机及其对统治合法性的影响,朱熹、陈亮分别给出了不同的回答,这对理解中国传统政治的理想与现实有着重要的意义。

如所周知,陈亮以其功利主义主张和放言高论的行事方式闻名于当时学界,而朱熹则高举道义的旗号对其进行批判,既批判其政治主张,也批评其行事方式:"老兄平时自处于法度之外,不乐闻儒生礼法之论……顾以愚言思之,绌去'义利双行,王霸并用'之说,而从事于惩忿窒欲、迁善改过之事,粹然以醇儒之道自律,则

---

1 (宋)程颢、程颐:《二程文集》卷二,《二程集》,中华书局,1981年,第450页。
2 (美)田浩(Hoyt Tillman):《功利主义儒家——陈亮对朱熹的挑战》,姜长苏译,江苏人民出版社,1997年,第1页。

岂独免于人道之祸,而其所以培壅本根、澄源正本,为异时发挥事业之地者,益光大而高明矣。"[1] 朱熹从陈亮个人的生活遭遇出发来批评其"义利双行,王霸并用"的政治主张,以私度公,也展现了正统道学为人为学一体化的主张。由朱熹的书信开始,揭开了两人长达数年的辩论。综合二人书信来往辩难的内容,双方以历史上存在的政治统治特别是三代之治与汉唐之治为对象,阐发王霸、公私问题,其基本立场大致是:朱熹认为王道必建基于动机上的道义性,基于私利的霸道导致了儒家理想不能实现,尊王黜霸;陈亮不反对王道,但他从功利效果的角度来论证霸道的合理性,王霸并用。

具体来看,朱熹认为陈亮推崇汉唐,以成败论是非,混淆了历史上的王道之治与霸道之治,为霸道张目,背离了儒家之道,是为人欲横行的公共政治做辩护,必须予以驳斥。他批评陈亮说:

> 老兄视汉高帝、唐太宗之所为而察其心,果出于义耶,出于利耶?出于邪耶,出于正耶?若高帝,则私意分数犹未甚炽,然已不可谓之无。太宗之心,则吾恐其无一念不出于人欲也。直以其能假仁借义以行其私,而当时与之争者才能智术既出其下,又不知有仁义之可借,是以彼善于此而得以成其志耳。若以其能建立国家,传世久远,便谓其得天理之正,此正是以成败论是非,但取其获禽之多而不羞其诡遇之不出于正也。千五百年之间,正坐如此,所以只是架漏牵补,过了时日。其间虽或不无小康,而尧、舜、三王、周公、孔子所传之道,未尝一日得行于天地之间也。[2]

汉唐两代都历数百年,在中国历史上算是较为成功的朝代,所

---

[1] (宋)朱熹:《与陈同甫》之二,《朱子全书》(修订本)第21册,第1580-1581页。
[2] (宋)朱熹:《答陈同甫》之四,《朱子全书》(修订本)第21册,第1583页。

谓"建立国家,传世久远",但朱熹认为,评论历史不能以成败论是非,汉唐的所谓"成功"并不是因其具有统治正当性,而是在王道缺失之下的一种"架漏牵补"。人们正是被这种"架漏牵补"所迷惑,才导致了王道的缺失。他认为,王道不易,但天理、人欲之别却十分分明,他指出:

> 夫人只是这个人,道只是这个道,岂有三代、汉唐之别?但以儒者之学不传,而尧、舜、禹、汤、文、武转相授受之心不明于天下,故汉唐之君虽或不能无暗合之时,而其全体却只在利欲上。此其所以尧、舜、三代自尧、舜、三代,汉祖、唐宗自汉祖、唐宗,终不能合而为一也。[1]

朱熹以义利公私之说来为王霸之辩附着上价值色彩,王道的价值合理性在于其公义性,而霸道之所以缺乏合理性,是因为出于私利。通过这样的价值判定,朱熹将王霸严明的对立起来。从历史的效果来看,汉唐之君取得了统治权,也算是"称霸天下",或许也有暗合于先王之道的成分在其中,但朱熹认为不能就此认为汉唐之君的统治具有道义上的合法性。这是因为,朱熹认为汉唐之君的所作所为是出于一家一姓乃至个人的私欲和私心,是政治斗争的权谋伎俩,其出发点是"为私",而不是像三代之治那样的"为公",因此,即使汉唐之君的功业尚可,也不能将其类同于三代之治。而且,朱熹还认为,正是汉唐之君出自私利的政治统治之道延续在中国历史上,才使得儒家先王之道不能得到落实。显然,朱熹从动机论出发来讨论王霸之辩,认为汉唐出于利欲之私,故不能行王道,即使有暗合王道之处,但由于其动机不是公义,因而依旧是霸道。朱熹认为,不能从效果上来判定王霸,而要从动机上的邪正出发。他说:"尝谓'天理''人欲'二字,不必求之于古今王伯之迹,但

---

1 (宋)朱熹:《答陈同甫》之六,《朱子全书》(修订本)第 21 册,第 1588 页。

反之于吾心义利邪正之间。"[1] 追溯动机,成为宋明儒者在王霸之辩上的正统做法,即使是偶合于王道,若动机不纯,也会被指责为"利欲之私"。朱熹说:"然自孟子既没,而世不复知有此学,一时英雄豪杰之士或以资质之美、计虑之精,一言一行偶合于道者,盖亦有之。而其所以为之田地根本者,则固未免乎利欲之私也。"[2] 简言之,朱熹认为,三代之治是王道,而汉唐之治则是霸道,即使汉唐之君的政治成绩表面上符合儒家之道,但也不能据此来美化出于利欲之私的霸道。基于这样的认识,朱熹指责陈亮推崇汉唐之治是"义利双行,王霸并用",背离了正统儒学的立场。

陈亮则认为,王、霸并不能截然分开和对立起来,王道不一定就是包治百病的良药,而被称为"霸道"的汉唐之治也自有其历史合理性,后世未必不能效仿。陈亮提出:

> 自孟荀论义利王霸,汉唐诸儒未能深明其说。本朝伊洛诸公辩析天理人欲,而王霸义利之说于是大明。然谓三代以道治天下,汉唐以智力把持天下,其说固已不能使人心服;而近世诸儒遂谓三代专以天理行,汉唐专以人欲行,其间有与天理暗合者,是以亦能久长。信斯言也,千五百年之间,天地亦是架漏过时,而人心亦是牵补度日,万物何以阜蕃,而道何以常存乎?故亮以为,汉唐之君本领非不洪大开廓,故能以其国与天地并立,而人物赖以生息。惟其时有转移,故其间不无渗漏。曹孟德本领一有跛欹,便把捉天地不定,成败相寻,更无着手处。此却是专以人欲行,而其间或能有成者,有分毫天理行乎其间也?诸儒之论,为曹孟德以下诸人设可也,以断汉唐,岂不冤哉!高祖、太宗岂能心服于冥冥乎!天地鬼神亦不肯受此架漏。谓之杂霸者,其道固本于王也。诸儒自处者曰义曰王,汉唐做得成者曰利曰霸。一

---

1 (宋)朱熹:《答陈同甫》之四,《朱子全书》(修订本)第21册,第1582页。
2 (宋)朱熹:《答陈同甫》之六,《朱子全书》(修订本)第21册,第1587页。

头自如是说,一头自如彼做;说得虽甚好,做得亦不恶:如此便是义利双行,王霸并用。如亮之说,却是直上直下,只有一个头颅做得成耳。只如太宗,亦只是发他英雄之心,误处本秒忽,而后断之以大义,岂右其为霸哉!发出三纲五常之大本,截断英雄差误之几微,而来谕乃谓其非三纲五常之正,是殆以人观之而不察其言也。王霸策问,盖亦如此耳。[1]

在这一段话中,陈亮集中回应了朱熹的批评并阐述了自己的观点。陈亮认为,宋儒专以天理、人欲来划分三代之治、汉唐之治,失之简单。汉唐之君的治理之道,产生了良好的政治效果,是"做得成者",这与王道的初衷是一致的。故而,执着于所谓"公私""天理人欲"之别来苛责汉唐之君,有失历史的公允。更为重要的是,诸儒只是"空说",汉唐之君则是切实来做。陈亮曾对空虚的道学学风予以批判,认为士人专事道德性命之说造成了实务的荒废。他说:"自道德性命之说一兴,而寻常烂熟无所能解之人自托于其间,以端悫静深为体,以徐行缓语为用,务为不可穷测以盖其所无,一艺一能皆以为不足自通于圣人之道也。于是天下之士始丧其所有,而不知适从矣。为士者耻言文章行谊,而曰尽心知性;居官者耻言政事书判,而曰学道爱人。相蒙相欺以尽废天下之实,则亦终于百事不理而已。"[2] 由此可见,陈亮称赞汉唐之治,也有他认同功利实学的倾向于其中。在陈亮看来,汉唐之君开拓了疆土,实现了统一,维持了较长时间的政治稳定,"其国与天地并立,而人物赖以生息",从功利角度看,汉唐之君的统治取得了良好的效果。陈亮还认为,宋儒所反复称道的先王之治,也未必不是依靠武力建立起来的,其中也有"霸"的成分,他说:

---

[1] (宋)陈亮:《又甲辰秋书》,邓广铭校点:《陈亮集(增订版)》卷二十八,中华书局,1987年,第340页。
[2] (宋)陈亮:《送吴允成运干序》,《陈亮集(增订版)》卷二十四,第271页。

> 禹、启始以天下为一家而自为之。有扈氏不以为是也，启大战而后胜之。汤放桀于南巢而为商。武王伐纣，取之而为周。武庚挟管蔡之隙，求复故业，诸尝与武王共事者，欲修德以待其自定，而周公违众议，举兵而后胜之。夏商周之制度定为三家，虽相因而不尽同也。五霸之纷纷，岂无所因而然哉！[1]

陈亮指出，夏商周三代未必也都是依靠德礼来维护统治的。从夏开始就实行了"家天下"，而且以武力维护了这一"家天下"的统治方式，后来的商汤、周武王、周公等，也都是凭借武力来实现统治的。所以，他不无讥讽地提出，春秋五霸的武力征伐模式也是效仿所谓的"先王之道"而来的。就此，陈亮既为汉唐之治的"霸道"合理性作出了辩护，也质疑了宋儒所赞美的"王道"之纯粹性，并以此来支撑他的"王霸并用"说。

针对宋儒强调汉唐之君出于利欲之私，陈亮也提出了不同的看法。陈亮认为，王道、霸道本是一体两面，都是为了政治统治的有效性，只要出于公心，都具有合理性。陈亮认为，汉唐之君勃兴之初，其心亦有公意，他说：

> 曹孟德一有私天下之心，而天下为之分裂者十余世。及李氏之兴，则犹刘氏之旧也。彼其崛起之初，眇然一亭长耳，其盛者不过一少年子弟，安知天下之大虑，而勃然有以拯民于涂炭之心！三章之约，非萧何所能教；而定天下之乱，又岂刘文靖之所能发哉！彼其初心，未有异于汤武也。[2]

陈亮为汉唐之君的辩解，实则是强调汉唐之君也有宋儒主张的"公心"。故而，陈亮曾从效果论上来判断汉高祖的成就来源于"悦服天下人心"，他指出："兴王之君，必有以服天下之心，而后可

---

[1] （宋）陈亮：《又乙巳春书之一》，《陈亮集（增订版）》卷二十八，第344页。
[2] （宋）陈亮：《问答》上，《陈亮集（增订版）》卷三，第33-34页。

以成天下之业。"[1] "宽仁大度，天下所以服高祖，高祖所以成大业者此也。"[2] 换言之，陈亮认为汉唐之君的公心是其"成大业"的前提。对于陈亮所述之"公心"，萧公权先生有一段十分精彩的阐述，兹录于下：

> 故天下为公，实有二义：一曰制位之公。民推则公之纯，世袭则私之至。尧舜禹启君制其位而复征民意以为决，则公私之杂也。二曰目的之公。制位无论公私，本利民之心以为政，则亦吻合天下为公之大义……汤武以目的之公而得天下，秦以私而失之。刘邦以目的之公而得天下，曹操以私而不得……持此目的上公私之义以论前世之政治，则王者大公之极，霸者公而未尽。二者只有程度之差，而无性质上根本不同也。[3]

萧公权先生此论，若陈亮有知，当引为知己。陈亮所主张的正是汉唐之君也是从"公心"出发来推行治理之道的，不是如宋儒所说尽为"私欲"。汉唐之君虽然"公而未尽"，但也有公心的成分于其中，在性质上并无差异。以公义来运作、传承公共权力，正是儒家"天下为公"之宗旨的体现，汉唐之君虽然凭据武力建立政治统治，但其目标也具有公义的成分，在这一点上，依然保有儒家的初心。由此，陈亮为"王霸并行"做了进一步的理论阐释和伦理辩护，正如田浩所言："（陈亮）其王霸统一论否定了功利的否定性涵义，为社会政治效果的主要取向提供了伦理上的支持。"[4] 陈亮"王霸并用"说为功利性的政治策略正名，在儒家公共性思想版图上具有重要地位。

朱熹注重动机，陈亮注重效果，如陈荣捷所说："所谓天理

---

[1] （宋）陈亮：《汉论》，《陈亮集（增订版）》卷十七，第194页。
[2] （宋）陈亮：《汉论》，《陈亮集（增订版）》卷十七，第194页。
[3] 萧公权：《中国政治思想史》，第433页。
[4] （美）田浩：《功利主义儒家——陈亮对朱熹的挑战》，姜长苏译，第95页。

人欲，人心道心，皆指动机而言，同父则全计效果。二者亦如水火。"¹ 穷此两极，故二人在王霸之辩上各守一端。从朱熹、陈亮的王霸之辩来看，朱熹持守传统儒家特别是孟子的立场，认为王霸是德力、公私、义利之对立的体现，是两种统治方式和政治动机的对立，即使单就效果上来说，王道重根本，霸道只是"小小补塞罅漏"，二者不可同日而语："（王道）德业之盛，乃与天地之化同运并行，举一世而甄陶之，非如霸者，但小小补塞其罅漏而已。"² 陈亮则认为，王霸本是一回事，霸道依据武力来严明赏罚，而赏罚本是王道的题中之义，王道出自公心，霸道也有公心的成分，故而王霸并行乃是统治合法性的自然体现。朱熹、陈亮在观念上的对立，主要以对历史问题的不同看法表现出来，以历史人物是否出于公心来实行政治统治和运用公共权力来进行判别。在一定意义上说，王霸之辩被转换为公私之辩，成为道义的公共性与利欲的私人性之间的矛盾。

　　陈亮的功利主义立场在当时虽然具有一定合理性，但却没有形成广泛的影响。陈钟凡先生在评价陈亮时说："夫功利主义，诚未足以显言学；然当南宋危亡绝续之秋，未尝不足以宏济艰难，惜其言不为天下所重也。"³ 朱熹注重政治动机的立场影响了宋明儒者，可以说，在儒家内部的王霸之辩上，朱熹对陈亮取得了压倒性的胜利。即使是和他在很多问题上针锋相对的王阳明，在王霸之辩上，也坚持动机的纯粹性。在讨论王霸之辩时，王阳明说："世儒只讲得一个伯（霸）者的学问，所以要知得许多阴谋诡计，纯是一片功利的心。"⁴ 还说："因时致治，不能如三王之一本于道，而以功利之

1　陈荣捷：《朱熹》，生活·读书·新知三联书店，2012年，第209页。
2　（宋）朱熹：《四书章句集注》，中华书局，1983年，第352-353页。
3　陈钟凡：《两宋思想述评》，东方出版社，1996年，第282页。
4　（明）王阳明：《传习录》上，吴光、钱明、董平、姚延福编校：《王阳明全集》卷一，上海古籍出版社，2011年，第10页。

心行之,即是伯(霸)者以下事业。"[1] 从王阳明的论述来看,王道政治与霸道政治最本质的区别在于公心与私利,王道政治的动机是公心,而霸道则出于私利,在这个意义上,王阳明视野中的王霸之辩也就成了公私之辩。朱熹、王阳明以内心动机的公私之辩来讨论王霸问题,也影响了黄宗羲。黄宗羲在王霸之辩上也坚持动机论,强调"心术"的端正,他说:"王霸之分,不在事功而在心术:事功本之心术者,所谓'由仁义行',王道也;只从迹上模仿,虽件件是王者之事,所谓'行仁义'者,霸也。……譬之草木,王者是生意所发,霸者是剪彩作花耳。"[2] 还指出:"霸者只在事功上补凑,王者在心术上感动,民之应之,亦截然不同。'欢虞'者,民为法制所缚,无争斗作乱之事。'皞皞',则孝弟忠信,相感而化,所谓'必世而后仁'者是也。王者未必不行霸者之事,而霸者不能有王者之心。"[3] 黄宗羲顺着朱熹在王霸之辩上的观点,提出王道是"由仁义行",是"心术上感动",是悦服人心,具有"生意所发"的真实性;霸道即使取得一些成就,也只是"行仁义"而已,是"事功上补凑",人们即使有"欢虞之情"也是因为霸道下的"太平",不是由内心产生,因而具有"剪彩作花"的修饰性。黄宗羲坚持王霸之辩上的动机论,统合孟子、朱熹之说,也通过所谓"王者未必不行霸者之事,而霸者不能有王者之心",对陈亮在王霸之辩上的质疑做了回应,比较集中地总结了儒家王霸之辩的根本立场。

总体来看,在宋明理学的话语中,王霸之辩从先秦的德力之辩转化成为公私之辩,从公共权力运用的方式问题转化成统治者的政治动机问题。按照宋明理学的正统观念,在动机上坚持公心,则被

---

1 (明)王阳明:《传习录》上,吴光、钱明、董平、姚延福编校:《王阳明全集》卷一,第 11 页。
2 (清)黄宗羲:《孟子师说》卷一,《黄宗羲全集》第 1 册,浙江古籍出版社,2012 年,第 51 页。
3 (清)黄宗羲:《孟子师说》卷七,《黄宗羲全集》第 1 册,第 151-152 页。

归之为王道；在动机上专谋一家一姓之私利，则被归之为霸道。即使霸道取得了符合百姓利益的政治效果，也因为统治者的政治动机因素而不能归为王道。正统儒学在王霸之辩上的动机论，虽然有"迂阔"之处，但在专制时代，要求统治者坚持"天下为公"的王道初心，这对统治者还是能够起到一定的道德约束作用。同时，陈亮从效果论角度为"霸道"正名，也呈现了儒家功利主义的维度，对人们理解历史的复杂性以及政治理想与政治现实之间的张力，具有一定的积极意义。

三、王霸之辩的限度

统治手段、公共治理方式上的王霸之分在中国传统政治哲学理论、公共政治实践上有着重要影响，人们往往用"王霸之道"来描述或评价政治统治，如流传久远的汉代皇帝（汉宣帝）在"用法宽严"的层面上来解释王霸之分，"汉家自有制度，本以霸王道杂之"[1]（《汉书·元帝本纪》）。如所周知，在实际的政治运作中，统治者往往是既举着道德主义的旗帜，又注重霸道所带来的功利效果。以俗言之，那就是王道在明处、霸道在暗处的"王霸并用"。先秦儒学将王霸之辩看作是德力之辩，而宋明理学又进一步将王霸之辩与公私、理欲之辩结合起来，使得王霸之辩转化为考量统治者动机的政治伦理问题。就此而言，传统王霸之辩既涉及公共权力运行所依靠的资源、所使用的手段等问题，又涉及统治者的政治动机及其合法性问题，这对我们今天讨论公共权力运行方式的正义性、公共权力自身的合法性等，具有重要的思想资源意义。

就公共权力运行方式及其手段而言，任何一种政治意义上的权力意志、价值观念，都需要用恰当的方式予以推行、实施。在

---

[1] （汉）班固撰，（唐）颜师古注：《汉书》第1册，中华书局，1964年，第227页。

儒家政治思想里，王道、霸道就集中地代表着权力运行的不同方式。前文已述，孟子所划分的王道、霸道，从表面上看，都是要实行"仁"的价值和理念，王道以德礼的方式推行仁政，而霸道则是以武力作为后盾推行"仁政"。孟子认为，王道是表里合一的，所谓"由仁义行"（《孟子·离娄下》）；而霸道表面上要推行仁政，是"行仁义"（《孟子·离娄下》），即假装按照仁义的模式来进行表演，实际上是与仁政背道而驰的暴力统治。孟子对王道的推崇，展现了儒家理想主义的政治情结，即通过和平的、礼义的、富有同情心的手段来实施治理，创造和平的社会环境并营造人民的美好生活。荀子不完全排斥霸道，他看到了霸道在现实政治中的功用，认为在既定的现实处境下，霸道对于王道有着重要的补充性作用，故而他既强调"隆礼"的王道政治，也强调"重法"的霸道政治，主张建立在信义和规则基础上的政治统治，具有重要的现实主义倾向。不管是孟子还是荀子，他们对于王道、霸道的理解，都呈现为一种对政治运行方式的设想。换言之，王霸之辩在这里就意味着在实际的公共权力运行中，何种方式更加有效、效果更加长远、更加有利于统治者？从孔子开始，儒家就强调德礼之治的重要性，为政以德、以德治国的方略深入人心。孟子继承了这一思想，明确提出依靠德性的王道政治，并描绘了王道政治的具体生活理想，如："养生丧死无憾，王道之始也。五亩之宅，树之以桑，五十者可以衣帛矣；鸡豚狗彘之畜，无失其时，七十者可以食肉矣；百亩之田，勿夺其时，数口之家可以无饥矣；谨庠序之教，申之以孝悌之养，颁白者不负戴于道路矣。七十者衣帛食肉，黎民不饥不寒，然而不王者，未之有也。"（《孟子·梁惠王上》）孟子认为，统治者依靠自己的道德品质，让人民的衣食无忧，就可以悦服人心，实现长久而和平的统治。应该说，孟子的这一理想从价值层面上来说，具有普遍适用性，也能对统治者和人民构成巨大的吸引，如果能付诸实施，既能满足统治者的统治利益，当然亦有利于人民根本的生活利益。然而，如何让当时陷入巩固权力、富国强兵、攻伐争霸恶性循环的统治者有足够的耐心来实现这一理想，这是孟子所不能解决的问题。在这一点上，荀子的思想较之孟子，更具有现实性。荀子主张"隆礼重法"，强调以诚信为特质的霸道的合理性，希望统治者以制度和规则意识来实现国家的良好治理、人民的富足和平。统治者所制定的规则和制度的信义度，比依靠统治者自身的道德品质更加具有可操作性，在这一点上，荀子比孟子更加现实。在王霸之辩涉及的公共权力运行方式上，孟子提出的王道理想，引导了人们对理想政治的期望，而荀子的思路更加切近具体的运作，对于王道理想的实现，更加具有现实意义。但无论是孟子还是荀子，其出发点都包含了如何使得统治者更好进行统治的目的因在其中，所言说的对象都是"君主"，而不能完全从民众的立场来思考公共权力的运行问题。他们都希望通过王霸之分疏，来劝说统治者建立长远有效的统治，而不能解决公共权力的唯一和根本之目的问题，即到底是为了维护君主的统治还是解决人民生活本身的困境，不得不说是儒家公共性思想的一个重要缺失。

就公共政治的合法性而言，统治者在公共政治生活中的动机如何，换言之，统治者的政治治理出于何种动机，究竟是为了维护自我的统治（人欲）还是为了民众的福祉（天理），往往是儒家思想家考量政治统治合法性的重要参数。王阳明曾说："不知自己是桀纣心地，动辄要做尧舜事业，如何做得？"[1] 王阳明的说法在一定程度上代表了儒家的道德动机论，认为政治动机将决定政治事务的合法性。如前所述，朱熹、王阳明、黄宗羲等认为三代之后的政治之所以呈现霸道的特点，主要是因为统治者有利欲之私，背离了先王"天下为公"的公共性情怀。在这个问题上，陈亮并没有反对公共

---

[1] （明）王阳明：《传习录》上，吴光、钱明、董平、姚延福编校：《王阳明全集》卷1，第36页。

性情怀，而只是认为王霸本是一体，王道、霸道只是统治手段，并不能与公私画等号，霸道也有出自公心的面向，不能简单地将其视为完全出自利欲，"彼其初心，未有异于汤武也"。正是因此，虽然汉唐之君被宋儒指责为霸道，但陈亮却认为他们也有公心，而且在很大程度上推动了历史的进步，故而霸道有其一定的历史合理性。可见，无论是朱熹所代表的正统理学观念，还是陈亮所代表的功利主义观念，都没有否认动机上的公心、公义、公共性情怀在公共政治中的意义，他们都倾向于认为，处理公共事务，进行公共治理，需要统治者从公心、公义出发，具有以天下为念的公共情怀。在儒家看来，政治动机关乎为政者个人的伦理道德水平。儒家不断地提醒为政者"修己安人"、"修身齐家治国平天下"，将个人道德品质的提高作为治国理政的前提，将个人的道德修养水平与公共政治的合法性关联起来，所谓"德位相配"。儒家"德位相配"的政治主张，将统治合法性诉诸统治者个人的道德品质，把个人的德性放在政治生活的第一位，这固然在一定程度上能够保证公共权力的合理运用，但如果缺乏制度和规则的约束，个人权力无法受到合理的制约，拥有较高德性水平的人也可能在没有外在约束的情况下丧失原有的德性，从而造成公共权力的滥用。这一点，是宋明儒学中的王霸之辩所没有考虑到的。如上所言，宋明儒学的王霸之辩，在动机上的公心、公义方面实际上是有着共识的，但在如何保证公心、公义的持续性上，却没有提出明确的制度性策略，只是强调为政者自我品性的不断修养，所谓存天理、致良知等，但在约束统治者的权力这一问题上却乏善可陈。这也反映了在君权至上的现实处境下，传统儒学道义为先的政治理想难以落实。

另外，不管是先秦儒学还是宋明儒学的王霸之辩，在公共权力的问题域中，都没有涉及一个核心的问题，这个问题就是最高政治权力的源头何在，公共权力究竟归属于谁？近代西方政治哲学家，如霍布斯、洛克等，他们所着力解决的就是政治权力的来源问题，这使得近代西方政治哲学开辟了一个新的天地。解决了权力来源问题，也就能为权力如何运行、执行权力者的动机如何等问题提供正当性的依据。而这一点，在中国历代王霸之辩中则是没有得到深入思考的。孟子、荀子所讨论的王霸之辩，关注的是君主如何行使权力，而对最高权力的来源并没有提出合理的解释。宋明诸儒所讨论的王霸之辩，关注的是君主的政治动机，虽然提到了三代之治的最高权力禅让制度合乎儒家的道义精神，但在后世王朝的权力更迭问题上，也是语焉不详，未能明确。虽然儒家对武力基础上的权力转移都提出了批评和质疑，但在前现代的语境下，对于政治权力的来源、约束和运行等问题，都没有做出体系性的回答。从理论上来看，如果明确了公共权力的来源问题，孟子的德力问题就能得到解释。如果公共权力来自人民，那么对赋予权力的人民动用武力则是不正当的，在这个意义上，王道具有天然的合理性。但是如果认为政治权力不是公共性的，而是来自血缘传递，那么维护这一私人性的权力则不可能不动用武力。同样的，在宋明理学公私之辩的视域下，汉唐之君如果认为其权力来源于以其自身为中心的利益集团，那么他们维护私欲的政治动机则是无可厚非的。反过来，如果认为政治权力来源于人民的同意，那么政治动机上的私欲则是非正当的。由此可见，回答公共权力的来源问题，在一定意义上，可解决传统王霸之辩的核心分歧。当然，中国传统政治哲学对于权力来源的回答，往往都诉诸天命等玄虚的对象，并以此为自己的权力正当性、统治合法性做辩护，故而不能彻底地解决公共权力依赖德性还是依赖武力、统治者的动机应该出于公义还是私利等问题。

概而言之，儒家的王霸之辩触及了公共权力的运行以及统治者的合法性等问题，对于构建合理的公共政治具有理想引导、理念约束等方面的意义，但在制度和规则的建设、权力约束以及权力来源等方面，仍然有着其内在的缺陷。如所周知，公共权力的来源、约束和运行是政治哲学最为核心的内容之一，在这一点上，传统的王霸之辩并没有有效地做出回答，而这也是现代政治哲学所关注的论题。

小结

王霸之辩是儒家政治哲学的重要展现。先秦王霸之辩主要集中在德力之分上，而宋明儒家的王霸之辩主要集中在公私之别上。但不管是先秦还是宋明，王霸之辩都体现了儒家一以贯之的道德政治特点，并对现代政治哲学具有一定的启示性意义。这种启示即在于：只有推行依赖德性的王道才能保证政治运行的合法性；只有坚持动机上的公心、公义，才是理想的政治家；理想政治的筹划对于现实政治生活具有引导性的积极意义。在历史上，王霸之辩在建构政治理想、强调政治的合道德性、促使政治家注重个人品德、推进儒家公共正义的落实等方面，都起到了一定的积极作用，也给当代政治哲学以历史的启示。不过，传统王霸之辩在公共权力的来源、约束和运行上，缺乏有效的解释能力和现实措施，这也表现出了儒家公共性思想的某种局限。正是传统政治哲学在王霸之辩上的局限性，使得现代政治哲学的问题得以展开。从这个意义上讲，传统王霸之辩虽然是思想史话题，但由于其为现代政治哲学提供了重要的思想启示，同时也促进了现代政治哲学在公共性维度上的深入展开，故而依然具有重要的现实价值。

重思先秦儒家的天人之辨

王 正（中国社会科学院）

儒家作为先秦诸子中的"显学"，在天人之辨方面有着丰富的思考，而且因为他们在一定程度上继承了周人"以德配天"的主流思想，所以他们在当时异彩纷呈的学派中产生的影响更大。为了节省篇幅，笔者将学习胡适先生的"截断众流"法，不再探讨殷商和周人的天人关系观念，而直接从孔子说起，只是在具体论述儒家的天人观时会比较性地提到此前中国哲学史中的天人思考。

孔子的天人观具有很强的思想张力，一方面他"述而不作"，在一定程度上继承了周人的带有宗教性的天人理解，所以在他的思想中，天仍然具有一定的宗教神性；另一方面，他又对这种天予以了哲学化、理性化的处理，将之由神秘不可知的天变成了超越意义的哲学性的天。而要进行这种由神秘到超越的哲学转化，关键一点就是将天和人内在性地联系在一起，而不再像以前的宗教天人观那样更多是一种外在性的关联。所以在这一点上，我们可以借鉴现代新儒家"既内在又超越"的理解。孔子说："天生德于予，桓魋其如予何？"（《论语·述而》）孔子并没有按照此前的宗教理解——天因着他的所作所为对他进行赏罚，而是认为天将德性本身内在地赋予了自己，所以现实中的各种问题便都是对自己内在德性之实现的考验与磨砺。这样，天和人就不再是一种外在的关联了，而是内在地贯通在一起。正是在这个意义上，子贡才能说出"夫子之文章，可得而闻也；夫子之言性与天道，不可得而闻也"（《论语·公冶长》)这句话,即孔子已经将性与天道内在地连贯起来了,而不再将两者作外在性的关联。可见,孔子的天人观是将天和人内在地以德性绾结在一起,由此天的神秘宗教性转化为超越的界限性,人的被动被赏罚性转化为主动的积极践行性。正因如此,当"子见南子,子路不说"时,孔子可以起誓道:"予所否者,天厌之!天厌之!"(《论语·雍也》)这里的天看似是宗教性的,但其实它已经变成了以德性为内在内涵的与人贯通的天,所以孔子才能有如此的自信。可以说,虽然在孔子这里还时不时有一些将天用作宗教之赏罚主体的用法,但他确实又完成了从宗教性的天人关系向理性人文主义的天人关系的巨大转变。因为孔子是这一过程中的人物,所以其思想中前者尚有遗存,而后者具有的哲学史意义显然是巨大的。子思、孟子乃至荀子,都是在后一种意义上延续着孔子的思路,而进一步将天人关系予以理性人文化。

子思、孟子在孔子"既内在又超越"的思路上继续前行,在这两方面都进一步丰富和深化了儒家思想:他们既在内在的维度上深入到心性的层面,对人心内在的隐微面向予以了前所未有的深入讨论,从而在一定程度上真正创生了儒家的工夫理论;又在超越的维度上进一步提升,将人通过自身所能达到的在终极意义上的最大努力和最高境界予以了呈现,甚至用古代宗教的"神人相格"来比拟天人的合一。这样,子思、孟子可以说将孔子体悟到的天人"既内在又超越"的关系予以了极大的发展,其中尤其以孟子的贡献为大:一方面,他深化了子思提纲挈领式的心性论,并正式确立了儒家"人性善"的主流人性论;另一方面,他将儒家通过自身实践所能实现的天人贯通之境界与人格形态,予以了丰富展示,从而将儒家通过德性将天人贯通起来而实现天人相参的思想推演至极致。我们接下来分别论述子思和孟子相承继的天人观。

关于子思及其学派的天人之辨,主要集中在《中庸》和郭店楚简中。有趣的是,作为子思之师的曾子很少谈论天人关系,一般认为与曾子关系较大的《大学》中更是根本不言之。所以我们或许可以认为，曾子确实是有些"鲁"的，所以对于天人之辨未能深刻切入，而子思则要明辨得多，所以在这个问题上有深入思考。另外，也许和当时思想界的发展有关。曾子之时，墨家和道家尚未具有重要影响，所以他在天人思想方面没有可以争辩的对手，而在子思之时，墨家和道家都开始兴盛，天人关系在他们的冲击下大有重新讨论的必要，所以他就接过了自己祖父的使命，开始重思天人之间的关系。不过现存的各类文献并不宜视为子思自己所作，因为郭店楚简中的几篇和《中庸》虽然有关联，但也有差异，所以我们或许可以按照学界的一般认识把这一类文献皆归为子思学派所作。

郭店楚简《性自命出》《五行》等篇和《中庸》有较密切的联系，它们分享着类似的天人关系论：人性来自于天命，是天赋予了人以人性，此即《性自命出》所言"性自命出，命自天降"，《中庸》所言"天命之谓性"。这里需要指出的是，因着子思学派对"天命"的使用，儒家的天命观念由此产生了两种不同的意义：一种是命运意义上的较消极的天命观，另一种是这里的积极地赋予人性的天命观；前者偏重于名词意义，或者是一种动词名词化的用法。在此后的先秦儒家对"天命"的认识中，这两种意义都是存在的，尤其是在孟子那里，形成了并言积极消极而又辅相裁成的天人观念。此为后话，现在让我们回到子思学派的思想中来：正因为人性来自天，所以人顺着天所赋予的人性而行便是人道，此即《性自命出》所言"道始于情，情生于性"，《中庸》所言"率性之谓道"。不过在这些相似的天人关系论下，却隐藏着不同的对性的规定，因为《性自命出》是就无定志的心和多变的情来谈性的，所以其性不可以说是善的，而《中庸》则是就中和来谈性的，所以其性已经具有了较强的性善论倾向。有关两者性论的细致差别，笔者将在后文讨论，此节仍集中在子思学派的天人之辨上。

正因为人性乃由天所命而来，所以人道当效仿天道，因此，郭店楚简和《中庸》皆有对人道天道各自为何以及人道如何效法天道的讨论。郭店楚简因为如《礼记》一般，乃是各类文章的汇总，所以笔者也只能大概进行归类，以窥测其丰富而又蕴含差异的天人观念。《五行》篇载："金声，善也；玉振，圣也。善，人道也；德，天道也。唯有德者，然后能金声而玉振之。"《五行》篇对于仁义礼智圣五种德行形于内和形于外的不同意义进行了深入分析，而尤其注重圣之为德，因为善只是将仁义礼智四者进行了"和"，这尚属于人道，而若能将圣与这四德相"和"，则是"德"，也就是天道了。显然，圣是与天道贯通的，那么什么是圣呢？在《五行》看来，圣不仅与耳之聪相关，而且与绵延长久相关，因此它是关联着天道的，所以"圣人知天道也"。由此可以说，《五行》篇是通过"圣"来贯通天人的，这是其天人观的独特性，虽然其五行之说后世不传，但是这种强调圣在天人关系中的积极性的观念，对《中庸》人可以参赞天地化育之说应有一定影响。

而在《性自命出》《成之闻之》《语丛》等篇中，则表达了一种类似的天人观念。笔者尝试将之进行一种组合："有天有命，有命有性"（《语丛三》），"性自命出，命自天降"（《性自命出》），"天形人成，与物斯理"（《语丛三》），"天生万物，人为贵。人之道也，或由中出，或由外使"（《语丛三》），"由中出者，仁、忠、信；由外入者，礼、乐、刑"（《语丛三》），"知天所为，知人所为，然后知道，知道然后知命"（《语丛三》），"天登大常，以理人伦"（《成之闻之》），"慎求之于己，而可以至顺天常矣"（《成之闻之》）。通过这样一种整理，我们大体可以发现郭店楚简中这一批具有相近思想的文献的天人观了：天命于人的便是人的性，而同时天亦使人成形而具有了身体，在天所生化的万物中人是最为宝贵的，因为他具有道德价值；人的道德价值有两种来源——内在的是本性具有的仁爱和忠信，外在的是后天制作的礼乐和刑法；人通过观察天和人的行为就可以知道其中的法则，而由此可以知道自己的本性进而按着它进行生活；而天的行为就是以天道来规范人道，而人道便是君臣、父子、夫妻等人伦生活，因此人应当在这些伦常生活中谨慎于自己内在的可控德性，顺承天所赋予我们的天命。这样一种天人关系论一方面肯定了天在其中的重要意义，另一方面又肯定了人的积极作用，可以说同时对天人的重要性和天人的贯通性予以了思考与完善。不过因为这一系统是分散在不同的篇目中，所以可以说在子思学派中虽然有了大体的天人贯通的天人观思路，但细致化和系统化的工作尚未完成，这有待于《中庸》作者和孟子的工作。

《穷达以时》则在另外一种层面上来言天人关系，这就是天作为命运对人的限制："有天有人，天人又分，察天人之分，而知所行矣。"《穷达以时》强调天人之间是有差异的，但是这种差异并不是荀子哲学中的那种差异，而是一种对命运对人的限制的肯定：人的生活状况在很大程度上是受到外在命运的限制的，并在此前提下再反过来肯定"穷达以时，德行一也"：既然命运不可改变，那么人只能始终坚持自己能恪守的东西——德行。这种观念对孔子的天命观有所继承和发展，而在孟子那里形成了更加完善的消极的天命观念。

我们再来看《中庸》的思考。《中庸》认为天道是："天地之道，可壹言而尽也。其为物不贰，则其生物不测。天地之道，博也厚也，高也明也，悠也久也。今夫天，斯昭昭之多，及其无穷也，日月星辰系焉，万物覆焉。今夫地，一撮土之多，及其广厚，载华岳而不重，振河海而不泄，万物载焉。……《诗》云：'维天之命，於穆不已！'盖曰天之所以为天也。"一方面，天地之道是生生不已的，万物都由天道的生化而来，人自然也不能例外；另一方面，天道的生生不息便是其德性，所以人道也具有了这种生生不息之德，并且应当在生活中实践之。显然，《中庸》将"既内在又超越"的天人关系予以了证成。因此，"诚者，天之道也；诚之者，人之道也。诚者不勉而中，不思而得，从容中道，圣人也。诚之者，择善而固执之者也。博学之,审问之,慎思之,明辨之,笃行之"。天道的生生不息便是它的诚实不妄,而人应效仿这种诚实不妄,即对善的坚定不移的学习与实践。这里的"诚之"是人的工夫所在,其具体内容便是"博学之,审问之,慎思之,明辨之,笃行之",如此,这两者之间似乎有一定的不同和紧张,这当是《中庸》作者的思考尚不成熟所致,因此在孟子那里便将"诚之"改为了"思诚",而使得这段话更加明畅起来。人由着这种不断的工夫而尽自己的人道,则"唯天下至诚,为能尽其性;能尽其性,则能尽人之性;能尽人之性,则能尽物之性;能尽物之性,则可以赞天地之化育;可以赞天地之化育,则可以与天地参矣"。人可以穷尽自己的本性、穷尽他人的本性、穷尽万物的本性(因为万物的本性都是天命的),由此便是完全参与到了天地生生不息的化育之道中了,而穷尽了人之为人的本性与能力,所以就达到"与天地参"的积极人生境界了。可见,在《中庸》作者看来,天人的贯通不仅是天对人的赋予其性,也是人对天的尽自身之职责而襄赞天道的生化,由此天道既内在于人性,人性又由此而超越了自身的有限性而达至于天道的超越性,这正是对孔子思路的推广和完善。

  孟子的天人观在孔子、子思的基础上进一步格局张大,分析也更细密,所谓"十字打开"便是对孟子思想的最好形容。首先需要指出的是,孟子延续儒家的一贯思路,仍旧在天命的意义下来展开对天人关系的思考。而且与子思相似,孟子认为,天命一方面在人的心性上对人进行了积极的贯注,另一方面在终极的极限上对人进行了限制。我们先来谈后一方面处于消极面的天命意义下的天人观。对于这类天命,孟子首先承认其客观存在,而且不仅人有其命运,国家也有其天命。那么,面对这种难以从根本上改变的天对人的限制,人应当怎样生活呢?孟子对此有非常丰富的讨论:"惟仁者为能以大事小,是故汤事葛,文王事昆夷;惟智者为能以小事大,故大王事獯鬻,句践事吴。以大事小者,乐天者也;以小事大者,畏天者也。乐天者保天下,畏天者保其国。"(《孟子·梁惠王下》)对于一个国家来说,大国对待小国应当采取包容的态度,即安定于天所安排的这种既成政治现实,而不要轻易侵略它;小国对待大国应当采取谨慎的态度,即敬畏于天所形成的这种大小有别的现实,而不要妄图改变它。但是如果一味地迁就现实,则孟子心中理想的政治——统一的王者之业,怎么成就呢?孟子认为,那便是"君子创业垂统,为可继也。若夫成功,则天也。君如彼何哉?强为善而已矣"(《孟子·梁惠王下》),君子只是努力于自己所应当做的那些善行德政,至于最后的结果如何,并不是君子自身就一定要完成和实现的,而要看天命如何。不仅一国的情况要看天命,个人的遭遇更要看天命如何:"乐正子见孟子,曰:'克告于君,君为来见也。嬖人有臧仓者沮君,君是以不果来也。'曰:'行或使之,止或尼之。行止,非人所能也。吾之不遇鲁侯,天也。臧氏之子焉能使予不遇哉?'"(《孟子·梁惠王下》)孟子在周游列国的过程中,也如孔子一般遇到了诸多困难,而其中常见的情况是小人阻挠,孟子认为这是天命如此,不是人为就能改变的。因此在孟子看来,在自己能力范围内的才是自己可控制的,而外在于此的便不是人力所能及的了,那就只能看天命如何了。因此孟子认为,"夫天,未欲平治天下也;如欲平治天下,当今之世,舍我其谁也?吾何为不豫哉"(《孟子·公孙丑下》),人自身应做好最好的能力准备和道德修养,以等待天命的降临,但如果天命不至,也应明白这便是自己的命,而不必困扰不已。可见,就这一层意义来说,天对人具有极强的限制性,人的行为不得不遵循天,人也不得不敬畏天。那么,孟子的天命是否等于人格神呢?又不是的。"'然则舜有天下也,孰与之?'曰:'天与之。''天与之者,谆谆然命之乎?'曰:'否。天不言,以行与事示之而已矣。'"(《孟子·万章上》)天并不是一个视听言动如人的人格神,更不是事事奖惩的墨家意义上的天,而是一个作为终极命运性存在的、带有神秘超越性的天。它对人事的决定也并非亲自去下命令或对那个受命的人与国直接言说，而是用实际发生的事情和事情发展的趋势来提示之、警示之。正因如此，人们对于天命才需要真正地敬畏之，否则如墨子那般的天，则事实上人是可以掌握它的，又何谈敬畏呢？只有如孟子、如儒家这般谈论一个看似神秘，但其实不过是终极性的超越之天，才是真正可敬畏的。

然而，若在天人关系上仅有此一层意义，孟子也便不是儒家了。儒家正是在承认天命存在的前提下，展开了自身内在丰富的结构，以成就自己真正具有道德价值和人生意义的生活。孟子在这方面，实有极度光辉灿烂的思考。"夫仁，天之尊爵也，人之安宅也。莫之御而不仁，是不智也。不仁、不智、无礼、无义，人役也。人役而耻为役，由弓人而耻为弓，矢人而耻为矢也。如耻之，莫如为仁。仁者如射，射者正己而后发。发而不中，不怨胜己者，反求诸己而已矣。"（《孟子·公孙丑上》）人自身内在的具有道德价值的意义，是人在天的禀赋下而具有的独特意义所在。孟子认为，仁是天所宝贵的道德价值，又是人所安处的居所，所以仁实在是天人贯通的关键所在。在这段话中，实际上已经将孟子心性论中最重要的两条思路和盘托出：一是人性善，即人性是仁的，是天所最宝贵的道德价值；二是人之成就自身不在于外在，而全在于内在，因此工夫要在内在心性上做起。

在《孟子》中有一段和《中庸》十分相近的话："居下位而不获于上，民不可得而治也。获于上有道：不信于友，弗获于上矣；信于友有道：事亲弗悦，弗信于友矣；悦亲有道：反身不诚，不悦于亲矣；诚身有道：不明乎善，不诚其身矣。是故诚者，天之道也；思诚者，人之道也。至诚而不动者，未之有也；不诚，未有能动者也。"（《孟子·离娄上》）这句话当是孟子自子思及其后学那里继承而来，而又加上了自己的一点修正。就继承而言，孟子肯定诚实不妄便是天的运行法则与德性，而人的诚实不妄的道德修养与道德实践便是天道在人身上的体现；就修正而言，其中关键就在于"思诚"和"诚之"的变化。这一变化非常关键，它将《中庸》那里颇为含混的工夫路径予以了清晰化，而更具有操作性。《中庸》以"诚之"言人道的工夫，由此语则主体的工夫似乎便是诚本身，但是根据前后文，则工夫当首先在"不明乎善，不诚其身矣"，这样两者就构成了一个矛盾。孟子则以"思诚"改变了它，思便具有了明善的意义，而使工夫有了真正的着落，而不再是一个语义的转换而已。而且因着这样一个转换，天人之间的贯通才真正得以建立：人通过心的思诚便真正认识了天道之诚，继而在生活中时时刻刻无不以诚为之。可以说，天人贯通的根本在于心："耳目之官不思，而蔽于物，物交物，则引之而已矣。心之官则思，思则得之，不思则不得也。此天之所与我者，先立乎其大者，则其小者弗能夺也。此为大人而已矣。"（《孟子·告子上》）耳目这类感官是可能被外物所遮蔽的，因此人的生命并不能以之为主，真正可以为自己之主人的是心——心是天所赋予我的，人若能真正挺立起心的主体性，则其他的外在之物便不能侵夺它，而人就能始终是自己的主人。既然心是能成为主人的，则它便不可能是个形式，而必然有其内容，因此孟子认为："口之于味也，有同耆焉；耳之于声也，有同听焉；目之于色也，有同美焉。至于心，独无所同然乎？心之所同然者何也？谓理也，义也。圣人先得我心之所同然耳。故理义之悦我心，犹刍豢之悦我口。"（《孟子·告子上》）人类的眼耳口鼻等感官都有其普遍的内容，因此人心当然也有其普遍的内容，这个内容不是别的，就是理义，就是人性之善，就是仁及其所涵摄的义、礼、智。由此，在孟子这里，人心和人性融合无间：天道之诚贯注于人，便为人性的仁义之善，而成为人的主体——心的内容，所以仁便是人的宅所、义便是人的路途。这种心性合一于仁义的心性论，是孟子从孔子、子思那里继承发展而来的一种心性论，其背景便是天人合一于德的天人观念。

正是在这种心性论下,孟子才能言:"尽其心者,知其性也。知其性,则知天矣。存其心,养其性,所以事天也。夭寿不贰,修身以俟之,所以立命也。"(《孟子·尽心上》)因为穷尽"大体"——心的能力,便是在将人性予以充分的实现,所以当然也便是知性,而因为性由天命而来,所以知性自然能知天。存养仁义之心当然便是存养善的本性,这也便是对"诚"的天的最好地尽职事奉了;至于终极超越的天命,那不是人的心性工夫能决定的,因此人只需要尽力于自身的道德修养与实践,便是安立于天命之下了。可见,正是在积极和消极两面的天人关系论下,孟子思想中几乎所有的重要观念都得到了恰当的安排,所以可以说,孟子的天人之辨实际上主导了他的道德哲学。

与子思、孟子的思路不同,荀子在另外一条路径上探讨天人关系,即首先将天人相分离:天是自然世界,人是价值世界;天与人之间不是感应互动的关系,而是有各自的领域和功能;天是自然而然地下雨刮风来实现自然世界的运行,人是运用自己的认知理性和人文努力来完成自身能力的实现和对世界的良好建设。当然,荀子并没有否认天人相参这样一个最终儒家式的结论,只不过他认为真正意义上的天人相参是天和人各尽其责、各成其能。也就是说,荀子虽然不认可"既内在又超越"的思路,但是他认为天人之间的相分,是为了最终的相参,因此在他的思路中,更大程度彰显了天人关系中的人的独立意义与人文世界之价值。一方面,荀子借鉴了黄老之学中以自然论天的思路,但又剔除了其中自然的自然无为之价值意义,而将它更加客观化的来认识之;另一方面,荀子将天人加以划分,认为人和天各自代表不同的思想领域,人通过自身的认知理性和实践努力,积极运用天所赋予人的各种能力和各类资源,将人文世界建设得井然有序,便是实现了天人合一了。在这样一种思路下,荀子的天人观便和子思、孟子有了巨大差别。

在荀子的思想脉络中,"类"是一个关键概念,即要想穷究明白天地万物的道理，首先需要知类：万物都是依类而分的，若混淆了万物之类，则之后的认识与实践必然是错误的；只有奠基于正确的分类意识之上，万物的认识与行为才可能正确。因此在荀子看来，知类是前提性的关键点。"以类行杂，以一行万。始则终，终则始，若环之无端也，舍是而天下以衰矣。天地者，生之始也；礼义者，治之始也；君子者，礼义之始也；为之，贯之，积重之，致好之者，君子之始也。故天地生君子，君子理天地；君子者，天地之参也，万物之总也，民之父母也。无君子，则天地不理，礼义无统，上无君师，下无父子、夫妇，是之谓至乱。君臣、父子、兄弟、夫妇，始则终，终则始，与天地同理，与万世同久，夫是之谓大本。"(《荀子·王制》)通过类，人可以认识和处理复杂纷繁的事物，那么世间事物到底有几类呢？荀子认为，大体说来可以有两类：天地和君子，也就是天和人。天地是一切生命的根本，所以人也是天地所生的；但人是天地间独具特质的一类存在，他将无价值的世界赋予了价值，于是乃有了自然世界与人文世界的差别。也正因着人的这一能力和作用，人可以与天地相参而成为与天地并重的存在者，而不像其他动物、植物那样仅仅是天地的衍生者而并不具备自身的独特价值。因此，荀子的天人之辨就在这样一种类意识下展开了："水火有气而无生，草木有生而无知，禽兽有知而无义，人有气、有生、有知，亦且有义，故最为天下贵也。力不若牛，走不若马，而牛马为用，何也？曰：人能群，彼不能群也。人何以能群？曰：分。分何以能行？曰：义。故义以分则和，和则一，一则多力，多力则强，强则胜物；故宫室可得而居也。故序四时，裁万物，兼利天下，无它故焉，得之分义也。"(《荀子·王制》)人是兼具生物之气、自然生命、感性认知和道德理性的存在者，所以他是天地间最为宝贵的存在，因此他可以通过自身的理性能力和道德力量来起到其他生物起不到的作用：辅助天地来使世界更加条理化、秩序化，使得万物的生存都更加合理化、持续化。人也正是由此获得了自身在天地间的独特价值和存在意义。然而，这种辅助是否意味着人能替代天地呢？显然不是。荀子认为，天和人事实上各自处在不同的领域中：天属于自然世界，人属于人文世界，人辅助天只是人通过裁成人文世界而尽了天所赋予自己的能力而已，而并不是要替代天。

所以在荀子这里，天人之间的相分和天人各有其职责是其思想的关键性因素，其道德哲学的很多内容都是奠定于这一基础上的："天行有常，不为尧存，不为桀亡。应之以治则吉，应之以乱则凶。强本而节用，则天不能贫；养备而动时，则天不能病；修道而不贰，则天不能祸。故水旱不能使之饥渴，寒暑不能使之疾，祅怪不能使之凶。本荒而用侈，则天不能使之富；养略而动罕，则天不能使之全；倍道而妄行，则天不能使之吉。故水旱未至而饥，寒暑未薄而疾，祅怪未至而凶。受时与治世同，而殃祸与治世异，不可以怨天，其道然也。故明于天人之分，则可谓至人矣。"（《荀子·天论》）天道就是自然而然的风雨雷电、水火寒暑，它们本就是那样按照自身的规律运行着的，而并不对人间的政治运行、道德实践作影响、有感应；所以人对于天也应采取同样的态度，就是自然而然地做人该做的事情，而对天发生的各类事情视之为自然而已，而不将之神秘化、感应化。"不为而成，不求而得，夫是之谓天职。如是者，虽深，其人不加虑焉；虽大，不加能焉；虽精，不加察焉，夫是之谓不与天争职。天有其时，地有其财，人有其治，夫是之谓能参。舍其所以参，而愿其所参，则惑矣。"（《荀子·天论》）也就是说，天人各自有各自的职分，天的职分是各种自然现象的自然发生运行，人的职分则是将人的人文世界治理得井然有序。人如果妄图从天的运行中探求对人事的深微意义，便是迷惑的表现了。所以"皆知其所以成，莫知其无形，夫是之谓天。唯圣人为不求知天"，天人本是相分的，因此人不应当妄求天意。

但是，在我们的论述中有一个问题是隐隐存在的：人毕竟是天地所生的，人毕竟是活在天地之间的，所以天地的自然现象始终还是会影响人，而人的人文世界也似乎还是要笼罩在天地的自然世界之中，纯粹的分开是不可能的。那么，人若不知天，可以持续地生存下去么？人可能摆脱天的影响么？人文世界可能真正独立么？对于这些问题，荀子其实是有思考和解答的。"天职既立，天功既成，形具而神生，好恶喜怒哀乐臧焉，夫是之谓天情。耳目鼻口形能各有接而不相能也，夫是之谓天官。心居中虚，以治五官，夫是之谓天君。财非其类以养其类，夫是之谓天养。顺其类者谓之福，逆其类者谓之祸，夫是之谓天政。暗其天君，乱其天官，弃其天养，逆其天政，背其天情，以丧天功，夫是之谓大凶。圣人清其天君，正其天官，备其天养，顺其天政，养其天情，以全其天功。如是，则知其所为，知其所不为矣；则天地官而万物役矣。其行曲治，其养曲适，其生不伤，夫是之谓知天。"（《荀子·天论》）在这段论述中，荀子又讲到了知天的问题，只不过荀子的知天和一般的尤其是子思、孟子的知天大为不同。天地自然而然地产生了人，让人具有了形体和心灵，这就是"天职"和"天功"；而人因着形体和心灵所具有的感情是"天情"，具有感性认知能力的诸感官是"天官"，具有理性认识能力并统摄感性认知的心灵是"天君"，天地之间与人不相同的、但却能滋养人的生存的诸存在是"天养"，人顺着自身的类功能和类要求而生存就是"天政"。可见，荀子深知人是离不开天的，人的一切其实都是与天紧密联系在一起的，所以人当然要知天，否则生存难以继续，而必然导致"大凶"的结果。但是荀子的知天不是像子思、孟子那样把天作为终极的超越性存在而具有了一定神秘化因素，也不是像墨子那样把天主宰化而变为宗教性的天帝，更不是像庄子那样把天的自然无为同人的自然无为混一而导致人文世界价值的崩解，荀子是要由天的自然而然之运行，导出人在人文世界的依天而行所具有的人文价值的意义。这里面一个关键性因素我们可以借助荀子对地的认识来理解——"财非其类以养其类,夫是之谓天养","地有其财"本是地的独特之类意义所在,按说和人是不应当发生关系的,但因为人是天地所生的,所以人又要依凭着地的产出来生存,也就是说,人可以主动地转化非其类的地而滋养自身这一类。在人的这一积极主动的过程中,属于自然世界的地的一部分内容便被转化为人文世界的内容了,而在荀子看来这一过程是"天养",即它并不是违背天道的自然的,更没有违背类意识的,而正是一种积极人文意义的演成与建立。显然,在荀子这里,天和人的关系不仅不是相分的,更是可以通过人的积极作用而绾结在一起的。所以荀子说:"大天而思之,孰与物畜而制之!从天而颂之,孰与制天命而用之!望时而待之,孰与应时而使之!因物而多之,孰与骋能而化之!思物而物之,孰与理物而勿失之也!愿于物之所以生,孰与有物之所以成!故错人而思天,则失万物之情。"(《荀子·天论》)人应当积极运用自身的能力来对自然世界产生影响,从而促进自身人文世界的发展,否则便是不知天。也就是说,人的能力是天赋予的,所以它也是一种天,那么只要人依着这种天而行动之,则它就不是违背天的。换句话说,自然世界和人文世界是既有边界而又可以互动的,这种张力的来源就在于人本身。所以荀子认为,人的价值就在于积极主动运用自身的能力来秩序化人文世界,而在这个过程中,可以把自然世界的部分内容含括进来,这并不是违背天道自然的,而恰恰是自然的。由此,荀子最终在另外一个意义上达成了他的天人合一理论。

除了上述心性论意义上的天人贯通外,先秦儒家中还有一派尝试从天人的生成关系上讨论天人的贯通,这便是《易传》的作者们。《易传》的作者不一,此乃定论,但是因为他们面对的都是共同的文本,所以他们共享着一定的思路,所以笔者在这里将他们放在一起讨论。在《易传》作者看来,天人之间的贯通是无疑的,而其贯通的依据或者说根源就在于《易》。《易》与天地准,故能弥纶天地之道。仰以观于天文,俯以察于地理,是故知幽明之故。原始反终,故知死生之说。精气为物,游魂为变,是故知鬼神之情状。与天地相似,故不违。知周乎万物,而道济天下,故不过。旁行而不流,乐天知命,故不忧。安土敦乎仁,故能爱。范围天地之化而不过,曲成万物而不遗,通乎昼夜之道而知,故神无方而易无体。"(《系辞上》)《易》本身便是效法天地之道而制作的,而且它足以含括天地之道:它是观察天文地理之后而作,所以能体现万物深微的道理;它的形式与内容体现着事物的始终,所以能明晓万物的生死之理;它对万物幽深难明的变化都能体现,对天地之道的运转也能展示,对万物的行动规则更不违背,所以说它是真正将天人之道都完全呈现了出来。而之所以《易》能将天人之道呈现出来,在于天人本身是一种生成性的贯通关系:"一阴一阳之谓道,继之者善也,成之者性也。……生生之谓易,成象之谓乾,效法之谓坤,极数知来之谓占,通变之谓事,阴阳不测之谓神。"(《系辞上》)天道是一阴一阳生生不已的,这种生生不息便是善,它成形为万物便是万物的性,而人道就由此生化而来,进而效法此道,所以天人之间是一种生成性的关系。由这种生成性的贯通,所以圣人制作了《易》来呈现天道。所以,《易》本身既是天人贯通的结果,也是天人贯通的呈现。此即所谓"昔者圣人之作《易》也,幽赞于神明而生蓍,参天两地而倚数,观变于阴阳而立卦,发挥于刚柔而生爻,和顺于道德而理于义,穷理尽性以至于命"(《说卦》)。因此在某种意义上说,当《易》形成之后,天人之间的贯通便有了一个更好的中介——《易》,人可以通过读《易》、演《易》、思《易》来知晓天道,进而按照天道去行动,由此天人便更加顺畅的合一了。由此,《易传》作者根据《易》推演出了众多人依照天道而行的道理:"天行健,君子以自强不息"(《象传·乾》),"至哉坤元,万物资生,乃顺承天"(《象传·乾》),"天地交泰,后以财成天地之道,辅相天地之宜,以左右民"(《象传·泰》),"谦,亨,天道下济而光明,地道卑而上行。天道亏盈而益谦,地道变盈而流谦,鬼神害盈而福谦,人道恶盈而好谦。谦尊而光,卑而不可逾,君子之终也"(《彖传·谦》),"复亨,刚反,动而以顺行,是以出入无疾,朋来无咎。反复其道,七日来复,天行也。利有攸往,刚长也。复其见天地之心乎?"(《彖传·复》)总之,《易传》作者们是在一种天人生成的思路下通过《易》来联结天人,这是另一种独具特色的天人之辨。

除了孔子、子思学派、孟子、《易传》作者和荀子外,其实先秦时期众多儒者还有很多关于天人思想的讨论,大多保留在《礼记》《大戴礼记》和一些新近出土的文献中,但是因为它们大多零散而篇幅不大,所以难以系统讨论,另外其中很多思想已经包含或者体现在上述主要几家的思想中了。限于篇幅,笔者只举其中哲学性较强的几例以体现先秦儒家天人观的丰富内容:(1)《大戴礼记·哀公问》载:"孔子遂言曰:'古之为政,爱人为大;不能爱人,不能有其身;不能有其身,不能安土;不能安土,不能乐天;不能乐天,不能成身。'……公曰:'敢问君子何贵乎天道也?'孔子对曰:'贵其不已。如日月西东相从而不已也,是天道也;不闭其久也,是天道也;无为物成,是天道也;已成而明,是天道也。'"此段文字既有取于思孟学派的天人观,又有取于《易传》作者的天人观:一方面言爱人与乐天之间的关联性——"成身",另一方面言天道生生不已的德性,从而将天人贯通起来,这是一种值得注意的思想倾向。(2)《大戴礼记·盛德》载:"刑罚之所从生有源,不务塞其源而务刑杀之,是为民设陷以贼之也。刑罚之源,生于嗜欲好恶不节。故明堂,天法也;礼度,德法也。所以御民之嗜欲好恶,以慎天法,以成德法也。刑法者,所以威不行德法者也。"这里将儒家的垂拱之治、以礼而治和法家的以法为治在天人视野下进行了一种并列式的结合,从而将三者的合理性都予以了确认:垂拱而治是因着天的无为,礼治是因着人的德性,法治是因着有人对前两者都不遵守而设。由此,儒家和法家的治理之道便都在天人关系下具备了合理性,找到了各自恰当的位置,这是一种以儒家为主的对法家思想的吸纳。(3)《礼记·礼运》载:"故圣人参于天地,并于鬼神,以治政也。处其所存,礼之序也;玩其所乐,民之治也。故天生时而地生财,人其父生而师教之,四者君以正用之,故君者立于无过之地也。……故人者,天地之心也,五行之端也,食味、别声、被色而生者也。……故圣人作则,必以天地为本,以阴阳为端,以四时为柄,以日星为纪,月以为量,鬼神以为徒,五行以为质,礼义以为器,人情以为田,四灵以为畜。"《礼运》篇在记载了著名的大同、小康之辨后,便多为论述礼治的文辞。在《礼运》作者看来,为政应当效法天地、鬼神、阴阳、四时,其描述的天人关系变为一种人效法天的模式,显然已经吸纳了黄老道家乃至阴阳家的一些思想,而将之容纳到儒家的礼治体系中来。类似这样的讨论,在《礼器》《郊特牲》等篇中也有体现,这表明战国后期的儒家开始容纳诸子百家的思想来丰富自身的治理理念。因此,孔子、子思、孟子乃至荀子的天人观念都被很大程度地遗弃了。(4)《礼记·乐记》载:"人生而静,天之性也;感于物而动,性之欲也。物至知知,然后好恶形焉。好恶无节于内,知诱于外,不能反躬,天理灭矣。……乐者,天地之和也;礼者,天地之序也。和故百物皆化,序故群物皆别。乐由天作,礼以地制。过制则乱,过作则暴。明于天地,然后能兴礼乐也。"《乐记》从心性论角度谈音乐对于改变气质、改良风俗的影响,具有儒家的特色,而因为儒家的心性是贯通着天而谈的,所以事实上乐与礼也要在天人的视野下才能真正理解。《乐记》作者认为天赋予人的本性是安静而中和的,而这本性感于外物就要活动起来,这种活动则因为对外物的合理和不合理的追求而有了善恶的差别,进而反过来会影响人性。所以需要通过礼乐来让人的这些活动也变得中和起来,这样人的天性才会恢复,人的生活才是符合天道的。这种心性论意义上的天人贯通是先秦儒家的主流,所以《乐记》的相关思想在后来宋明理学中也得到了复兴。如前所述,先秦儒家对天人关系的讨论还有很多,但大体内容已经基本都呈现了出来,所以笔者也不再继续列举。

总之,先秦儒家的道德哲学基本是在各自的天人观之下展开的,我们可以说,一位儒者有怎样的天人观,便会有怎样的道德哲学。

治教分离视域下人性善恶问题之勘定[*]

陈 赟（华东师范大学）

欧阳修提出"由三代而上，治出于一，而礼乐达于天下；由三代而下，治出于二，而礼乐为虚名"[1]，为理解春秋战国时代中国思想提供了崭新的线索。在三代，"为礼"与"为政"一而不二，治教主体君师合一，而三代以下则有君师的分化以及随之而来的为治与为教的分殊；三代时治教主体皆为王者，三代以下而有圣王之分，即尽制与尽伦的不同，这里实际有"王"从神圣之"天子"到世俗君主（"人爵"）的下降与体现教化权力者的"圣"（"天爵"）之上升。[2] 先秦儒家关于治教问题与人性善恶的讨论，都可以从这个视角获得崭新的理解。

一、圣王分职或治教分域

三代以下，"位有天下"的君主与"德有天下"的圣人开始分化，圣人以其配享"天爵"之德，建立了以文教为核心的精神王国；孟子的天人模型实质地建立了天道与某种落在个人肩上的责任之间的相互依赖的纽带。有了这个纽带，一个人生存的意义

---

[*] 本文系国家社科基金项目（18AZX009）、上海市教委科研创新计划重大项目（201701070005E00053）、江苏省公民道德与社会风尚协同创新中心与道德发展智库项目（2014）成果。
[1] 欧阳修、宋祁：《新唐书》卷11《礼乐志》，中华书局，1975年，第307页。
[2] 对此的更详尽讨论，笔者将在《"治出于二"与先秦儒学的理路》一文中进行。

就未必是融入到既有的体制化了的礼法秩序中——这种礼法秩序最高的阶位乃是世俗君主,而是可以以他自身的方式实现与天的关联。以此为基础,主体权能的边界更为清晰了。事实上,孟子与荀子等区分在己者与在外者,[1] 不仅仅是为了贞定主体权能的界限。以这样的方式,客观上为个人的修身赢得了独立的位置,也就是它可以不直接介入或参与礼法秩序的形构即可通达于天。换言之,个人的"独善其身"具有相对于"兼济天下"的独立意义。这一思想当然并非孟子的首创,孔子对于出处、进退、显隐的问题,已有深刻之思考。他并没有把个人的生活同被给予的政治秩序完全绑定在一起,而是为出、退、隐预留了余地。[2] 孔子曾以在家孝友兄弟而施于有政,作为不参政而赞治的行动方案,这与古希腊城邦公民从作为私有之域的家庭事务中脱离而进入城邦事务的共有之域显然不同。甚至,孔子允诺了"乘桴浮于海"(《论语·公冶长》)、"欲居九夷"(《论语·子罕》)的可能性,这似乎就是为出世的生存样式预留的罅隙;以至于《韩诗外传》将连接出与处、进与退、显与隐的可能性系之于圣者的生存品质:"入而亦能出,往而亦能返,通移有常,圣也。"[3] 圣人之所以为圣

---

[1] 《孟子·尽心上》:"求则得之,舍则失之,是求有益于得也,求在我者也。求之有道,得之有命,是求无益于得也,求在外者也。"《荀子·天论》:"若夫志意修,德行厚,知虑明,生于今而志乎古,则是其在我者也。故君子敬其在己者,而不慕其在天者;小人错其在己者,而慕其在天者。"《庄子·大宗师》:"知天之所为,知人之所为者,至矣。"《荀子·天论》:"明于天人之分,则可谓至人矣。"

[2] "隐居以求其志,行义以达其道。"(《论语·季氏》)"天下有道则见,无道则隐。"(《论语·泰伯》)

[3] 屈守元:《韩诗外传笺疏》,巴蜀书社,2012年,第268页。《汉书·王贡两龚鲍传赞》亦云:"《易》称:'君子之道,或出或处,或默或语。'言其各得道之一节,譬诸草木,区以别矣。故曰:'山林之士,往而不能反;朝廷之士,入而不能出。'二者各有所短。"班固撰、颜师古注:《汉书》卷72《王贡两龚鲍传》,中华书局,1962年,第3097页。汉代贾谊说:"亢龙往而不能反,故《易》曰'有悔';潜龙入而不能出,故曰'勿用'。"贾谊:《新书校注》,阎振益、钟夏校注,中华书局,2000年,第230页。

人，在于他可以"入而亦能出，往而亦能返"，不执著于出入，而能以出世的方式入世，或以入世的方式出世，在出世与入世的张力中达成平衡，这被视为圣人的品质。因而对于"方内"（政治社会）的礼法秩序，儒学是本着仁以求和解，这一和解的实质是在"方外"的"道德"与"方内"的"礼义"之间加以连接，使之相互通达。而孟子则更明晰地强调："圣人之行不同也，或远或近，或去或不去，归洁其身而已矣。"（《孟子·万章上》）孟子更以古人为依托，道出了两种不同的生活方式："古之人，得志，泽加于民；不得志，修身见于世。穷则独善其身，达则兼善天下。"（《孟子·尽心上》）

这就界定了一种个体化生命形态的可能性，与三代制礼作乐的王者不同，他既非礼法秩序的缔造者，也未必将其生存的天平全部倾倒在"方内"的政治社会，这样的人，其生存本身就是意义的充满。[1] 不论是对其个人而言，还是对于他人而言，人的尊严、光辉与意义，在其视听言动中即可得以展现。由于身这个概念超越了意识与语言，因而修身可以包含更为广阔的实践。在《易传》中，这一生存方式最终被概括为"正性命"，"乾道变化，各正性命"，意味着天道的变化最终在于每个存在者的各正性命，这就是中国思想提供的秩序之最终模型，而

---

[1] 可资比较的是，在古希腊，苏格拉底致力于政治宗教的改革，"他受到神圣声音的召唤，受到德尔斐神谕的告诫而在城邦中进行政治宗教的改革，最后被改革的阻力所毁灭。他拒绝逃跑，因为神圣社会以外的任何形式的生存对于他都没有意义。最近有一位历史学家曾断言，苏格拉底和柏拉图、亚里士多德一样，都差一点才达到基督教时代的精神发展阶段，因为这些哲学家们还不能走出神圣政治性的内在世俗社会的界限，认识到直接置身于上帝之下的宗教生活的可能性。"（沃格林：《没有约束的现代性》，张新樟译，华东师范大学出版社，2007年，第196页）事实上，苏格拉底没有在政治秩序之外开启另一种生活，其视野仍然在城邦之中；但对苏格拉底悲剧的反思，导致柏拉图、亚里士多德对城邦政治秩序之外的秩序可能性进行了探索，沉思的生活或以爱智慧为特征的哲人生活被确立为比城邦生活更高的生活方式。

一切人皆可以自己的方式参与这一秩序。各正性命的秩序的根基仍在天道，或者说它就是天道在万物生存其中的世界之表现形式。修身到孔子那样的高度，也并不能保证一个人在现实政治社会中能够获得时机，顺风顺水，然而，它却可以使人"穷而不困，忧而意不衰也，知祸福终始而心不惑也"（《荀子·宥坐》）。修身可以使一个人在不得志的时候不至于困窘，在忧患时刻不会意志衰退动摇，懂得祸福生死的道理而不致迷乱困惑，在变化无常的世界中依然能够内心平和，这是一种意义自足的自我转化与自我提升的成就，而不必再要通过政治行动与习俗秩序的参与而确证它的意义。

正性命的修身实践不仅可以使人保持与政治社会的距离，而且一切政治社会秩序通过它便有了新的判准和根据。"正性命"揭示了在"修身"等词语中所真正表达的东西，这样，身的重要性被突出了，它构成了家、国、天下的基础。孟子将西周时代就已经清晰地呈现出来的"天下（王）—国（君）—家（卿大夫）"的秩序模型，即礼法秩序，重建在"身"上。《孟子·离娄上》曰："人有恒言，皆曰'天下国家'。天下之本在国，国之本在家，家之本在身。"三代试图通过礼法秩序将政治社会转化为一个大学校的理念，找到了它的真正基础，这就是作为性命的承载主体的身："身修而后家齐，家齐而后国治，国治而后天下平"，于是，"自天子以至于庶人，一是皆以修身为本"（《礼记·大学》）。这样，政治生活的本质就不再是由暴力达到的支配、混乱中达成的有序，而是一种转向修身的引导。而修身无非是正其性命，性命才是天道之在身者、在己者。[1]

正性命的最高典范，乃是"人伦之至"的圣人。圣者为每个

---

[1] 这与《斐多篇》中苏格拉底以灵魂作为合理秩序和超越的中枢（sensorium），从而追求那种"无身体"的纯粹灵魂的生活有着明显的差异。当然，无身体的纯粹灵魂可以被理解为一种神话表达方法。

人的自正性命所提供的是教化条件，而王者则提供政治（制度）条件。教化条件是上行性的，引导性的，积极性的，参赞性的，它提升人，遵循上达、助成的"有所为"的原则；制度条件是下行性的，防御性的，消极性的，它以"有所不为"的限定，提供最低限度的秩序，以提供各正性命在其中可以展开的空间。《荀子·解蔽》通过圣、王职能的分辨首次明确了教统与治统的畛域分工，二者分别构成个体之正性命的教化条件与制度条件："圣也者，尽伦者也；王也者，尽制者也；两尽者，足以为天下极矣。""尽制"遵循下行性的防御原则，不直接以导人向善为目的，但却必以止恶为首要目标，它是在"治出于二"状况下重新界定礼法秩序；而"尽伦"遵循上行性的引导性原则，借助教化激发人的向善、向上的激情，圣贤生命人格的榜样示范作用就是教化的基本形式。《礼记·乐记》云"礼由地作"，[1]也就是说王者之制，即礼法秩序，最终出于"地"，具有地方性，然必上通于天；且因时而被损益，"礼，时为大"（《礼记·礼器》）。圣人之教，则出于"天"，然必下达于地。[2]《庄子·天下》云："古之所谓道术者，果恶乎在？曰：'无乎不在。'曰：'神何由降？明何由出？'圣有所生，王有所成，皆原于一。'"谭戒甫指出："圣、王分承神、明，亦即分承道、术。生成

---

[1] 《庄子·天道》："夫尊卑先后，天地之行也，故圣人取象焉。天尊，地卑，神明之位也。"
[2] 王者主导的礼法秩序被限定为大地秩序或"大地法"。由于圣是自正性命的典范，是人伦之极至，即人极，人极在理论上人人可至，故而对于具体个人而言，它提供了生存意义的方向；王者固然凭借自身的德能，但更依赖机缘、环境与出身等非在我性因素，因而不能作为个人修养的目标。在这个意义上，《荀子·解蔽》所谓"故学也者，固学止之也。恶乎止之？曰：止诸至足。曷谓至足？曰：圣。圣也者，尽伦者也；王也者，尽制者也；两尽者，足以为天下极矣"中，"曰：圣"后无"王"，是有其合理性的。至于杨倞提出有人以为有"王"字，后来的冢田虎、梁启超等皆以为有"王"字，则是据下文"两尽""以圣王为师"，然《解蔽》此段最后仍然断言"知之，圣人也"。可见学只能落到圣，而不能落到王上。虽然学必兼教化（宗教—道德—伦理）与统治（政治），但即使贯通二者，最高也只能成圣，而不能为王。换言之，孔子学习先王之法，得以成圣，但却不能为王。王者实非学而能之。

亦即分承降、出耳。"[1] 圣本于天之神，而王本于地之明，[2] 是以圣者无方，而王者有体。圣者通乎古今，贯通百王之道；而王者乃一代之王，为一代制法。

三代以上有"圣王"，即"治教合一"之王，其人不仅"位有天下"，而且"德有天下"；其出治即其所以出教，出教即其所以出治。然而所以称之为"圣"者，乃以圣人之统的回顾性视野观看帝王之统的结果，合乎圣者之王，即可名为圣王，而其在当时皆称"王"而不以"圣"名，因彼时圣人之观念尚未生成。经过春秋战国至于汉初，既以圣人归孔子，独归教统，则三代以下之王，不能为圣，最高可为"明王"。"明王"概念之提出，乃在"治出于二"背景下，专言"尽制"之君所可及之高度。《礼记·乐记》："作者之谓圣，述者之谓明。明圣者，述作之谓也。"考虑到这里为"政治乐论"而非现代意义上的"审美乐论"的语境，我们可以在更普遍的思想脉络里思考其内涵，其实质是以作归圣，以述归明。以作者归圣，则"明王"之所以为"明"者乃在于述"圣"；圣人相对于明王而为"作者"，相对于天道则为"述者"。天道是万物的作者，而圣人是天道之述者。作为治统的明王，其继述天道必以圣人之述天道为其中介。在传统中国，在每朝天子家族之外，独能行大宗之礼而真正能够"本支百世"者，实为作为圣人之符号化的孔氏。天子亲临孔庙拜谒孔子，具有象征性意义：治统之君主不能独立成治，至少必与圣人之教统合作，方能使礼乐再达于天下。至于《庄子·天下》之理想，则是以内外结构分化的圣、王，在治出

---

[1] 谭戒甫：《〈庄子·天下篇〉校释》，刘小枫、陈少明主编：《经典与解释》第24辑，华夏出版社，2008年。

[2] 神、明与天、地的对应关系，古典文本多有提及，如《郭店楚墓竹简·太一生水》："神明者，天地之所生也……天地复相辅也，是以成神明。"荀爽《周易荀氏注》："神之在天，明之在地，神以夜光，明以昼照。"钟泰指出："神者天，故曰降。明者地，故曰出。……皆以神明与天地相配，是言神明即言天地之用也。"（《庄子发微》，上海古籍出版社，2002年，第756页）

于二的条件下重建治教的统一性,即以教为内,而以治为外,再转化政治生活为教化场所,至少在政治社会中为教化生活预留空间。[1]故内圣外王可谓中国思想之共同意识。

二、治教二分视域下性善与性恶的有效界域

在"治出于一"的架构下,人性的问题并没有被提及,三代礼法架构所给出的是秩序,而不是个人之生存意义。"人成了人的一个问题"(阿布·哈扬纳尔托希迪 inna al-insāna qad aškala 'alayhi' l-insān 或者奥古斯丁 factus eram ipse mihi magna question),是需要条件的。当秩序的基础完全被托付给天,而天在人外时,对秩序的探问是难以引发人性问题的。然而,"治出于二"的架构关联着的信念却是,天在天下对人的显现,与其说是被分为两个区域,毋宁说是被区分为两种方式:治与教。这两种方式呈现了人性的不同侧面,而它们也以这不同侧面作为自己的基础。更为重要的是,这不同侧面都与天命相关,在孟、荀的思想中都隐含着一个共同经验,即人自身包含了天命的内容,这一内容是领会天命不可或缺的环节,在性命之外的天并不是人可以理解或应当理解的。

孟子对人性做了至少三个维度的分解:其一是大体(心)与小体(耳目等感官)[2];其二是性与命[3];其三是性、情、

---

1 陈赟:《〈庄子·天下篇〉与内圣外王之道》,《安徽师范大学学报》2014年第4期。
2 《孟子·告子上》记载:公都子问曰:"钧是人也,或为大人,或为小人,何也?"孟子曰:"从其大体为大人,从其小体为小人。"曰:"钧是人也,或从其大体,或从其小体,何也?"曰:"耳目之官不思,而蔽于物。物交物,则引之而已矣。心之官则思,思则得之,不思则不得也。此天之所与我者。先立乎其大者,则其小者不能夺也。此为大人而已矣。"这是大体(心官之思)与小体(耳目口鼻之交物而感之感官)的不同。
3 《孟子·尽心下》记载孟子之言曰:"口之于味也,目之于色也,耳之于声也,鼻之于臭也,四肢之于安佚也,性也。有命焉,君子不谓性也。仁之于父子也,义之于君臣也,礼之于宾主也,知之于贤者也,圣人之于天道也,命也。有性焉,君子不谓命也。"

才[1]。有了这些分解，才能勘定其所谓"性善"所在的论说区间。就第一点而言，性善显然并不能归结为小体之善，人性之善被孟子系于大体，即心官，而心官之功能在思，思之对象则是作为性中之德的仁义礼智。此四德乃天之所与，即在人之天德，人之尽心的目的在于知性，知性的实质就是四德之显现，人在其思中抵达的四德之显现也就是知其在己之天。据此，性善在此表现为性德之善，而性德最终源自于天。就第二点而言，口目耳鼻之欲与仁义礼智之德，皆天之所以与人者，皆为人性之一日不可废缺者。然孟子以性、命区分二者，欲固为性，但其所在畛域为在外者，故而归之于命，而仁义礼智则操之在我，求则得之，故而归之为性。性命之分在这里是一种主体的认取或判定，这意味着孟子的人性概念本质上为"所性"，即它包含着双重维度——天所与之命（大于被认取之性）与人所取之性（小于所与之命），换言之，人性的概念必须由人的参与方能生成，但人也并非人性的作者，此中有天之在人者。从这一层面去理解性善，则所谓性善乃意味着人自觉地、主动地以天与之性而为其存在定向的能力或品质。就第三点而言，则性善不可以由"故"——包括作为事实的经验性的已然之迹与对经验性事实的因果性缘由——而获取，由"故"获取必然以"利"为本，即以"言之成理，

---

[1]《孟子·告子上》记载：公都子曰："告子曰：'性无善无不善也。'或曰：'性可以为善，可以为不善。是故文、武兴则民好善，幽、厉兴则民好暴。'或曰：'有性善，有性不善。是故以尧为君而有象，以瞽瞍为父而有舜，以纣为兄之子且以为君而有微子启、王子比干。'今曰'性善'，然则彼皆非欤？"孟子曰："乃若其情，则可以为善矣，乃所谓善也。若夫为不善，非才之罪也。恻隐之心，人皆有之；羞恶之心，人皆有之；恭敬之心，人皆有之；是非之心，人皆有之。恻隐之心，仁也；羞恶之心，义也；恭敬之心，礼也；是非之心，智也。仁义礼智，非由外铄我也，我固有之也，弗思耳矣。故曰：'求则得之，舍则失之。'或相倍蓰而无算者，不能尽其才者也。《诗》曰：'天生蒸民，有物有则。民之秉彝，好是懿德。'孔子曰：'为此诗者，其知道乎！故有物必有则，民之秉彝也，故好是懿德。'"

持之有故"[1]为性善论说的最终根据,此不过遵循语言及其逻辑本性而已,无法触及性善之根本。孟子以"可以为善者"归于"情",即性之经验性表现,则情既可以为善,亦可以为恶。然而在经验性层面,为善不等于性善,为恶亦不能构成对性善之否定,因其所触及者乃情而非性。孟子既以为恶归于情,则性善而情未必善。同时,孟子主张"若夫为不善,非才之罪也",则才(包括材质及其功能或表现,即才能)乃中性之物,善、恶皆非刻画它的恰当范畴。[2] 由此,孟子所谓性善,无关乎"才",亦非"情",经验性的小体无由显之,由大体之思方能洞见,这意味着性之善乃先于性之表现,因而它可谓内在而先天。既然内在而先天,先于行动或外在表现,则非治统所能管辖。治统所提供的礼法秩序,其治在外,由外而入乎内,但却无法直接作用于内在而先天者。是故孟子所谓性善,当归在教统,它是道德行动之根据。一切教化形式意在引发自觉的正性命的行动,而所有的引导,皆只是唤醒此内在而先天之四德,以趋善为目的。是故孟子之言性善,乃限于教统而后可以获得准确的定位。对于孟子而言,即便在礼法秩序崩坏的情况下,人依然可以唤起内在的道德意识,甚至在礼法失序或无序的状况下重建礼法,也必须借由此道德意识才有可能。

与之相对,荀子所谓性恶者,不在以教化的方式唤起内在德性,而在于规范人之表现在外的作为,以止恶为依归。荀子所谓性,乃针对礼义法度之施设而言。"古者圣王以人之性恶,以为偏险而不正,悖乱而不治,是以为之起礼义、制法度,以矫饰人之情性而正之,以扰化人之情性而导之也。始皆出于治,合于道者

---

[1] 《荀子·非十二子》所非十二子,皆能"持之有故,言之成理",然"足以欺惑愚众"。一个自我融洽或具备一贯性的解释或论说并不意味着它不能贼道或残道,相反,它混淆是非、蛊惑人心的危害更大。
[2] 陈赟:《性善:一种引导性的概念——孟子性善论的哲学意蕴与方法内涵》,《现代哲学》2003年第1期。

也。"(《荀子·性恶》)荀子所谓性,以孟子视角看,是以情、才代性。荀子以性为"天之就也,不可学,不可事",专指自天赋予而人被动受之者,缺乏孟子在"所性"概念下所表达的主体的主动构成之向度。孟子通过耳目之官等小体所表达的"谓之命"而"不谓之性"者,荀子乃专命之为性,彼在孟子为情之所欲,在荀子则为"情性"。当荀子以性为本始朴才,即天生的自然之质时,此近似于孟子所谓才,才是中性的,不可以善恶言之。然而这种才性只是内在于主体的自然材质,它不能不在其作用中现身,一旦发生作用,必然同时关联着感于物而动。如是,则本来为中性的才质之性转化为感物而动之"情",是谓"情性"。正如人生在世,本始之性不能离其感物而自在,故而"情性"乃"本始朴才"之必然发动、表现为可感之自然欲望:"今人之性,饥而欲饱,寒而欲暖,劳而欲休,此人之情性也。""若夫目好色,耳好听,口好味,心好利,骨体肤理好愉佚,是皆生于人之情性者也;感而自然,不待事而后生之者也。"(《荀子·性恶》)即以荀子视角,中性之材质无恶,发而为情性则不善矣,是以其所谓性恶,连着孟子"才"、"情"而说,如此一来,"顺情性则不辞让,辞让则悖于情性矣",仁义礼智等皆非本性而有,乃后天之可学而能、可事而成之在人者,一切善美者,乃悖反情性者。是故荀子所以对治性恶者,乃是礼义法度,其所归终在王者之治统。

但就人之"情性"而言,不仅有生而好利、趋利避害的方面,亦有在荣誉、赞美、道德的场景中对于荣誉、赞美与品德的向往一面,由后者本身亦可有正面与负面的展开:如对美好生活的向往、对充实人格的憧憬等,构成人之情性的正面向度,但因而寻求荣誉、品质与赞美而生虚伪、机心等则是负面的向度。荀子但言其负面而省略其正面,这是因为,就礼法制度之功能而言,它本质上是限制性的,或者说是防御性的。然而一切律法、礼仪所能限制者乃人之感官与行为,至于心则非其范围,因为,"心者,形之君也,而神明之主也，出令而无所受令。自禁也，自使也，自夺也，自取也，自行也，自止也。故口可劫而使墨云，形可劫而使诎申，心不可劫而使易意，是之则受，非之则辞"(《荀子·解蔽》)。礼法秩序又是强制性的，它以制度、法规等体制化力量强制人们弃恶："故古者圣人以人之性恶，以为偏险而不正，悖乱而不治，故为之立君上之执以临之，明礼义以化之，起法正以治之，重刑罚以禁之，使天下皆出于治，合于善也。是圣王之治而礼义之化也。今当试去君上之执，无礼义之化，去法正之治，无刑罚之禁，倚而观天下民人之相与也。若是，则夫强者害弱而夺之，众者暴寡而哗之，天下之悖乱而相亡不待顷矣。"(《荀子·性恶》) 荀子所以用"古之圣人"，乃以其有位，故有创制立法的可能性。由礼义法度所达到的善，即不为恶而已，而所谓不为恶，乃不行礼法所禁止之事而已。礼法所不禁者，即便可以不归于恶，但亦不必然为道德之善；然荀子所谓善，非隶属于教统之道德之善，乃专在治统，是"出于治，合于善"(《荀子·性恶》)之善，也即不乱即治，不恶即善，此为礼法秩序所可及之善，然其善非教统之善。

三、内教外治：性善论与性恶论的统合

性恶之说，专从治统而言，专从以防御性、限制性为其作用形式的律法秩序而言，无疑是正确的。然而，若人性之中本无仁义礼智之道德品质，人性若本来不善，则限制性、禁止性的律法又何能导人向善？换言之，若性恶不是专言"情性"之恶，而是"本性"之恶，则一切禁止、限制、教化，乃至制度礼法，皆无意义。是以荀子固然以性恶为礼法秩序提供了必要性与正当性，但其终极根据则必有孟子性善之说方能补全。荀子面临着的一个更大问题是，既然人之性恶，则圣人何由而生？荀子必然以为人之本性皆可以人为地加以变化、改造，并将此种改造视为人之本分，然一切改造变化

皆不能由于自己，而是由于礼法制度，则其所谓古之圣人则又成例外矣。是以唯有合孟子、荀子人性之论，基于治教出于二的格局，方能使性善、性恶之说各有攸归、各得其所。

然而，若无性善之支撑，则为礼法秩序张本的性恶论终无以成立。是故性恶论与性善论必须结合，在内圣而外王的架构下，在治统与教统出于二而又能再度合于一的条件下，才能真正得其正位。在比喻的意义上，生理学——生物学上的性善论，意味着人的自我治愈、自我修复的自然机制，由此而使得治疗疾病这一活动的性质不是被理解为对某种从外部进入身体的病毒的清除，而是被理解为恢复或调动人体自身的这一机制，疾病只不过是这种机制受到了阻碍而不能继续工作。而精神层面的性善论意味着人自有一种不虑而知、不学而能的良知良能，[1]其核心体现便是根于人心的仁义礼智，即所谓大体。大体所体现的道德意识在没有阻碍的情况下，总是不可遏止地自发呈现，即便人们对于它并没有清楚的认识，一如《孟子·公孙丑上》所指出的"今人乍见孺子将入于井，皆有怵惕恻隐之心，非所以内交于孺子之父母也，非所以要誉于乡党朋友也，非恶其声而然也"。一切教化与礼法制度所以能成其用者，必在于此。只不过，教化的方式在于调动各人自己向善的机制，而礼法制度则在于禁止其不善的趋向。治教合作，然必以教为内、为本。

孟子所谓的人之性善，实质上是以善归人（之性），而人性之外的世界呢？这就是探问，人之性善是被置放在何种宇宙背景之下的？孟子并没有明言。程朱理学给出的答案是不仅人性善，而且世界本性亦善。仁义礼智不专言人，草木瓦石亦有之。其在人以外的其他存在者，或曰金木水火，或曰元亨利贞而已。换言之，孟子性善论在程朱理学那里被嫁接到一个道德的大宇宙中，而人特其缩微

---

[1]《孟子·尽心上》："人之所不学而能者，其良能也；所不虑而知者，其良知也。孩提之童无不知爱其亲者，及其长也，无不知敬其兄也。亲亲，仁也；敬长，义也；无他，达之天下也。"

之小宇宙而已。人以缩微形式包含了世界的成分，天道的生生之仁既展现在道德—伦理的大宇宙中，也同样展开在人之小宇宙中。[1] 然而，在孟子这里，吾人所能知者，天命、天道并未完全理化，对于人而言它始终包含着某种未知的向度（"莫之为而为"与"莫之致而至者"）。船山以为仁义礼智之性专属于人而不属于他物，性善之说不必以一个具有道德内涵的宇宙理论为基础，此说亦不必为孟子所反对。在今日反而是这种失去了道德内涵的宇宙被普遍接受。新的宇宙不仅不美，而且不善，[2] 至少它对人漠不关心，并不具有道德含义。而荀子既未假设仁义礼智为内在于人的普遍德性，也未尝假设一个具有道德内涵的宇宙，他的基于礼法秩序的性恶说，本来就是人类的建构。对于荀子而言，人比万物多出的是"义"以及基于"义"而达到的社会分工与社会团结，是证成秩序的关键。然而，荀子的问题是，他的思想所能达到的顶端，只是作为秩序原理的"义"，而不能达到作为意义指归的"仁"。孔孟那里内在于性又先于性而连通于命的"德"，在荀子那里已经被下降为人为的品质了。荀子的论域是历史文化，即社会历史视域内的文明，因而他是

---

[1] 陈赟：《人性与物性之辩：朱熹哲学的内在张力与船山的检讨》，《贵阳学院学报》2017年第4期。

[2] 1611年3月太阳黑子的发现，使柏拉图主义的太阳比喻所隐含的东西解了："天和地是由同样不纯洁的、可败坏的物质构成的。"而此前1596年8月3日大卫·法布里修斯用肉眼观察到鲸鱼座的星星Mira亮度变化，原先被认为一成不变的构成天的物质并非不可改变，过去赋予它的性质再也不能成立。显微镜促成了生物学和病理学的发现，微观世界中揭示的是一个"战争乃万物之父"的观点，摧毁了人们赋予宇宙的秩序感。尼采所揭示的世界，不再是kosmos(秩序)，而是一片浑沌，一切都处于永恒的混乱，秩序本身被视为混乱的例外。总而言之，人类知识的进展，将人与世界的本性脱钩。世界的本性是非人道的，是冷漠的，甚至它本身并没有目的和目标；宇宙中只有力的斗争及其平衡，叔本华甚至说"它本身已是这种普遍战争的表达"。维特根斯坦强调，"世界的感觉必须处于世界之外"，且"伦理学不研究世界"，"在对世界全面而详尽的描述中，没有出现过一个伦理学的句子"。以尼采的话总结，就是世界恰恰是使价值失去价值。参见莱米·布拉格：《世界的智慧：西方思想中人类宇宙观的演化》，梁卿等译，上海人民出版社，2008年，第251—268页。

在治教二分之后为礼法秩序重新定向。然而，他可能解决秩序的问题，却不能解决意义的问题。

荀子之性恶论解决的只是秩序问题，但这绝不意味着荀子将国家及其秩序降低到单纯维持外在行为法律与稳定秩序的层次，相反，它要求国家或共同体的秩序能够成为人类进入更高道德层面的先决条件。《劝学》作为《荀子》首篇绝非偶然，而"涂之人可以为禹"，构成了与孟子"人皆可以为尧舜"具有同等意义的宣言。[1]

综合以上讨论，"治教为二"自三代之治终结以后业已成为人性思考的基本背景。只有基于对治、教二者性质的理解，才能达到对二者有效界域的贞定，进一步地，也只有基于两者的分工，才能展开它们的真正统合与协作。在当代社会，对个体人格的塑造与公民品德之培养，依然有来自治统与教统这两种不同的进路。如何确立两统之间的有效界限，明确两大系统担纲主体的各自责任边界，以更具针对性也更具效益化的方式分别实施分工协作，仍然是现代文明社会不得不面对的大问题。

---

[1] 特洛尔奇的以下论述可谓来自西方的"他山之石"："基督教否定国家本身就是目的，但是，它并没有把国家的角色降低到单纯维持外在法律和秩序的地步；相反，它要求国家成为人类生活进入更高道德层面的先决条件，道德发展只有在宗教生活中才能达到顶峰。此类先决条件包括，坚持位格性的观念，培养权威感和尊严感，向每个人开放教育和经济机会。基督教通过使国家服从上帝的国度而废除了国家的自足性，通过对个人的积极支持，对国家结构进行了革命性的改造，因为个人无法隐藏自身的价值和自主性，而是须竭力参与公共政策的制定。它使个人主义及其追求平等的自然倾向服从教化性权威和以上帝安排的自然秩序为基础的权力结构。"（特洛尔奇：《基督教理论与现代》，朱雁冰等译，华夏出版社，2004年，第33页）

先秦孟、荀"性论"差异及文献例证

方 达（华东师范大学）

晚近以来，荀子思想研究中兴起的"性朴论""性善恶相混论"与"性恶论"之争相持不下，其中固然有各自依托之文本证据与论证方式不尽相同的原因，但分歧的实质却源自于宋人对"性善论"的建构，以及由此造成的历史影响。在宋人那里，"性"以"善"的判断成为了"人"的本质规定，这一特质不仅决定了荀子的"性恶论"成为异端，更奠定了今人提升荀子思想重要性而为其翻案的企图。但若回到先秦孟荀思想的背景中，二者实际上是以更为宽泛的概念在各自的思想理路中讨论"性论"问题。从《荀子》文本来看，"天官""天情"所对应的"性朴"，以及"人情""人欲"所对应的"性恶"，共同组成了荀子"性论"的涵义[1]。但鉴于荀子"性论"与宋代以来建构的孟子"性善论"的差异极大，因此还须回顾宋人那里孟子"性善论"形成的具体过程，才能真正理解荀子"性论"与先秦孟荀"性论"的差异所在。事实上，先秦语境下孟荀"性论"的重点并不仅仅在于"性"的内涵及价值判断，反而体现为在"天"与"人"相互关系下"涂人"如何"成圣"的具体环节。也正因此，荀子"性论"除了具有"性朴""性恶"两种涵义外，还可以通过《荀子·天论》所阐述的"天人相分"、"天人相

---

[1] 参拙撰《〈性恶〉的文本结构与荀子的思想体系——从"性朴论"的内在紧张谈起》（未刊稿）。

参"以及"制天而用"三个命题得到理论脉络上的深入理解。最后,先秦孟荀"性论"的差异还被保留在了汉代今古文经学家对《尚书·尧典》中"七政"的两种不同解说中。而这也恰好说明,孟荀的"成圣"思想实际上反映了先秦儒家对"六经"文本重新进行的义理解读。

一、孟、荀之"性"原始涵义辨析

虽然同为先秦儒家,核心观点又看似一字之差,但孟、荀对"性"概念的使用差异极大。这种差异一方面体现在二者对"性"的概念界定上,另一方面更体现在孟荀之"性"在不同时期所身处的不同理论框架。其中,在宋人所说的孟子"性善论"之前,先秦孟子之"性"有着更宽泛的涵义,只不过宋人对"天道"与"天命之谓性"(《中庸》)做改造之后,"性善论"才成为儒家"性论"思想中的绝对主流。也正因此,原本同时兼备"性恶"与"性朴"的先秦荀子"性论",不仅丧失了自身"性"概念的多样性,而且还因"性恶"与"性善"的对立而被质疑整体思想的正统性。

故而,辨析先秦孟荀"性"概念的原始涵义首先要从孟子自己对"性"的理解,以及"性善"所经历的历史演变入手。虽然"孟子道性善,言必称尧舜"[1],但实际上孟子也承认"性"的其他涵义。《离娄》载"孟子曰:天下之言性也,则故而已矣。故者以利为本",赵岐注"言天下万物之情性,当顺其故,则利之也。改戾其性,则失其利矣。若以杞柳为桮棬,非杞柳之性也"。[2] 单就赵岐注来看,孟子说"性",所关注的重点显然完全在"性"中是否有"义",亦即孟子所说的"性善"。但通观《孟子》全书,孟子此

---

[1] (清)焦循撰,沈文倬点校:《孟子正义》,中华书局,1987年10月,第315页。
[2] (清)焦循撰,沈文倬点校:《孟子正义》,中华书局,1987年10月,第584页。

处所说的"故而已"之"性",显然还意味着孟子同时也承认"性"具备更为原始与宽泛的涵义。这也就是说,在《孟子》文本中,"性"的涵义并非完全对应为"性善",孟子只不过是分疏"性"的不同涵义后,取用"性善"而抛弃"故性"。那么,孟子那里的"故性"对应什么,而《孟子》一书论"性"时又是否使用过"故性"的相应涵义呢?

> 孟子曰:口之于味也,目之于色也,耳之于声也,鼻之于臭也,四肢之于安佚也,性也。有命焉,君子不谓性也。仁之于父子也,义之于君臣也,礼之于宾主也,知之于贤者也,圣人之于天道也,命也。有性焉,君子不谓命也。[1]

不难看出,孟子虽然肯定的是"仁""义""礼""知""圣"这样的价值之"性",但也承认"性"在当时具有的生理特征这一涵义[2]。但问题是,孟子所说的生理之"故性"除了常说的"欲性"之外,是否还有其他的涵义;以及先秦孟子之"性"如何成为宋人所说的"性善论"这种"天理"之"性",成为儒家"性论"的正统。关于第一个问题,从赵岐注孟子与告子论"性"的内容中可以得到解答;而第二个问题就涉及"命"与"天命之谓性"(《中庸》)被宋儒有意曲解,并与"天道"相勾连的过程。

赵岐认为孟子所说"君子不谓性"是指"性欲"之"性":"口之甘美味,目之好美色,耳之乐音声,鼻之喜芬香……四体谓之四肢,四肢解倦,则思安佚不劳苦,此皆人性之所欲也。得居此乐者,有命禄,人不能皆如其愿也。凡人则触情从欲,而求可乐;

---

1 (清)焦循撰,沈文倬点校:《孟子正义》,中华书局,1987年10月,第990页、第991页。
2 实际上,孟子还说过"天性"一词,"形色,天性也。惟圣人然后可以践形"。如若不严格区分"天性"与"性"的差别,则此句更可佐证孟子承认"性"具有生理特征的涵义。参见(清)焦循撰,沈文倬点校:《孟子正义》,第937页。

君子之道，则以仁义为先，礼节为制，不以性欲而苟求之也，故君子不谓性也。"[1] 以此对照赵岐注"不谓命"之"性"全然可通，并且也与《孟子》相关原文相呼应[2]，但实际上却出现了增字为训的情况。赵岐将"口之于味也，目之于色也，耳之于声也，鼻之于臭也，四肢之于安佚也"分别对应为"甘"、"好"、"乐"、"喜"以及"思安佚不劳苦"等明显表达个人欲望的词语加以解说的作法，明显缩小了孟子原话所表述的意思。如果说"四肢之于安佚"可以完全理解为人之形体的欲望，那么孟子所说"口之于味也，目之于色也，耳之于声也，鼻之于臭也"在呈现赵岐注所说的"性欲"之前，显然还必须具备最基本的器官功能，即"可味"、"可见"、"可闻"、"可嗅"，而这些"官能"之"性"不啻是"性欲"得以彰显的前提。事实上，"官能"之"性"与"性欲"之"性"才是孟子所说"故而已"之"性"的全部内容，而这也可以从告子所说"生之谓性"这一命题中得到印证。

> 告子曰：性犹湍水也，决诸东方则东流，决诸西方则西流，人性之无分于善不善也，犹水之无分于东西也。
> 告子曰：食色，性也。
> 告子曰：性无善无不善也。[3]

不难看出，告子所谓的"无善无不善"之"性"正是从"官能"与"欲望"这两个角度来界定。实质上，告子所说之"性"当然可以在"情欲"的层面上延伸出一定的同情心理，但显然不足

---

1 （清）焦循撰，沈文倬点校：《孟子正义》，第990页。
2 孟子曰："子能顺杞柳之性而以为桮棬乎？将戕贼杞柳而后以为桮棬也？"（《孟子·告子上》）面对着告子所谓"杞柳之性"与"桮棬"的相互关系，孟子认为，"桮棬"虽然是从"杞柳"而来，但仅仅是从其质地而来。"杞柳之性"断然不是"桮棬之性"，且从"桮棬"来看，"杞柳之性"也不能说是"柳"之"性"，反而"杞"之"性"正是需要"戕贼"的。这就与此处赵岐注孟子之"君子不谓性"为"性欲"提供了同样的理由。
3 （清）焦循撰，沈文倬点校：《孟子正义》，第735、743、748页。

以作为道德与社会有序的根据,而正是告子这种所谓"仁内义外"之"性",才成为孟子以"性善"成为"尧舜"这一理路所必然拒斥的对象。也正因此,孟子为了规避告子所说的"官能"与"欲望"之"性",才首先用"犬之性"、"牛之性"与"人之性"的例子将"性"对应为人类特有的道德之"性"[1],其次再以"牛山之性"的反例[2],说明人的道德之"性"本就为"善"。此处暂且不论孟子的反驳是否恰当有力,但仅据孟子与告子的辩论过程便可知,孟子不仅知晓先秦时"性"的概念具有"官能""情欲"两种涵义,而且还在立论"性善"的过程中使用过二者,这便与先秦荀子思想中"性"具有"官能""性欲"以及"性恶"三种方向保持了一致性。

至于孟子"性善论"如何成为儒家"性论"的正统,且以道德根据作为"性"的唯一内涵,其中关键则在于宋人将《孟子》中有关"性"、"命"的文字与《中庸》进行勾连后,又通过改造"命"的原始涵义而最终达成。首先,孟子严格区分了"性""命",并明确反对告子所谓"生之谓性"。也正因此,赵岐对"性""命"的注解为:"命禄,遭遇乃得居而行之,不遇者不得施行。然亦才性有之,故可用也。凡人则归之命禄,任天而已,不复治性;以君子之道,则修仁行义,修礼学知,庶几圣人亹亹不倦,不但坐而听命,故曰君子不谓命也。"[3] 由"遭遇乃得居而行之"、"不遇者不得施行"、"任天而已,不复治性"以及"不但坐而听命"这些文字不难看出,赵岐认为"命"所表达的重点仍是一种偶然性。联系《论衡·命

---

[1] "口之于味有同耆也,易牙先得我口之所耆者也。如使口之于味也,其性与人殊,若犬马之与我不同类也,则天下何耆皆从易牙之于味也!至于味,天下期于易牙,是天下之口相似也。"(清)焦循撰,沈文倬点校:《孟子正义》,第764页。

[2] 孟子曰:"牛山之木尝美矣。以其郊于大国也,斧斤伐之,可以为美乎!是其日夜之所息,雨露之所润,非无萌蘖之生焉,牛羊又从而牧之,是以若彼濯濯也。人见其濯濯也,以为未尝有材焉,此岂山之性也哉?"(清)焦循撰,沈文倬点校:《孟子正义》,第775页。

[3] (清)焦循撰,沈文倬点校:《孟子正义》,第991页。

禄》对"命"的论述，至少在东汉时，"命"都没有宋人所理解的必然性这一涵义。而这恰好说明，孟子不仅在"故性"的基础上赋予"性"新的涵义，而且也自知这种"性善"与"天命"没有必然的联系。换言之，孟子其时的"性善"也只是一种理论假设，并非宋人所说的由天赋予人的"天理"之"性"[1]。然而，宋儒为了建立自身的理论，通过联结与改造"天命"、"天道"、"性善"的相互关系，彻底变更了先秦"性"概念的原始涵义，并使之成为儒家"性论"的唯一正统。其中，有文献可征的始作俑者便是二程对《中庸》的注解：

> 天命之谓性，率性之谓道，修道之谓教。
> 此章先明性道教三者所以名。性与天道，一也。天道降而在人，故谓之性。性者，生生之所固有也。循是而之焉，莫非道也。道之在人，有时与位之不同，必欲为法于后，不可不修。[2]

从《中庸》的文本来说，"天命"、"性"、"道"、"教"四者之间虽然具有一定关联，但并非完全相同。换言之，《中庸》虽然明确说明"性"为"天命"，但并未说"天命"即是"道"，因此也就不能说"性"与"道"具有一致性，而这也正符合东汉之前将"命"视作偶然性的一贯理解。但是，二程在解读《中庸》文本时，不仅将"道"直接理解为"天道"，还进一步将"性"与"天道"在涵义上做了等同。与此同时，为了进一步落实这一理解，二程实际上还用"天道降而在人，故谓之性。性者，生生之所固有也"的

---

[1] 实际上，孟子使用"性善"时也自知其涵义的特殊性，并通过"尽心养性"的相关文字给予表达，如"尽其心者，知其性也。知其性，则知天矣。存其心，养其性，所以事天也"。很明显，孟子"尽心"、"存心"的目的是为了"知性"与"养性"，而之所以要强调前两者对把握"性"涵义的重要性，正是因为"性善"与孟子时代所普遍使用的"性"有很大区别。见（清）焦循撰，沈文倬点校：《孟子正义》，第877页。

[2] （宋）程颢、（宋）程颐著，王孝鱼点校：《二程集》，中华书局，2004年2月，第1152页。

解读方式，将"命"解读为一种必然性。实质上，二程这种有意"误读"的结果不仅变更了相关文本的原义，更直接导致"性"摆脱生理资质的涵义，直接变为一种道德的指称。也正是在这一基础上，二程进一步将《孟子》所说的"性善"作为儒家"性论"的唯一正统来解读，并杜绝了《孟子》中告子论"性"的内容对宋人所说之"性"在理解上所可能带来的隐患：

> 告子云"生之谓性"则可。凡天地所生之物，须是谓之性。皆谓之性则可，于中却须分别牛之性、马之性。是他便只道一般，如释氏说蠢动含灵，皆有佛性，如此则不可。"天命之谓性，率性之谓道"者，天降是于下，万物流形，各正性命者，是所谓性也。循其性而不失，是所谓道也。此亦通人物而言。循性者，马则为马之性，又不做牛底性；牛则为牛之性，又不为马底性。此所谓率性也。人在天地之间，与万物同流，天几时分别出是人是物？"修道之谓教"，此则专在人事，以失其本性，故修而求复之，则入于学。若元不失，则何修之有？是由仁义行也。则是性已失，故修之。[1]

> "生之谓性"，与"天命之谓性"，同乎？性字不可一概论。"生之谓性"，止训所禀受也。"天命之谓性"，此言性之理也。今人言天性柔缓，天性刚急，俗言天成，皆生来如此，此训所禀受也。若性之理也则无不善，曰天者，自然之理也。

> "天下言性，则故而已"者，言性当推其元本，推其元本，无伤其性也。[2]

在第一段材料中，二程首先剥离了告子"生之谓性"中原有生理资质的涵义，并在此基础上区分了其与"天命之谓性"的差异。

---

1 （宋）程颢、（宋）程颐著，王孝鱼点校：《二程集》，第29–30页。
2 （宋）程颢、（宋）程颐著，王孝鱼点校：《二程集》，第313页。

程氏认为,告子的"生之谓性"实际上只是说万物的一般特质,而"天命之谓性"却在表达"天道"所赋予人的特殊属性,亦即能够呈现为"仁义行也"的"性善"。进而,第二段材料中程颐将告子所说"生之谓性"训解为"禀受",并进一步将其对应为"柔缓""刚急"的"情性",而将"天命之谓性"直接对应为"无不善"的"性之理",从而将孟子的"性善"提高到"天理"这种高度。在完成这一意义转变后,程颐甚至直接篡改了孟子所说的"天下言性,则故而已",将原本以"利"解"故"变成了以"元本"("理")解"故"。一言蔽之,二程为了自身的理论需求,不仅连缀不同文献以确立"性善"作为儒家的唯一价值标准,而且还不惜更改原文,将告子所说的"官能"与"情欲"之"性"从"性"的涵义中剥离出来,以免先秦"性"的其他涵义对宋人所说的"性善"造成任何麻烦。

明晓了孟子"性善论"及"性"的涵义如何从先秦时宽泛及偶然性的理解转变为宋人以来的固定解释,便也不难理解为何自宋人开始儒者就极力批驳荀子所谓的"性恶"。在以"价值规定"以及"善"为唯一内容的宋儒"性论"里,荀子"性朴论"所对应的"官能"之"性"与"性恶论"所包含的"情性"与"恶",当然无论如何也不可能得到认可。也正因此,虽然晚近以来针对"性恶"提出的"性朴"观点,以及为"性恶论"进行辩护的相关文字逐渐增多,但始终不能得到真正意义上的确立。事实上,先秦时荀子的"性论"中"性"概念的涵义与孟子所说并无差异。荀子论"性"最为集中的篇目不过《正名》三篇,《正名》所载"生之所以然者谓之性。性之和所生,精合感应,不事而自然谓之性"实际上与《孟子》《中庸》所说的"故性"与"天命之谓性"并无不同,都指向了人天生便具有的各种特质[1],而《性恶》《礼论》所谓的"性恶"

---

[1] (清)王先谦撰,沈啸寰、王星贤点校:《荀子集解》,中华书局,1988年,第412页。

与"性朴"不过是对"性"在不同阶段与情景下的不同判断而已。按照《荀子》文本所述,"性朴"之"性"指的是"天官"与"天情",而"性恶"之"性"指的是人之"情欲",两者各有所指,而又在"成圣"的过程中相互配合,发挥功用。换言之,在荀子思想中,"性朴"与"性恶"并非矛盾,只不过是与孟子及宋儒所说的"性善论"不同,有着自身独特的理论框架。

诚然,仅仅辨析先秦时孟、荀"性"概念的真实涵义与历史流变,并不足以证成荀子"性论"之于孟子"性善论"在理论上的自足。有关由"性"成"圣"的整体论述,才是荀子确保自身"性论"独特性的唯一基础,也才能真正彻底摆脱孟子"性善论"由来已久的压迫。

二、"天行有常"命题对荀子"性论"的确证

《性恶》中"性善"与"性恶"相互争辩的内容给理解荀子"性论"提供了两个积极的启示:一是孟荀之争不仅仅在"性"的界定之上,还在是否可以"成圣"的过程;另一个则是孟荀"性论"与"成圣"之争的背后还有着实际的历史诉求。从后者进一步理解孟荀"性论"之争,《非十二子》对思孟学说的抨击实际指向了荀子对孟子"成圣"方式的不满,而这种不满的背后又隐藏着孟荀对"天人关系"理解的差异。从本质上来看,孟子通过限定"天道"、"性"、"心"的内涵一致性而达到"成圣"的目的,孟子的这一理路虽然逻辑清晰,却也极大程度上忽略了现实社会的复杂性。而正是由于孟子上述理论在应对现实时的不足,荀子通过对"天人关系"的多层次叙述,在不回避"性"原本涵义的复杂性前提下,不仅使"情"与"欲"也成为"成圣"的资质之一,而且还提供了理想与现实两种"成圣"的具体径路。与此同时,荀子思想中"性"与"成圣"的丰富内容,不仅与孟子一样提供了先秦儒家

以自我教化方式复归"周文"秩序的基本模式，还给出了孟子所无的外在差等秩序的内在根据，并展现出荀子如何超越原始的"天道观"，将传统的"天人关系"分疏为"天人相分""天人相参""制天而用"三个具体命题，最终用"天行有常"这个总命题确立了荀子"性论"的有效性。

从《性恶》论述展开的过程可以看出，孟荀真正的分歧在于"涂人成圣"理论架构的现实有效性。也正因此，荀子认为孟子"性善论"的最大问题并不在于对"性"概念的改造，而在于把"涂人成圣"所对应的过程设计得过于理想化。这种理想化一方面表现在，由于"善"本身就对应为"圣人"的根本特质，因此"尽心知性"的意识行为既不能体现"涂人"与"圣人"的区隔，也因为缺乏程度的差异，而无法论证现实差等秩序的合理性；另一方面则反映在无视先秦传统"天道"观念的历史发展过程，孔子思想中就已经萌生了"人"之于"天"的独立性，而孟子却还完全从"天道"处寻求个人在社会中的价值根据。事实上，荀子在《性恶》《非十二子》中对孟子的批判与《孟子》一书的实际情况很是相符。孟子虽然详细地论述了由"性善"到"圣人"的进路，但很少直接将二者放在一起论述，这也许正表明了孟子对自身所持这一套理论在"成圣"有效性上的回避。关于"心性"与"成圣"的总体架构，《孟子》载：

> 尽其心者，知其性也。知其性，则知天矣。存其心，养其性，所以事天也。殀寿不贰，修身以俟之，所以立命也。[1]
>
> 仁之于父子也，义之于君臣也，礼之于宾主也，知之于贤者也，圣人之于天道也，命也。有性焉，君子不谓命也。[2]

---

[1] （清）焦循撰，沈文倬点校：《孟子正义》，第877页。
[2] （清）焦循撰，沈文倬点校：《孟子正义》，第991页。

不难看出，孟子虽然通过类比表明了"性"之于"人"与"圣人"之于"天道"的必然性，同时也确立了尽心、知性、知天的实践方法，并以此达成"心""性""天道"之于"成圣"的必由路径；但相较于《性恶》中荀子对"偏险悖乱"的正视，孟子并没有针对现实的实际情况进行论证。换言之，在孟子那里，从"性善"到"成圣"的过程不过是依靠着"心"对"天道"体认的完成，而"天道"又实际上已经以"性善"的内容落实于每一个普通人身上，而这一模式在某种意义上不过是同义反复而已。也正因此，虽然孟子通过限定"天道"、"性"、"心"的内在一致性而使"成圣"的方法在逻辑上顺畅无比，但其过于依靠"天道"的决定性作用，而略于"心"自身的运作过程[1]，在面对现实世界时肯定会显得效力不足。

正是基于孟子"性善论"理论框架中的不足，荀子不仅在《非十二子》中对其进行了严厉的批判[2]，还给出了自己的理论架构予以

---

[1] 孟子在谈到"心"之于"成圣"的方法时说："心之所同然者何也？谓理也义也。圣人先得我心之所同然耳……故凡同类者举相似也，何独至于人而疑之，圣人与我同类者。"见（清）焦循撰，沈文倬点校：《孟子正义》，第765页、第763页。这就是说，"心"在由"性善"到"圣人"的过程中，主要依靠"同"的作用，只要"意识"到"人"与"圣"的相同，"意识"到二者的"理"与"义"的相同，便是"尽心知性"，也就完成了"涂人成圣"的过程。然而，"同"的标准及具体过程，以及不同人有可能显示出的差异，孟子都没有彻底深入地给出解答。此外，孟子在谈到"同"何以可能的时候，引入了"诚"的观念，"是故诚者，天之道也。思诚者，人之道也。至诚而不动者，未之有也。不诚，未有能动者也"，只要"心"足够"诚"便可以明晓"涂人成圣"的全部过程，但如何评判是否"诚"，又陷入了莫衷一是的局面。参见（清）焦循撰，沈文倬点校：《孟子正义》，第509页。

[2] 荀子所说的"略法先王而不知其统，犹然而材剧志大，闻见杂博。案往旧造说，谓之五行，甚僻违而无类，幽隐而无说，闭约而无解"正是对孟子整体思想架构的批判："略法先王"说明荀子认为孟子整体思想还处在先秦儒家脉络之中，但"案往旧造说，谓之五行"所反映的孟子人为狭窄化"性"的涵义，以及通过一致"天"、"性"、"心"的内涵而实现"成圣"过程的作法，这一方面毫无根据可言，另一方面又缺乏可重复操作的现实效力，而这便是所谓"幽隐而无说，闭约而无解"。事实上，在《性恶》篇中孟荀相互诘辩文字的最后，荀子也是同样着眼于此而提出了"辨合符验"的检验标准。参见（清）王先谦撰，沈啸寰、王星贤点校：《荀子集解》，第94页、第441页。

修正。从荀子这里的"性"与"成圣"的关联方式来看,与孟子思想架构中之"诚心"起到相同作用的是"习伪"。简单来说,荀子将孟子过于内在意识化的方法转变成为外在可重复操作的径路。正是在这一过程之下,荀子的"性论"以及"涂人成圣"架构被总结为,

> 性者,本始材朴也;伪者,文理隆盛也。无性则伪之无所加,无伪则性不能自美。性伪合,然后圣人之名一,天下之功于是就也。[1]
>
> 人之性恶,其善者伪也。[2]

亦即前者所说的"性朴"通过"伪"的作用达成"圣人",以及后者所说的"性恶"通过"伪"的作用达成"善"。其中,荀子这里的"善"以"正理"与"平治"这种兼及内外的实际效果等同于"圣人"的所作所为。因此,在"伪"的内容相对固定这一前提下,荀子思想中"成圣"的途径分为"性朴"与"性恶"两种起点与方式。那么这两种方式在荀子的"天人关系"下如何具体运作,就既关涉荀子"性论"的内在统一,更关涉它是否可以整体超越孟子的"性善论"。参照孟子"涂人成圣"的理路,荀子并未沿用这种内容清晰但效果有限的方法,而是分别以"天人之分"、"天人相参"以及"制天而用"三个命题,不仅确立了"天官"、"天情"的"朴性"与"情欲"的"恶性",而且还通过说明二者如何在"涂人成圣"的框架之下达到"性论"的内部统一,多层次地划分与说明了"天"与"人"之间的复杂关系。

首先,从"天人之分"的角度来看,荀子在区分"天职"与

---

[1] (清)王先谦撰,沈啸寰、王星贤点校:《荀子集解》,第366页。
[2] (清)王先谦撰,沈啸寰、王星贤点校:《荀子集解》,第434页。

"人职"的基础上¹，既界定了二者各自发挥作用的领域，又说明了"天"与"人"的第一层关系。根据后文来看，无关乎"人"的纯粹"天职"表现为"列星随旋，日月递炤，四时代御，阴阳大化，风雨博施"这些自然现象，而涉及"人"的"天职"则表现为"天"赋予"人"的"天情"、"天官"、"天君"以及"天养"与"天政"：

> 天职既立，天功既成，形具而神生，好恶、喜怒、哀乐臧焉，夫是之谓天情。耳目鼻口形能，各有接而不相能也，夫是之谓天官。心居中虚以治五官，夫是之谓天君。财非其类，以养其类，夫是之谓天养。顺其类者谓之福，逆其类者谓之祸，夫是之谓天政。²

其中，按照《正名》所说"生之所以然者谓之性。性之和所生，精合感应，不事而自然谓之性"，以及前文所述孟子对"性"的限定，"天官"与"天情"断然是荀子之"性"的组成部分。同时，"天官"作为"各有接而不相能"的感官而无关"善"与"恶"的划分。至于"天情"，虽然对应为"好恶、喜怒、哀乐"，却因"精合感应，不事而自然"这样的"本能"涵义而同样呈现出"朴"的特质。换句话说，"天官"与"天情"是"天职"赋予"人"的"性朴"，也是"人职"发挥作用的基本资质与起点。同时，"天职"还赋予人以"天养"与"天政"，即"人"不仅要供养"人类"自身的生存，还需要使这个群体呈现出有序的状态。这也就是说，

---

1 《天论》中虽然没有明确提出"人职"的观念，但无论是原文还是杨倞对"争职"的解说，都无疑表明了"天"与"人"各有分职。首先，《天论》中"不加虑"、"不加能"、"不加察"之语就表明了"人"并不能对"天职"有任何的主观作用。其次，杨倞注"天职"："言天道虽深远，至人曾不措意度焉，以其无益于理。若措在人者，慕其在天者，是争职也。"不难看出，杨倞同样认为"人"有明自身之"理"的职责。参见（清）王先谦撰，沈啸寰、王星贤点校：《荀子集解》，第308页。
2 （清）王先谦撰，沈啸寰、王星贤点校：《荀子集解》，第309-310页。

"天职"的内容既表现为纯粹的自然现象，也表现为对"人"各种特质的赋予。而"人职"的内容则首先表现为利用"天性"完成"天养"、"天政"的可能性与要求。概言之，"天人关系"的第一个层面表现为，通过"天人之分"的命题，单个"人"从"天"这里得到"朴性"，同时又凭此进入现实的生活中去。而一旦"朴性"进入了现实生活，就意味着进入了以"天人相参"为内容的群体意义上的"天人关系"第二个层面。"参"，荀子定义为：

> 天有其时，地有其财，人有其治，夫是之谓能参。[1]

而所谓的"人有其治"被荀子进一步地扩充为对"天养"、"天功"不同状态的概括：

> 暗其天君，乱其天官，弃其天养，逆其天政，背其天情，以丧天功，夫是之谓大凶。圣人清其天君，正其天官，备其天养，顺其天政，养其天情，以全其天功。[2]

很明显，"圣人"所代表的正是"治"的状态。相应的，"圣人"达成"天功"的一系列方法也就是达成"治"的理想过程。不难看出，在荀子那里，由"性"成"圣"的过程在理想的意义上可以对应为，利用质朴的"天性"，通过"天君"顺应"人职"的方式而最终达成。从这一点上来说，荀子与孟子的出发点并没有明显差别，只不过在方法上进一步提升了"心"的作用，而放弃了将"性"作为唯一价值根据。然而，荀子在叙述理想"相参"过程的同时，也凸显了现实中完全相反的情况，这便是上文所引的"大凶"。而"大凶"所对应的这一系列违背理想"天人关系"的行为，不仅正是"制天而用"所针对的现实情况，也是

---

1 （清）王先谦撰，沈啸寰、王星贤点校：《荀子集解》，第308页。
2 （清）王先谦撰，沈啸寰、王星贤点校：《荀子集解》，第309页。

"性恶"的出处,更是如何从"性恶"达成"圣人"的过程。正如《正名》对"情"的定义,个人的"天性"落在现实后,通过与众人的交互作用而产生的"好、恶、喜、怒、哀、乐"实际上就是"性恶"的来源:

> 今人之性,生而有好利焉,顺是,故争夺生而辞让亡焉;生而有疾恶焉,顺是,故残贼生而忠信亡焉;生而有耳目之欲,有好声色焉,顺是,故淫乱生而礼义文理亡焉。然则从人之性,顺人之情,必出于争夺,合于犯分乱理而归于暴。[1]

正是针对这种情况,荀子的"制天命而用之"主要表现为"使之"、"化之"、"勿失之"以及"所以成"。[2] 具体来说,以《性恶》文本作为参照,"使之"可以视为对"性恶"的正视,亦即人为主动地去改造与规避"性恶";而"化之"、"勿失之"则是具体"积伪"过程的呈现。对"性恶"的改造是一种逐渐转变的过程,在这种"化"的过程中,还要时刻借助"师法"的辅助,不能有任何的"偏失"。唯此,由"性恶"到"成圣"的过程才能最终达成。也正是在上述意义中,现实情况中的由"质朴"的"天性"转化而来的"情欲"之"性恶"也共同成为"能参"的组成部分。事实上,在"涂人成圣"所对应的"能参"过程中,正是"性朴"与"性恶"共同构成了"参"的不同情况与不同形式,在体现出最后"制天而用"的必要性与重要性的同时,又完整地展现出荀子"性论"的全部意义。

不仅如此,综合上述三个命题所对应的内容才能真正完整地解释《天论》开篇"天行有常"的全部涵义以及"天人关系"对荀子"性论"架构的佐证。从"天行有常"的角度说,"不为尧存,不为

---

[1] (清)王先谦撰,沈啸寰、王星贤点校:《荀子集解》,第435页。
[2] (清)王先谦撰,沈啸寰、王星贤点校:《荀子集解》,第317页。

桀亡"一方面固然表明了天体运行等自然规律的客观性，但更重要的是在根源上切断了商周以来"天"对"人"的直接决定关系。亦即与孟子所描述的"天爵"以及"天降大任"的那种"天"决定"人"重要价值所在的模式不同，荀子并不认为"天"直接具有如此重要的作用，只有在这个基础上，荀子才能进一步论述"天"赋予"人"的"朴性"与"性恶"的"情欲"。相较于孟子思想的理路，这种规定在共同以自我教化作为基本底色的基础上，一方面更具有现实效力，可以对治现实各种发生的祸乱，提供兼及理想与现实的两种"成圣"径路；但其更重要的意义在于彻底凸显了"人"的主动性，或者说将"人"作为治乱的直接决定者。换句话说，正是"性朴"与"性恶"在现实中所对应的具体情况，才能体现出"天行有常"之后"应之"的作用："人"自身的选择与实践方式决定了现实的有序与否，而这也是"不可以怨天，其道然也"的根源所在。由此观之，荀子不仅在道德养成层面不逊色于孟子的"性善论"，而且还在现实社会秩序的形成层面提供了具体的解说。总而言之，面对现实的社会失序，孟、荀都提出以"涂人成圣"式的自我教化理论方式来回归有序，只不过相较于孟子的"性论"架构，荀子的"性论"无论在"性"涵义的具体区分与界定上，还是其针对现实与理想的不同情况给出的"成圣"方式，无疑都更具有现实的适用性。

三、孟、荀"性论"与文献例证

孟、荀"性论"在先秦时代具有如此大的差异，不仅仅是理论框架建构的问题，还关涉如何重新确证"六经"的价值。因此，他们各自推崇的"尧舜"与"圣人"除了理论层面的理想人格外，还切实指向三代历史与"六经"文本中现实存有的"王道政治"如何重新落实的问题。而后者这一思想史范畴内的讨论，不仅在孟、荀各自的相关文本中有所体现，还留存在"六经"的相关阐释内容中。汉人赵岐所作《孟子篇叙》就是从秦汉时代的"天人关系"角度，对《孟子》全文的篇章结构及关键观点进行了概述。其中，"七纪"与"七政"两个核心概念分别典出《左传·昭公二年》与《尚书·尧典》，而从今文经学家与古文经学家对"七政"的两种不同解读来看，不仅后人论《孟子》多取古文经说，而且荀子所论"天人关系"还直接对应于今文经学的有关阐释。由此，综合考虑《尧典》成篇的复杂性以及清人汪中所考荀子对汉代今文经学的影响，孟、荀"性论"所对应的概念界定与逻辑架构也为考辨先秦"六经"与诸子之间关系提供了全新维度的参考。

与宋代以来用"理学"的进路来理解孟子"性善论"不同，先秦时代的孟子有其自身的思想史背景，被汉人赵岐概括如下：

> 赵氏《孟子篇叙》者，言《孟子》七篇所以相次叙之意也。孟子以为圣王之盛，惟有尧舜，尧舜之道，仁义为上，故以梁惠王问利国，对以仁义，为首篇也。仁义根心，然后可以大行其政，故次之以公孙丑问管、晏之政，答以曾西之所羞也。政莫美于反古之道，滕文公乐反古，故次以文公为世子，始有从善思礼之心也。奉礼之谓明，明莫甚于离娄，故次之以离娄之明也。明者当明其行，行莫大于孝，故次以万章问舜往于田号泣也。孝道之本，在于情性，故次以告子论情性也。情性在内而主于心，故次以尽心也。尽己之心，与天道通，道之极者也。是以终于尽心也。篇所以七者，天以七纪，璇玑运度，七政分离，圣以布曜，故法之也。……三万四千六百八十五字者，可以行五常之道，施七政之纪，故法五七之数而不敢盈也。……盖所以佐明六艺之文义，崇宣先圣之指务，王制拂邪之隐栝，立德立言之程式也。[1]

---

[1]（清）焦循撰，沈文倬点校：《孟子正义》，第1041-1045页。

如若此篇文字可信[1]，则《孟子》全文首先旨在昌明"六艺"、"先圣"、"王制"及"立德立言"。如果以"内圣外王"来概括，那么由七篇所呈现出来的架构则是"仁义"、"行政"、"奉礼"、"行孝"、"情性"、"尽心"、"天道"。其中，"行政"、"奉礼"、"行孝"三者可视为"外王"，而"仁义"、"情性"、"尽心"可视为"内圣"，二者相合则通于"天道"。换句话说，至少在汉人看来，孟子的全部思想在基本模式上与荀子一致，亦是从"情性"开始，通过"内圣"与"外王"的相配，最终回到"天道"。因此，对比前文所述荀子思想中"成圣"与"天行有常"的关系，赵岐在这里对《孟子》的总括便是对"篇所以七者"与"三万四千六百八十五字者"如何体现以"子"证"经"的解说。而其中"天以七纪，璇玑运度，七政分离，圣以布曜"与"行五常之道，施七政之纪"这两段文字都着重说明，"七纪"和"七政"的实行与否不仅检验了"性善论"的有效性，而且还关涉"经"所对应的三代政治是否可以得到重现。

根据笔者所见，传世文献中，"七纪"典出《左传·昭公二年》，"七政"典出《尚书·尧典》。"七纪"，历来皆作天文历法解，并无分歧。倒是"七政"，伏生与马融在注《尚书》时有不同的解释：

《大传》说："……七政，谓春、秋、冬、夏、天文、地理、

---

[1] 《孟子篇叙》虽为清人姜兆翀辑佚而来，但据焦循作《孟子正义》时所引宋人孙奭《孟子音义》"此赵氏述《孟子》七篇所以相次叙之意也"，以及清人周广业《孟子章指考证》"篇叙亦赵邠卿所作，其意盖本《序卦》，欲使知篇次相承，不容紊错也。虽配俪五七，未必尽符作述微旨，存之亦足见圣哲立言，事理毕该，随所推寻，无非妙绪矣。如《鲁论》群弟所记，宜无伦叙，而说者谓降圣以下，皆由学成，故首《学而》，成学乃可为政化民，故次《为政》，以类相求，实皆好学深思之效也"之说，此篇文字对秦汉"经子关系"内容的解说还是可信的。参见（清）焦循撰，沈文倬点校：《孟子正义》，第1041页。

人道，所以为政也。人道正而万事顺成。"又云："七政布位：日月，时之主；五星，时之纪。日月有薄食，五星有错聚。七者得失，在人君之政，故谓之为政。"马融曰："……七政者，北斗七星，各有所主：第一曰主日，法天；第二曰主月，法地；第三曰命火，谓荧惑也；第四曰伐水，谓辰星也；第五曰煞土，谓填星也；第六曰危木，谓岁星也；第七曰罚金，谓太白也。日月五星各异，故名七政也。"[1]

而焦循在考证赵岐本义时，认为赵岐用马融之说[2]。事实上，也许马融以"七星"解"七政"既与前文"七纪"相合，又与孟子整体思想脉络相近，因而不仅淹没了伏生所注并多为后人所采用，甚至影响到焦循的判断[3]。然而，仔细考察《大传》所说，这些相关的注解文字与前文所论荀子对"天人关系"的解读何其一致！

仅就《天论》开篇文字来说，"七政"所表达的内容就已经可以与之一一对应。

> 强本而节用，则天不能贫；养备而动时，则天不能病；修道而不贰，则天不能祸。故水旱不能使之饥渴，寒暑不能使之疾，祆怪不能使之凶。本荒而用侈，则天不能使之富；养略而动罕，则天不能使之全；倍道而妄行，则天不能使之吉。故水旱未至而饥，寒暑未薄而疾，祆怪未至而凶。受时与治世同，而殃祸与治

---

1 （清）孙星衍撰，陈抗、盛冬铃点校：《尚书今古文注疏》，中华书局，2004年，第36页。

2 焦循谓："赵氏此文作'璇玑'，不作'琁机'，则用马氏义也。"参见（清）焦循撰，沈文倬点校：《孟子正义》，第1044页。

3 焦循谓："郑氏注云：七政，谓春秋冬夏天文地理人道，所以为七政也。人道尽而万事顺成。"参见（清）焦循撰，沈文倬点校：《孟子正义》，第1044页。郑玄撰《天文七政论》，但早已不传，宋人洪迈解"天文七政"时广引众家之说，而无郑玄。参见（宋）洪迈撰，孔凡礼点校：《容斋随笔》，中华书局，2005年11月，第558页。因此，焦循当亦只见伏生说，不见郑玄说。

世异,不可以怨天,其道然也。[1]

"本",杨倞注为"农桑";"养备",杨倞谓"使人衣食足。动时,谓劝人勤力,不失时,亦不使劳苦也。养生既备,动作以时,则疾疹不作也"。很明显,荀子这里讲的就是"春"、"夏"、"秋"、"冬"四时对"人"劳作,以及进一步对"政"的影响。在荀子看来,四季的更替可能确实会给"人"带来相应的变化,但只要"应之"的方法得当,则毫无影响。至于"天文"与"地理",荀子也明确说道:

> 天有其时,地有其财,人有其治,夫是之谓能参。舍其所以参而愿其所参,则惑矣。列星随旋,日月递炤,四时代御,阴阳大化,风雨博施,万物各得其和以生,各得其养以成,不见其事而见其功,夫是之谓神。皆知其所以成,莫知其无形,夫是之谓天。唯圣人为不求知天。[2]

"列星",杨倞注:"有列位者,二十八宿也。随旋,相随回旋也。炤与照同。阴阳大化,谓寒暑变化万物也。博施,谓广博施行,无不被也。"又云:"和,谓和气。养,谓风雨。不见和养之事,但见成功,斯所以为神,若有真宰然也。"毫无疑问,这里的"列星"讲的就是"天文",而"和"就在谈"地理"的问题。荀子也承认"天道之难知",即限于其时代,外在自然界难以把握。但也正是因此,荀子所说的"唯圣人为不求知天"就是表明"既天道难测,故圣人但修人事,不务役虑于知天也"。换言之,荀子一方面承认"春"、"秋"、"冬"、"夏"、"天文"、"地理"给"人"带来的危害与其难以捉摸,但另一方面却坚定地强调"人道"的重要性。如果能贯彻"修道而不贰"的原则,那么不仅是"圣人"行为

---

1 (清)王先谦撰,沈啸寰、王星贤点校:《荀子集解》,第307页。
2 (清)王先谦撰,沈啸寰、王星贤点校:《荀子集解》,第307页。

与王道政治面貌的具体呈现，更真正彰显了"天行有常"的积极意义。事实上，在《天论》的后文中，荀子还反反复复列举各种实际情况，对上述的这种论述进行了例证，而这种论证正是所谓"人道正而万事顺成"[1]。不仅如此，从"七政"的内容分别考察孟、荀整体思想的展开，荀子无疑也是在这个大背景下展开了自己"涂人成圣"的理论论述。换句话说，孟、荀在论述各自的"性论"时，都有着如上的宏大背景，而这一代表了三代理想政治的愿景显然不局限于孟、荀之说，还可与同时代其他文献互相印证[2]。

由此，上述对"七政"的不同解释与孟、荀整体思想的关联，已经不再局限于二者"性论"以及先秦"经子关系"的讨论，更延伸到了《尚书》在两汉形成的今古文经说之争。鉴于《尚书》的复杂情况，首先从《尚书》的经文来说，根据晚近以来的研究，其中类似《诰》《训》等类型的篇目一般认为是殷商及西周早期作品，而如《尧典》等篇目则为战国时期儒家根据学说需要编纂整理而成。对于这一结论，除了出土文献的佐证之外，还可参考《荀子》引《书》的情况。从数量上来说，《荀子》引《书》共有19处，分

---

[1] 从文本来看，荀子的这种意图太明显不过。无论是对"大凶"与"圣人"的关系，还是对"天"、"地"、"时"与"治乱"的关系，荀子都在阐明他那里"天人关系"的这个基本原则。

[2] 《国语·楚语下》说："天、地、民及四时之务为七事。"（观射父语）这里所说的"七事"即是《尚书》所说的"七政"，"天、地、民及四时之务"即是"春、秋、冬、夏、天文、地理、人道"。难道还有什么可以怀疑的地方吗？又《周语下》说："……唯不帅天地之度，不顺四时之序，不度民神之义，不仪生物之则……"又说："度于天地而顺于时动，和于民神而仪于物则……"又说："……上不象天，而下不仪地，中不和民，而方不顺时……"又说："……度之天神，则非祥也。比之地物，则非义也。类之民则，则非仁也。方之时动，则非顺也……"又说："……上非天刑，下非地德，中非民则，方非时动而作之者，必不节矣……"（太子晋语）上引五段文字，仅一、二两段增多"物则"一事，其余全部与今文经学家所解"七政"的内容相符。参见《金景芳先秦思想史讲义》，金景芳著，周粟、苏勇整理，天津古籍出版社，2007年3月，第24页。

别出自《洪范》《吕刑》《康诰》《胤征》《泰誓》《牧誓》《尧典》，其中以《康诰》9处为最多，《吕刑》3处为次多，且与今本《尚书》内容并无差异。这就足可以证明，《尚书》中《诰》《训》这类篇目的可靠性。而对于类似《尧典》这样的篇目，就要从经文本身与解经文字分别如何形成这两方面进行考察。从《劝学》对《书》的引用来看，荀子一方面强调《书》作为"经"在学习过程中的重要性，一方面又强调"解经"方式的决定性影响：

> 学恶乎始？恶乎终？曰：其数则始乎诵经，终乎读礼；其义则始乎为士，终乎为圣人。真积力久则入，学至乎没而后止也。故学数有终，若其义则不可须臾舍也。为之，人也；舍之，禽兽也。故《书》者，政事之纪也；《诗》者，中声之所止也；《礼》者，法之大分、类之纲纪也，故学至乎《礼》而止矣。夫是之谓道德之极。《礼》之敬文也，《乐》之中和也，《诗》《书》之博也，《春秋》之微也，在天地之间者毕矣。
>
> 学莫便乎近其人。《礼》《乐》法而不说，《诗》《书》故而不切，《春秋》约而不速。方其人之习君子之说，则尊以遍矣，周于世矣。故曰：学莫便乎近其人。学之经莫速乎好其人，隆礼次之。上不能好其人，下不能隆礼，安特将学杂识志，顺《诗》《书》而已耳，则末世穷年，不免为陋儒而已。将原先王，本仁义，则礼正其经纬蹊径也。若挈裘领，诎五指而顿之，顺者不可胜数也。不道礼宪，以《诗》《书》为之，譬之犹以指测河也，以戈舂黍也，以锥飡壶也，不可以得之矣。[1]

不难看出，在承认《书》的经典地位并彰显史实与传统王道政治重要性的前提下，荀子认为对其进行进一步的改造与解说才是重中之重，否则所谓的"经"只会是一堆"故而不切"的文字而已。

---

1 （清）王先谦撰，沈啸寰、王星贤点校：《荀子集解》，第11–16页。

而在这种改造与解说的过程中，荀子所谓"近其人"的解经者与"隆礼义而杀《诗》《书》"（《荀子·儒效》）的解经原则，正是"师法"的体现。绝非巧合的是，在《荀子》文本中，"师法"既与儒家宗旨相关，又与荀子对"性论"的建构相关。[1] 同时，在汉代今古文经说之争中，与荀子有千丝万缕联系的今文经师又同样以"无家法"的罪名来痛击古文经师。这就不禁让人联想到汪中《荀卿子通论》所述荀子对汉代经学的贡献，以及前文所论荀子整体思想架构与"七政"观念的今文经说之一致。由此，《尚书》部分篇目的形成以及相应的汉代今古文经说之争，无疑与先秦儒家的思想背景以及理论创构产生了关联[2]。

总之，孟、荀"性论"自宋代以来一直是儒学研究中的重要内容，这在宋人那里表现为对佛学的回击与对"道统"纯正性的捍卫，而在后世则表现为先秦儒家自我德行教化的重要理路。然而，采用宋代以来的"性善论"作为基本立场来研究或批判荀子思想并

---

[1] 《儒效》载："故有师法者，人之大宝也；无师法者，人之大殃也。人无师法则隆性矣，有师法则隆积矣，而师法者，所得乎情，非所受乎性，不足以独立而治。性也者，吾所不能为也，然而可化也；情也者，非吾所有也，然而可为也。注错习俗，所以化性也；并一而不二，所以成积也。"参见（清）王先谦撰，沈啸寰、王星贤点校：《荀子集解》，第143页。又，《性恶》载："故必将有师法之化，礼义之道，然后出于辞让，合于文理，而归于治。用此观之，然则人之性恶明矣，其善者伪也。故枸木必将待檃栝烝矫然后直，钝金必将待砻厉然后利。今人之性恶，必将待师法然后正，得礼义然后治。今人无师法则偏险而不正，无礼义则悖乱而不治。古者圣王以人之性恶，以为偏险而不正，悖乱而不治，是以为之起礼义、制法度，以矫饰人之情性而正之，以扰化人之情性而导之也。始皆出于治，合于道者也。今之人，化师法、积文学、道礼义者为君子；纵性情、安恣睢而违礼义者为小人。"参见（清）王先谦撰，沈啸寰、王星贤点校：《荀子集解》，第435页。综合来看，前段引文中的"大儒"无疑指代了荀子对儒家精微宗旨的理解，而这种理解又恰恰通过"师法"建立在了"性论"的理论架构上。换句话说，荀子显然是将自己的理论创见与传统的"经文"相糅合，创造出一种全新意义上的"经"，并希望以此传之后世。

[2] 事实上，《荀子》文本中引自《尚书·尧典》的部分恰巧出现在了《正论》中。在不讨论《尧典》本身内容的前提下，《正论》完完全全是荀子个人思想的记录，而这就从侧面印证了前者与先秦儒家思想架构的紧密联系。

不能达到对先秦儒家的完全还原，孟、荀无论是在对"性"概念的界定还是对"性论"的设定上都存有极大差异，而这种差异正源自他们对"天人关系"论的发展以及意图对三代王道政治作出理论建构。因此，孟、荀"性论"不仅仅关乎纯粹理论层面的逻辑演进，还关涉对相关思想史背景的理解。同时，二者以"子"确立"经"的方式还被保留在相关的经典文献中，并反过来提供了一种从全新角度看待经典文本内容形成过程的方式。

跋

承林宏星教授美意，邀请在下共同举办"孟荀伦理学暨两岸儒学工作坊"，本人自然不能错过这个向他及与会学者请教学习的好机会。果然在会议中度过了充实而精彩的两天。学者们精辟的见解与丰富的学养，让本次会议毫无冷场，精彩纷呈。

孟、荀两位大家为先秦儒家之两大支柱，虽于人性论上观点有异，然于道德心性与礼义制度之建构各擅胜场。学术上的研究探讨，赋予孟、荀之学更清晰的概念界定，不但有利于深入研究道德修养与政治制度二者之相互关系，也可帮助我们对孟子与荀子之同异有进一步的体认。这也是本次会议的目标与最大的收获。

这本论文集的付梓，正代表了与会所有学者之心血结晶。最后，感谢林宏星教授慷慨给予本人学习的机会，也要感谢与会学者的辛勤撰文、积极参与，期待在将来见到更多孟、荀之学的研究成果。

张子立

图书在版编目(CIP)数据

孟荀思想:比较与反思/东方朔,张子立主编.--
上海:上海古籍出版社,2023.5
(复旦哲学·中国哲学丛刊)
ISBN 978-7-5732-0669-5

Ⅰ.①孟… Ⅱ.①东… ②张… Ⅲ.①孟轲(约前
372-前289)-哲学思想-研究 ②荀况(前313-前238)-哲
学思想-研究 Ⅳ.①B222.55 ②B222.65

中国国家版本馆CIP数据核字(2023)第058935号

孟荀思想:比较与反思
东方朔　张子立　主编

上海古籍出版社出版发行
(上海市闵行区号景路159弄1-5号A座5F　邮政编码201101)
(1)网址:www.guji.com.cn
(2)E-mail:guji1@guji.com.cn
(3)易文网网址:www.ewen.co

启东市人民印刷有限公司印刷
开本　890×1240　1/32
印张　16.875　插页2　字数438,000
印数　1—1,300
版次　2023年5月第1版
　　　2023年5月第1次印刷
ISBN 978-7-5732-0669-5/B·1315
定价:88.00元
如有质量问题,请与承印公司联系